Jannis Panagiotidis | Hans-Christian Petersen
Antiosteuropäischer Rassismus in Deutschland

Jannis Panagiotidis | Hans-Christian Petersen

Antiosteuropäischer Rassismus in Deutschland

Geschichte und Gegenwart

Die Autoren

Jannis Panagiotidis ist wissenschaftlicher Leiter des Research Center for the History of Transformations (RECET) an der Universität Wien. Er war zuvor Juniorprofessor für die Migration und Integration der Russlanddeutschen an der Universität Osnabrück. Er hat umfangreiche Forschungen zur Ost-West-Migration seit 1945 vorgelegt, darunter seine Monographien *The Unchosen Ones: Diaspora, Nation, and Migration in Israel and Germany* (Indiana University Press 2019) und *Postsowjetische Migration in Deutschland: eine Einführung* (Beltz Juventa Verlag 2021).

Hans-Christian Petersen ist wissenschaftlicher Mitarbeiter am Bundesinstitut für Kultur und Geschichte des östlichen Europa (BKGE) und Dozent an der Carl von Ossietzky Universität Oldenburg. Zu seinen Forschungsschwerpunkten zählen russlanddeutsche Geschichte, post(ost)migrantische Gegenwart sowie die Geschichte der deutschen „Ostforschung". Publikationen u. a. *Bevölkerungsökonomie – Ostforschung – Politik. Eine biographische Studie zu Peter-Heinz Seraphim (1902–1979)* (fibre Verlag 2007) und *An den Rändern der Stadt? Soziale Räume der Armen in St. Petersburg (1850–1914)* (Böhlau Verlag 2019).

Dieses Buch ist erhältlich als:
ISBN 978-3-7799-6823-8 Print
ISBN 978-3-7799-6824-5 E-Book (PDF)
ISBN 978-3-7799-8221-0 E-Book (ePub)

1. Auflage 2024

Herstellung: Ulrike Poppel
Satz: xerif, le-tex
Druck und Bindung: Beltz Grafische Betriebe, Bad Langensalza
Beltz Grafische Betriebe ist ein klimaneutrales Unternehmen (ID 15985–2104-100)
Printed in Germany

Weitere Informationen zu unseren Autor:innen und Titeln finden Sie unter:
https://www.beltz.de

Inhalt

Danksagungen 9

Kapitel 1: Einleitung 11
- Keine „Stunde Null“ 12
- Betroffenenperspektiven und die Suche nach einer Sprache 14
- Ziele und Konzepte dieses Buches 15
- Themen und Struktur 22
- Disclaimer 23

Kapitel 2: Intellektuelle Grundlagen des antiosteuropäischen Rassismus 27
- Voraufklärerische Bilder vom ‚Osten‘ 27
- Die Konstruktion Osteuropas im Zeitalter der Aufklärung 30
- Balkanismus 34
- Antislawismus und Rassismus 35

Kapitel 3: Die Paulskirche und der ‚Deutsche Osten‘ 37
- Historische Kontexte 39
- Dimensionen des Kolonialen: Alterität, Identität und Raum 40
- Völkische Diskurse 43
- Deutsche Hegemonialvorstellungen 46
- Die Paulskirche und Russland 51
- Gegenstimmen 53

Kapitel 4: Deutschland und ‚der Osten‘ vom Kaiserreich bis zur Zwischenkriegszeit 55
- Koloniale Diskurse 55
- Koloniale Praxis? 60
- Rassifizierung und Rassismus 62
- Siedlungs- und Migrationspolitik 67
- Die Ostjuden als intersektionales Feindbild 69
- Der Erste Weltkrieg ‚im Osten‘ 71

Kapitel 5: Die Wissenschaft und ‚der Osten‘ 79
- Anfänge der Osteuropaforschung 80
- Osteuropaforschung in der Zwischenkriegszeit 82

Ostforschung und Expansion 87
Osteuropäische Geschichte im Nationalsozialismus 89
Ostforschung und Besatzungs- und Vernichtungspolitik 91

Kapitel 6: Besatzung ‚im Osten' und Zwangsarbeit ‚aus dem Osten' 95
Bilder vom „Rassenfeind" 96
Koloniale Pläne und verbrecherische Befehle 99
„Das Russlandbild des kleinen Mannes" 104
Zwangsarbeit und Segregation 108
Erfahrungen von Zwangsarbeit und Rassismus 109

Kapitel 7: Deutschland und ‚der Osten' nach 1945 117
Die Bundesrepublik und ‚der Osten': Antikommunismus und Antislawismus 118
Ostforschung 122
Osteuropäische Geschichte 126
Ostkunde 129
Die DDR und ‚der Osten' 132

Kapitel 8: Ost-West-Migration, 1945–2004 136
Ost-West-Migration im Kalten Krieg 137
Aufwertung und Abschiebung 140
Polen in „wilder Auflösung" 141
Intersektionaler Rassismus: die osteuropäischen Roma 146
„Östliche Völkerwanderung" 149
Bilder vom (kriminellen) ‚Osten' 155
Die umstrittene Osterweiterung 158

Kapitel 9: Arbeitsmarkt und Ausbeutung 161
Osterweiterung und prekäre Freizügigkeit 162
Soziale Rechte und „Armutsmigration" 165
Branchen und Arbeitsvermittlung 167

Kapitel 10: Schreiben über antiosteuropäischen Rassismus: Autobiografien 183
„Unsichtbar" (gemacht) werden 184
Abwertungen 188
Segregation 191
Gewalt 193
Das Erlebte beschreiben 195
Hierarchien 197

Agency 199
Rassismus 201

Kapitel 11: Statt eines Schlussworts: Antiosteuropäischer Rassismus in Zeiten des Krieges, Online-Aktivismus und die Notwendigkeit einer Osterweiterung der Rassismusdebatte 202

Abbildungen 212

Literaturverzeichnis 213
Sekundärliteratur und Quellen 213
Interviews 238

Danksagungen

Dieses Buch ist das Ergebnis eines kollaborativen Denk- und Schreibprozesses. Ausgangspunkt war der von mehreren Interviews zum Thema inspirierte Vorschlag von Magdalena Herzog vom Beltz Juventa Verlag im Mai 2021, einen „erweiterten Essay“ über antislawischen Rassismus zu schreiben. Aus diesem erweiterten Essay ist nun ein ganzes Buch über antislawischen und antiosteuropäischen Rassismus geworden. Frau Herzog übergab nach ihrem Ausscheiden aus dem Verlag die Betreuung an Frau Dr. Cornelia Klein, die den Publikationsprozess kompetent bis zum Ende betreute.

Beide Autoren haben zu diesem Thema in der Zwischenzeit analog wie online eine Vielzahl von Vorträgen gehalten, Gespräche geführt und kleinere Publikationen veröffentlicht. Es wäre unmöglich, alle Leute namentlich zu nennen, die im Rahmen verschiedener Formate ihre Ideen zur Thematik beigetragen und unsere Gedanken dazu geformt und geschärft haben. Aus dem Feld der Wissenschaft sei ohne Anspruch auf Vollständigkeit den folgenden Menschen stellvertretend gedankt (in alphabetischer Reihenfolge): Nino Aivazishvili-Gehne, Gleb Albert, Magdalena Baran-Szołtys, Masha Beketova, Hannah Catherine Davies, Luminiţa Gătejel, Daniel Heinz, Alina Jašina-Schäfer, Daniel Jerke, Michelle Kahn, Ivan Kalmar, Darja Klingenberg, Jan Musekamp, Thuc Linh Nguyen Vu, Jan Plamper (†), Andrea Pürckhauer, Christoph Rass, Irena Remestwenski, Alexander Schneidmesser, Stephan Scholz, Lauren Stokes, Philipp Ther, Gregor Thum und Valeria Varga. Ein besonderer Dank gilt außerdem Maren Röger und Hakob Matevosyan, mit denen wir parallel zur Entstehung dieses Buches einen Projektantrag konzipierten, sowie Aleksandra Lewicki und Jure Leko, mit denen wir im Rahmen des von der Antidiskriminierungsstelle des Bundes finanzierten Projekts „Diskriminierung von Menschen osteuropäischer Herkunft auf dem Arbeitsmarkt: Institutionelle und individuelle Kontexte“ zusammenarbeiten.

Ein kollektiver Dank gebührt auch den Teilnehmer*innen einer Reihe von Veranstaltungen, bei denen wir dieses Projekt in der einen oder anderen Form vorgestellt haben. Exemplarisch seien erwähnt: Vorträge von Jannis Panagiotidis auf dem Zeitgeschichtetag in Salzburg, beim Cold War Research Seminar an der Karls-Universität Prag (2022), am Bukowina-Institut der Universität Augsburg, bei den Internationalen Wochen gegen Rassismus in München sowie den Antirassismuswochen in Magdeburg (2023); und von Hans-Christian Petersen bei der Bundesarbeitsgemeinschaft Kirche & Rechtsextremismus, dem Projekt „Globale Systeme und interkulturelle Kompetenz“ der Julius-Maximilians-Universität Würzburg, dem Forschungsverbund „Institutionen & Rassismus“ (InRa) sowie auf dem 15. Bundeskongress Politische Bildung in Weimar 2023. Auch die Diskussionen mit Studierenden in Lehrveranstaltungen an der Universität Osnabrück, der Carl von Ossietzky Universität Oldenburg sowie der Universität Wien haben zur Entwicklung unserer Ideen für dieses Buch maßgeblich beigetragen.

In unserer Forschung profitieren wir in hohem Maße nicht nur vom wissenschaftlichen Austausch, sondern auch von Kontakten und Gesprächen mit einer Vielzahl von Personen aus den Bereichen Aktivismus und Zivilgesellschaft. Genannt seien Sergej Prokopkin (Zentrum für Antislawismusforschung e.V.), Julia Boxler und Ani Menua (X3 Podcast), das Team von o[s]tklick, Kamilla Scholl-Mazurek und Marta Neuff (Polnischer Sozialrat), Alicja Orlow, Delphine Wollenberg (Projekt perspektywa der RAA Demokratie und Bildung Mecklenburg-Vorpommern e.V.), Martin Müller-Butz (RAA-Geschichtswerkstatt Zeitlupe), Katarzyna Werth (Koordinatorin für Kriminalprävention im deutsch-polnischen Grenzbereich im Landkreis Vorpommern-Greifswald), Katarzyna Witoszek (Team Faire Mobilität des DGB), Krzysztof Blau (Auslandsgesellschaft Sachsen-Anhalt e.V.), Schwarzkopf-Stiftung – Beyond a single story, Mobile Beratung gegen Rechtsextremismus für Demokratie Niedersachsen, sowie Anastasia Tikhomirova, Artur Weigandt und Erica Zingher.

Weiterhin danken wir Rudolf Jaworski für die Bereitstellung einer Vielzahl von Postkarten aus seiner umfangreichen Privatsammlung und Gerhard Paul für das in Kapitel 7 reproduzierte NPD-Wahlplakat. Bei der Bearbeitung der Bibliografie war Tome Mitrevski (Wien) behilflich.

Teile dieses Buches sind in ähnlicher Form schon zuvor erschienen und werden hier mit freundlicher Erlaubnis wiedergegeben:

Kapitel 3 als: Hans-Christian Petersen (2020): Deutsche Antworten auf die „slavische Frage". Das östliche Europa als kolonialer Raum in den Debatten der Frankfurter Paulskirche. In: Michael Fahlbusch / Ingo Haar / Anja Lobenstein-Reichmann und Julien Reitzenstein (Hrsg.): Völkische Wissenschaften: Ursprünge, Ideologien und Nachwirkungen. Berlin, Boston: De Gruyter Oldenbourg, S. 54–79.

Kapitel 5 als: Hans-Christian Petersen / Jan Kusber (2008): Osteuropaforschung zwischen Osteuropäischer Geschichte und Ostforschung. In: Jürgen Elvert / Jürgen Nielsen-Sikora (Hrsg.): Kulturwissenschaften und Nationalsozialismus. Stuttgart: Steiner, S. 289–312.

Zu guter Letzt verlangt die Entstehung eines solchen Buches auch immer den Familien der Autoren einiges ab. Jannis Panagiotidis dankt Eva Garcia Moran, Greta Panagiotidis Garcia und Mendel dafür, dass sie da sind und verspricht hiermit, dass das nächste Buch eins für Kinder wird. Hans-Christian Petersen dankt Diana, Oskar, Pina und Tonja Weilepp für die beständige Erinnerung daran, dass es noch wichtigere Dinge gibt als wissenschaftliche Bücher und dass Vorlesen und Zuhören mindestens so großartig ist wie Schreiben.

Kapitel 1: Einleitung

Gibt es in Deutschland Rassismus gegen Menschen aus dem östlichen Europa? Diese Frage wurde bis vor Kurzem nicht gestellt, obwohl die weltweite antirassistische Mobilisierung der letzten Jahre die Auseinandersetzung mit Rassismus auch hierzulande verstärkt ins Zentrum öffentlicher und wissenschaftlicher Debatten gerückt hat. So sehr dies nach Jahrzehnten des Nicht-Sprechens über Rassismus zu begrüßen ist, so irritierend war die Beobachtung, dass die Erfahrungen von Menschen aus dem östlichen Europa, die heute und in vielen Fällen seit Jahrzehnten in Deutschland leben, in den Debatten lange Zeit nicht vorkamen. Erst in jüngster Zeit begann sich dies zu ändern. Das Thema wurde zunehmend sicht- und hörbar, die Zahl der diesbezüglichen Anfragen stieg spürbar an und mündete in eine ganze Reihe von Online-Formaten, die heute verfügbar sind. Zugleich gibt es aber nach wie vor eine kontroverse Diskussion darüber, ob die Erfahrungen osteuropäischer Migrant*innen überhaupt unter „Rassismus" subsummiert werden können – zumeist mit dem Argument, dass sie ‚privilegiert' und ‚weiß' seien und deshalb per se keine Opfer von Rassismus werden könnten.

Anknüpfend an solche im öffentlichen Raum ausgetragenen Debatten wollen wir in diesem Buch zeigen, dass es Rassismus gegen Menschen aus dem östlichen Europa gibt – antiosteuropäischen Rassismus. Dieser hat tiefe historische Wurzeln, erlebte im Laufe der Geschichte verschiedene Ausprägungen– etwa als Antislawismus – und hat Wandlungen durchlaufen, die wir schlaglichtartig nachvollziehen wollen. Der Nationalsozialismus stellt dabei einen zentralen historischen Fluchtpunkt dar – ein System, dessen Staatlichkeit von Michael Burleigh und Wolfgang Wippermann zutreffend als „racial state" beschrieben wurde (Burleigh/Wippermann 1991). Und zugleich kann man den Rassismus des NS nicht isoliert von seiner Vorgeschichte betrachten. Die Tradition eines abwertenden, kolonialen (vgl. Kienemann 2018) deutschen Blicks auf ‚den Osten' ist lang und hatte verheerende Konsequenzen. Insbesondere die deutsche Besatzungs- und Vernichtungspolitik im östlichen Europa während des Zweiten Weltkriegs hat dies auf beispiellose Weise deutlich gemacht: Das Feindbild der „slawischen Untermenschen" war nicht nur ein rassistisches Schlagwort der NS-Propaganda, sondern bereitete, in Kombination mit einem eliminatorischen Antisemitismus und dem gegen Sinti und Roma gerichteten Antiziganismus, einer mörderischen Praxis deutscher Soldaten den Weg, der allein in der Sowjetunion 27 bis 28 Millionen Menschen zum Opfer fielen. Zudem mussten Millionen Zwangsarbeiter*innen aus dem östlichen Europa im Deutschen Reich Sklavenarbeit verrichten, wobei sie in der rassistischen Hierarchie des Zwangsarbeitssystems ganz unten standen (vgl. dazu Kapitel 6).

Keine „Stunde Null"

Bemerkenswerterweise sind die Nachwirkungen dieser millionenfachen Erfahrung in die Zeit nach 1945 bisher kaum erforscht. Während es für die Zeit davor zumindest größtenteils eine solide Forschungsbasis gibt, auf die wir uns in diesem Buch beziehen können, blieben die Kontinuitäten über die Zäsur des Kriegsendes hinaus auffällig unsichtbar. Dabei spricht angesichts der millionenfachen Beteiligung der deutschen Bevölkerung am rassistischen Zwangsarbeitssystem und am Vernichtungskrieg an der Ostfront nichts dafür, dass antiosteuropäischer und antislawischer Rassismus mit dem Ende der NS-Herrschaft einfach verschwanden. Vielmehr ist davon auszugehen, dass es auch hier keine „Stunde Null" gegeben hat und rassifizierende Wissensbestände und Praktiken fortwirkten. Nach wie vor mangelt es jedoch weitgehend an entsprechenden Untersuchungen (für einen ersten Ansatz siehe Alexopoulou 2020, S. 66–91).

Bestätigt wurde dieser Befund durch den Bericht „Rassismus in Deutschland", den die Staatsministerin für Migration, Flüchtlinge und Integration und Beauftragte der Bundesregierung für Antirassismus, Reem Alabali-Radovan, Anfang 2023 erstmals vorstellte. Dort wird die „besondere Bedeutung" des antislawischen Rassismus betont, mangels empirischer Daten bilde er jedoch eine „vorläufige Leerstelle": „Zu seinen aktuellen Ausprägungen gibt es bisher kaum Daten; hier besteht Forschungsbedarf." (Beauftragte der Bundesregierung für Migration, Flüchtlinge und Integration, Beauftragte der Bundesregierung für Antirassismus 2023, S. 30)·

Woher rührt die Leerstelle? An fehlender gesellschaftlicher Relevanz kann es nicht liegen: Menschen mit Migrationsgeschichte aus dem östlichen Europa machen mit über 9,5 Millionen Personen rund 40 % aller in Deutschland lebenden Personen mit Migrationshintergrund und rund ein Neuntel der Gesamtbevölkerung aus (vgl. Abbildung 1.1).[1]

Diese Zahlen sind das statistische Abbild des deutschen Alltags: Keine Spargelernte, keine Fleischindustrie, keine Reinigung deutscher Häuser und keine Pflege kranker oder alter Angehöriger ohne Arbeitskräfte aus dem östlichen Europa. Als moderne Arbeitsmigrant*innen sind sie in der Regel in der Leiharbeit, als Werkvertragsbeschäftige oder Scheinselbständige der Willkür ihrer Arbeitgeber*innen weitgehend recht- und schutzlos ausgeliefert (vgl. dazu Kapitel 9). Wie viel Diskriminierung, wie viel Rassismus steckt in diesem System, ohne das die deutsche Landwirtschaft und der deutsche Pflegesektor nicht funktionieren könnten? Und warum wird dieses Thema so selten problematisiert, wo es doch auf

1 Destatis, Mikrozensus – Bevölkerung nach Migrationshintergrund, Erstergebnisse 2022, Tabelle 12211–03 (Länder im Mikrozensus: Bulgarien, Kroatien, Polen, Rumänien, Tschechische Republik, Ungarn, Bosnien und Herzegowina, Kosovo, Republik Moldau, Nordmazedonien, Russische Föderation, Serbien, Ukraine, Kasachstan).

Abbildung 1.1

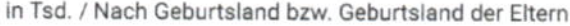

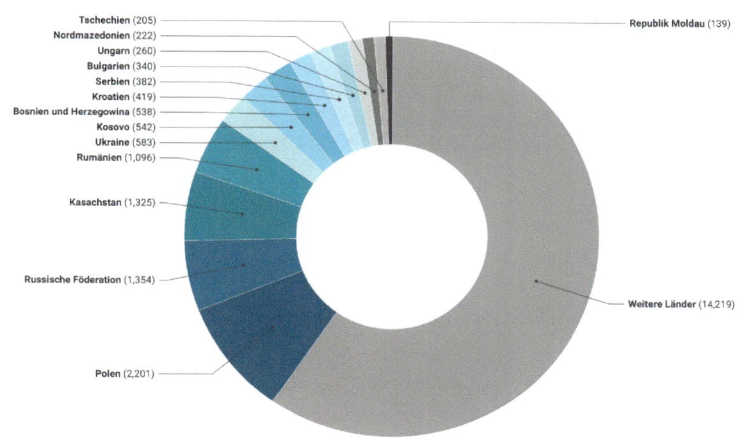

Quelle: Mikrozensus 2022; Diagramm erstellt vom Mediendienst Integration

deutschen Feldern, im Dienstleistungsgewerbe und in Millionen von Haushalten allgegenwärtig ist?

Interessant sind in diesem Kontext die Ergebnisse der Auftaktstudie des Nationalen Diskriminierungs- und Rassismusmonitors (NaDiRa), der vom Deutschen Zentrum für Integrations- und Migrationsforschung (DeZIM) entwickelt wird. Die im Mai 2022 vorgestellte Studie, für die rund 5.000 Personen telefonisch befragt wurden, machte deutlich, dass es in der deutschen Bevölkerung an Bewusstsein für diese Form von Rassismus mangelt. Zwar wird rassistisches Verhalten gegenüber Osteuropäer*innen von der Mehrheit der Befragten auch als solches erkannt: Rund 44 % stimmten der Aussage voll und ganz zu, dass ein bestimmtes Verhalten, von dem osteuropäische Menschen betroffen sind, rassistisch sei, rund ein Viertel stimmten eher zu (vgl. Abbildung 1.2). Zugleich ist der Wert aber deutlich niedriger als etwa bei anti-Schwarzem oder antiasiatischem Rassismus und der niedrigste Wert unter den sechs rassifizierten Minderheiten, die der NaDiRa abfragt (Nationaler Diskriminierungs- und Rassismusmonitor 2022, S. 69). Ganz im Sinne der oben angesprochenen Identifikation von Rassismus mit Diskriminierung aufgrund von Hautfarbe vermuten die Studienautor*innen als Grund dafür, dass die Personen als ‚weiß' wahrgenommen werden und daraus geschlossen wird, dass sie nicht von Rassismus betroffen sein können.

Abbildung 1.2

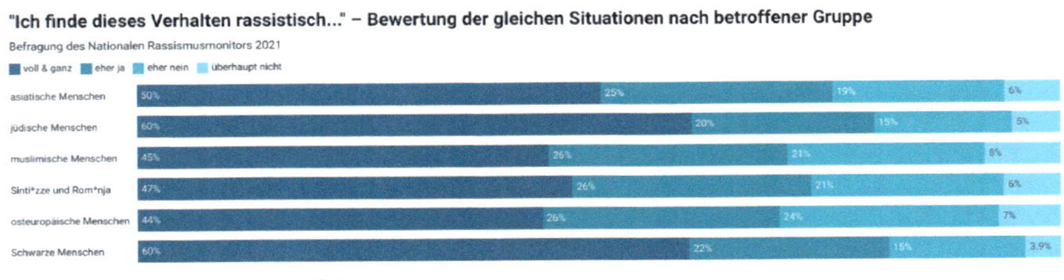

Quelle: Nationaler Diskriminierungs- und Rassismusmonitor (2022); Diagramm erstellt vom Mediendienst Integration

Betroffenenperspektiven und die Suche nach einer Sprache

Während es also in der Breite der Bevölkerung nur ein begrenztes Wissen über das Thema gibt und die (legitime und notwendige) Frage nach der adäquaten Einordnung und Benennung des Phänomens gestellt wird, erheben auf der anderen Seite Vertreter*innen betroffener Gruppen zunehmend ihre Stimme und thematisieren antiosteuropäischen und antislawischen Rassismus – beide Begriffe finden sich im Diskurs – in der Öffentlichkeit. Junge Aktivist*innen, die sich in Abgrenzung zu pauschalen Fremdzuschreibungen wie „Russen“ oder „Ostblock“ als „PostOst“ bezeichnen, fordern auf Instagram, durch Podcasts und Videos eine Anerkennung ihrer Erfahrungen ein.[2] Gleiches gilt für die Literatur: Autor*innen wie Paul Bokowski (2022), Lena Gorelik (2021), Dmitrij Kapitelman (2021), Emilia Smechowski (2017), Artur Weigandt (2023) oder Natascha Wodin (2018) schreiben in ihren Büchern über ihr Ankommen und Aufwachsen in Deutschland, aber ebenso darüber, wie sie Ablehnung und Diskriminierung erfahren haben (vgl. dazu Kapitel 10). Auch hier wird über Begriffe gestritten, nicht zuletzt über den antiquiert wirkenden Begriff des „Antislawismus“ (Quorum Chat, 13.06.2022). Und nicht alle benennen das Erlebte so deutlich wie Lena Gorelik, die als Elfjährige mit ihrer Familie als jüdische Kontingentflüchtlinge (so die offizielle Kategorisierung) aus St. Petersburg nach Ludwigsburg kam und dort für eineinhalb Jahre in einem, wie es damals hieß, Asylantenwohnheim leben musste, bis die Familie eine eigene Wohnung beziehen konnte. In ihrem autobiografischem Roman *Wer wir sind* schreibt sie ausführlich über die Scham, die sie aufgrund ihres Namens, ihres Akzents, der Adresse des Heims, des beigen Parka und der Kochrezepte ihrer Eltern empfunden hat, bis sie ausgerechnet die fremde und schwere deutsche Sprache zum Mittel ihrer Emanzipation macht und zu einem klaren und schmerzlichen Urteil gelangt:

---

2 Sergej Prokopkin, https://www.instagram.com/s_prokopkin/?hl=de; PostOstPride, https://www.instagram.com/postostpride.podcast/?hl=de (Abfrage: 12.11.2023).

> „Je öfter sie mich nach zu Hause fragen und damit andere Länder meinen, nicht Deutschland, desto gewählter lasse ich meine Sätze klingen. Es dauert Jahre, bis ich in kurzen Sätzen denken kann, die kein an die richtige Stelle gesetztes Verb brauchen: Ihr Rassisten." (Gorelik 2021, S. 249)

Artur Weigandt, dessen Familie aus Kasachstan nach Deutschland emigriert ist, nimmt in seinem Buch direkt Bezug auf gegenwärtige Debatten zu (Anti)Rassismus und (Critical) Whiteness:

> „Gleichzeitig gibt es Minderheiten, die uns absprechen, Rassismuserfahrungen gemacht zu haben. Wir seien zu weiß für Rassismus, heißt es. [...] Der moderne Antirassist geht zwar auf die Kolonisierung Afrikas ein. Auf den nationalsozialistischen Traum jedoch, auf den ‚Fall Barbarossa', den Kampf um den ‚Lebensraum im Osten', geht er nicht ein. Aber auch das war Kolonialisierung. Dafür starben Millionen Osteuropäer." (Weigandt 2023 , S. 78 f.)

Andere formulieren anders, nicht alle Autor*innen benennen die eigenen Erfahrungen nach ihrer Ankunft in Deutschland als „Rassismus". Die Suche nach einer angemessenen Sprache zur Beschreibung ihrer Erfahrungen dauert an. Sicher ist jedoch, dass sich die lange Zeit als ‚unsichtbar' beschriebenen Migrant:innen aus dem östlichen Europa jetzt als *postostmigrantischer* Teil der bundesdeutschen Gegenwart deutlich vernehmbar zu Wort melden. Damit wird etwas sag- und beschreibbar, was über Jahrzehnte mit familiärem und gesellschaftlichem Schweigen bedeckt wurde (Zingher 22.11.2020; Kiesche 2022).

Zugleich machen die Zitate deutlich, dass es Diskussionsbedarf gibt. Das Sichtbarwerden (post)osteuropäischer Perspektiven ist nicht nur Ausdruck von Veränderungen in den betreffenden Gruppen selbst, sondern verweist zugleich auf die Gesamtgesellschaft: Was sagt es über das bundesdeutsche Selbstverständnis aus, wenn sich Autoren wie Artur Weigandt als nicht zugehörig beschreiben? Woher rührt die lange Ignoranz gegenüber ihren Erfahrungen? Und welche Perspektiven gibt es, die derzeitigen Aushandlungsprozesse in einen konstruktiven Dialog zu überführen, ohne einer Opferkonkurrenz oder unseligen Vorstellungen von Homogenität und ‚Assimilation' (die zu einer erneuten Unsichtbarkeit führen würde) das Wort zu reden?

Ziele und Konzepte dieses Buches

Das vorliegende Buch beansprucht nicht, auf alle diese Fragen abschließende Antworten zu geben. Es versteht sich aber als erster Versuch, Kontinuitäten, Wandlungen und Brüche von Rassismus gegenüber Menschen aus dem östlichen Europa in einer historischen Perspektive bis in unsere Gegenwart nachzuzeichnen.

Unser Ziel ist es, die im Rassismusbericht der Bundesbeauftragten konstatierte „Leerstelle“ so weit wie möglich zu füllen und zugleich Wissens- und Forschungslücken zu benennen. Ausgangspunkt ist die Annahme, dass Osteuropäer*innen in westlichen Gesellschaften sehr wohl Rassismus erleiden – einen Rassismus, der sich nicht an der Hautfarbe als Merkmal festmacht. Wir fokussieren dabei hauptsächlich auf Deutschland, das aufgrund seiner langen Verflechtungs- und Expansionsgeschichte mit dem und im östlichen Europa einen besonders relevanten Fall darstellt. Zugleich ist klar, dass es sich hierbei um ein nicht allein auf Deutschland beschränktes Phänomen handelt. Dies zeigen beispielhaft in der jüngeren Vergangenheit die gegen Zuwanderung aus den osteuropäischen EU-Staaten gerichtete Agitation des ‚Brexit‘, oder vor einem Jahrhundert die u. a. gegen Zuwanderung aus dem östlichen (und südlichen) Europa gerichteten strengen nationalen Einwanderungsquoten des US-amerikanischen Immigration Act von 1924.

Unserem Verständnis von Rassismus liegt die Definition von Philomena Essed (2020; 1992) zugrunde, gemäß der Rassismus eine Ideologie, eine Struktur und ein Prozess ist, durch den Menschengruppen aufgrund tatsächlicher oder zugeschriebener biologischer oder kultureller Merkmale in „Wertigkeitshierarchien“ (*hierarchies of worthiness*) unterteilt werden. Diese Hierarchisierung legitimiert dann den Ausschluss von Mitgliedern bestimmter Gruppen vom Zugang zu materiellen und immateriellen Ressourcen. Eine solche Definition leistet zweierlei: Sie benennt die verschiedenen Formen des Rassismus (biologistisch und kulturalistisch) und die verschiedenen Ebenen, auf denen Rassismus wirkt (Ideologie, Struktur, Prozess). Sie ermöglicht es somit, Rassismus in unterschiedlichen Erscheinungsformen zu erfassen, einschließlich des von Etienne Balibar (1992) so bezeichneten „Rassismus ohne Rassen“, der besonders in der Zeit nach der Shoah und der zumindest im europäischen Kontext weitgehenden Diskreditierung des Rassenbegriffs relevant wurde.

Wir sprechen in diesem Buch von „antiosteuropäischem“ Rassismus als übergreifendem Begriff, der pejorative, essentialistische Zuschreibungen zum geografischen Raum Osteuropas und seinen Bewohner*innen beschreibt. Dies beinhaltet auch historische Spielarten wie den „antislawischen“ Rassismus oder kurz „Antislawismus“ (vgl. dazu Wippermann 1996; Borejsza 2006; Skordos 2014; Vlahek 2022). Damit schließen wir an jüngere, insbesondere im angelsächsischen Raum erschienene Forschungen an, die „Eastern Europeans“ als Objekt westlicher Rassifizierung identifiziert haben (z. B. Kalmar 2022; Lewicki 2023; Lapiņa / Vertelytė 2020). Dieser breitere Fokus ermöglicht es uns, die verschiedenen Erscheinungsformen des Rassismus gegen „Slawen“ und kontextspezifisch gegen andere Menschen in und aus dem östlichen Europa sowie deren Wechselwirkungen und Interdependenzen zu betrachten. Antiosteuropäischer und antislawischer Rassismus entwickelten sich gleichzeitig und in Verbindung mit anderen Formen gruppenbezogener Diskriminierung, historisch vor allem dem Antisemitismus mit seinen Feinbildern der „Ostjuden“ und des „jüdischen

Bolschewismus“ (Maurer 1986; Kurth/Salzborn 2009; zu den Unterschieden zwischen Antislawismus und Antisemitismus vgl. Connelly 1999) sowie dem Antiziganismus (Bogdal 2011; Dokumentations- und Kulturzentrum Deutscher Sinti und Roma 2015; Stender 2016; Neuburger 2022).

Diese und weitere intersektionale Verknüpfungen verschiedener Diskriminierungskategorien wirken bis heute fort. So spielt etwa Klassenzugehörigkeit bei der massenhaften Allokation von Migrant*innen aus dem östlichen Europa im deutschen Niedriglohnsektor – oft unabhängig von ihrer Qualifikation – wie auch für die Konstruktion dieser Zuwanderung als „Armutsmigration“ und damit als prinzipielle Belastung eine große Rolle (vgl. Kapitel 9). Geschlechtsbezogene Stereotype wiederum sind zentral für die Art und Weise der Rassifizierung osteuropäischer Migrantinnen und Migranten. Dazu gehört die Zuschreibung von Hypermaskulinität (und auch Brutalität und/oder Kriminalität) an osteuropäische Männer ebenso wie die Zuschreibung einer exotisierten Sexualität – oft im Zusammenhang mit Prostitution – an osteuropäische Frauen (Probst 2023, S. 150–153; vgl. auch Tikhomirova, 03.05.2022).

Zentral für das Konzept des antiosteuropäischen Rassismus ist das „Geostereotyp“ (Wippermann 2007, S. 9) des ‚Ostens‘. In der Analyse dieses Stereotyps müssen wir die ihm zugrundeliegende Logik und deren Begrifflichkeiten erklären und damit zunächst reproduzieren, um sie im nächsten Schritt kritisch zu analysieren und zu dekonstruieren. Wir halten diese beiden Ebenen begrifflich dadurch auseinander, dass wir abwertende Perspektiven auf ‚den Osten‘ als solche kennzeichnen (zumeist als Zitate), während wir vom „östlichen Europa“ oder „Osteuropa“ als Oberbegriff für die gesamte Großregion sprechen. Zugleich werden wir dort weiter differenzieren, wo es notwendig ist (Nordosteuropa, Ostmitteleuropa, Südosteuropa, vgl. hierzu die klassische Unterteilung bei Zernack 1977 sowie Troebst 2010), denn ‚das‘ östliche Europa ist in sich natürlich höchst heterogen. Genannt sei nur die starke Tradition der Abgrenzung der Staaten Ostmitteleuropas gegen Russland, die unter dem Selbstbild einer Vormauer des Christentums (*antemurale christianitatis*) in Polen, aber auch in Ungarn und Österreich seit dem 15. Jahrhundert wirkungsmächtig war (Morawiec 2001; Kalmar 2022). Zudem lag das, was heute zumeist als „östliches Europa“ gefasst wird, auf den westeuropäischen mental maps nicht immer im Osten. So galt beispielsweise Russland bis zu Beginn des 19. Jahrhunderts als nördliche Macht und erst in Folge des Siegs über Napoleon und des Vorrückens russischer Truppen bis nach Paris änderte sich dies (Lemberg 1985).

Konzeptuell knüpfen wir damit an zwei Forschungsstränge an, die sich mit der Position Osteuropas in der europäischen und globalen politischen Geografie befassen. In Anlehnung an Edward Saids (1978) bahnbrechendes Werk über den „Orientalismus“ haben Wissenschaftler gezeigt, wie „Osteuropa“ im westlichen Denken seit der Aufklärung als ein paradoxes „Anderes“ konstruiert wurde, als „Europe, but not Europe“ (Wolff 1994, S. 7), das eine Zwischenwelt zwischen Okzident und Orient bezeichnet, die durch Rückständigkeit und Barbarei gekennzeichnet ist. Maria Todorova (1997) skizzierte ähnliche Befunde in Bezug auf Südosteuropa oder „den Balkan". Es handelt sich dabei um dynamische Konzepte, die auch „verschachtelte Orientalismen" (*nesting Orientalisms*) beschreiben können (vgl. Bakić-Hayden 1995). Es gibt demnach immer vom jeweiligen Standpunkt verschiedener nationaler Diskurse einen noch ‚östlicheren Osten', auch innerhalb der Region (vgl. Zarycki 2014; Frysztacka 2021). Ein zweiter, politökonomisch orientierter Forschungsstrang baut auf der Weltsystemtheorie von Immanuel Wallerstein (1974, 1980) auf und konzeptualisiert den „Globalen Osten" (Müller 2020) als „Semiperipherie" (vgl. Boatcă 2013; Grzechnik 2019; Kalmar 2022). Beide Ansätze gehen über eine einfache Dichotomie von „the West and the rest" (Hall 1992) hinaus und betonen die Tatsache, dass Osteuropa zwar nicht eindeutig außerhalb Europas oder Teil des „Orients" oder des „Globalen Südens" ist, aber gegenüber dem „Westen" einen besonderen Platz einnimmt. Folglich waren und sind Osteuropäer*innen Prozessen der Rassifizierung unterworfen, die historisch dazu dienten, im Kontext der europäischen kolonialen Expansion eine grundlegende Differenz zwischen „Europäer*innen" und „dem Rest der Welt" zu etablieren (Geulen 2017).

An diese spezielle Zwischenposition Osteuropas in einer politischen Geografie schließen sich zwei weitere konzeptuelle Punkte an. Der erste tangiert die speziell mit Blick auf das deutsche Verhältnis zum östlichen Europa zentrale Frage, ob Kolonialismus nur als außereuropäisches Phänomen – also als Herrschaft von Europäern über „Andere" – verstanden werden kann. Diese sogenannte „Salzwasserthese" (Kolonialismus ist es nur, wenn ein Meer zwischen Metropole und Kolonie liegt) kann man mit Blick auf Deutschland und Osteuropa begründet in Frage stellen (vgl. Beer/Dahlmann 1999; Nelson 2009a). Formal nie eine Kolonie, gibt es inzwischen eine Reihe von Forschungen, die die deutsche Geschichte in Ost-, Ostmittel- und auch Südosteuropa mit (post)kolonialen Kategorien interpretieren. Kristin Kopp betitelte ihre Studie über Polen als kolonialen Raum mit *Germany's Wild East* (Kopp 2012). Und im deutschsprachigen Raum hat Christoph Kienemann das Bild des östlichen Europas im Diskurs des deutschen Kaiserreichs als „Koloniale[n] Blick gen Osten" beschrieben (Kienemann 2018; vgl. auch Liulevicius 2009). Zugleich hat bereits Sebastian Conrad auf die Notwendigkeit weiterer Differenzierungen hingewiesen, zum einen zwischen den verschiedenen Ebenen eines asymmetrischen Machtverhältnisses (diskursiv, ökonomisch, soziale Praktiken), aber auch mit Blick auf Unterschiede zwischen äußerem und innerem Kolonialismus. Während er letzteren in den polnischen Teilungsgebieten Preußens seit den 1880er Jahren als gegeben ansieht, bleibt er hinsichtlich der vor allem von Jürgen Zimmerer (2009, 2011) vertretenen These eines Zusammenhangs von deutscher Kolonialgeschichte und NS-Vernichtungspolitik deutlich skeptischer (Conrad 2012, S. 99–105). Felix Ackermann und Agnieszka Pufelska beschreiben wiederum im von ihnen herausgegebenen Heft „Preußen postkolonial" die Aneignung polnischer Territorien durch Preußen als „imaginierte äußere Kolonisierung des Inneren" (Ackermann/Pufelska 2021, S. 530).[3] Und Malte Kleinschmidt problematisiert in seiner grundlegenden Studie über „Dekoloniale politische Bildung", dass die Frage deutscher kolonialer und rassistischer Diskurse und Praktiken gen (Süd)Osteuropa in postkolonialen und dekolonialen Diskursen bisher nur randständig Beachtung gefunden hat. Er plädiert dafür, den Blick zu weiten und diesen „innereuropäischen Kolonialismus" (Kleinschmidt 2021, S. 330) ernst zu nehmen.

Unsere Studie beansprucht nicht, alle diese Fäden aufzugreifen und neu zu verknüpfen. Wir gehen jedoch davon aus, dass koloniale Perspektiven und koloniale Expansion ein grundlegender Teil des deutschen Verhältnisses zum östlichen Europa gewesen sind, das sich dann ab Ende des 19. Jahrhunderts radikalisiert und rassifiziert hat. Hinsichtlich der diskursiven Dimension von Kolonialismus knüpfen wie hierbei an die lesenswerte Studie von Christoph Kienemann an, der drei Punkte als Kernelemente eines kolonialen Blicks auf ‚den Osten' benennt (Kienemann 2018, S. 48):

- Die Konstruktion einer kolonialen Alterität,
- die Konstruktion einer kolonialen Identität, sowie
- die Konstruktion eines kolonialen Raumes.

Sind diese drei Elemente vorhanden, so ist es nach dieser Definition gerechtfertigt, von einem kolonialen Diskurs zu sprechen. „Alterität" und „Identität" hängen hierbei eng zusammen, sie stehen in einem asymmetrischen Verhältnis, bei dem das ‚Selbst' als kulturell höherwertig, das ‚Andere' hingegen als minderwertig beschrieben wird. Dies deckt sich mit der grundlegende Studie Jürgen Osterhammels, der „sendungsideologische Rechtfertigungsideologien, die auf einer Überzeugung der Kolonialherren von ihrer eigenen kulturellen Höherwertigkeit beruhen", als wesentliches Merkmal kolonialer Beziehungen benennt (Osterhammel 2006, S. 21; vgl. hierzu auch Blaut 1993). Denn letztendlich zielt Kolonialismus auf die Herrschaftsausübung über eine Gesellschaft in einem bestimmten Raum ab – dieser Raum muss jedoch zuvor kolonial aufgeladen werden, um die Inbesitznahme diskursiv zu legitimieren.

Zur Frage tatsächlicher kolonialer Expansion beziehen wir uns auf neuere Forschung, die verstärkt auf die sehr unterschiedlichen Ausprägungen kolonialer Herrschaftsverhältnisse hingewiesen hat. Felix Ackermann und Agnieszka Pufelska sprechen von der Notwendigkeit einer „de-essenzialisierte[n] Kolonialismus-Definition, die diesen stets als Plural unterschiedlicher kultureller, nationaler und geografischer Ausprägungen versteht und diese zueinander in Beziehung setzt" (Pufelska/Ackermann 2021, S. 530). Sebastian Conrad hat ei-

3 Zur Debatte, ob sich der deutsche Osteuropadiskurs als kolonialer Diskurs beschreiben lässt, vgl. weiterhin Ther (2003); Conrad/Osterhammel (2006); Surynt (2006); die Beiträge zu Nelson (2009b), sowie Kauffmann (2015), Linck (2015) und Weger (2015).

nige Jahre zuvor in eine vergleichbare Richtung argumentiert, indem er unter anderem mit Blick auf die preußische Politik in den polnischen Teilungsgebieten formulierte, dass Kolonialismus „keine einheitliche Formation" (Conrad 2012, S. 99) sei. Zugleich warnte er aber vor einer Überdehnung des Begriffs, bei der dieser schließlich seine Erklärungskraft zu verlieren drohe. Dem schließen wir uns an und verwenden für dieses Buch seine Mindestdefinition kolonialer Herrschaftsverhältnisse (Conrad 2012, S. 15). Der koloniale Charakter von Interaktionen ist demnach dadurch charakterisiert, dass

1. imperiale und kolonisierte Gesellschaften unterschiedliche sozio-politische Ordnungen aufweisen,
2. sie auf eine unterschiedliche Geschichte zurückblicken, und
3. seitens der Kolonisatoren auch durch die Vorstellung eines unterschiedlichen Entwicklungsstandes voneinander getrennt sind.

Unser zweiter konzeptueller Punkt betrifft die Positionierung von Osteuropäer*innen in westlichen Ländern – und hier kommen die Critical Whiteness Studies in den Blick, die für das gegenwärtige Verständnis von Rassismus zentral sind, zugleich aber eine spezifische Ambivalenz besitzen (hierzu auch die kritische Einordnung von Marz 2022). Einerseits wird „Whiteness" als ein soziales Konstrukt verstanden, „Weißsein" beschreibt also eine strukturell dominante, soziale Position (in diesem Sinne zum Beispiel Garner 2007). Andererseits bezeichnet der Begriff aber auch einen bestimmten Phänotyp („hellhäutig"). Diese beiden Dimensionen lassen sich in der Praxis nicht immer leicht auseinanderhalten. Dazu sei eine Episode aus dem Vorfeld der Entstehung dieses Buches zitiert. Dort störte sich die Mitveranstalterin eines geplanten Vortrags daran, dass in der Ankündigung Rassismus als „weißes" Phänomen bezeichnet wurde, dessen Objekt „People of Color" seien, und dass dieses Label Menschen aus Osteuropa nicht angemessen erfasse. Dies sei eine falsche Dichotomie, hieß es in der Kritik: People of Color seien Menschen mit Rassismuserfahrungen, und daher könnten auch blonde und blauäugige Türkinnen oder Polinnen People of Color sein, wenn sie sich als solche verstünden. Weiterhin hieß es dann aber, es sei nicht angemessen, bei Diskriminierungserfahrungen solcher Menschen von Rassismus zu sprechen, da sie als phänotypisch nicht als „anders" markierte Menschen „unsichtbar" werden könnten. Und schließlich hänge Rassismus untrennbar mit dem System der Sklaverei zusammen, die es in Europa aber schon lange nicht mehr gebe – wenn man die Geschichte im Nationalsozialismus ausklammere.

In dieser Kritik geraten die zwei Definitionen von „Weißsein" in direkten Widerspruch zueinander. People of Color seien Menschen mit Rassismuserfahrungen und dies könne auch eine blonde Polin sein – die aber gar keinen Rassismus erfahren könne, da sie phänotypisch nicht als „anders" markiert sei. Aus diesem logischen Zirkel gibt es kein Entrinnen. Zugeschriebene ‚Rasse' als Grundlage für Rassismus identifiziert die Kritikerin hier also doch mit Hautfarbe. Angesichts der Doppeldeutigkeit der Begrifflichkeiten von „weiß" und „of color" als soziale Analysekategorien einerseits, alltagsrelevante phänotypische Eigenschaften andererseits ist die Verwirrung verständlich. Ob es ein anderes Vokabular bräuchte, um über Rassismus in Vergangenheit und Gegenwart zu reden ist eine Frage, die wir zumindest in den Raum stellen wollen.

Für die Betrachtung der historischen Entwicklung von Rassismus im deutschen Kontext führt eine ausschließliche Identifikation von „Rassen" mit bestimmten Hautfarben jedenfalls nicht weiter (diese Feststellung auch sehr überzeugend bei Perinelli 2023). Dies soll nicht in Abrede stellen, dass Farbkategorien extrem wirkmächtig waren und sind – Menschen, die bereits äußerlich geothered werden, erfahren deutlich häufiger und direkter Rassismus als Menschen, bei denen dies nicht der Fall ist. Auch historisch stellte dies ein zentrales strukturierendes Element bei der Einteilung der Menschen in „Rassen" dar. Wie aber beispielsweise Wulf D. Hund in seinem Buch *Wie die Deutschen weiß wurden* argumentiert, war es damit nicht getan:

> „Auf die gesamte Menschheit bezogen, wurde Weißsein zum Fokus eines ebenso bornierten wie zwiespältigen Selbstbewusstseins. Das gestaltete sich einerseits gegenüber den nun als ›farbig‹ zusammengefassten Rassen zunehmend arroganter und brutaler. Andererseits blieb es dadurch gezeichnet, dass die weiße Rasse von Anfang an nicht als Einheit gedacht werden konnte, weil rassistische Diskriminierungen sich auch auf Weiße bezogen." (Hund 2017, S. 95–96)

Die Rassentheoretiker der Vergangenheit unterteilten die „weiße Rasse" weiter, wobei ein Fokus des Rassismus dann auf „angeblich minderwertigen aber gleichwohl gefährlichen Teilen der weißen Rasse" (Hund 2017, S. 118) lag, konkret „Slawen" und „Juden": „Die gegen sie gerichtete rassistische Diskriminierung hatte als Antislawismus und Antisemitismus eine weit vor die Entwicklung des Rassenbegriffs zurückreichende Tradition. Ihre Funktionsweise war indessen mit der späterer Rassismen identisch." (Hund 2017, S. 111)

Zur Frage, ob, und wenn, wie, die Positionen von Menschen aus dem östlichen Europa in den Begrifflichkeiten der Critical Whiteness Studies beschrieben werden können, liegen inzwischen ersten Forschungen zu verschiedenen europäischen Ländern vor, insbesondere zu Großbritannien und Skandinavien, punktuell auch zu Deutschland. Um die spezifische Ambivalenz der Positionen von Osteuropäer*innen zu beschreiben, wurde sie als „white but not quite" (Kalmar 2022) oder sogar als „off-white blacks" (Tlostanova 2017) beschrieben. Im deutschen Kontext hat Darja Klingenberg (2022) postsowjetische Migrant*innen in einem ähnlichen Sinne als „interne Andere" identifiziert. Diese „periphere" (Safuta 2018) oder „schmutzige" (Böröcz 2021) *whiteness* als Resultat einer „ambiguous racialisation" (Lewicki 2023) kann dazu führen, dass Osteuropäer einerseits unter Rassismus leiden, andererseits aber auch Rassismus gegen andere Einwanderer ausüben (vgl. Fox 2013; Sadowski-Smith 2018; Fox/Mogilnicka 2019; Narkowicz 2023) – ein Befund, der in der derzeitigen Debatte ebenfalls kaum gesehen wird. Hier schließt unser Buch an entsprechende historische Arbeiten aus den USA an, etwa Noel Ignatievs (1995) Klassiker *How the Irish Became White*. Für ein besseres Verständnis der komplexen Konstellationen einer zunehmend diversen Migrationsgesellschaft sind solche differenzierten, historisch fundierten Perspektiven unabdingbar.

Themen und Struktur

Die grundsätzliche Struktur des Buches ist chronologisch. Es gibt dabei aber vor allem zwei Themen, die unsere Analyse über den untersuchten Zeitraum hinweg strukturieren. Das erste ist die Konstruktion der Alterität Osteuropas und seiner Bewohner*innen zu verschiedenen Zeiten – mithin die Entwicklung des „kolonialen Blicks". Kapitel 2 wird in groben Zügen die intellektuellen Grundlagen dieses Diskurses seit der Zeit der Aufklärung rekonstruieren. Kapitel 3 schaut sich daran anschließend mit den Debatten in der Paulskirche 1848/49 einen spezifischen Moment der deutschen Geschichte an, an dem ein „Deutscher Osten" als kolonialer Raum erdacht wurde. Kapitel 4 fokussiert dann auf einen entscheidenden Zeitraum der Radikalisierung des deutschen „kolonialen Blicks" auf den und der deutschen Praktiken im ‚Osten', von der Gründung des Kaiserreichs über den Ersten Weltkrieg bis in die Weimarer Republik. Kapitel 5 nimmt sich mit der Entwicklung der Ostforschung und der osteuropäischen Geschichte der wissenschaftlichen Dimension des „Otherings" von Osteuropa seit Ende des 19. Jahrhunderts und bis in die Zeit des Nationalsozialismus an, in der sich Wissenschaft an Eroberungs- und Vernichtungspolitik im ‚Osten' beteiligte. Das Nachleben dieser Forschungsrichtungen und der sie betreibenden Personen wird in Kapitel 7 thematisiert. Zuvor vertieft Kapitel 6 den Blick auf die Zeit des NS und den Zweiten Weltkrieg, in der insbesondere das Feindbild des angeblich in der Sowjetunion herrschenden „jüdischen Bolschewismus" kultiviert wurde, mit den bekannten katastrophalen Folgen.

Das zweite Querschnittsthema ist Migration aus dem östlichen Europa nach Deutschland, sowohl in der Außensicht – die deutschen Reaktionen auf und Umgang mit dieser Zuwanderung – als auch in der Innensicht, also aus der Betroffenenperspektive. Es geht also um den ‚Osten im Westen'. Die Außensicht kommt zuerst in Kapitel 4 zum Tragen, wo gezeigt wird, wie die Furcht vor polnischer und jüdischer Zuwanderung aus dem ‚Osten' den restriktiven deutschen Umgang mit Migration formte. Kapitel 6 thematisiert mit der Zwangsarbeit des Zweiten Weltkriegs dann einen historischen Moment, in dem die rassistisch motivierte Abwertung und Ausbeutung von Menschen aus dem östlichen Europa ihren Höhepunkt erreichte. Das Kapitel analysiert sowohl den rassistischen Rahmen des Zwangsarbeitsregimes als auch die Erfahrungsdimension der Betroffenen. Kapitel 8 rekonstruiert dann anhand der Berichterstattung des *Spiegel* bundesdeutsche Sichtweisen auf Migration während und nach dem Kalten Krieg (die in unserer Studie zugegeben stiefmütterlich behandelte DDR wird in Kapitel 7 betrachtet). Kapitel 9 untersucht dann mit dem deutschen Arbeitsmarkt, wo Migrant*innen aus dem östlichen Europa überproportional oft harte Arbeit im Niedriglohnsektor verrichten, ein zentrales Feld der zeitgenössischen Rassifizierung osteuropäischer Menschen. Kapitel 10 nähert sich im Anschluss daran durch eine Analyse von autobiografischer Literatur der Innensicht osteuropäischer Migration der letzten Jahre und Jahrzehnte, wobei es insbesondere um die Suche nach einer angemessenen Sprache für die Beschreibung des Erlebten geht. Die in Kapitel 11 dokumentierten aktivistischen Perspektiven runden diesen Aspekt ab.

Disclaimer

Schließlich sind noch ein paar Vorbemerkungen angebracht, um etwaigen Missverständnissen oder bewussten Missinterpretationen vorzubeugen. Zunächst ist zu betonen, dass Rassismus und Kolonialismus nur einen Ausschnitt deutscher Perspektiven auf das östliche Europa darstellen. Das Gesamtbild ist deutlich vielschichtiger und besteht nicht nur aus negativen Zugängen. So ging und geht Geringschätzung nicht selten mit der Verklärung anderer Aspekte der vermeintlich so fernen, ‚östlichen Welt' einher: ‚Ursprünglichkeit', ‚wahre Männlichkeit' oder die ‚russische Seele' seien als immer wiederkehrende Projektionen genannt. Nicht umsonst trägt Wolfgang Wippermanns Studie *Die Deutschen und der Osten* den Untertitel „Feindbild und Traumland" (Wippermann 2007), und der von Gregor Thum herausgegebene Band über „Deutsche Bilder vom östlichen Europa im 20. Jahrhundert" ist mit *Traumland Osten* betitelt (Thum 2006). Verklärung und Dämonisierung, oder, speziell bezogen auf Russland, Russophobie und Russophilie, lagen und liegen nah beieinander. Sie sind, wie Gregor Thum es treffend formuliert hat, Ausdruck der „traditionellen Rationalitätsdefizite im deutschen Verhältnis zu Russland" (Thum 2006, S. 8). Wir verfolgen in diesem Buch nur einen Strang dieses verflochtenen und aufgeladenen Verhältnisses – aber einen, der von zentraler Bedeutung ist, wie zu zeigen sein wird.

Diese Differenzierung ist auch deshalb wichtig, weil die Beschäftigung mit antiosteuropäischem und antislawischem Rassismus in den Verdacht geraten könnte, der russischen Staatspropaganda zuzuarbeiten. Sowohl bei den nationalistischen Pro-Putin-Autokorsos im Frühjahr 2022 als auch auf der Homepage der russischen Botschaft in Deutschland wurde und wird der Eindruck erweckt, alle russischsprachigen Menschen in Deutschland würden diskriminiert – was mitnichten der Fall ist. Das Schlagwort dafür lautet *Russophobie*: Eine Feindschaft gegen alles Russische würde das Handeln ‚des Westens' bestimmen. Sowohl

Präsident Putin als auch Außenminister Lawrow haben diesen Vorwurf immer wieder erhoben – schon vor dem 24. Februar 2022, aber vor allem danach, um die Sanktionen gegen Russland und die militärische Unterstützung für die Ukraine zu delegitimieren. Hinzu kommen einflussreiche Influencer*innen wie Alina Lipp, die auf ihrem Telegram-Kanal „Neues aus Russland" mehr als 195.000 Follower*innen hat (Marinov/Bau, 08.04.2022). Mitte März 2022 teilte sie dort ein Video über den angeblichen Mord an einem 16-jährigen Russlanddeutschen, der von einem Mob ukrainischer Geflüchteter in Euskirchen zu Tode geprügelt worden sei. Der Fall ging viral, erwies sich aber sehr schnell als Desinformation. Er steht exemplarisch für die Online-Aktivitäten pro-russischer Aktivist*innen und die Instrumentalisierung des Themas „Antislawischer Rassismus": Mit dem Schlagwort „Russophobie" und Hashtags wie #stophatingrussians wird gezielt versucht, kritische Stimmen gegen Russlands Krieg gegen die Ukraine zum Schweigen zu bringen und die westeuropäischen Gesellschaften zu spalten. In Russland selbst forderte die Abgeordnete der Putin-Partei „Einiges Russland" und Vize-Vorsitzende der staatlichen Duma, Irina Jarowaja, im Mai 2023, „Russophobie" per Gesetz zu definieren und unter Strafe zu stellen (Polosikov, 12.05.2023).

Diese Instrumentalisierung des Themas hat das Forschen über Diskriminierung und Rassismus gegen Menschen aus dem östlichen Europa nicht einfacher gemacht. Sie ändert aber nichts an der Existenz des Problems und an dem Bedürfnis der Betroffenen nach Anerkennung ihrer Erfahrungen. „‚Russophobie' ist ein Propagandalabel. Aber das Problem existiert" (Zinger, 30.04.2021) – der Titel der durch die Webseite Dekóder vorgenommene Übersetzung von Erica Zinghers taz-Artikel zum Thema antislawischer Rassismus (Zingher, 30.03.2021) bringt die Konstellation genau auf den Punkt. Notwendig sind eine differenzierte Argumentation, die beispielsweise verdeutlicht, dass es hier nicht nur um „Russland", sondern in einem viel weiteren Sinne um „Osteuropa" geht, und klare Definitionen, mithin das Handwerkszeug wissenschaftlichen Arbeitens. Die entgegengesetzte Schlussfolgerung – aus Angst vor Instrumentalisierung nicht mehr über bestehende blinde Flecken zu sprechen – würde bedeuten, das Thema der russischen Propaganda zu überlassen. Diesen Gefallen werden wir ihr nicht tun.

Ebenso der Differenzierung bedürfen die Kategorien, die wir bilden und mit denen wir Menschen beschreiben. Die Beschäftigung mit Rassismus bringt es mit sich, in einem Gegensatz von „Tätern" und „Opfern" zu denken. Und dies hat auch seine Berechtigung: Rassistische Verhaltensweisen bis hin zu physischer Gewalt werden, bei aller diskursiven und strukturellen Formung, von konkreten Personen verübt. Und konkrete Personen fallen ihr zum Opfer. Die Statistik der Amadeu Antonio Stiftung über die Todesopfer rechter Gewalt dokumentiert dies. Auch Menschen osteuropäischer Herkunft wurden seit 1990 Opfer rechtsextremer Morde mit rassistischem Motiv, darunter sieben Spätaussiedler aus der ehemaligen

Sowjetunion und vier Polen.[4] Als Beispiel sei der junge, aus Kasachstan stammende Spätaussiedler Kajrat Batesov genannt: Am 4. Mai 2002 wurde er im brandenburgischen Wittstock zusammen mit seinem Freund Maxim K. vor einer Diskothek von Jugendlichen brutal attackiert und als „Scheißrusse" beschimpft. Kajrat erlag am 23. Mai 2002 seinen Verletzungen.[5] Sein Name ist ebenso wie die der anderen Opfer heute kaum jemandem ein Begriff.

Etwas größere öffentliche Aufmerksamkeit erfuhr das Rohrbombenattentat am S-Bahnhof Düsseldorf-Wehrhahn am 27. Juli 2000. Zehn Menschen postsowjetischer Herkunft, darunter sechs Jüdinnen und Juden, wurden zum Teil lebensgefährlich verletzt, eine schwangere Frau verlor ihr ungeborenes Kind. Die Opfer hatten zuvor einen Sprachkurs besucht. Täterschaft und Tatmotivation wurden nie aufgeklärt. Der Verdächtige Ralf S. wurde am 31. Juli 2018 aus Mangel an Beweisen freigesprochen (Panagiotidis 2021, S. 156).

Zugleich ist es uns wichtig, Menschen, die Rassismus erfahren, nicht auf ihren Status als „Opfer" zu reduzieren. Sie bzw. ihre Familien sind in aller Regel in der Hoffnung auf ein besseres Leben nach Deutschland gekommen, haben für sich und vor allem für ihre Kinder hier allen Widrigkeiten zum Trotz versucht, etwas aufzubauen, und sind auf diese Lebensleistung verständlicherweise stolz (Klingenberg 2022; Aivazishvili-Gehne 2023). Sie sehen sich nicht nur, und zumeist auch nicht in erster Linie, als „Opfer". Es ist nicht an uns, dies zu gewichten oder gar zu bewerten, die Selbstverständnisse der Menschen sind vielfältig und ihre eigene, individuelle Entscheidung. Wir fokussieren in dieser Studie auf einen bestimmten Ausschnitt, und im Rahmen dessen bilden wir unsere Kategorien. Diese müssen nicht mit den Selbstbeschreibungen identisch sein und sind es in vielen Fällen auch nicht.

Ebenso wenig, wie wir Menschen auf einen Status als „Opfer" reduzieren wollen, ist es unsere Intention, einer Erinnerungs- oder eben einer Opferkonkurrenz das Wort zu reden. Es ist überfällig, dass auch in Deutschland verstärkt über Rassismus gesprochen wird. Es waren vor allem migrantische Selbstorganisationen, die gegen viele Widerstände den Begriff „Rassismus" sukzessive auf die Tagesordnung gesetzt haben (Alexopoulou 2020). Nach unserem Verständnis bedeutet dies aber auch, einen möglichst umfassenden Blick auf die Thematik zu bekommen und nicht bestimmten Gruppen, konkret: Menschen aus dem östlichen Europa, ihre Betroffenheit von Rassismus abzusprechen. Dabei geht es eben nicht um Konkurrenz, zumal die Urheber des Rassismus häufig dieselben sind. Verschiedene rassistische Kategorien und Praktiken müssen mit ihren jeweiligen, spezifischen Eigenschaften auf struktureller und individueller Ebene analysiert wer-

---

4 Amadeu Antonio Stiftung: Todesopfer rechter Gewalt: https://www.amadeu-antonio-stiftung.de/todesopfer-rechter-gewalt/ (Abfrage: 12.11.2023).

5 Ebd. „Kajrat Batesov": https://todesopfer-rechter-gewalt-in-brandenburg.de/kajrat-batesov/ (Abfrage: 12.11.2023).

den. Wichtig ist dabei, die betroffenen Menschen zu hören, die in der Bevölkerung vorhandenen Vorurteilsstrukturen genauso wie sie begünstigende Makrostrukturen zu analysieren, und systematische Benachteiligungen von Menschen aufgrund ihrer Herkunft – etwa auf dem Arbeits- und Wohnungsmarkt – zu benennen. Den Rassismus gegen Menschen aus Osteuropa sollten wir dabei sehr ernst nehmen, neben einer „Osterweiterung der Erinnerung" (Terkessidis 2019) bedarf es einer Osterweiterung der Rassismusdebatte.

Die Erfahrungen der Menschen aus dem östlichen Europa werfen Fragen an unser Verständnis von Rassismus auf – sie eignen sich aber nicht für politische Instrumentalisierungen. Ebenso wenig, wie sie gegen die Biografien und Erfahrungen anderer Menschen ausgespielt werden sollten, stellen sie ein Beleg für das rechte Narrativ eines vermeintlichen „Rassismus gegen Weiße" dar. Davon abgesehen, dass „weiß" keine adäquate Beschreibung der sehr unterschiedlichen Positionen der Menschen aus der Großregion östliches Europa ist, verkennt die Argumentation den entscheidenden Punkt: Der Rassismus trifft die Menschen nicht, weil sie mehrheitlich als „weiß" gelesen werden, sondern weil andere rassistische Hierarchisierungen – nämlich die abwertende Beschreibung als „osteuropäisch" oder „slawisch" – äußerlich mehrheitlich „weiße" Menschen treffen. Sie werden also nicht Opfer von Rassismus weil, sondern obwohl sie „weiß" sind. Wie dies zu unterschiedlichen Zeiten und in verschiedenen Kotexten aussah und bis heute fortwirkt, ist Thema dieses Buches.

Kapitel 2: Intellektuelle Grundlagen des antiosteuropäischen Rassismus

Die Produktion der Alterität – des „Andersseins" – Osteuropas im deutschen (wie auch allgemeiner im westlichen) Blick war ein lang andauernder, intellektueller Prozess. Wir können diesen Prozess hier nicht in allen Einzelheiten nachzeichnen. Für das Thema dieses Buches, die Herausbildung des antiosteuropäischen Rassismus, ist vor allem von Interesse, ab wann sich von abwertenden deutschsprachigen Perspektiven auf das östliche Europa und seine Bewohner*innen sprechen lässt. Wie bei den meisten historischen Prozessen gibt es keinen klar zu identifizierenden Punkt, der als ‚Anfang' benannt werden könnte. Es lassen sich jedoch Verdichtungen beschreiben, während derer bestimmte Erklärungsmuster an Bedeutung gewannen und diskursmächtig wurden. Für das hier interessierende Thema ist dies nicht zufällig das Zeitalter der Aufklärung, das seit Larry Wolffs bahnbrechender – interessanterweise nie ins Deutsche übersetzter – Arbeit als entscheidender Moment der „Erfindung Osteuropas" bekannt ist (Wolff 1994). Mit der Herausbildung des „wissenschaftlichen" Rassismus in der zweiten Hälfte des 19. Jahrhunderts kamen dann explizit rassifizierende Perspektiven auf die in der Region lebenden Menschen und speziell die „Slawen" hinzu. Hier zeigt sich bereits, dass Farbkategorien den Rassismus der damaligen Zeit kaum angemessen beschreiben – auch innerhalb der „weißen Rasse" wurden eindeutige, rassistisch begründete Hierarchisierungen vorgenommen.

Voraufklärerische Bilder vom ‚Osten'

Der Fokus auf die Zeit der Aufklärung bedeutet nicht, dass nicht bereits zuvor in hierarchisierender Weise über das östliche Europa und insbesondere seine slawischen Bewohner*innen geschrieben wurde. Für das Mittelalter hat Eduard Mühle die Wandlungen des lateinisch-abendländischen Slawenbildes herausgearbeitet, das ab dem 10. Jahrhundert zunehmend negativ konnotiert war, aber bei einzelnen Autoren auch Aspekte von Antikisierung und Mythisierung enthielt (Mühle 2020, S. 361–382). In der Frühen Neuzeit sind in dieser Hinsicht vor allem Flugschriften und Reiseberichte aussagekräftig. Genannt seien nur die bekanntesten Beispiele aus dem deutschsprachigen Bereich: Sigismund von Herbersteins ursprünglich 1549 verfasstes Werk *Rerum Moscoviticarum Commentarii* (von Herberstein 2007 [1556/1557]) und Adam Olearius' *Vermehrte Newe Beschreibung Der Muscovitischen und Persischen Reyse* (Olearius 1656). Beide sind im Rahmen von Gesandtschaften entstanden, beide handeln von Russland, genauer: vom Moskauer Reich, und beide weisen eine spezifische Ambivalenz auf. Einerseits sind sie Ausweis von Kenntnisreichtum: sowohl Herberstein als auch Olearius berichten detailliert über die kirchliche und weltliche Ordnung des Moskauer Staates wie auch, im Stile von ‚Entdeckern', über die Weite des Landes, die verschiedenen ‚Völkerschaften' und das Alltagsleben. Bis heute gelten ihre Texte als herausragende historische Quellen, die das deutsche Russlandbild nachhaltig geprägt haben.[6] Anderseits sind beide Berichte Grundlagen bis heute wirkungsmächtiger Russlandklischees. Exemplarisch sei Olearius zitiert, dessen sechstes Kapitel den Titel „Von der Russen Natur/Eigenschaft der Gemüther und Sitten" trägt und mit der folgenden Feststellung beginnt:

> „Wenn man die Russen nach ihren Gemüthern, Sitten und Leben betrachtet, seynd sie billich unter die Barbaren zu rechnen. [...] Dann die Russen keyne freye Künste und hohe Wissenschaften lieben, viel weniger sich selbst darinnen zu üben, Lust haben. [...] Daher bleiben sie ungelehrt und grob." (Olearius 1656, S. 184)

Im Folgenden werden „die Russen" der maßlosen Trunkenheit, der „Unzucht" und des „Sodamieren[s]" (Olearius 1656, S. 193), auch mit Pferden, bezichtigt. Im letzten Drittel des gleichen Kapitels heißt es dann:

> „Gleich wie die Russen von Natur hart und zur Sclaverey geboren seynd, also müssen sie auch unter einem harten und strengen Joch und Zwang gehalten und immer zur Arbeit und zwar mit Prügeln und Peitschen angetrieben werden." (Olearius 1656, S. 197)

Nun lässt sich mit gutem Grund einwenden, dass derlei Völkertypologien im 17. Jahrhundert nichts Ungewöhnliches, sondern vielmehr weit verbreitet waren. Dem ist sicherlich so – entscheidend für unseren Zusammenhang ist aber die abwertende Dichotomie, die der Schilderung zugrunde liegt. „Freye Künste" und „hohe Wissenschaften" verortet Olearius im lateinischen Westen, „die Russen" sind hierzu „von Natur aus" nicht fähig und werden als triebgesteuerte, zu Bildung nicht fähige „Barbaren" präsentiert.

Hierarchisierende Selbst- und Fremdbilder prägten nicht nur bei Schilderungen Russlands die westeuropäischen Mental Maps. Andreas Kappeler hat die Wandlungen des Bildes der Ukraine in westlichen Berichten ab dem 16. Jahrhundert nachgezeichnet, das zwischen positiven Beschreibungen der Kosaken, die als Freiheitskämpfer gegen die russische ‚Despotie' skizziert wurden, und einer romantischen Verklärung, aber auch Herabstufung der Ukraine als „Land der Bauern" oszillierte (Kappeler 2020). Zudem ist der deutsche Polendiskurs

6 So würdigte etwa Frank Kämpfer Herbersteins Beschreibungen als „den Beginn neuzeitlicher Osteuropakunde" und „frühe Meisterleistung". Von Herberstein (2007 [1556/1557], S. 7 f.) Vgl. auch die Betonung der Bedeutung des Werkes durch Wakounig (2017).

der Frühen Neuzeit in diesem Kontext relevant. Zentrale Begriffe waren hierbei „Verwirrung“, „Anarchie“ und „Unordnung“. Sie finden sich als vermeintliche Charakteristika der polnischen Adelsrepublik (*Rzeczpospolita*) bei Gottfried Wilhelm Leibniz, Samuel Pufendorf und vielen anderen. Nicht immer linear und bruchlos – so hat etwa Leibniz in seinem frühen Werk die Funktion Polen-Litauens als *antemurale christianitatis* gegen den ‚russischen Koloss‘ betont, während sich sein Polenbild später, parallel zu einer positiveren Bewertung Russlands unter Peter I., zunehmend verschlechterte (Pufelska 2017). Im Gesamtblick blieben aber die Bilder von der „polnischen Unordnung“ in der deutschsprachigen Publizistik dominierend, wie Hubert Orłowski auf breiter Quellenbasis nachvollzogen hat (Orłowski 1996). Exemplarisch zitiert sei aus der zeitgenössisch sehr populären *Pohlnischen Chronicke* Samuel Friedrich Lauterbachs aus dem Jahr 1727:

> „Wie der Castellan Coricynius selbst das bekandte Sprichwort, so schon 200 Jahr alt seyn soll, anführet: Polonia confusione regitur. Polen wird durch Unordnung regieret. […] Deswegen gar das verwirrete Polen, und andere Polen ziemlich übel umnehmende Schrifften in die Welt ausgegangen sind. […] Der bekannte Comenius tadelt der Polen grosse Verschwendung und Vollerey, welche ein unordentliches Wesen zu machen pfleget, und propheceyet ihnen daher nichts gutes. […] Ein andrer macht diesen bündigen Schluß. Die Polnische Respublic lebet in Unordnung, in Unordnung wird sie untergehen.“ (Lauterbach 1727, S. 794 f.)

Die bisherige Forschung hat diese und zahlreiche weitere Selbst- und Fremdbeschreibungen zumeist als Stereotype analysiert. Vor allem Hans Henning Hahn hat sich um die Analyse des Verhältnisses von Stereotypen und Geschichte verdient gemacht.[7] Nimmt man die von ihm geprägte Definition von Stereotypen als verfestigte kollektive Zuschreibungen mit vorwiegend emotionalem Gehalt, die nur in ihren sprachlichen bzw. bildlichen Repräsentationen zu fassen sind und sich nach Auto- und Heterostereotypen, also Eigen- und Fremdzuschreibungen, unterteilen lassen, dann trifft dies sicher auf die obigen Zitate zu (Hahn 2007; vgl. auch Jaworski 1987).

Im Lichte der inzwischen breit gefächerten Forschung zu (post)kolonialen Kontexten wäre heute zu fragen, ob nicht auch dies eine passende Kategorie für die Texte von Herberstein, Olearius, Lauterbach und anderen sein könnte. Die von Christoph Kienemann (2018, S. 48) als Charakteristika angeführte Konstruktion von kolonialer Identität und Alterität, basierend auf der Vorstellung einer ‚eigenen‘, kulturellen Höherwertigkeit, wäre mit gutem Grund zu diskutieren – die Dichotomie von „tiefster Barbarei“ und „höchster Civilisation“ lag

7 Hieraus ist unter anderem die Arbeitsstelle Historische Stereotypenforschung an der Carl von Ossietzky Universität Oldenburg hervorgegangen: http://www.stereotyp-und-geschichte.de/ (Abfrage: 12.11.2023).

vielen westeuropäischen Texten der Frühen Neuzeit über ‚den Osten' zugrunde (vgl. dazu auch Schröder 2010). Das dritte Kriterium – die Konstruktion eines kolonialen Raums, den es potenziell zu erobern und zu ‚entwickeln' gilt – findet sich jedoch bei Herberstein und Olearius nicht. Russland wird als ‚anders' und ‚barbarisch' beschrieben, aber noch nicht als ‚deutscher Raum' (‚Deutscher Osten') konzipiert.[8] Anders verhält es sich mit dem deutschen Polendiskurs: Hier kam den stereotypen Bildern von der ‚polnischen Anarchie' im Laufe des 18. Jahrhunderts sukzessive eine legitimierende Funktion für die gewaltsame Annexion von Gebieten zu, wie sie dann in Gestalt der Teilungen Polen-Litauens 1772, 1793 und 1795 durch Preußen, das Habsburger Reich und Russland auch tatsächlich stattfand (Orłowski 1996, S. 233–275; Kochanowska-Nieborak 2004; Pufelska 2017, S. 131–138). Hierauf werden wir unter dem Stichwort „kolonialer Raum" bei der Analyse der Debatten in der Frankfurter Paulskirche noch zurückkommen.

Die Konstruktion Osteuropas im Zeitalter der Aufklärung

Im Laufe des 18. Jahrhunderts kam es zu einer Verdichtung hierarchisierender Beschreibungen über das westliche und das östliche Europa. Insbesondere die Aufklärung stellte diesbezüglich einen Katalysator dar, ging sie doch im Namen der Volksaufklärung mit der Schaffung neuer Öffentlichkeiten und neuen Bildungspraktiken einher (Stöber et al. 2015; Pasewalck/Weber 2020; Lukas u. a. 2021). Zugleich ist das aufklärerische Denken durch eine spezifische Ambivalenz gekennzeichnet: Einerseits dem Rationalismus und Universalismus verpflichtet, sind die Schriften prominenter Vertreter der Aufklärung zugleich Ausdruck von (West-)Eurozentrismus und, wie in den letzten Jahren zunehmend diskutiert, teilweise auch von Rassismus (u. a. El-Mafaalani 2021, S. 29–32). Bekanntestes Beispiel ist Immanuel Kant, maßgeblicher Begründer der Idee eines Weltbürgerrechts, in dessen Schriften sich aber auch die Unterteilung der Menschheit in höher- und niederwertige „Racen" findet:

> „Die Menschheit ist in ihrer größten Vollkommenheit in der Race der Weißen. Die gelben Indianer haben schon ein geringeres Talent. Die Neger sind weit tiefer, und am tiefsten steht ein Theil der amerikanischen Völkerschaften." (Kant 1765, S. 316)[9]

---

8 Dies bestätigt sich auch durch die an sich sehr anregende Dissertation von Cornelia Soldat (2022) über Heinrich von Stadens Plans zur Eroberung Moskoviens. Ihrer Arbeit kommt das Verdienst einer innovativen Interpretation dieser lange Zeit nicht wahrgenommenen Quelle zu. Die Einordnung in koloniale Kontexte überzeugt jedoch nur bedingt. Vgl. in diesem Sinne auch die Besprechung von Andrej Doronin (2023).

9 Mit „Indianer" sind die Bewohner*innen Indiens gemeint. http://kant.korpora.org/Band9/316.html.

In Anbetracht solcher und weiterer Passagen wird es nicht nur für die Person Kants eine andauernde Herausforderung bleiben, das Verhältnis zwischen dem aufklärerischen Postulat des Universalismus auf der einen Seite und kollektiven, rassistischen Abstufungen andererseits nicht nur historisch, sondern auch in ihren Auswirkungen für unser heutiges Handeln zu bestimmen (zu Kant u.a. Reimann 2017, S. 168–182; Gerhardt/Weber/Schepelmann 2022). Das 18. Jahrhundert war in Europa eben nicht nur das Zeitalter der Aufklärung, sondern auch der Entwicklung eines mit wissenschaftlichem Anspruch auftretenden Rassismus (Reimann 2017).

Dem östlichen Europa kam in diesem Spannungsverhältnis ein Zwischenstatus zu. Aufbauend auf Edward Saids grundlegender Studie über „Orientalismus" (Said 1978) zeigte Larry Wolff, wie „Osteuropa" im westeuropäischen, aufklärerischen Denken als ‚das Andere' konstruiert wurde, als „paradox of simultaneous inclusion and exclusion, Europe but not Europe" (Wolff 1994, S. 7), zwischen ‚Orient' und ‚Okzident' gelegen und vermeintlich gekennzeichnet durch Rückständigkeit und Barbarei. Wolff bezog sich hierbei zentral auf französische Protagonisten der Aufklärung wie Voltaire und Rousseau, führt aber auch prominente deutschsprachige Beispiele an.[10] Zu ihnen zählt Johann Gottfried Herder, der 1769 während seiner Reise von Riga über Kopenhagen und Helsingör nach Nantes notierte:

> „Was für ein Blick überhaupt auf diese Gegenden von West-Norden, wenn einmal der Geist der Kultur sie besuchen wird! Die Ukraine wird ein neues Griechenland werden: der schöne Himmel dieses Volks, ihr lustiges Wesen, ihre Musikalische Natur, ihr fruchtbares Land u.s.w. werden einmal aufwachen: aus so vielen kleinen wilden Völkern, wie es die Griechen vormals auch waren, wird eine gesittete Nation werden: ihre Gränzen werden sich bis zum schwarzen Meer hinerstrecken und von dahinaus durch die Welt. Ungarn, diese Nationen und ein Strich von Polen und Rußland werden Theilnehmerinnen dieser neuen Kultur werden; von Nordwest wird dieser Geist über Europa gehen, das im Schlafe liegt, und dasselbe dem Geiste nach dienstbar machen." (Herder 1846, Kapitel 7)

Herder ist in mehrfacher Hinsicht ein interessantes Beispiel. Er schrieb zunächst rund zwei Jahrzehnte über Russland und „die Russen", ehe er sich ab Mitte der 1780er Jahre „den Slawen" insgesamt zuwandte. Sein breit rezipiertes und in verschiedene slawische Sprachen übersetztes Kapitel über „Slavische Völker" in den *Ideen zur Philosophie der Geschichte der Menschheit* (Herder 1791, S. 32–36) hat ihm den Status eines „Lehrer[s] und Nationalerzieher[s] der Slawen" eingebracht (Keller 1987, S. 394; vgl. in diesem Sinne auch Kalmar 2022, S. 61–63). Herder wandte sich mehrfach gegen die Einteilung der Menschheit in „Rassen" und gegen Hier-

10 Vgl. in diesem Sinne auch Liulevicius 2009, S. 44–71; kritisch zu Wolffs Quellenbasis und seinen Schlussfolgerungen hingegen Schmale 2017; Kalmar 2022.

archisierungen aufgrund unterschiedlicher Grade an „Zivilisation". Zugleich entwickelte er aber die Idee organischer, kollektiver Identitäten der verschiedenen „Völkerschaften", „Nationen" oder Stämme", weshalb er von einem Teil der Forschung als Vorläufer des Nationalismus des 19. Jahrhunderts gesehen wird (Liulevicius 2009, S. 53–59; Reimann 2017, S. 252–263). „Die Slawen" beschrieb er als an sich guten, friedfertigen und fleißigen „Stamm", dessen volle Entfaltung aber erst noch bevorstehe. Ähnlich fielen seine Schriften über „die Russen" aus, die noch in einem kindlichen Naturzustand seien, durch aufgeklärte Herrscher*innen aber ‚entwildert' werden könnten (vgl. Wolff 1994, S. 308–310).

Liest man die Schriften Herders aus einer kolonialismuskritischen Perspektive, dann bedürfen frühere Einordnungen wie jene Mechthild Kellers einer Revision. Herder blickte auf die Völker des östlichen Europa in der Tat wie ein „Erzieher", aber eben wie ein Lehrer auf seine Schüler*innen. Zwar verortet er „die Russen" bzw. „die Slawen" nicht vollständig ‚außerhalb' Europas, aber unzweifelhaft als rückständig und nicht gleichwertig. Der „Geist der Kultur", den er in seinem Reisejournal beschwört, weht aus Westen, ‚der Osten' muss im Sinne der Aufklärung erst noch ‚erleuchtet' werden. Dies ist das klassische koloniale Setting einer *mission civilisatrice*, die es zu erfüllen gelte.

Zwei weitere deutschsprachige Beispiele, die auch Larry Wolf analysiert, sind Georg Friedrich Wilhelm Hegel und Johann Georg Forster. Hegel führte in seinen *Vorlesungen über die Philosophie der Weltgeschichte* aus:

> „Wir finden nun außerdem im Osten von Europa die große slawische Nation, deren Wohnsitze sich im Westen der Elbe entlang bis an die Donau erstreckten [...]. Zwischen sie hinein haben sich dann die Magyaren (Ungarn) gelagert [...]. In der Moldau und Walachei und dem nördlichen Griechenland sind die Bulgaren, Serben und Albanesen ebenso asiatischen Ursprungs und in den Stößen und Gegenstößen der Völkerschaften hier als gebrochene barbarische Reste geblieben. Es haben zwar diese Völkerschaften Königreiche gebildet und mutige Kämpfe mit den verschiedenen Nationen bestanden; sie haben bisweilen als Vortruppen in den Kampf des christlichen Europas und des unchristlichen Asiens eingegriffen, die Polen haben sogar das belagerte Wien von den Türken befreit, und ein Teil der Slaven ist der westlichen Vernunft erobert wurden. Dennoch aber bleiben sie aus unserer Betrachtung ausgeschlossen, weil sie ein Mittelwesen zwischen europäischem und asiatischem Geiste bilden [...]. Diese ganze Völkermasse ist bisher nicht als ein selbständiges Moment in der Reihe der Gestaltungen der Vernunft in der Welt aufgetreten ist. Ob dies in der Folge geschehen werde, geht uns hier nicht an [...]." (Hegel 1920, S. 779)

Die Perspektive Hegels auf die Nationen „im Osten" ähnelt jener Herders: „Die Slaven" stehen zwischen dem christlichen (= katholischen oder protestantischen, aber nicht orthodoxen, auch wenn dies beispielsweise für Polen nicht zutrifft) Europa und dem „unchristlichen Asien", sie sind für Hegel ein „Mittelwesen". Zugleich ordnet er sie in seine Philosophie des Weltgeistes ein, der sich, über Brüche und Zäsuren hinweg, grundsätzlich fortschrittlich entwickelt. In dieser „Reihe der Gestaltungen der Vernunft“ werden die Nationen und „Völkerschaften“ bestimmten Entwicklungsstufen zugeordnet. „Den Slawen“ spricht Hegel diese Fähigkeit zwar nicht grundsätzlich ab; bisher hätten sie aber keine Eigenständigkeit erlangt.

Als letztes Beispiel sei Johann Georg Forster genannt. Während sein Name bis heute zumeist mit seiner Eigenschaft als „Weltreisender“ (Forster war Teilnehmer der zweiten Weltumsegelung von James Cook) und mit der Französischen Revolution (Forster war Mitglied des Mainzer Jakobinerklubs) verbunden wird, hat er mit Blick auf das östliche Europa das langlebige Stereotyp der „polnischen Wirtschaft“ geprägt. Von 1784 bis 1787 Professor für Naturgeschichte in Wilna, schrieb Forster bereits im Jahr seines Amtsantritts in einem Brief im Dezember 1784:

> „Von der polnischen Wirthschaft, von der unbeschreiblichen Unreinlichkeit, Faulheit, Besoffenheit und Untauglichkeit aller Dienstboten [...], von der Insolenz der Handwerker, ihrer über alle Beschreibung elenden Arbeit, endlich von der Zufriedenheit der Polaken mit ihrem eigenen Misthaufen, und ihrer Anhänglichkeit an ihre Vaterländischen Sitten will ich weiter nichts sagen. [...] Die Polen sind Schweine von Haus aus, so Herren als Diener; alles geht schlecht gekleidet, zumal das weibliche Geschlecht; putzen sie sich, so sitzt es wie der Sau das güldene Halsband. Ausnahmen giebts, das versteht sich; ich spreche von der allgemeinen Regel.“ (zitiert nach Orłowski 1996, S. 54 f.)

Forster war nicht der Erste, der von einer vermeintlich per se ineffizienten und ‚sittenlosen‘ „polnischen Wirtschaft“ schrieb, aber er hat maßgeblich zur Verbreitung dieses Bildes beigetragen. Er begründete damit eine Wirkungsgeschichte, die vor allem im 20. Jahrhundert verheerende Auswirkungen zeitigen sollte und in den 1980er und 90er Jahren in Gestalt der „Polenwitze“ wiederauflebte (für die Zeit bis 1945 vgl. Orłowski 1996).

In der Forschung gibt es unterschiedliche Auffassungen darüber, inwieweit Forsters grobe Ausfälle gegen die polnische Bevölkerung primär als Ausdruck revolutionären Furors gegen die polnische Szlachta und das Wahlkönigtum der Rzeczpospolita gelesen werden sollten (vgl. hierzu neben Orłowski 1996 auch Bömelburg 1993). Ohne dies hier biografisch vertiefen zu wollen, kann jedoch allein nach der Lektüre des obigen Zitats kein Zweifel daran bestehen, dass „die Polen“ von Forster kollektiv herabgesetzt und entmenschlicht wurden („Die Polen sind Schweine von Haus aus“). Dies lässt sich im Sinne der von Philomena Essed definierten „Wertigkeitshierarchien“ nicht anders denn als rassistisch bezeichnen (vgl. zu Forsters Position im Rassendiskurs des 18. Jahrhunderts Reimann 2017, S. 182–192).

Die Liste der Namen ließe sich fortsetzen. Die Auswahl der hier zitierten, prominenten Vertreter der Aufklärung sollte aber deutlich gemacht haben, dass die West-Ost-Dichotomie keine Randerscheinung darstellte, sondern als grundlegendes Muster einer „philosophic geography" (Wolff 1994, S. 7) zentrale aufklärerische Schriften prägte.

Balkanismus

Wenige Jahre nach Larry Wolffs *Inventing Eastern Europe* erschien Maria Todorovas nicht weniger grundlegendes Buch *Imagining the Balkans* (1997, deutsche Übersetzung 1999). Todorova gelangte zu durchaus vergleichbaren Ergebnissen, auch wenn diese zeitlich etwas später zu verorten sind: Auf breiter Quellenbasis zeigte sie auf, wie sich ‚Balkan' im nördlichen und westlichen Teil Europas im Laufe des 19. Jahrhunderts von seiner ursprünglichen, geografischen Bedeutung als Bezeichnung einer Gebirgskette zu einer pauschalen und abwertenden Bezeichnung für die Großregion Südosteuropa entwickelte. Der ‚Balkan' wurde zwar in Abgrenzung gegen den Islam noch zum ‚Eigenen' gezählt, aber als dessen „niedrigstmögliche]r] Fall, als etwas unvollkommenes Eigenes", als Verkörperung der „internen Andersartigkeit" (Todorova 1999, S. 37, 267). In Warnungen vor der vermeintlichen Gefahr einer ‚Balkanisierung' bestimmter Regionen wirkt dies bis heute fort.

Maria Todorovas Buch zählt ebenso wie Larry Wolffs Studie zu den Wegmarken einer Forschungsrichtung, die sich auf Edward Saids „Orientalismus" bezieht. Todorova legt dies in ihren konzeptionellen Ausführungen auch offen, setzt sich aber zugleich dezidiert kritisch mit Saids Werk auseinander. Unter anderem konstatiert sie eine Reproduktion essentialistischer Konzepte von „dem Orient" und „dem Okzident" bei Said, die dieser nicht reflektiere (Todorova 1999, S. 23–40). Diesen Punkt macht auch Ivan Kalmar stark, indem er – völlig zu Recht – darauf verweist, dass es im (nord)westeuropäischen Denken neben einer mentalen Wertigkeitsskala West-Ost eine ebensolche auf einer Nord-Süd-Achse gegeben habe (und bis heute gibt). Nimmt man diese beiden Achsen, dann ist ‚der Balkan' doppelt negativ verortet, er ist „the part of Europe that is the most Eastern part of its South" (Kalmar 2022, S. 52). Das Bild der Skalen verweist zugleich auf die Notwendigkeit der Binnendifferenzierungen und auf die verschiedenen Variationen von ‚östlich' in den jeweiligen Selbst- und Fremdbeschreibungen: Es gibt immer noch weiter ‚östlich' gelegene Regionen und Staaten, auch innerhalb des östlichen Europa (Zarycki 2014; Frysztacka 2021). Milica Bakić-Hayden hat diese Verschachtelung von gegenseitigen Abgrenzungen und Abwertungen treffend als „Nesting Orientalisms" bezeichnet (Bakić-Hayden 1995).

Antislawismus und Rassismus

Die bisher skizzierten „Geostereotype" stellen für sich genommen noch keinen Rassismus dar. Das Othering der Regionen bildete aber die Voraussetzung für die schon angedeutete kollektive Abwertung speziell ihrer slawischen Bewohner*innen, die dann ab Ende des 19. Jahrhunderts im Zuge der Entwicklung des wissenschaftlichen Rassismus zunehmend in rassistischen Begriffen formuliert wurde. David Vlahek (2022, S. 5) bringt die Herausbildung des zunächst v. a. kulturell begründeten Antislawismus in Zusammenhang mit der von Eduard Mühle (2020) so bezeichneten „Erfindung der Slawen in der Neuzeit". Die in Kapitel 3 ausführlich diskutierten Debatten in der Frankfurter Paulskirche stellten laut Vlahek (2022, S. 6) einen Wendepunkt hin zu einer Wahrnehmung der Slawen als „Gefahr" dar – eine Gefahr, die im Deutschen Reich wie auch im Habsburgerreich insbesondere im Bereich der Sprache und Kultur gesehen wurde. Slawische Kulturen – im Deutschen Reich die polnische, im Habsburgerreich vor allem die tschechische – wurden dabei in den zunehmend einflussreichen deutschnationalen Kreisen zugleich als gefährlich und als „minderwertig" gesehen (Vlahek 2022, S. 9).

Aus diesem „Kulturantislawismus" wurde dann zu Beginn des 20. Jahrhunderts ein „Rassenantislawismus". Das vermeintliche Kulturgefälle zwischen West und Ost, zwischen „Germanen und „Slawen", wurde nun biologisiert. Vlahek (2022, S. 11) verweist beispielsweise auf den Mediziner Alfred Ploetz, der in seinen *Grundlinien einer Rassen-Hygiene* (Ploetz 1895) die angebliche „germanische" kulturelle Überlegenheit gegenüber Slawen (und Romanen!) biologisch begründete. Der Rassentheoretiker Albrecht Wirth (1905, S. 12) behauptete in seiner Schrift *Die gelbe und die slawische Gefahr*, dass kein „Slawenvolk" bisher „aus eigener Kraft [...] einen Staat errichtet habe" – immer hätten sie fremde Herrscher wie Germanen, Skandinavier oder Tataren gehabt. Staatsbildung wird hier mit einer bestimmten Zivilisationsstufe assoziiert. Vlahek (2022, S. 13) schließt hieraus, dass „die für das ‚Slawentum' vermeintlich charakteristischen Merkmale, wie ‚Unterwürfigkeit und Despotie' [...] trotz dieses biologistischen Paradigmenwechsels nahezu unverändert" blieben. „In diesem Kontext ließe sich zusammenfassend auch von einer ‚Rassifizierung' der vormals sprachlich-kulturellen Kategorie des ‚Slawentums' sprechen." Daraus folgte auch, dass eine Assimilation der Slawen an die „germanische" Kultur immer weniger für möglich oder wünschenswert gehalten wurde (Vlahek 2022, S. 16; vgl. auch Kapitel 4).

In dieser Hochzeit des „wissenschaftlichen" Rassismus wurde also die „weiße Rasse" weiter unterteilt und hierarchisiert. Dabei standen die Slawen nicht ganz unten in der Hierarchie – die aus der Sicht des Rasseantisemitismus niedrigste und gleichzeitig gefährlichste Rasse innerhalb des Konstrukts der „weißen Rasse" waren „die Juden". Dass sie aber, genau wie die Slawen, zu ebenjener „weißen Rasse" gehörten, „das mussten selbst fanatische Rassentheoretiker einräumen" (Hund 2017, S. 5). Für Wulf D. Hund folgt daraus eine im Grunde permanente Identitätskrise der Deutschen bezüglich „Weißseins":

> „Die Deutschen konnten sich daher zwar für deren [der weißen Rasse] herausragenden Vertreter halten und das in den unterschiedlichen Formen des arischen Mythos, der Germanenideologie und des nordischen Gedankens zum Ausdruck bringen. Ihr Rassenbewusstsein musste aber gleichwohl von Anfang an damit zurechtkommen, dass es nicht nur an ihrer östlichen Grenze, sondern auch mitten unter ihnen ›andere‹ (angeblich minderwertige oder bösartige) ›Weiße‹ gab." (Hund 2017, S. 6)

Es war, so Hund, nicht zuletzt die Existenz dieser „anderen Weißen" und die damit verbundene Prekarität der deutschen *whiteness*, die die Destruktivität des deutschen Rassismus bedingte.

> „Wie der angeblich wissenschaftliche Blick zeigte, war die ›weiße Rasse‹ ein Konglomerat von ›Europäiden‹ von teils zweifelhafter Reputation oder üblem Leumund. Das schloss nicht aus, dass sie von äußerem, ›farbigem‹ Einfluss frei gehalten oder ›gereinigt‹ werden musste. Die Aufgabe ihrer ›Säuberung‹ bezog sich aber vor allem auf innere ›wesensfremde‹ Elemente und erforderte die Trennung von ›edlem‹ und ›unedlem‹ Weiß. Solange sie nicht erfolgt war, konnten die einst als die ›eigentlichen Weißen‹ apostrophierten Deutschen ihres Weißseins nicht gewiss sein." (Hund 2017, S. 141)

Kapitel 3: Die Paulskirche und der ‚Deutsche Osten'

Das östliche Europa rückte ab Ende des 18. und in der ersten Hälfte des 19. Jahrhunderts zunehmend in den Fokus der deutschsprachigen Öffentlichkeit. Im Zuge der antinapoleonischen Kriege gab es zumindest phasenweise eine positive Bezugnahme auf die Standhaftigkeit und Tapferkeit des russischen Volkes, das die Grande Armée bis nach Paris zurückdrängte (Pape 1992; Botzenhart 1992). Zudem lebte infolge der Teilungen Polen-Litauens 1772, 1793 und 1795 ab Ende des 18. Jahrhunderts über die Hälfte der Bevölkerung der vormaligen Rzeczpospolita in Preußen und Österreich und war zugleich ihres eigenen Staates beraubt. Nach dem von russischen Truppen blutig niedergeschlagenen Warschauer Aufstand 1830/31 wurden die polnischen Aufständischen, die in Zuge der „Großen Emigration" (*Wielka emigracja*) ins französische Exil gingen, in den südwestdeutschen Staaten bei ihrem Durchzug begeistert empfangen (vgl. Brudzyńska-Němec 2010; sowie zur „Großen Emigration" Hahn 2002; Kalembka 1971). Höhepunkt dieser Entwicklung war das Hambacher Fest 1832, als auf dem Hambacher Schloss neben schwarz-rot-goldenen auch die weiß-rote polnische Fahne wehte. Hier ist eine große Anteilnahme am Schicksal der polnischen Nation zu verzeichnen, auch wenn in der Forschung die begründete Frage gestellt wurde, inwieweit die „Polenbegeisterung" im Grunde eine Projektion deutscher, liberaler und nationaler Aspirationen auf die polnischen Revolutionäre war und es nicht wirklich um die ‚polnische Sache' ging (vgl. u. a. Brudzyńska-Němec 2010). Als Gradmesser zur Beantwortung dieser Frage können die Debatten in der Frankfurter Paulskirche 1848/49 dienen.

Die Frankfurter Nationalversammlung in den Revolutionsjahren 1848/49 zählt zu den zentralen Ereignissen deutscher Geschichte. Die am 28. März 1849 erfolgte Verabschiedung einer deutschen Reichsverfassung wird in der Historiografie weithin als demokratischer Meilenstein auf dem Weg zu einem späteren deutschen Nationalstaat beschrieben (vgl. jüngst die Würdigung als „Werkstatt der Demokratie" durch Engehausen 2023). In ihr war ein Katalog mit Grundrechten verankert sowie die Umgestaltung des Deutschen Bundes in eine konstitutionelle Erbmonarchie festgeschrieben. Auch wenn das von der Nationalversammlung verbliebene Rumpfparlament am 18. Juni 1849 in Stuttgart mit Waffengewalt aufgelöst wurde und die Paulskirchenverfassung letztendlich scheiterte, so gehört sie doch zum Kanon der Erinnerungsorte im deutschen kulturellen Gedächtnis.[11]

11 Vgl. hierzu u. a. den Vergleich der Paulskirchenverfassung mit der polnischen Maiverfassung von 1791 von Kałążny (2011). Kałążny gelangt hierbei zu dem Befund, dass die Maiverfassung

Deutlich weniger bekannt als die nationalen und liberalen Traditionslinien, die immer wieder mit der Paulskirche verknüpft werden, ist das völkische und koloniale Erbe der damaligen Debatten. Verwiesen sei diesbezüglich auf Günter Wollstein (1977) und Brian Vick (2002), die den Zusammenhang von nationaler Identitätsbildung und ausgrenzendem Nationalismus in den Debatten der Frankfurter Parlamentarier in ihren grundlegenden Studien aufgezeigt haben.

Eine besondere Stellung kam hierbei dem östlichen Europa zu. Während die Staaten Westeuropas in einem solchen Diskurs zwar nicht als Freunde betrachtet wurden (man denke nur an den nationalistischen Topos einer ‚deutsch-französischen Erbfeindschaft'), aber zumindest als kulturell ‚gleichwertige' Gegner, gab es beim deutsch-nationalen Blick auf das östliche Europa die bereits skizzierte Vorstellung eines vermeintlichen ‚deutschen Kulturträgertums'. Eine solche hierarchisierende Perspektive findet sich auch in den Protokollen der Paulskirchendebatten – vor allem Wilhelm Jordan wird in diesem Kontext immer wieder zitiert, der in der sogenannten „Polendebatte" über die zukünftige Stellung der Provinz Posen einen „gesunden Volksegoismus"[12] einforderte und Polen die Fähigkeit zur eigenen Staatlichkeit absprach (u. a. Wippermann 2007, S. 59–61; Liulevicius 2009, S. 84–85; Terkessidis 2019, S. 131 f.). Hans Henning Hahn analysierte zudem die Frankfurter Aussprache über die Stellung Böhmens in einem zukünftigen deutschen Nationalstaat und charakterisierte die Einlassungen zahlreicher Parlamentarier als „völkisch ‚avant la lettre'" (Hahn 2007, S. 40).

Im Folgenden sollen diese Befunde aufgegriffen und in einen breiteren Kontext gestellt werden. Neben Polen und Böhmen wird der Blick auch auf Südosteuropa gerichtet, das im Kontext der zentralen Frage des zukünftigen Verhältnisses eines deutschen Nationalstaates zu Österreich wiederholt Gegenstand der Frankfurter Debatten war. Zugleich lässt sich all dies nicht von der jeweiligen Positionierung gegenüber Russland trennen: Der Blick auf den ‚Gendarm Europas' bestimmte maßgeblich die Einlassungen zu den Völkern und Staaten, die sich perspektivisch zwischen einem Deutschen Reich und dem zaristischen Imperium befanden. Es geht mithin im Folgenden um die Stellung des gesamten östlichen Europa in den Debatten der Paulskirche. Zunächst sollen jedoch kurz die relevanten historischen Kontexte skizziert werden.

heute in Polen noch deutlich präsenter sei als die Frankfurter Reichsverfassung in der Bundesrepublik, die „lediglich als Gefühl der Unerfülltheit und Unvollkommenheit Eingang in das kollektive Bewusstsein der Deutschen" gefunden habe (ebd., S. 292).

12 Wilhelm Jordan. In: Wigard (1848), Bd. 2, 24.07.1848, S. 1145.

Historische Kontexte

Im Sommer 1848 verhandelte die Frankfurter Nationalversammlung darüber, ob die Grenze des Deutschen Bundes nach Osten verschoben werden sollte. Konkret ging es hierbei um den zukünftigen Status des Großherzogtums Posen (Provinz Posen), das den westlichen Teil der historischen Region Großpolen umfasste, dem Nukleus polnischer Staatlichkeit. Im Zuge der Teilungen Polen-Litauens am Ende des 18. Jahrhunderts sowie durch die Beschlüsse des Wiener Kongresses 1815 war das Gebiet von Preußen annektiert worden. Es gehörte nicht zum Deutschen Bund, verfügte zunächst jedoch über eine Sonderstellung innerhalb des preußischen Staatswesens, mit einem Provinzlandtag (allerdings nur in beratender Funktion) und dem Versuch, den polnischen Adel in das Herrschaftssystem einzubinden. Nach der gewaltsamen Niederschlagung des Warschauer Novemberaufstandes 1830/31 wurden diese Ansätze einer begrenzten Autonomie weitgehend beseitigt, unter dem preußischen Oberpräsidenten Eduard von Flottwell intensivierte sich die systematische Verdrängung der Polen aus öffentlichen Ämtern und der polnischen Sprache aus dem Bildungswesen. Im Gefolge des Krakauer Aufstandes 1846 gab es auch in der Provinz Posen Pläne für eine Erhebung, sie wurden jedoch an die Polizei verraten und scheiterten. Nach Beginn der Märzrevolution 1848 in Berlin bildete sich in Posen ein polnisches Nationalkomitee, das eine Autonomie der Provinz forderte und mit der Aufstellung einer polnischen Legion begann. Als Reaktion beschloss die Bundesversammlung, der ebenfalls in Frankfurt am Main tagende Gesandtenkongress der Mitgliedsstaaten des Deutschen Bundes, die Eingliederung der westlichen Gebiete der Provinz in den Deutschen Bund, was eine Teilung des Gebiets Posen bedeutete. Zugleich wurde der Aufstand bis Anfang Mai 1848 militärisch niedergeschlagen (vgl. Makowski 1996; Topolski/Trzeciakowski 1994). Im Juli 1848 debattierte dann die Paulskirchenversammlung darüber, ob die gesamte Provinz Posen in einen deutschen Nationalstaat eingegliedert werden sollte.

Ebenfalls im Sommer 1848 diskutierten die Abgeordneten über die Stellung Böhmens. Anlass war der Bericht des „Ausschusses zur Begutachtung der deutsch-slawischen Angelegenheiten“, der sich angesichts des Prager Pfingstaufstandes mit einer möglichen Entsendung von Truppen befasst hatte. Der Bericht war bei seiner Vorlage am 01. Juli 1848 bereits durch die Ereignisse überholt worden, da österreichisches Militär unter Befehl von Feldmarschall Windischgrätz die revolutionäre tschechische Erhebung mit Gewalt niedergeschlagen hatte (vgl. Jaworski/Luft 1996). Dem Aufstand vorausgegangen war der Prager Slavenkongress, dessen Delegierte mehrheitlich für einen Verbleib der slavischen Bevölkerungsgruppen in einer föderal umgestalteten Habsburgermonarchie plädierten (Austroslavismus) und sich gegen eine Unterordnung unter deutsche

Oberherrschaft wandten.[13] Beim Thema „Böhmen“ ging es mithin zugleich um eine „Konkurrenz dreier parlamentarischer Körperschaften“ (Hahn 2007, S. 42): der Paulskirche in Frankfurt, der österreichischen Nationalversammlung in Wien und des böhmischen Landtags in Prag. In den Debatten der Paulskirche wurde es jedoch in erster Linie unter dem Gesichtspunkt der zukünftigen Grenzen eines deutschen Nationalstaats und der Haltung zu Österreich relevant (vgl. Wollstein 1977, S. 189–223).

Die für die Frankfurter Parlamentarier zentrale Frage des Verhältnisses eines deutschen Staates zur Habsburgermonarchie lenkte den Blick zugleich auf Südosteuropa. Die Großregion zwischen Galizien, das infolge der Teilungen Polen-Litauens unter österreichische Oberherrschaft gekommen war, und Adria wurde zu einem Teil der ‚slavischen Frage‘, wobei das aus einer großdeutschen Perspektive als ‚deutsch‘ reklamierte Interessengebiet in den Vorstellungen nicht weniger Abgeordneter weit über die habsburgisch-osmanische Grenze hinaus reichte, wie noch zu zeigen sein wird. Zwar stimmte eine große Mehrheit der Delegierten im Rahmen der viertägigen Debatte über die Paragrafen 2 und 3 der konzipierten deutschen Verfassung (Das Reich und die Reichsgewalt) Ende Oktober 1848 für eine ‚kleindeutsche‘ Lösung und damit für eine Hegemonie Preußens; zugleich macht jedoch eine genaue Lektüre der Redebeiträge deutlich, dass diese realpolitische Entscheidung nicht mit einem Verzicht auf zukünftige, kulturell und ökonomisch begründete Hegemonievorstellungen in Südosteuropa einher ging.

Dimensionen des Kolonialen: Alterität, Identität und Raum

> „Wenn wir rücksichtslos gerecht sein wollten, dann müssten wir nicht bloß Posen herausgeben, sondern halb Deutschland. Denn bis an die Saale und darüber hinaus, erstreckte sich vormals die Slawenwelt. Aber schon im zwölften Jahrhundert fing das deutsche Wesen an, sich nach Osten auszubreiten. Sachsen und Schlesien, Brandenburg, Mecklenburg, Pommern und die Ostseeländer bis beinahe zur Newa hinauf wurden allmählich in Besitz genommen von deutschen Colonisten, und diese Eroberungen durch Waffengewalt befestigt. Auch Posen ist keineswegs erst verdeutscht seit der Theilung Polens unter den Flügeln des Preußischen Adlers. Wenn die polnischen Edelleute von dem Ertrage ihrer von Leibeigenen schlecht bewirtschafteten Ländereien ihre übermäßig gesteigerten Luxusbedürfnisse nicht mehr bestreiten konnten, dann zogen sie deutsche Pächter in das Land, die es verstanden, mit deutscher Kraft und Ausdauer dem Boden den doppelten Ertrag abzugewinnen, und den adeligen Herrn so lange Vorschüsse machten, bis ein großer Theil der Güter, theils

13 Nach der Niederschlagung des Prager Aufstandes musste sich der Slavenkongress auf unbestimmte Zeit vertagen, sodass die bereits vorbereiteten Schlussdokumente nicht mehr verabschiedet werden konnten. Vgl. zum Slavenkongress u. a. Moritsch (2000); Kolejka (1996).

durch Erbpachtcontracte, theils durch Verkauf ihr Eigentum wurden. [...] Die Uebermacht des deutschen Stammes gegen die meisten slavischen Stämme, vielleicht mit alleiniger Ausnahme der russischen, ist eine Thatsache, die sich jedem unbefangenen Beobachter aufdrängen muß, und gegen solche, ich möchte sagen, naturhistorische Thatsachen läßt sich mit einem Decrete im Sinne der kosmopolitischen Gerechtigkeit schlechterdings nichts ausrichten. [...] hat der Deutsche die Wälder gelichtet, die Sümpfe getrocknet, den Boden urbar gemacht, Straßen und Kanäle angelegt, Dörfer gebaut und Städte gegründet, um den Epigonen des exilierten hundertköpfigen polnischen Despotenthums neue Schmarotzernester zu bereiten? Soll der Bürgerstand wieder untergehen, der dem deutschen Gewerbefleiße seinen Ursprung verdankt, um das Mark des Landes noch einmal vergeuden zu lassen von verweichten, in höfischem Glanze schwelgenden Familien und liebenswürdigen Mazurkatänzern?“[14]

Diese Ausführungen stammen von Wilhelm Jordan, der in der Paulskirche zunächst zur Linken gehörte, ehe er sich der nationalliberalen Position Heinrich von Gagerns anschloss.[15] Jordan ist der wohl meist zitierte Redner der Paulskirche, wenn es um prägnante Beispiele für deutschnationale Überheblichkeit und eine Herabwürdigung der slavischen Völker in diesem Kontext geht. Insbesondere seine Forderung nach einem „gesunden Volksegoismus“ hat es mittlerweile zu einem eigenen Wikipedia-Beitrag gebracht:

„Ich sage, die Politik, die uns zuruft: gebt Polen frei, es koste, was es wolle, ist eine kurzsichtige, eine selbstvergessene Politik, eine Politik der Schwäche, eine Politik der Furcht, eine Politik der Feigheit. Es ist hohe Zeit für uns, endlich einmal zu erwachen, aus jener träumerischen Selbstvergessenheit, in der wir schwärmten für alle möglichen Nationalitäten, während wir selbst in schmachvoller Unfreiheit darniederlagen und von aller Welt mit Füßen getreten wurden, zu erwachen zu einem gesunden Volksegoismus, um das Wort einmal gerade heraus zu sagen, welcher die Wohlfahrt und Ehre des Vaterlandes in allen Fragen obenanstellt.“[16]

„Volksegoismus“ stellte für ihn den Gegenpol zu „Polenrausch“ und „schwachsinnige[r] Sentimentalität“[17] dar, als welche er die Phase der deutschen „Polenbegeisterung“ sah. Zugleich sprach Jordan dem polnischen Volk grundsätzlich die Fähigkeit zur eigenen Staatlichkeit ab, und rechtfertigte vor diesem Hintergrund auch die Teilungen Polen-Litauens als historische Notwendigkeit:

14 Wilhelm Jordan. In: Wigard (1848), Bd. 2, 24.07.1848, S. 1146, 1148.
15 Biografische Angaben zu allen Abgeordneten der Paulskirche finden sich in Best/Weege (1996).
16 Wilhelm Jordan. In: Wigard (1848), Bd. 2, 24.07.1848, S. 1145. Vgl. den Wikipedia-Eintrag: https://de.wikipedia.org/wiki/Volksegoismus (Abfrage: 12.11.2023).
17 Wilhelm Jordan. In: Wigard (1848), Bd. 2, 24.07.1848, S. 1144.

„Ich behaupte also, die deutschen Eroberungen in Polen waren eine Naturnothwendigkeit. Das Recht der Geschichte ist ein anderes, als das der Compendien. Es kennt nur Naturgesetze, und eins derselben sagt, daß ein Volksthum durch seine bloße Existenz noch kein Recht hat auf politische Selbstständigkeit, sondern erst durch die Kraft sich als Staat unter anderen zu behaupten. Der letzte Act dieser Eroberung, die viel verschrieene Theilung Polens, war nicht, wie man sie genannt hat, ein Völkermord, sondern weiter nichts als die Proclamation eines bereits erfolgten Todes, nichts als die Bestattung einer längst in der Auflösung begriffenen Leiche, die nicht mehr geduldet werden durfte unter den Lebendigen. Denn in der That, ein Volk, das aus Edelleuten, Juden und Leibeigenen bestand, war, nachdem eine lange Anarchie es verwildert einer vernünftigen Freiheit unfähig, und konnte, als eine solche Freiheit zur Lebensbedingung wurde, nicht länger existieren."[18]

Jordan griff mit diesen Ausführungen auf antipolnische Stereotype zurück wie „Polnische Wirtschaft" und „polnische Anarchie" zurück (vgl. Orłowski 1996; Pleitner 2001; Scholz 2005; Behrens 2013; Hahn 2000). Sie dienten wie skizziert nicht nur bei Jordan zur Rechtfertigung der preußischen Teilhabe an der gewaltsamen Zerschlagung der polnisch-litauischen Rzeczpospolita (vgl. Kochanowska-Nieborak 2004; Krzoska 2013).[19] Die Beschreibung Polens als eines *Failed State* beinhaltete jedoch nicht nur die Tradierung wirkungsmächtiger Stereotype, sondern lässt sich zugleich als kolonialistische Konstruktion von ‚Eigenem' und ‚Fremdem', von ‚Identität' und ‚Alterität' lesen: Der „polnischen Wirtschaft" stand argumentativ die „deutsche Arbeit" gegenüber, der „polnischen Anarchie" die „deutsche Ordnung", wie die zitierten Äußerungen Jordans über die „Deutsche[n]", die „die Wälder gelichtet [...] und Städte gegründet" haben, illustrieren, und die er in einem Satz zusammenfasste: „Aber ein Menschenalter unter deutscher Regierung hat bewirkt, was einem Jahrtausend unter Polen unmöglich gewesen ist."[20]

Jordans Ausführungen mögen zwar die bekanntesten sein, ein Einzelfall waren sie jedoch nicht. Die Vorstellung eines vermeintlichen ‚deutschen Kulturträgertums' gen Osten wurde von zahlreichen weiteren Abgeordneten des Paulskirchenparlaments geteilt. So argumentierten etwa in der Posen-Debatte der preußische General von Radowitz und Fürst Felix Lichnowsky ebenfalls mit einem vermeintlichen deutschen Anrecht auf die polnischen Gebiete: „Hätten wir die Festung Posen nicht, so müssten wir sie erobern. [...] Die Grenzen nach Osten müssen

18 Wilhelm Jordan. In: Wigard (1848), Bd. 2, 24.07.1848, S. 1146.

19 In deutschsprachigen Lexika dominierte ebenfalls das Bild der durch Polen selbstverschuldeten Teilungen, es finden sich jedoch, etwa im Brockhaus, auch Hinweise auf die Verantwortung der Teilungsmächte. Siehe hierzu Scholz (2000, S. 36–42).

20 Wilhelm Jordan. In: Wigard (1848), Bd. 2, 24.07.1848, S. 1147.

fest sein.“[21] Gleiches gilt für die Aussprache zu Böhmen: Auch hier dominierten hierarchisierende Positionen die Debatte, denen zufolge die deutschsprachigen Böhmen zwar eine zahlenmäßige Minderheit seien, zugleich jedoch Vorposten einer *mission civilisatrice* im ‚dunklen Osten‘:

> „Diese Minorität, die wir Deutschen in Böhmen bilden, wird aber weitem durch die Kraft aufgewogen, welche sie in die Schaale legen. In dem halbmondförmigen Kreise, welche die rein deutsche Bevölkerung (von der gemischten nicht zu sprechen) um den czechischen Mittelpunkt bildet: der Ackerbau, wo ist er am besten gepflegt? Die Industrie, wo sind ihre Hauptsitze? Fragen Sie nach, was Saatzer Kreis für Böhmen ist, was die Städte Reichenberg, Rumburg bedeuten. Der Lebensstrom des Landes, der es mit dem Meere verbindet, die Elbe wird deutsch in dem Momente, wo er für größere Fahrzeuge schiffbar wird. Die Brunnen- und Badeorte Teplitz, Karlsbad, Marienbad, die ein Brunnen unversiegbaren Einkommens für das Land sind; wo liegen sie? In den deutschen Kreisen. Die Bergwerke, welche seit Jahrhunderten den Reichthum des Landes begründen – wer hat sie bebaut? Deutsche Hände, deutscher Fleiß. Wer hat das Städtewesen, den Bürgerstand in Böhmen begründet, den fleißigen, behäbigen Mittelstand, durch den sich Böhmen von Polen, Croatien, und anderen halben oder ganzen Slavenländern auszeichnet?“[22]

Die kolonialen Auto- und Heterostereotype, die in diesem Auszug der Rede Ignaz Kurandas deutlich werden, besaßen eine unverkennbar räumliche Dimension: Die deutschen Ansprüche auf Böhmen werden mit vermeintlich kulturell und ökonomisch höheren Leistungen legitimiert, ohne welche dieser Raum sich nach wie vor in einem unterentwickelten Zustand befinden würde. Auffällig ist zudem die expansive Ausrichtung dieser Ansprüche: Ausgehend von Böhmen, gelangt Kuranda zu „Polen, Croatien und anderen halb oder ganzen Slavenländern“ – was zeigt, dass „Böhmen“ für ihn letztendlich nur einen Ausschnitt einer viel größeren ‚Frage‘ darstellte: Eines deutsch-slavischen Gegensatzes, der viel weitergehende Gebiete des östlichen Europa umfasste.

Völkische Diskurse

Dieser Legitimierungsdiskurs, der von den meisten Rednern der Böhmendebatte geteilt wurde (vgl. hierzu Hahn 2007; Wollstein 1977, S. 202–223), war zugleich in mehreren Beiträgen ein völkischer Diskurs. Deutlich wird dies an den Kate-

21 Fürst Felix Lichnowsky. In: Wigard (1848), Bd. 2, 24.07.1848, S. 1182. Die Rede von Radowitz‘ ebd., S. 1155–1157. Vgl. die Feststellung, dass Jordan nur in zugespitzter Form das artikulierte, was die Mehrheit der Abgeordneten unterstützte, auch bei Vick (2002, S. 192).

22 Ignaz Kuranda. In: Wigard (1848), Bd. 1, 30.06.1848, S. 664 f.

gorien des „Bodens“ und des „Volkstums“, die zur Untermauerung des deutschen Anspruchs auf Böhmen ins Feld geführt wurden. So formulierte etwa der zur linken Fraktion gehörende Abgeordnete Adolph Wiesner unter Bezug auf den Bericht des „Ausschusses zur Begutachtung der deutsch-slawischen Angelegenheiten“:

> „Ich kenne kein slavisches Reichsland, und noch weniger ein slavisches Reichsland auf deutschem Boden, wie es hier im Bericht heißt. Es ist somit im Bericht ein Begriff festgestellt, der Deutschland ungemein gefährlich werden kann. Die Slaven in Böhmen wühlen jetzt die Blätter der Geschichte aus; sie sagen: Der Boden, den wir bewohnen, ist czechisch; wir treten ihnen entgegen und sagen: Dieser Boden ist nach dem Zeugniß der Geschichte deutsch. Hier in dem Bericht wird auch von deutschem Boden gesprochen, und dennoch erwähnt man deutsch-slavische Reichslande! Wenn wir die Entstehung eines panslavistischen Reichs mit Recht fürchten, so müssen wir nicht den ersten Grundstein dazu legen, indem wir selbst von deutsch-slavischen Reichen sprechen. Ich bitte also, daß wir uns gegen die Ausdrücke verwahren, indem wir sie verwerfen.“[23]

Und Karl Giskra, Mitglied des zur linken Mitte gehörenden Fraktion des „Württemberger Hofs“, spitzte dies mit Blick auf den Prager Pfingstaufstand noch weiter zu:

> „Aber auch die Folgerung ist falsch, daß die letzten Bewegungen in Prag ein Kampf der aristokratischen und der demokratischen Partei gewesen; denn klar liegt es vor, daß die Bewegung in Böhmen überhaupt und auch die letzte eine Bewegung gegen die Deutschen geworden ist. Richtig ist es zwar, wir haben noch nicht das actenmäßige Resultat der nun dort geführten Untersuchung über die Urheber des Aufstandes und seine Tendenzen im Einzelnen vor und, aber so viel ist gewiß, daß die Veranlasser das ganzen Aufstandes, die Träger desselben, die Handlanger darin allesamt czechisch gesinnt waren, und daß viele derselben den tiefsten Haß gegen die Deutschen, ja bis zur gänzlichen Vernichtung der Deutschen, gehegt und ausgesprochen haben. [...] Ich fordere aber, als Deutscher von Mähren, und solcher antinationaler Philosophie nicht hold, daß die czechische Bewegung ganz niedergehalten, und für die Zukunft vernichtet werde, im Interesse einer Nachbar-Provinz von Böhmen. Ich fordere, daß die Deutschen in Mähren nicht von dem deutschen Mutterlande losgerissen, nicht im Stiche gelassen werden, wenn die Mähren die czechischen Slaven für sich wollen. Ich will die dort wohnende deutsche Bevölkerung in ihrem deutschen Sinne erhalten und festketten an unser großes Deutschland, ich fordere für diesen Theil von Deutschland den nationalen Standpunkt gerade in der Rücksicht der Erhaltung deutscher Elemente daselbst, die bedroht sind, wenn eine neue Bewegung

23 Adolph Wiesner. In: Wigard (1848), Bd. 1, 30.06.1848, S. 668.

der Czechen entstände, und die mähren Slaven fortrisse, und Beide vereint, und gestützt auf eine andere eine staatliche Trennung erwirken wollten."[24]

Diese Passagen sind in zweierlei Hinsicht aufschlussreich: Zum einen zeugen sie von der Ethnisierung politischer Konflikte, die bar jeder Differenzierung und teilweise auf Grundlage bewussten Unwissens (wie etwa im Fall des noch gar nicht vorliegenden Untersuchungsberichts über die Ursachen des Prager Aufstands) betrieben wurde. Aus politischen und sozialen Konfliktlinien, die das revolutionäre Geschehen 1848/49 maßgeblich prägten, wurden auf diese Weise vermeintlich monokausale Frontstellungen zwischen ‚Volkstümern'. Giskra gehörte hierbei, indem er von der „Vernichtung" sprach, die den Deutschböhmen während des Prager Aufstands gedroht habe, und seinerseits forderte, dass die „czechische Bewegung [...] für die Zukunft vernichtet" werden sollte, zu den radikalsten Vertretern eines deutsch-völkischen Standpunkts.

Und zum anderen, hiermit verknüpft, schworen Redner wie Adolph Wiesner das Bild einer panslavistischen Bewegung herauf, um in der deutschen Bevölkerung Ängste vor einer drohenden ‚Überfremdung' zu schüren – ein in den *postcolonial studies* als „reverse colonization" bezeichnetes Phänomen, welches ein Szenario beschreibt, demzufolge man als Kolonisator selbst kolonisiert zu werden drohe (vgl. Linck 2015; zum Panslawismus Karl/Skordos 2013; Thomson 1951). Auch diese Strategie stellte eine Homogenisierung der deutlich komplexeren Realität dar, erinnert sei nur an den austroslavischen Standpunkt František Palackýs und der Mehrheit des Prager Slavenkongresses, der gerade nicht auf die Schaffung eines wie immer auch gearteten ‚slavischen Großreichs' abzielte, sondern auf einen Verbleib in einem föderalisierten Habsburgerreich. Nichtsdestotrotz befand sich Wiesner mit seiner Warnung vor einem „panslavistischen Reich" in Übereinstimmung mit der Mehrheit der Abgeordneten der Paulskirche. Dies zeigt nicht zuletzt der erste Bericht des zu Böhmen eingesetzten Ausschusses, in dem es einleitend hieß:

> „Die vielgestaltige Slawenbewegung, die bald unter der allgemeinen Benennung des Panslavismus, bald unter dem Namen der einzelnen Slavenstämme auftritt, hat in der neueren Zeit ihren Centralpunkt in Prag gefunden, von wo aus sie, von dem czechischen Elemente getragen, auf eine Vereinigung aller im Süd-Westen von Europa wohnen Slawenstämme hinarbeitet, und zunächst nach der Herrschaft in Oesterreich strebt, als endliches Ziel aber die Gründung eines großen Slawenreiches in Aussicht nimmt, welches alle Slawenstämme vom adriatischen Meere bis zum Pontus, von den Karpathen bis zum Peloponnes umfassen und zugleich die dazwischen liegenden deutschen und magyarischen Nationalitäten in sich aufnehmen würde. In diesem Beginnen ist der Panslawismus mit der Constituirung Deutschlands zur Ein-

24 Karl Giskra. In: Wigard (1848), Bd. 1, 30.06.1848, S. 671 f.

heit in den von Deutschen und Slawen untermischt bewohnten Reichslanden in Conflict geraten. Zur Zeit nicht in der Verfassung, mit seinen wahren Plänen offen hervorzutreten, verlarvt er seine Bestrebungen in einem österreichischen und respective böhmischen Patriotismus und gibt vor, den deutschen Strebungen gegenüber den österreichischen Staat in seiner Integrität, die österreichische Regierung in ihrer ungeschmälerten Souveränität erhalten und stärken zu wollen."[25]

Die zu nachgiebige, „verkommene" Politik der österreichischen Regierung habe diese Entwicklung bestärkt und einen „Uebermuth groß gezogen, der zur terroristischen Unterdrueckung der deutschen Bevoelkerung herangewachsen" sei.[26] Diese Passage macht deutlich, wie virulent das Feindbild einer angeblich drohenden „panslavistischen Bewegung" unter den Abgeordneten der Paulskirche war. Zugleich werden hierbei Züge einer Verschwörungstheorie (vgl. Caumanns / Niendorf 2001) sichtbar, wenn es im Kommissionsbericht heißt, dass man die ‚wahren' Absichten der „vielgestaltigen Slawenbewegung" kenne und die aktuellen Entwicklungen, etwa die Beschlussvorlagen des Slavenkongresses, nur zur Verschleierung der eigentlichen Ziele dienten.

Deutsche Hegemonialvorstellungen

Deutsche Hegemonialvorstellungen prägten auch die Österreichdebatte der Paulskirche Ende Oktober 1848. Zwar stimmte eine Mehrheit der Delegierten letztendlich wie erwähnt für eine ‚kleindeutsche' Lösung; diesem Ergebnis lagen jedoch primär realpolitische Überlegungen zugrunde, die den langfristigen Zielsetzungen keinen Abbruch taten.[27] Ein wesentlicher Unterschied zu Posen und Böhmen bestand im Falle der Gebiete Südosteuropas darin, dass militärische Drohgebärden hier wenig realistisch waren. Umso stärker wurde jedoch, im Sinne der Kolonialismusdefinition Jürgen Osterhammels (2006; vgl. auch Kapitel 1), die eigene kulturelle Höherwertigkeit als Mittel zur langfristigen Durchsetzung deutscher Ansprüche betont (vgl. auch Thörner 2008). Georg Waitz, angesehener Mediävist, Lehrstuhlinhaber an der Christiana-Albertina in Kiel und später in Göttingen sowie Vertreter des rechten Zentrums, formulierte dies folgendermaßen:

„Deutschland, meine Herren, hat das wunderbare und traurige Schicksal gehabt, daß es nach allen Seiten hin ringsherum an seinen Grenzen in einen unklaren, zweifelhaf-

---

25 Erster Bericht des Ausschusses zur Begutachtung der deutsch-slawischen Angelegenheiten. In: Wigard (1848), Bd. 1, 30.06.1848, S. 661.

26 Ebd.

27 Vgl. hierzu auch Wollstein (1977, S. 291–307), der von „Kleindeutsche[r] Politik, basierend auf dem Glauben an ein späteres Großdeutschland" spricht.

ten, vollkommen haltungslosen Zustand hineingerathen ist. Die Gründe, welche dazu geführt, sind freilich nicht die schlechtesten Seiten seiner Geschichte. Es ist nicht Deutschland's Schwäche, welche dies herbeigeführt, es ist zum Theil die Macht seiner Herrscher, welche fremde Kronen erworben, es ist das Berufenwerden derselben zu fremder Herrschaft, was uns nach allen Seiten hin mit uns anhängenden und nicht fest verbundenen Ländern in Verbindung gebracht hat. Aber eben dadurch ist das deutsche Staatsgebäude mehr noch, als es früher war, ein Monstrum geworden, wo sich nirgend scharfe Grenzen ziehen ließen, und wo keiner sagen konnte: Hier ist Deutschland, und da hört es auf zu sein. Meine Herren! Wir müssen aus diesem Zustande heraus, wir müssen wissen, was zu uns gehört, was mit uns geht, wenn wir den Bau einer deutschen Verfassung neu beginnen. Wir müssen scharfe Grenzen ziehen, wir müssen einschneiden, einschneiden in die alten Verhältnisse, um reine Grundlagen zu gewinnen."[28]

Waitz' Sorge galt hierbei nicht nur den Staatsgrenzen, sondern ebenso den ‚deutschen Außenposten':

„Es ist die Zeit herangekommen, wo die Nationalitäten sich fester und inniger an einander schließen, wo sie sich staatlich zu concentrieren suchen. Es ist dies die Aufgabe zunächst für unser deutsches Vaterland, und wenn wir früher vorgeschobene Posten an allen Enden und Küsten hatten, und mit ihnen Propaganda machten für deutsches Wesen und deutsche Bildung, so erscheinen jetzt diese Vorposten bedrängt und verloren. [...] Die Deutschen an der Ostsee, sie werden nicht mehr staatlich zu uns kommen; und ich zweifle sehr, ob die Deutschen in Siebenbürgern, die dorthin deutsches Wesen getragen haben, für Deutschland wieder zu gewinnen sind. Oesterreich, meine Herren, ist darauf gegründet, das deutsche Wesen im Südosten zu verbreiten; aber was ist geschehen? Eben dieses Oesterreich ist nun nicht bloß von einer Seite, sondern von vielen Stimmen als slavisch, als überwiegend slavisch in Anspruch genommen, und die Gesamtmonarchie ist in neuester Zeit als eine slavische prädicirt worden."[29]

Umso mehr, so Waitz weiter, gelte es, die deutschen Ansprüche auf diesen Raum aufrecht zu erhalten: „Die deutsche Herrschaft kann und wird nicht geliebt sein in den außerdeutschen Ländern; aber die deutsche Bildung und die deutsche Cultur ist auch von den slavischen Völkern des Ostens niemals zurückgestoßen worden. Und nun, meine Herren, ist nicht die Zeit, wo wir herrschen, wo wir erobern wollen als auf einem anderen Wege, als auf dem der Bildung und Sittigung."[30]

28 Georg Waitz. In: Wigard (1848), Bd. 4, 20.10.1848, S. 2786–2789, hier S. 2786–2788.
29 Georg Waitz. In: Wigard (1848), Bd. 4, 20.10.1848, S. 2786–2789, hier S. 2786–2788.
30 Georg Waitz. In: Wigard (1848), Bd. 4, 20.10.1848, S. 2786–2789, hier S. 2786–2788.

Waitz gehörte damit zu den frühen Vertretern eines Konzepts, dass ab Ende des 19. Jahrhundert im großdeutsch-völkischen Milieu von zentraler Bedeutung werden sollte: Die Vorstellung eines jenseits der deutschen Staatsgrenzen existierenden ‚Auslandsdeutschtums', das in einem ethnisierenden Sinne als zum ‚deutschen Volk' gehörig konzipiert und damit zur Legitimation der Vorstellung eines ‚Deutschen Ostens' herangezogen wurde.[31] Zwar zeugen seine Ausführungen davon, dass er in akuter Sorge um die Verbindung dieser ‚Außenposten' mit dem ‚Mutterland' war – eine Verzicht auf diese Gebiete bedeutete dies für ihn jedoch nicht, wie seine Darlegungen über die Eroberung Südosteuropas mittels „Bildung und Sittigung" zeigen.

Wenige Tage später sprach Graf Friedrich Deym, ebenfalls dem rechten Zentrum zugehörig, davon, dass „die deutsche Mission nach Osten" die Schaffung eines „mitteleuropäische[n] Riesenstaat[s]" sei. Bereits die Markgrafen des Frühmittelalters seien „Missionar[e] der deutschen Bildung und Gesittung nach Osten hin" gewesen, „das Bollwerk gegen das Barbarenthum, welches von Osten hereindrängte." Im Ergebnis spreche „[...] bis an die äußerste Grenze der Buckowina, bis nach Dalmatiens Küste hinab, [...] jeder Gebildete Deutsch; es ist nur allein das deutsche Element, welches die Bildung hineinträgt überall in die slavischen und magyarischen Länder; [...]." Dieses „deutsche Werk eines Jahrtausends" zu verteidigen und auszubauen, sei die Aufgabe der Paulskirchenversammlung.[32]

Deyms Konzeption eines „mitteleuropäischen Riesenstaat[s]" stand ebenfalls auf einer explizit völkischen Grundlage, während Verfassungsfragen für ihn nur von nachgeordneter Bedeutung waren:

> „Die Verfassungen sind nur die Kleider, der Körper ist die Integrität und die Macht des Gebietes; Verfassungen kommen und gehen, sie stehen in zweiter Linie, in erster Linie steht die Integrität des Gebietes, die Macht und Größe Deutschland's, und die Macht und Größe Deutschland's geht mir über das vorgeschlagene System, mir ist sie heiliger und wichtiger als diese beiden Paragraphen, und wenn gar keine Verfassung zu Stande käme, und wir wieder von vorn anfangen müßten, so wäre es mir lieber als ein Zerreißen und Zerstückeln Deutschland's, als das Aufgeben der deutschen Politik, die seit einem Jahrtausend verfolgt worden ist. [...]; unser Zweck aber ist, ein Riesenreich von 70, und womöglich von 80 oder 100 Millionen zu gründen, und die Standarte Hermanns in diesem Reiche aufzupflanzen, und dazustehen gerüstet gegen

---

31 Der Terminus „Auslandsdeutsche" ersetzte in der zweiten Hälfte des 19. Jahrhunderts sukzessive den bis dahin dominierenden Begriff „Auswanderer". Georg Waitz Rede von den „Vorposten" zeigt jedoch, dass es auch bereits zuvor entsprechende Konzepte gab. Vgl. zum Konzept des ‚Auslandsdeutschtums' Münz/Ohliger (2001); Naranch (2005); Manz (2014); Eisler (2015). Zur Terminologie der ‚deutschen Gruppen im Ausland', deren Bezeichnungen größtenteils Neologismen der Zwischenkriegszeit darstellen: Petersen/Weger (2017). Zum Topos des ‚Deutschen Ostens' u. a. Thum (2006b); Weger (2015).

32 Friedrich Deym. In: Wigard (1848), Bd. 4, 26.10.1848, S. 2881 f.

Osten und Westen, gegen die slavischen und lateinischen Völker, die Seeherrschaft den Engländern abzuzwingen, das größte, mächtigste Volk auf diesem Erdenrunde zu werden – das ist Deutschlands Zukunft!"[33]

Deym vertrat damit einen dezidiert großdeutschen Standpunkt, der retrospektiv stark an Pläne deutscher Weltherrschaft erinnert, die im 20. Jahrhundert ihre zerstörerische Wirkung entfalten sollten. Hierbei führte er mit seinem Rekurs auf „Mitteleuropa" ein Konzept an, das seit Mitte des 19. Jahrhunderts virulent war und die Schaffung eines deutsch dominierten ‚mitteleuropäischen Raums' vorsah, der als Gegengewicht zu den Großmächten Frankreich und Deutschland konzipiert wurde.[34]

Noch weiter als Graf Friedrich Deym gingen der ansonsten zumeist nur im Kontext der Posen-Debatte erwähnte Wilhelm Jordan sowie Carl Vogt. Jordan sprach im Januar 1849 davon, dass die von Georg Waitz benannte Unschärfe der deutschen Grenze im Osten „der beste Beweis für die unvergängliche Lebensfülle, für die noch immer forttreibende Kraft unserer zweitausendjährigen, und dennoch jugendfrischen Nation" sei:

> „Erst im Greisenalter umzirkeln sich die Nationen mit chinesischen Mauern und rufen sich selbst zu: ‚Bis hierher und nicht weiter', wenn sie die Fähigkeit des Wachsthums verloren haben, und damit zugleich das Zusammenschrumpfen des Alters beginnt. Da, meine Herren, wo der Baum übergeht in seine grünen Sprößlinge und Zweige, da kann man freilich nicht sagen, hier ist noch Holz und dort hört das Holz auf, allein ich halte den für einen übel berathenen Gärtner, der den Baum nur aus Holz wegschneiden und alles das wegschneiden wollte, was erst in den künftigen Jahren zu einem bleibenden, dauernden Theile des großen Stammes werden kann. Deutschland, meine Herren, ist ein solcher forttreibender, jugendlicher Baum. Wurzelnd im Westen auf der breiten Grundlage des Rheins, ist sein Wachstum der Sonne entgegen gen Osten gerichtet, und Preußen und Osterreich sind die beiden Riesenäste, die seine doppelt gewipfelte grüne Krone tragen. Während im Westen leider ein schönes Stück der Stammlande bereits abgetrennt, und die deutsche Gesinnung im Elsaß so sehr erstorben ist, das man sich dort nicht gescheut hat, in derselben Zeit, wo Deutschland um seine Wiedergeburt ringt, den Tag festlich zu begehen, an welchem es vor zwei Jahrhunderten vom Mutterlande losgerissen, und unter fremdes Joch gebeugt wurde, ist im Osten die deutsche Gesittung, Sprache und Wissenschaft siegreich vorgedrungen, [...]."[35]

33 Friedrich Deym. In: Wigard (1848), Bd. 4, 26.10.1848, S. 2882.

34 Vgl. zum Konzept eines deutsch dominierten „Mitteleuropa" u. a. Elvert (1999), sowie, als klassische Studie, die aber vor allem hinsichtlich der Relevanz des Konzepts in der Zwischenkriegszeit inzwischen revidiert ist Meyer (1955). Die zentrale Studie Friedrich Naumanns erschien 1915.

35 Wilhelm Jordan. In: Wigard (1849), Bd. 6, 11.01.1849, S. 4574 f.

„Das Ziel“, so Jordan kurz darauf, „daß wir schon heute ins Auge fassen“, sei es,

> „daß einst die deutsche Küste bespült werde von den Wogen des schwarzen Meeres. Schon aber höre ich hiergegen den Einwand der Kosmopoliten, es sei überhaupt verwerflich, die Germanisierung anderer Stämme zu wollen. Ich muß mich, wie ich es schon bei einer anderen Gelegenheit gethan habe, entschieden dahin aussprechen, daß ich mich nicht verstehen kann zur unbedingten Adoration vor jeglichem Volksstamm, und daß für mich die Nationalität an und für sich noch keinen heiligen Schein trägt. Viel höher als die Nationalität, steht für mich die Civilisation. [...] In derselben Weise, wie in früheren Periode der Erde zermalmte Gesteintrümmer durch das darüber fließende Muttergestein zu einer neuen Felsart verbunden wurden, so hat das deutsche Volk, sich langsam fortergießend von Osten nach Westen, obgleich an Zahl geringer, als die magyarischen, romanischen und slavischen Elemente, dennoch hingereicht, die von der Geschichte im großen Schmelztiegel des Donauthales zusammengewürfelten Volkstrümmer zu durchdringen und zur Einheit zusammenzumörteln. Schon jetzt ist es eine Thatsache, daß jeder Gebildete im Gebiete des österreichischen Kaiserstaates von der dalmatischen Küste bis zur fernsten Grenze der Bukowina deutsch redet. [...] Das ist ganz natürlich, denn die Macht einer gebildeten Sprache ist unwiderstehlich. Mischehen zwischen Deutschen und Nichtdeutschen haben dort immer die Bekehrung des nichtdeutschen Theils zur Folge, eben weil die deutsche Sprache einen größeren Reichthum an Bildung aufschließt. [...] Und, meine Herren, wenn der deutsche Geist schon in der Zeit seiner Knechtung, seiner völligen Unfreiheit, wo er völlig darnieder lag unter dem Joche der Bevormundung, solches zu leisten im Stande war, was, frage ich, wird seine assimilierende Gewalt sein auf die nicht-deutschen Stämme in Oesterreich, nachdem er befreit ist von jenen Fesseln [...]?“[36]

Jordan präsentierte sich mit diesen Darlegungen noch einmal als Exponent eines organisch-völkischen Geschichtsbildes. Die Entwicklung staatlicher Beziehungen bemaß sich für ihn nicht an legalistischen Kategorien wie etwa dem Völkerrecht, sondern an essentialistisch begriffenen ‚Naturgesetzen‘. Hieraus leitete er eine Hierarchisierung von Nationen ab, die er an unterschiedlichen Stufen von „Civilisation“ festmachte. Die „assimilierende Gewalt“ war für ihn hierbei eine kulturelle Gewalt, deren Geltung jedoch bis ans Schwarze Meer reichte.

Jordans Anspruch auf die Küste des Schwarzen Meeres findet keine nähere Begründung – es lässt sich jedoch annehmen, dass er sich, ebenso wie Georg Waitz, auf die „Vorposten“ deutscher Herrschaft in diesem Raum bezog, in diesem Fall also die zentraleuropäischen Emigrant*innen, die ab Ende des 18. Jahrhunderts den zarischen Siedlungsmanifesten gefolgt waren und sich in der Schwarzmeerregion niedergelassen hatten (vgl. Brandes 1993; Klötzel 1999; Myeshkov

36 Wilhelm Jordan. In: Wigard (1849), Bd. 6, 11.01.1849, S. 4575 f.

2008). Denn staatsrechtlich lag das Schwarze Meer jenseits des von Jordan zu einem ‚Großdeutschland' gezählten Habsburgerreichs, Anrainerstaaten waren das Osmanische Reich und das Russländische Reich.

Die Paulskirche und Russland

Dieser Umstand führt zu der Frage, welche Stellung Russland als wichtigster mehrheitlich slavisch-orthodoxer Staat eigentlich in den Diskussionen der Paulskirche über ‚den Osten' einnahm. Die Antwort fällt für die weit überwiegende Mehrzahl der Redebeiträge erwartbar aus: Russland wurde als Verkörperung der „asiatischen Barbarei" angesprochen, und damit als zugleich mächtiger und absoluter Gegner einer deutsch dominierten ‚westlichen Kultur'. Teilweise trat die Charakterisierung des Zarenreichs als eines „nordischen Koloss auf tönernen Füßen" hinzu, womit das Bild eines äußerlich starken, innerlich aber zerrissenen Staatswesens transportiert wurde:

> „Oder fürchten Sie etwa, meine Herren, eine solche Demonstration, nämlich das Einrücken deutscher Bundestruppen nach der böhmischen Grenze, könne den schlummernden Löwen an der Wolga wecken, den sogenannten Koloß mit den thönernen Füßen in Bewegung setzen? Dieser Löwe, meine Herren, wenn es wirklich ein Löwe ist, ich als Naturhistoriker bezweifle es, er wird erwachen, auch wenn Sie ihn nicht erwecken. Wenn es sich jemals darum handelt, die asiatische Barbarei von Deutschland's Grenzen fern zu halten, wenn es sich darum handeln sollte, den Kosacken und die Knute herauszufegen, dann werden sich 100.000 deutsche Männer in den Kampf zu gehen nicht scheuen."[37]

So wie in diesem Fall durch den Abgeordnete Andreas Ludwig Jeitteles aus Olmütz mit der Beschreibung Russlands als einer „barbarischen" Macht zeugt der Großteil der Wortbeiträge in der Paulskirche von der Tradierung alter, stereotyper Bilder, und damit von dem, was Gregor Thum treffend als die „traditionellen Rationalitätsdefizite im deutschen Verhältnis zu Russland" bezeichnet hat (Thum 2006a, S. 8). In radikaler Form brachte dies Carl Vogt zum Ausdruck:

> „Es ist eine Politik des Schwerdtes, die ich hier predige, [...]. Meine Herren, ich mache mir keine Illusion darüber, daß endlich einmal der Span zwischen dem Westen und Osten ausgefochten werden muß, daß endlich einmal der Krieg beginnen muß zwischen der Cultur des Westens und der Barbarei des Ostens. Ich behaupte nun, meine Herren, der Moment dazu ist jetzt der günstigste, jetzt ist es die Zeit, wo Sie zu einem solchen Kriege die günstigsten Chancen haben, wo nicht Rußland und Ös-

---

37 Andreas Ludwig Jeitteles. In: Wigard (1848), Bd. 1, 30.06.1848, S. 667.

terreich als vereinte Massen Ihnen entgegen stehen werden, sondern wo Sie Bundesgenossen finden werden in aller Welt, [...] wo Deutsch-Oesterreicher, Polen, Ungarn gegen den gemeinsamen Feind im Osten mit zu Feld ziehen werden. [...] Meine Herren, dieser heilige Krieg der Cultur des Westens gegen die Barbarie des Ostens, den dürfen Sie nicht herabwürdigen und vergiften durch ein Duell zwischen dem Hause Habsburg und dem Hause Hohenzollern [...] Sie müssen entschlossen sein, diesen Krieg sein zu lassen, was er sein soll, ein Kampf der Völke! Glauben Sie nicht, daß diesen Kampf ein Erbkaiser führen könne. Er würde aussehen wie ein Eroberungskrieg für die Dynastie Hohenzollern, und nicht wie der berechtigte Krieg im Namen des deutschen Volkes gegen Rußland und gegen die österreichische Barbarei."[38]

Vogt sprach nicht mehr vom Vordringen „deutschen Geists", sondern von einem tatsächlichen Krieg um die Vorherrschaft im ‚Osten'. Als Vertreter der parlamentarischen Linken bezog er sicher hierbei auf die „Völker" als revolutionäre Subjekte, die vereinigt das Europa des Wiener Kongresses ins Wanken bringen könnten. Zugleich weisen seine Ausführungen unverkennbare Schnittmengen zur Argumentation der völkischen Rechten auf, denn auch Vogt argumentiert mit ‚höheren' und ‚niederen' „Culturen", und der von ihm evozierte Krieg hätte zweifellos unter deutscher Vorherrschaft stattgefunden.

Etwas anders positionierte sich Wilhelm Jordan gegenüber Russland. Die „Uebermacht des deutschen Stammes" galt für ihn für die „meisten slavischen Stämme, vielleicht mit alleiniger Ausnahme der russischen."[39] Ebenso wie Vogt rekurrierte er hierbei auf das „Volk" als dem Träger zukünftiger Entwicklung:

„Meine Herren! Obgleich ich weiß, daß eine solche Aufrichtigkeit nicht geeignet ist, Popularität zu erwerben, so scheue ich mich doch durchaus nicht, es herauszusagen, daß diejenigen, die uns den Russenhaß predigen, wahrlich nicht wissen, was sie thun. Der Haß zwischen Nationen ist eine mit der Cultur des neunzehnten Jahrhunderts unverträgliche Barbarei, ist geradezu ein Unsinn. Das russische Volk ist natürlich nicht hassenswerth! An der Oberfläche, die es uns zukehrt, mag es verdorben und angefault sein, durch die künstliche Schminke einer fremdländischen Scheinkultur, die ihm seine Despoten aufgeklebt haben; der Kern des Volkes aber ist unverdorben, und alle unbefangenen Berichterstatter stimmen darin überein, daß es auch den Russen nicht fehlt an vortrefflichen Eigenschaften und daß sie manchen Keim in sich tragen, der sie berechtigt zu der Hoffnung auf eine große Zukunft."[40]

Von dem bemerkenswerten Umstand einmal abgesehen, dass sich ausgerechnet Wilhelm Jordan hier als Vorkämpfer gegen den „Unsinn" des Hasses zwischen Na-

38 Carl Vogt. In: Wigard (1849), Bd. 8, 17.03.1849, S. 5823.
39 Wilhelm Jordan. In: Wigard (1848), Bd. 2, 24.07.1848, S. 1146.
40 Wilhelm Jordan. In: Wigard (1848), Bd. 2, 24.07.1848, S. 1145.

tionen inszenierte, ist diese Passage aufschlussreich für eine ebenfalls wirkungsmächtige Facette des deutschen Russlandbilds: Die Projektion eigener, antimodernistischer Vorstellungen von ‚Ursprünglichkeit' auf das als ‚bodenständig' und ‚rechtgläubige' imaginierte ‚russische Volk'. Diese Perspektive ist nicht weniger stereotyp als das Bild Russlands als dem ‚Hort der Barbarei', sie ist nur positiv konnotiert (vgl. Koenen 2005; Keller / Kopelew 1992). Bei Jordan war sie zudem die andere Seite der Medaille seines radikal negativen Polenbildes.

Die analysierten Redebeiträge der Paulskirchendebatte bezogen sich allesamt auf das östliche Europa. Diese Feststellung ist vor allem deshalb wichtig, da die Argumentationen in Anhängigkeit davon, über welchen Teil Europas in Frankfurt debattiert wurde, deutlich differieren. Während gegenüber dem östlichen Europa, wie skizziert, kulturalisierende und ethnisierende Begründungen dominierten, zeigen die Berichte der Parlamentsdebatten zu Schleswig oder dem Elsass ein deutlich anderes Bild. Hier spielten legalistische, an staatsrechtlichen Kategorien orientierte Standpunkte eine viel größere Rolle. Damit ist nichts über die Berechtigung derartiger Ansprüche gesagt – es zeigt jedoch, dass koloniale Vorstellungen im Sinne eines *Othering* und ‚eigener' kultureller Höherwertigkeit im deutschen Diskurs ein Spezifikum des Blicks gen Osten waren. Ein Krieg mit Dänemark erschien vor diesem Hintergrund, wie Brian Vick es formuliert hat, als „aberration", während gewaltsame Auseinandersetzungen mit Polen oder Tschechen als „only too natural" dargestellt wurden (Vick 2002, S. 194).

Gegenstimmen

Zur Vollständigkeit des Bildes gehört weiterhin der Hinweis, dass es auch andere Stimmen gab. Dies gilt allerdings in größerer Zahl nur für die Posen-Debatte – hier finden sich, im Anschluss an die deutsche „Polenbegeisterung" der 1830er Jahre, mehrere Reden, die vom Bild der patriotischen, tapferen, aber auch tragischen polnischen Kämpfer geprägt waren, deren Aufstände zugleich Aufstände für die Freiheit der Völker Europas insgesamt seien. Bekanntester Antipode Wilhelm Jordans in diesem Kontext war der zur linken Fraktion des „Frankfurter Hofs" gehörige Robert Blum:

> „Auch jetzt, wo auf's Neue der Frühling dahinzog über die Völker, haben die Polen theil nehmen wollen an dem werdenden Tage. Sie haben geglaubt, daß auch für sie die Stunde der Wiedergeburt geschlagen habe, und in diesem Glauben haben sie die Hand gelegt an diese Wiedergeburt, wo und wie sie konnten, und wenn Sie ihnen sagen wollen, oder sagen müßen: daß sie hin und wieder übereilt oder unbesonnen gehandelt haben, dann erkennen Sie wenigstens an, daß der Trieb, der sie geführt hat, ein edler war, und daß es um so edler ist, die letzte Kraft dem Vaterland zu wei-

hen, je mehr dieses Vaterland unterdrückt ist, und je geschwächter die Kraft selbst ist, die die man in die Wagschale legen kann."[41]

Auch diese Äußerungen lassen sich, ähnlich wie Jordans Charakterisierung ‚des' russischen Volkes, als positiv konnotierte Heterostereotype fassen – sie stellten aber dennoch einen deutlichen Gegenpol zum dominierenden Bild Polens als einer zur eigenen Staatlichkeit unfähigen Nation dar. Entsprechend mussten sich Blum und andere von ihren Gegnern als „Kosmopoliten" und Vertreter einer „antinationalen Philosophie" verunglimpfen lassen, wie die obigen Zitate von Karl Giskra und Wilhelm Jordan illustrieren.

In der Böhmendebatte gab es deutlich weniger oppositionelle Stimmen. Es blieb dem Breslauer Abgeordneten Arnold Ruge vorbehalten, gemeinsam mit zwei weiteren Deputierten ein Minderheitenvotum einzubringen, das sich nicht an der ‚Verteidigung des Deutschtums' orientierte.[42] Demgegenüber stand ein breiter anti-tschechischer Konsens, den Hans Henning Hans als eine Mischung aus „weitgehender Unkenntnis" und Pauschalurteilen charakterisiert hat (Hahn 2007, S. 56). In nochmals gesteigerter Form gilt dies ebenso für das südöstliche Europa: Die vergleichende Lektüre der Wortbeiträge hinterlässt den Eindruck, dass hier mit noch weniger Differenzierung (die Region zwischen der dalmatinischen Küste und dem Schwarzen Meer ist nicht gerade klein und hat sich historisch alles andere als einheitlich entwickelt) und umso stärkerem Sendungsbewusstsein einer ‚natürlichen' deutschen Vorherrschaft in diesem Raum das Wort geredet wurde. Und dies größtenteils unabhängig von ‚klein-' oder ‚großdeutschen' Positionierungen, und auch über die politischen Fraktionsgrenzen von links bis rechts hinweg.[43]

Somit bleibt festzuhalten, dass die Debatten in der Frankfurter Paulskirche von einem Bild des östlichen Europa als einem ‚Deutschen Osten' dominiert wurden. Die Rede von einem ‚deutsch dominierten Osten' besaß hierbei eine explizit expansive Stoßrichtung und ging damit deutlich weiter als die Berichte und Schriften der Frühen Neuzeit: Mit ihr wurden geographische Ansprüche konstruiert und legitimiert. Was in der Paulskirche zunächst ‚nur' diskursiv, als Teil der „colonial fantasies" (Naranch 2005, S. 25), gerahmt wurde, sollte im Fortgang deutscher Geschichte im östlichen Europa seine ganze zerstörerische Wirkung entfalten.

41 Robert Blum. In: Wigard (1848), Bd. 2, 24.07.1848, S. 1142.

42 Arnold Ruge. In: Wigard (1848), Bd. 1, 30.06.1848, S. 670 f.

43 Vgl. dieses Urteil sowie die berechtigte Kritik, dass dieser fraktionsübergreifende Konsens insbesondere von der deutschen Geschichtswissenschaft lange nicht ausreichend zur Kenntnis genommen wurde, auch bei Thörner (2008, S. 53).

Kapitel 4: Deutschland und ‚der Osten' vom Kaiserreich bis zur Zwischenkriegszeit

Die im vorherigen Kapitel rekonstruierten „colonial fantasies" blieben nicht auf die Frankfurter Paulskirche beschränkt. In den folgenden Jahrzehnten fanden sie, über Romane, Postkarten, aber auch politische und wissenschaftliche Schriften von links bis rechts, weite Verbreitung. Zugleich gab es eine zunehmende Radikalisierung von Diskursen und Praktiken in Bezug auf ‚den Osten'. Entscheidend für den Kontext dieses Buches ist, dass die Kategorie „Rasse" in diesem Zusammenhang an Bedeutung gewann. Aus diskursiven „Phantasien" wurden konkrete politische Maßnahmen, beispielsweise im Bereich der Migrations- und Siedlungspolitik. Die antipolnische und antiostjüdische Stoßrichtung wirkte sich dabei auf zweierlei Weise aus: in Form einer Ansiedlungspolitik in den polnischen Teilungsgebieten Preußens zwecks „Germanisierung", und in Form einer Abwehrpolitik, die Ausweisungen und ein bis in die 1990er Jahre gültiges restriktives Staatsbürgerrecht nach sich zogen. Die deutsche Besatzungspolitik im östlichen Europa während des Ersten Weltkriegs stellt dann einen ersten Kulminationspunkt dieser Entwicklungen und einen „Katalysator" (Westerhoff 2012, S. 329) hin zur genozidalen nationalsozialistischen Besatzung des Zweiten Weltkriegs dar.

Koloniale Diskurse

Ein populäres Medium kolonialer Diskurse über Osteuropa waren die „Ostmarkenromane". Ihr Thema waren nicht primär ‚die Slawen', sondern die Auseinandersetzung mit Polen bzw. den Gebieten, die infolge der Teilungen Polen-Litauens von Preußen gewaltsam annektiert worden waren. Bekanntestes Beispiel ist Gustav Freytags 1855 erstmals erschienener Roman *Soll und Haben* (Freytag 1855). Das Werk erlebte trotz seines voluminösen Umfangs (sechs Bände) noch im Jahr seines Erscheinens sechs Auflagen, 1901 erschien die 54. Auflage, 1925 waren weit über 500.000 Exemplare verkauft und Mitte des 20. Jahrhunderts wurde die Millionengrenze überschritten. Zudem fand das Buch schichtenübergreifend Anklang, es stand sowohl in den Regalen der bürgerlichen Haushalte und den großen Bibliotheken des Kaiserreichs als auch in Volksbüchereien und Arbeiterbildungsvereinen. Gustav Freytag hatte einen wahren Bestseller geschrieben und gehörte bis ins 20. Jahrhundert zu den meistgelesenen Autor*innen deutscher Sprache (Schumann 2000, S. 74 f.).

Der beeindruckende Erfolg von *Soll und Haben* macht nachdenklich, schaut man sich Aufbau und Inhalt des Romans an. Schauplatz ist Schlesien in der ersten

Hälfte des 19. Jahrhunderts, und Freytag arbeitet mit unschwer zu erkennenden Typologisierungen, bei denen ‚deutsche Ordnung und Effizienz' (verkörpert durch die Hauptfigur Anton Wohlfart und die Kaufmannsfamilie Schröter) polnischer Misswirtschaft (‚polnische Wirtschaft') und Kulturlosigkeit gegenübergestellt werden. Hinzu kommen antijüdische Topoi: Die von Freytag schon aufgrund ihrer stereotypen Namen (u. a. Itzig, Tinkeles und Fischel) als jüdisch charakterisierten Personen stehen für Raffgier, Spekulation und Intriganz (vgl. hierzu neben Surynt 2004 und Kopp 2012 auch Achinger 2011, Schwendemann 2011). Und es gibt die zu erwartenden „ostkolonialen Geschlechterordnungen" (Surynt 2016, S. 48), denen zufolge der ‚deutsche Mann' Tatkraft und Härte und damit die ‚deutsche Nation' verkörpert, während nicht nur die ‚deutschen' Ehefrauen für Anmut, Schönheit und Häuslichkeit stehen, sondern auch die männlichen, polnischen Figuren entmaskulinisiert und als ‚verweiblicht' und ‚verweichlicht' beschrieben werden (vgl. dazu auch Daheur 2016). Freytags Roman ist damit zugleich eines der wichtigsten und reichweitenstärksten Beispiele für intersektionale Verschränkungen verschiedener Diskriminierungsformen, in diesem Fall von Antislawismus bzw. genauer: Antipolonismus, Judenfeindschaft und Geschlechterhierarchisierungen.

Soll und Haben liegt ein unverkennbar koloniales Narrativ zugrunde. Es beinhaltete die Orientalisierung der ‚Anderen' (in diesem Fall der polnischen und jüdischen Bevölkerung) sowie zahlreiche Parallelisierungen mit der ‚Erschließung' Amerikas und des ‚wilden Raums'. Dies spiegelt sich auch in Aussagen Freytags an anderer Stelle wider, so etwa in seinem 1851 erschienen Essay „Das stille Leben in den polnischen Wäldern":

> „Ich habe Gegenden durchstreift, in denen der Sumpf oder Bruch viele Quadratmeilen einnimmt und doch mit verhältnismäßig geringer Mühe weggeschaft werden könnte, wenn man dem Fluße, der ihn hervorbringt, seine Bette regulirte oder erweiterte. Hier und da haben deutsche Kolonisten bewiesen, wie leicht es ist, aus stinkenden Sümpfen das gesündeste, schönste Getreidefeld zu machen. Die Polen aber denken sehr selten an derartige Verbesserungen. Entweder hält sie die zweifelhafte Tugend der Genügsamkeit ab, oder die Pietät gegen das Besitztum der Väter, die damit zufrieden waren, Sumpf, Schilf und unzugängliche Wälder zu besitzen, oder deutsch gesagt, Unwissenheit und Faulheit. [...] In den Tiefen breitet sich der wahre Urwald, und es gibt gewisse Theile, welche seit Jahrhunderten wohl nie eines Menschen Fuß betreten hat. Wie in den amerikanischen Urwäldern ist auch hier die Natur selbst die Consumentin dessen, was sie producirt hat, und niemand zieht sonst einen Nutzen aus ihrer Schöpfung, außer etwa der Wolf und der Räuber, die beide der Finsterniß unter dem dichten Laube Dank wissen." (Freytag 1851, S. 203 f.)

Gregor Thum hat darauf hingewiesen, dass sich bereits in der Korrespondenz Friedrichs II. zahlreiche Vergleiche des ‚wilden Ostens' mit den ‚Entdeckungen'

Amerikas oder Afrikas finden (Thum 2016, S. 265–270). Gustav Freytag setzte dieses koloniale Selbstverständnis fort und trug maßgeblich zu seiner Popularisierung bei. Izabela Surynt hat *Soll und Haben* angesichts dessen treffend als „Siedlerroman“ (Surynt 2004, S. 297) bezeichnet, ganz im Sinne von Kristin Kopps Studie zur Konstruktion Polens als kolonialem Raum mit dem Titel *Germany's Wild East* (Kopp 2012). Das Urwaldbild in dem Zitat entspricht dem Narrativ eines vermeintlich „leeren Landes“ oder „leeren Raums“, der nicht tatsächlich ‚leer‘ im Sinne von nicht bewohnt war, aber als ‚kulturell leer‘ und damit für eine Zivilisierungsmission prädestiniert imaginiert wurde (Asche / Niggemann 2015; Asche 2016; Thum 2016).

Der Vergleich mit der deutschen kolonialen Praxis in Afrika beschränkte sich nicht auf Polen, sondern richtete sich gegen ‚die Slawen‘ insgesamt. Davon zeugen die Abbildungen 4.1 und 4.2 ebenso wie von der inhärenten Gewalt und der Entmenschlichung ‚der Anderen‘, in diesem Fall der tschechischen Bevölkerung Böhmens (vgl. hierzu auch Lembeck 2020).

Gustav Freytags Bestseller ist der bekannteste, aber beileibe nicht der einzige ‚Ostmarkenroman‘. Ostkoloniale Diskurse waren in der deutschsprachigen Literatur des 19. und beginnenden 20. Jahrhunderts weit verbreitet. As weitere, bekannte Werke seien Theodor Fontanes *Effi Briest* (1895) und Clara Viebigs *Das schlafende Heer* (1904) genannt (vgl. Kopp 2012, S. 96–124). Mit der Bezeichnung der preußischen Ostprovinzen als „Ostmark“ knüpften sie an die mittelalterliche Reichsgeschichte an und prägten das Bild eines seit Jahrhunderten bestehenden deutsch-polnischen Konflikts in dieser Region (Thum 2016, S. 271). Oder, wie Dietrich Geyer es bereits in einer Rede in Stuttgart 1985 formuliert hat: In Preußen begann „‚Halb-Asien‘ […] in Oberschlesien“ (Geyer 1986, S. 157).

Während die koloniale Dimension der ‚Ostmarkenromane‘ weitgehend unstrittig ist, bedarf es aber auch einer Differenzierung dessen, was „kolonial“ in verschiedenen Kontexten jeweils bedeutet. Verwiesen sei auf Kristin Kopp (2012), die in ihrer Monografie *Germany's Wild East* ausführlich auf die Unterschiede zwischen „overseas colonial literature“ und „inner colonial discourse“ gen Osten verwiesen hat: Während die Überseekolonien als „unambigously non-European space populated by non-Europeans“ angesehen worden seien, hätten die „differentiating categories of race and space“ in den Texten zur inneren Kolonisation erst konstruiert werden müssen. Die ambivalente Position Osteuropas als ‚nicht-ganz-europäisch‘ kommt auch hier wieder zum Ausdruck. Kolonial sei das Machtverhältnis aber trotzdem gewesen, nur eben auf eine andere Art (Kopp 2012, S. 75).

Diese Feststellung Kopps wird durch die grundlegende Arbeit von Christoph Kienemann (2018) bestätigt. Kienemann ist auf der bisher breitesten Quellenbasis (neben Literatur auch Zeitschriften, politische Broschüren und wissenschaftliche Monographien) und mit einem weiteren geographischen Fokus (Ostmitteleuropa, Russland und Südosteuropa) zu der eindeutigen Einschätzung eines „kolonialen

Abbildung 4.1: „Die wilden Czechen“

9. Jahrgang

Nummer 1

Beiblatt des Simplicissimus

München, den 29. März 1904

Verlag von Albert Langen in München

Die wilden Czechen

(Zeichnung von Th. Th. Heine)

Nach Niederwerfung des Hereroaufstandes steht unserer Kolonialpolitik eine ungleich schwerere Aufgabe bevor: die Zivilisierung Böhmens.

Quelle: Thomas Theodor Heine: Die wilden Czechen. In: Simplicissimus, 29.03.1904, Jg. 9, Nr. 1, S. 9. Gemeinfrei

Abbildung 4.2: „Die böhmische Hundswut"

München, 14. Dezember 1908 13. Jahrgang No. 37

SIMPLICISSIMUS

Liebhaber-Ausgabe Herausgeber: Albert Langen Abonnement halbjährlich 15 Mark

(Alle Rechte vorbehalten)

Die böhmische Hundswut

(Th. Th. Heine)

„Ist denn kein Hundsfänger da? Ich will doch mein Schwert nicht beschmutzen."

Quelle: Thomas Theodor Heine: Die böhmische Hundswut. In: Simplicissimus, 14.12.1908, Jg. 13, Nr. 37, S. 621. Gemeinfrei

Blicks gen Osten" im deutschen Kaiserreich seit 1871 gelangt. Dieser umfasste erstens die Vorstellung eines „leeren Landes", in dem Pioniere siedeln sollten. Diese „Leere" ist im Sinne einer *terra nullius* Doktrin nicht unbedingt wörtlich zu nehmen, sondern impliziert, dass den dort bereits lebenden Menschen die zivilisatorischen Qualitäten fehlen, die es ihnen erlauben würden, rechtmäßig über dieses Land zu verfügen. Dies hängt mit der zweiten Komponente des „kolonialen Blicks" zusammen, der Konstruktion der in dem kolonialen Raum lebenden Menschen als „rassisch minderwertig" (ein Aspekt, den wir weiter unten noch vertiefen werden). Die dritte Komponente ist schließlich die Vorstellung des Raumes als „Laboratorium", wo man sich an sozialen, demografischen, und räumlichen Experimenten versuchen konnte, die in der „Metropole" nicht ohne weiteres möglich waren.

Koloniale Praxis?

Die Existenz kolonialer Diskurse im Deutschen Kaiserreich ist also gut nachweisbar. In der Formulierung des Historikers David Blackbourn (2016, S. 343) war „das eigentliche deutsche Gegenstück zu Indien oder Algerien […] nicht Kamerun, es war Mitteleuropa. Dabei handelte es sich noch um ein Phantasiereich." Inwieweit die Praxis der preußischen bzw. deutschen Herrschaft in den Teilungsgebieten insgesamt mit „kolonial" adäquat beschrieben ist, ist weniger eindeutig zu beantworten. Kristin Kopp etwa befürwortet eine solche Einschätzung mit Verweis auf die diskursive Rahmung preußischer bzw. deutscher Herrschaftspraktiken als kolonial durch die Zeitgenossen:

> „While such practices are not necessarily in and of themselves colonial according to contemporary theoretical paradigms, they were nonetheless clearly positioned as such within the discursive frame I investigate here. One can reject the categorization of specific material practices as 'colonial', but such a rejection neither accounts for nor erases the presence of the colonial discourse that so prominently attended these practices." (Kopp 2012, S. 5)

Sebastian Conrad hingegen hat, wie eingangs skizziert (vgl. Kapitel 1), auf die Notwendigkeit der Unterscheidung verschiedener Ebenen eines kolonialen Verhältnisses verwiesen und vor vorschnellen Analogien mit anderen Kolonialherrschaften gewarnt. So lasse sich die preußische Politik in den polnischen Gebieten ab den 1880ern diskursiv und auch siedlungspolitisch mit guten Gründen als „innere Kolonisation" bezeichnen. Es gebe aber auch grundlegende Unterschiede, etwa die Staatsbürgerschaft, die sowohl die polnische Bevölkerung in den preußischen Ostprovinzen als auch die von dort stammenden polnischen Arbeitsmigrant*innen im Ruhrgebiet, die über 450.000 ‚Ruhrpolen', innehatten (vgl. Loew

2014, S. 72–89), während sie den Bewohner*innen der formalen deutschen Kolonien in Afrika und Übersee nicht verliehen wurde. Auch gab es kein Verbot „Mischehen" mit der polnischen Bevölkerung (Conrad 2012, S. 96–100).

Auch das zuletzt in der Zeitschrift *Geschichte und Gesellschaft* erschienene Themenheft „Preußen postkolonial" gibt ambivalente Antworten auf die Frage nach kolonialen Praktiken. In ihrer Einleitung plädieren Felix Ackermann und Agnieszka Pufelska für eine „de-essenzialisierte Kolonialismus-Definition", in der polnisch-preußische Verflechtungsgeschichte als „imaginierte äußere Kolonisierung des Inneren" verstanden wird (Pufelska/Ackermann 2021, S. 530). Die Beiträge liefern aber ein differenziertes Bild hinsichtlich der Kolonialität der Praktiken. Daniel Benedikt Stienen (2021, S. 564 f.) betont, dass bis zum Ersten Weltkrieg die Assimilation der kolonisierten polnischen Bevölkerung das Ziel blieb, anders als in den überseeischen Kolonien. Insgesamt bestehe der „Innovationsgehalt postkolonialer Zugänge zur Geschichte des östlichen Preußens [...] nicht darin [...], in der Zustandsbeschreibung als ‚kolonial' beziehungsweise ‚imperial' zu deklarieren, was frühere Forschergenerationen als ‚national' aufgefasst haben" (Stienen 2021, S. 587–588). Zugleich zeigt sein Beitrag aber auch die Wirkmächtigkeit des Paradigmas eines West-Ost-Gefälles auf, da selbst die ethnisch deutschen Rückwanderer aus dem Zarenreich und dem Habsburger Reich, die in den Teilungsgebieten angesiedelt wurden, als kulturell niedriger stehend als ihre westdeutschen Gegenüber konstruiert wurden (Stienen 2021, S. 582).

Auch Justyna Turkowska (2021) betont die Grenzen des kolonialen Paradigmas für die preußischen Teilungsgebiete Polens. Während sie koloniale Fantasien und Diskurse nicht in Abrede stellt, bewertet sie die Praxis preußischer Herrschaft grundsätzlich anders – mit gewissen Anklängen an die „Salzwasserthese":

> „Allein die physische Nähe Posens zu Berlin, die ‚geteilte Geschichte' und ‚geteilte Erfahrungen' wie auch der juristische Status aller Bewohner:innen der Ostgebiete als preußische Untertan:innen mit gleichen Rechten und Pflichten erlaubten es kaum, die ‚Polenpolitik' als Teil des kolonialen Wettlaufes zu stilisieren. Die real herrschenden Verhältnisse entsprachen ebenfalls nicht einer kolonialen Ordnung." (Turkowska 2021, S. 591)

Und auch Philipp Kröger (2021, S. 626) betont, dass „der koloniale Blick nach Osten [...] sich nicht ohne Weiteres in Herrschaftspraxis übersetzen" ließ. „Wichtige Unterschiede zwischen beiden Formen deutscher Herrschaft" gingen verloren, „wenn überseeischer und kontinentaler Kolonialismus als Formen ein und desselben Phänomens begriffen" werde (Kröger 2021, S. 625). Ob man für die Zeit des Kaiserreichs jenseits der unzweifelhaft vorhandenen kolonialen Diskurse begründet von einer kolonialen Herrschaftspraxis ‚im Osten' sprechen kann, bleibt also eine empirisch zu untersuchende Frage.

Rassifizierung und Rassismus

Hinsichtlich des Themas Rassifizierung und Rassismus sind die empirischen Befunde zu den preußischen Ostprovinzen ähnlich ambivalent in ihrer Unterscheidung von Diskurs und Praxis. Die von Turkowska hervorgehobenen „geteilten Erfahrungen" deutscher und polnischer Bewohner des Gebiets stellten in der sozialen Praxis ein strukturelles Hindernis für eine tatsächliche kolonialrassistische Ordnung dar. „Für die [...] Posener Preuß:innen mussten die polnischen Bewohner:innen der Region erst ‚entfremdet' werden, um überhaupt im kolonialen Modus national-deutsch codiert werden zu können. Die Entfremdung gestaltete sich alles andere als einfach". (Turkowska 2021, S. 602) Kröger (2021, S. 632) wiederum erkennt zwar die diskursive Rassifizierung der polnischen Bevölkerung in den Ostmarkenromanen und in völkischen Pamphleten, nicht aber institutionalisiert in offiziellen Kategorien von „Rasse" oder „Abstammung". So wurde die polnische Bevölkerung statistisch über die Muttersprache erfasst, nicht über eine wie auch immer definierte „Rasse", deren Erhebung schon mangels visueller Marker an der Operationalisierbarkeit scheiterte:

> „Es war innerhalb Europas und damit innerhalb der östlichen Grenzregionen des Deutschen Kaiserreichs nicht ohne Weiteres möglich, mittels eines Rassenbegriffs, der auf der Erhebung physischer Merkmale basierte, eine Unterscheidung auf Individualebene zwischen Deutschen und Nichtdeutschen vorzunehmen. So vermag zwar aus diskursanalytischer Perspektive ein breites textuelles Archiv gehoben werden, innerhalb dessen die polnische Bevölkerung als ‚Rasse' markiert und als solche in der deutschen Gesellschaft verankert wurde. Materialisieren und als ethnopolitisches Erfassungskriterium operationalisieren ließ sich diese angenommene Differenz jedoch nicht." (Kröger 2021, S. 638)

Doch auch im literarischen Diskurs der Ostmarkenliteratur existierte im Gegensatz zu den formalen Kolonien des Deutschen Reichs keine einheitliche Vorstellung von der ‚Otherness' der polnischen Bevölkerung (Kopp 2012). Sie musste erst geschaffen werden, was teilweise dadurch geschah, dass Pol*innen in den Romanen ‚geschwärzt' wurden – die Figur des vermeintlichen „black Pole" trat den ‚blonden, deutschen' Siedlern gegenüber (Kopp 2005). Auf diese Weise wurde die Grenzziehung zwischen Deutschen und Polen mit der rassistischen Herrschaftspraxis in den afrikanischen Kolonien parallelisiert.

Der Versuch, die Menschen des östlichen Europa zu ‚schwärzen', blieb nicht auf Polen begrenzt. Dies zeigt eine Postkarte aus der Zeit nach dem Ersten Weltkrieg (Abbildung 4.3). Sie stammt von Dr. Wilhelm Raab, einem in Wien geborenen Arzt und Karikaturisten. Das Bild eines tschechischen Legionärs mit Handgranate und eines afrikanischen Soldaten in französischer Uniform mit einem blutigen Messer zwischen den Zähnen sowie der Bildunterschrift „Bru-

Abbildung 4.3: Postkarte „Brutalité, bestialité, égalité" von Wilhelm Raab, ca. 1921

Quelle: Sammlung Rudolf Jaworski

talité – Bestialité – Egalité" steht einerseits für die rassistische Darstellung der von Frankreich im und nach dem Ersten Weltkrieg eingesetzten Kolonialsoldaten, andererseits für die Übertragung dieses Rassismus auf die tschechische Bevölkerung der 1918 gegründeten Tschechoslowakei. Die rassistische Aussage der Darstellung ist unverkennbar. Die Postkarte wurde auch in vielen nichtdeutschsprachigen Zeitungen abgedruckt, als Beleg für deutschen Rassismus (vgl. Olschowsky/Juszkiewicz/Rydel 2021, S. 48 f.). Zugleich illustriert sie den Radikalisierungsprozess, der seit den Debatten in der Frankfurter Paulskirche über Böhmen stattgefunden hatte. Wie weit dieser Diskurs, Differenz im östlichen Europa anhand einer hell/dunkel Dichotomie zu begründen, reichte, ist bisher nicht untersucht und ein wichtiger Punkt für zukünftige Forschungen.

Auf längere Sicht setzte sich jedoch ein Rassismus gegenüber Menschen aus dem östlichen Europa durch, der ohne die Zuschreibungen von ‚white' und ‚black' auskam. Die Differenzkonstruktionen wurden kulturalistisch oder biologistisch begründet (vgl. hierzu auch Kienemann, S. 181–212, sowie Kröger 2021) und waren auch ohne die hell/dunkel Dichotomie essentialistisch und hierarchisierend im Sinne der von Philomena Essed definierten „Wertigkeitshierarchien". Und ebenfalls wie durch Essed beschrieben, begründete die mindere ‚Wertigkeit' den Ausschluss vom Zugang zu bestimmten Ressourcen.

Auch die Wissenschaft trug zur Konstruktion kulturessenzialistischer Konzeptionen der Menschen des östlichen Europa bei. Dabei geht es keinesfalls nur um längst diskreditierte biologistische Rassentheorien (vgl. Kapitel 2), sondern auch um Beiträge bis heute respektierter Denker. Auf der linken Seite des politischen Spektrums sind als prominenteste Vertreter einer antislawischen Ausrichtung Karl Marx und Friedrich Engels zu nennen. Bereits 1842 schrieb Engels, dass Preußen es als „Vertreter Deutschlands gegen die Barbarei des slawischen Ostens" (Engels 2021 [1842], S. 203) verdiene, geachtet zu werden. Während der Revolution 1848/49 verkörperte der „Panslawismus" für ihn die „Konterrevolution", er vereinige „Völkerruinen", ja „Völkerabfälle", die nie als „Trägerinnen der geschichtlichen Entwicklung" in Erscheinung getreten seien (Engels 1959 [1849], S. 169, 172). Der Bezug auf Hegel ist unverkennbar. Engels wusste sich bei seiner Gegenüberstellung von „Slawentum" und „Germanentum" in bester Übereinstimmung mit seinem Weggefährten Karl Marx. Dieser hatte nicht nur umfangreiche Abhandlungen darauf verwendet, die „asiatischen Ursprünge" der „russischen Despotie" herzuleiten, sondern warnte ebenso wie Engels beständig vor der Gefahr des „Panslawismus", der ja bereits in der Paulskirche ein zentrales Feindbild dargestellt hatte (vgl. Wippermann 2007, S. 41 f.).

Auch Max Weber, der prominenteste Begründer der deutschen Sozialwissenschaften, trug zur Entwicklung einer essenzialisierenden Sichtweise auf die „Slawen" und speziell auf die „Polen" bei. In seiner Antrittsvorlesung an der Universität Freiburg im Jahr 1895, in der er „die Rolle veranschaulichen" wollte, „welche die physischen und psychischen Rassendifferenzen zwischen Nationalitäten im ökonomischen Kampf ums Dasein spielen" (Weber 1895, S. 1), beschäftigten ihn die Gründe für das Vordringen des „Polentums im Osten". Dies hatte nach seiner Schilderung einerseits mit Assimilation v. a. katholischer Deutscher an die polnische Kultur zu tun, mehr aber noch mit „ökonomischer Verdrängung" (Weber 1895, S. 7). Deutsche Tagelöhner zögen ab, polnische Bauern vermehrten sich. Die Gründe dafür sah Weber in bestimmten ‚rassischen' Eigenschaften:

> „Beide Vorgänge aber – der Abzug hier, die Vermehrung dort – führen in letzter Linie auf einen und denselben Grund zurück: die niedrigeren Ansprüche an die Lebenshaltung – in materieller teils, teils in ideeller Beziehung –, welche der slawischen Rasse von der Natur auf den Weg gegeben oder im Verlaufe ihrer Vergangenheit angezüchtet sind, verhalfen ihr zum Siege." (Weber 1895, S. 8)

Diese ‚rassisch' begründete Anspruchslosigkeit führte Weber in der Folge weiter aus:

> „Und weshalb sind es die polnischen Bauern, die an Terrain gewinnen? Ist es ihre überlegene ökonomische Intelligenz oder Kapitalkraft? Es ist vielmehr das Gegenteil von beiden. Unter einem Klima und auf einem Boden, welche neben extensiver Viehzucht wesentlich Getreide- und Kartoffelproduktion gestatten, ist hier derjenige am wenigsten durch die Ungunst des Marktes bedroht, der seine Produkte dahin

> bringt, wo sie durch den Preissturz am wenigsten entwertet werden: in seinen eigenen Magen: – der für seinen Eigenbedarf produziert. Und wiederum ist derjenige begünstigt, der seinen Eigenbedarf am niedrigsten bemessen kann, die geringsten Ansprüche an die Lebenshaltung in physischer und ideeller Beziehung macht. Der polnische Kleinbauer im Osten ist ein Typus sehr abweichender Art von dem geschäftigen Zwergbauerntum, welches Sie hier in der gesegneten Rheinebene durch Handelsgewächsbau und Gartenkultur sich an die Städte angliedern sehen. Der polnische Kleinbauer gewinnt an Boden, weil er gewissermaßen das Gras vom Boden frißt, nicht trotz, sondern wegen seiner tiefstehenden physischen und geistigen Lebensgewohnheiten." (Weber 1895, S. 10)

Weber verwendet hier kollektive Zuschreibungen und verknüpft sie mit einem Wertigkeitsdiskurs: „Der polnische Kleinbauer" ist nach Weber primitiv und anspruchslos. Indem er dessen „tiefstehende physische und geistige Lebensgewohnheiten" als Begründung anführt, wird der hier zwar lebensräumlich hergeleitete, aber doch biologistische Kern seiner Ausführungen offensichtlich. Später in der Vorlesung konstatierte er noch, dass die deutschen Bauern und Tagelöhner „einer tieferstehenden Rasse gegenüber den Kürzeren" zögen (Weber 1895, S. 16). Wohlgemerkt kommt Weber aber ohne ‚Schwärzung' des ‚polnischen Bauern' aus – die hier konstruierten ‚rassischen' Differenzen hatten mit Hautfarbe nichts zu tun.

Es ist angesichts dessen nur konsequent, dass eine Angleichung der beiden Nationen, wie etwa Stienen (2021) sie als Ziel der preußischen Politik identifizierte, für Weber undenkbar war. Für ihn gab es in Anbetracht der „slawischen Flut" (Weber 1895, S. 14) nur ein sozialdarwinistisches Entweder-oder:

> „Ein Ausleseprozeß also scheint es zu sein, den wir sich vollziehen sehen. Beide Nationalitäten sind in die gleichen Existenzbedingungen seit langer Zeit hineingestellt. Die Folge war nicht, daß sie, wie der Vulgärmaterialismus sich vorstellt, die gleichen physischen und psychischen Qualitäten annahmen, sondern daß die eine der andern weicht, daß diejenige siegt, welche die größere Anpassungsfähigkeit an die gegebenen ökonomischen und sozialen Lebensbedingungen besitzt." (Weber 1895, S. 11)

Die Äußerungen Webers im Rahmen seiner Antrittsvorlesung sind keine drastischen Ausnahmen, sondern stehen exemplarisch für eine antipolnische Haltung, die sich, mit gewissen strategischen Konzessionen zur Abwehr der „russischen Gefahr" nach der russischen Revolution 1905, durch sein Werk zieht (Konno 2004). Zugleich ist Weber nur das bekannteste Beispiel für die Verbreitung antipolnischer Denkmuster unter deutschen Nationalökonomen im Kaiserreich – ebenso genannt werden könnten Max Sering und Gustav Schmoller (vgl. Kienemann 2018, S. 98 f., 110).

Nicht zuletzt verkörpert Max Weber die Verbindung von akademischem Renommee und Nationalismus. 1893 trat er dem Alldeutschen Verband bei, einer der wichtigsten Organisationen des völkischen Spektrums im Kaiserreich und der Weimarer Republik. Hinsichtlich der polnischen Bevölkerung in den Teilungsgebieten, aber auch anderen slawischen Völkern, verfolgte der Verband eine dezidiert biologistische Politik. Ernst Hasse, 1893 bis 1908 geschäftsführender Vorsitzender des Alldeutschen Verbandes, führte hierzu 1907 aus:

> „Dagegen glauben wir nicht an die Möglichkeit der Eindeutschung der im Osten in geschlossenen Gebieten wohnenden Polen und Tschechen trotz ihrer Blutsverwandtschaft mit den Deutschen. Hier können nur Maßregeln der Auswanderungs- und der Bodenpolitik helfen." (Hasse 1907, S. 56)

Diese Programmatik stellte eine bewusste Abkehr von früheren Konzepten einer mission civilisatrice dar – anstelle einer ‚kulturellen Erleuchtung' des östlichen Europa ging es jetzt um die ‚rassische Germanisierung', der das ‚minderwertige Volkstum' zu weichen hatte:

> „Von kultureller Hebung des Ostens wird seit Jahren viel gesprochen. Das ist ein gefährliches Schlagwort, da auch die Besten und Verständigsten mißverstehen und dem entgegenzutreten sehr unpopulär ist. Der richtige Kern darin ist ‚kulturelle Hebung des ostmärkischen Deutschtums'. Anders verstanden, bedeutet es die Fortsetzung des alten Erbfehlers der preußischen Ostmarkenpolitik – der wirtschaftlichen und kulturellen Förderung des Polentums." (Hasse 1905, S. 121)

Der Alldeutsche Verband war nur eine aus einer Vielzahl völkischer Organisationen, die sich im Kaiserreich entwickelten (dazu Puschner / Schmitz / Ulbrich 1996; Puschner 2001; Fahlbusch / Haar / Pinwinkler 2017). Als weitere Beispiel seien der Verein für das Deutschtum im Ausland (VDA) und das Konzept des „Auslandsdeutschtums" genannt (vgl. dazu Münz / Ohliger 2001; Naranch 2005; Manz 2014; Eisler 2015). Ihnen gemein war eine völkische und ‚rassische' Definition von ‚Deutschtum', das weit über die Staatsgrenzen des Deutschen Reichs hinausreichte. Die Konstruktion der Zugehörigkeit der ‚Volks-' und ‚Auslandsdeutschen' zu einer ‚deutschen Volksgemeinschaft' ging mit dem Anspruch auf die entsprechenden Gebiete als Teil eines ‚Deutschen Ostens' einher. In radikalisierter Form wurde hier ein Expansionismus fortgeführt, der bereits die Debatten der Paulskirche geprägt hatte (vgl. Kapitel 3).

Siedlungs- und Migrationspolitik

Praktische Konsequenzen eines zunehmend antagonistisch verstandenen deutsch-polnischen Verhältnisses ergaben sich in zwei eng miteinander verschränkten Feldern: der Ansiedlungspolitik in den polnischen Gebieten Preußens und der Migrationspolitik des Deutschen Reiches. Beide liefen auf die Marginalisierung und Verdrängung der polnischen Bevölkerung hinaus, wobei gerade im Bereich der Zuwanderung und Staatsbürgerschaft auch zunehmend antisemitisches Denken speziell mit Blick auf die „Ostjuden" als Kulminationspunkt rassistischer Stereotype über ‚den Osten' eine Rolle spielte.

Den Zusammenhang beider Felder hatte auch Max Weber in seiner Antrittsvorlesung benannt. Um das ‚Polentum im Osten' zurückzudrängen benannte er zwei Forderungen,

> „die m. E. vom Standpunkt des Deutschtums zu stellen sind und thatsächlich mit wachsender Einmütigkeit gestellt werden. Die eine ist: Schließung der östlichen Grenze. [...] Die andere Forderung ist: systematischer Bodenankauf seitens des Staates, also Erweiterung des Domänenbesitzes einerseits, und systematische Kolonisation deutscher Bauern auf geeigneten Böden, namentlich auf geeigneten Domänen, andererseits." (Weber 1895, S. 13)

Diese Forderungen diagnostizierte (und stellte) Weber vor dem Hintergrund einer zunehmend repressiven preußischen Politik in den annektierten polnischen Gebieten seit der Gründung des Deutschen Reiches 1871. Vor allem der Name des Reichskanzlers Otto von Bismarck steht für eine antipolnische Haltung, die zunächst eine Politik der Assimilation ‚von oben' verfolgte, um dann ab den 1880er Jahren auf physische Verdrängung zu setzen. Ab Mitte der 1890er Jahre verfolgte auch Wilhelm II. eine klar antipolnische Politik. 1902 sprach er auf der frisch renovierten Marienburg von der Ordensburg als einem „Bollwerk im Osten" und „Wahrzeichen für die deutschen Aufgaben" (zitiert nach Szlanta 2022, S. 73; zur Bedeutung der Ordensideologie vgl. Wippermann 1979; zur Bedeutung der Marienburg vgl. Thum 2013a). Hinter dieser Politik stand eine Mischung aus rassistischem Denken und Angst – Angst davor, in den preußischen Ostprovinzen von der polnischen Bevölkerung verdrängt zu werden, die zugleich als kulturell und zunehmend auch als ‚rassisch' minderwertig angesehen wurde. Thum (2013b) spricht in diesem Zusamenhang von „Imperialists in Panic". Ergebnis war eine Radikalisierung und Rassifizierung der Politik.

Innerhalb dieser Rahmenbedingungen sollte die „polnische Gefahr" durch konkrete siedlungspolitische Maßnahmen neutralisiert werden, die das ‚deutsche' Element auf Kosten des ‚polnischen' stärken sollten. 1886 nahm die „Ansiedlungskommission für Westpreußen und Posen" ihre Arbeit auf (vgl. zuletzt Ball 2021). Ihr Auftrag war es, die Landgüter verschuldeter polnischer Adeliger aufzukaufen und auf ihnen deutsche Bauern anzusiedeln. Zu einer deutlichen Veränderung der Bevölkerungszusammensetzung führte dies jedoch nicht (vgl. auch Eddie 2009). 1894 folgte die Gründung des „Vereins zur Förderung des Deutschtums in den Ostmarken" (ab 1899 „Deutscher Ostmarkenverein") in Posen. Zentrales Ziel war die „Stärkung des Deutschtums" in den „Ostmarken" (vgl. Grabowski 1998, S. 65; Volkmann 2016). Auch dessen Aktivitäten verblieben aber eher auf einer propagandistischen Ebene wie der ‚Germanisierung' von Straßennamen oder der Errichtung eines Bismarck-Denkmals in Posen (Molik 2002).

Die Kehrseite war der zunehmende Ausschluss von Pol*innen und Juden und Jüdinnen vom deutschen Territorium und der deutschen Staatsbürgerschaft (vgl. zum Folgenden Gosewinkel 2001, S. 265 f.). Polnische und jüdische Herkunft im Sinne der 1881 formulierten preußischen Abwehrpolitik wurde zu einem Ausschlusskriterium bei Naturalisationsgesuchen deklariert. Ab 1885 kam es zu Zwangsausweisungen von Polen und Juden, die aus den russischen und österreichischen Teilungsgebieten nach Preußen eingewandert waren. Allein 1885 wurden rund 32.000 Menschen aus Posen ausgewiesen, davon ca. ein Drittel Juden und Jüdinnen (Gosewinkel 2001, S. 267). „Nationalpolitische Maßnahmen gegen polnische Einwanderer, welche die nationalpolnische Bewegung in den preußischen Ostprovinzen zu stärken drohten, verbanden sich dabei – wie in der preußischen Abwehrpolitik insgesamt – mit antisemitischen Beweggründen. [...] Antisemitische und antipolnische Motive verstärkten sich gegenseitig." (Gosewinkel 2001, S. 267) Ökonomische Erwägungen – immerhin lebte die ostdeutsche Landwirtschaft schon damals von Arbeitskraft aus ‚dem Osten' – traten demgegenüber in den Hintergrund, was der Nationalökonom Max Weber guthieß: „Großbetriebe, welche nur auf Kosten des Deutschtums zu erhalten sind, sind vom Standpunkt der Nation werth, daß sie zu Grunde gehen." (Weber 1895, S. 13–14)

Die preußische Abwehrpolitik hatte somit langfristige Konsequenzen für das ‚Einwanderungsland' Deutschland, das zwar auf den Import von Arbeitskraft angewiesen war, die zugewanderten Menschen und ihre Kinder aber nicht zum Teil der Nation werden lassen wollte. Daher wurden zum einen die Einbürgerungshürden für die erste Generation Einwanderer sehr hoch gesetzt, zum anderen verzichtete man bei der Einführung des Reichs- und Staatsangehörigkeitsgesetzes von 1913 auf das *ius soli*, das in Deutschland geborene Kinder von Einwander*innen automatisch zu Deutschen gemacht hätte. „Das prinzipielle Feindbild des armen Osteinwanderers gab schließlich den Ausschlag und verhinderte die Einführung des Territorialprinzips in das deutsche Staatsangehörigkeitsrecht." (Gosewinkel 2001, S. 292)

Dem Ausschluss von Zuwander*innen und ihren Nachfahren von der deutschen Staatsbürgerschaft lag letztlich eine rassistische Logik zugrunde, nach der die Neuankömmlinge aus dem Osten gewisse unveränderliche Eigenschaften hätten, die sie zum ‚unerwünschten' Bevölkerungszuwachs machten. Hier erkennt Maria Alexopoulou (2020, S. 24) zutreffend den Beginn der Herausbildung des „Ausländers" als rassifiziertem „Anderen" der „Deutschen". Diese rassistische Logik verband sich intersektional mit klassistischen Argumenten, wie aus einem Bericht des preußischen Innenministeriums für die Reichsregierung deutlich wird, von dem Gosewinkel (2001, S. 292) berichtet: „Während im Westen vorwiegend ‚wohlhabende oder nutzbringendem Erwerb nachgehende Leute' die Einbürgerung beantragten, sei es im Osten ‚fast ausnahmslos polnisch-russisches, galizisches und darunter wieder vornehmlich jüdisches Proletariat'."

Die Ostjuden als intersektionales Feindbild

Dieser letzte Satz verweist auf das besonders wirkmächtige und langlebige intersektionale Feindbild ‚des Ostjuden', in dem sich Klassismus mit Antisemitismus und Antislawismus verbanden. Im Migrationsgeschehen der Zeit spielte die jüdische Bevölkerung Osteuropas angesichts von Armut im österreichischen Galizien sowie Armut, Pogromen und Unterdrückung im Russischen Reich eine prominente Rolle. Knapp die Hälfte der Juden und Jüdinnen weltweit lebte vor dem Ersten Weltkrieg im östlichen Europa, allein im Ansiedlungsrayon des Russländischen Reichs waren es am Ende des 19. Jahrhunderts fast 5 Millionen Menschen (hierzu u. a. Haumann 1998). Für die große Mehrheit derjenigen, die als Teil der von Tara Zahra beschriebenen „Great Departure" in die USA ausreisten, stellten die Häfen des deutschen Kaiserreichs lediglich eine Zwischenstation dar (Zahra 2016; Brinkmann 2013). Nur ein kleiner Teil – bis 1910 rund 70.000 Menschen (Zumbini 1994, S. 204) – verblieb im Deutschen Reich.

Im Kontrast zu dieser überschaubar großen Zahl steht die Präsenz dieser Menschen in der öffentlichen deutschen Debatte. Diese mehrheitlich orthodoxe Judenheit wurde als Ostjuden als vermeintlicher Beleg für die ‚Rückständigkeit' ‚des Ostens' instrumentalisiert und zugleich zur Projektionsfläche für eine seit Jahrhunderten tradierte Judenfeindschaft, die ab Ende des 19. Jahrhunderts nicht mehr nur christlich-antijudaistisch, sondern zunehmend antisemitisch (im Sinne der vermeintlichen Existenz einer ‚jüdischen Rasse') fundiert war. Damit wurde von deutsch-völkischer Seite ein Begriff angeeignet und antisemitisch gewendet, der ursprünglich dem innerjüdischen Diskurs entstammte, in dem sich in den Metropolen Westeuropas lebenden Juden und Jüdinnen gegen die ‚rückständigen' „Ostjuden" abgrenzten (Kurth/Salzborn 2009). Diese Argumentation wurde jetzt von antisemitischer Seite aufgenommen, indem die „Berliner Juden" gegen die Ostjuden ausgespielt wurden. Exemplarisch zitiert sei Adolf Stoecker:

„Vor der Emanzipation waren die Berliner Juden im ganzen und großen königstreu bescheiden, gebildet, voll Achtung für das Christentum und Deutschtum. Seitdem die jüdischen Barbaren aus Posen und Oberschlesien, ja aus Rußland und Galizien unser Vaterland und unsere Hauptstadt überschwemmt haben, ist das Judentum im ganzen und großen ein anderes geworden: demokratisch, anmaßend, roh, schamlos in seiner Presse, frech gegen Thron und Altar." (Stoecker 1890, S. 481, zitiert nach Kienemann 2018, S. 225)

Christoph Kienemann hat zurecht darauf hingewiesen, dass Adolf Stoecker die Gefahr einer *reverse colonisation* beschwört, der zur Folge die früheren Kolonisatoren nun selbst zum Opfer einer umgekehrten Kolonisation werden könnten (Kienemann 2018, S. 225 f.). Zugleich argumentiert Stoecker hier noch nicht mit vermeintlichen ‚rassischen Gegensätzen', sondern begründet die vorgebliche Alterität der Ostjuden, indem er sie als kulturell minderwertig beschreibt. Hierzu sollte jedoch erwähnt werden, dass Stoecker einen Antisemitismus vertrat, der sich nicht nur gegen die ‚rückständigen' Ostjuden wandte, sondern ebenso gegen die ‚westlichen' Juden und Jüdinnen, die wahlweise als Vertreter*innen des ‚Großkapitals' oder Verkörperung eines revolutionären Sozialismus attackiert wurden (Bergmann 2009). Somit sollte seine positive Bezugnahme auf die „Berliner Juden" in erster Linie als strategisches Argument gelesen werden, um die ‚Rückständigkeit' der östlichen „Barbaren" umso stärker herausstellen zu können. Stoecker steht damit für die die intersektionale Verknüpfung von Antislawismus und Antisemitismus, die im deutschen Kaiserreich an Raum gewann und sich in der Zwischenkriegszeit weiter radikalisieren sollte (vgl. Kurth / Salzborn 2009).

In ihrer monumentalen Studie zu den Ostjuden in der Weimarer Republik hat Trude Maurer (1986, S. 104–128) rekonstruiert, wie ‚der Ostjude' im öffentlichen Diskurs als Gegenbild ‚des Deutschen' konstruiert wurde. In diesem Diskurs wurde der „schaffende Deutsche" dem „faulenzenden und raffenden Ostjuden" gegenübergestellt, da die Ostjuden v. a. mit „unproduktivem" Handel beschäftigt seien – ein Topos, dem sich auch die (jüdischen) Verteidiger der Ostjuden nicht entziehen konnten (Maurer 1986, S. 108). Der „saubere Deutsche" kontrastierte mit dem „schmutzigen ostjüdischen Seuchenträger", wobei die Antisemiten mangelnde Hygiene mit mangelnder (sexueller) Moral assoziierten (Maurer 1986, S. 111). In diesem Diskursstrang war auch die Verknüpfung von Hygiene mit Rassenhygiene angelegt, die etwa Paul Weindling (2000) als eine Triebkraft der Shoah identifiziert hat. Ein drittes Gegensatzpaar bildeten „Anständige und rechtschaffende Deutsche" und „ostjüdische Sittenstrolche und Verbrecher", wobei Ostjuden hier insbesondere mit Prostitution und „Mädchenhandel" in Verbindung gebracht wurden (Maurer 1986, S. 114 f.). Zu diesen „zeitlosen" (Maurer 1986, S. 128) Vorwürfen kamen im Nachkriegskontext spezifische Anfeindungen gegen die Ostjuden als Konsumkonkurrenten, zerstörende Kräfte im Wirtschaftsleben und als revolutionäre Zerstörer der politischen Ordnung – das Feindbild des

„jüdischen Bolschewismus", über das noch zu reden sein wird, ist hier angelegt (Maurer 1986, S. 128–153). Besonders bedenklich aus antisemitischer Sicht war die vielfache „Rassenmischung", die sich in den Ostjuden manifestiere. Die Rede war von einem „Erzeugnis der unnatürlichsten Rassenvermengung" und dem „slawisch-jüdisch-deutschen Köter", der „das scheußlichste Menschenwesen [sei], das je die Erde bevölkert hat" (Maurer 1986, S. 123).

Die Ostjuden stellten für ihre Feinde also die Verschmelzung aller negativen Eigenschaften dar, die sie ‚dem Osten' und seinen Bewohnern allgemein und ‚den Juden' speziell zuschrieben. Wie in Kapitel 8 noch zu zeigen wird, erfüllten die Roma in späteren Zeiten eine ähnliche Funktion in bundesdeutschen Migrationsdiskursen. Dass die Ostjuden auf einem „niedrigen kulturellen Niveau" stünden war in der Weimarer Zeit aber Konsens „durch alle Schichten und politischen Lager" (Maurer 1986, S 124) und zeigt, wie tief antiöstliche Stereotype saßen. Auch die westjüdischen Verteidiger der Ostjuden, die dem antisemitischen Stereotyp „sowohl relativierend als auch mit positiven Gegenbewertungen zu begegnen" versuchten, stimmten der grundsätzlichen Diagnose eines „Kulturgefälles" zwischen West und Ost zu und pflegten einen paternalistischen Überlegenheitsdiskurs, die Ostjuden „heben" zu wollen (Maurer 1986, S. 123–124). Kulturell seien die Ostjuden zwar produktiv, zivilisatorisch aber rückständig (Maurer 1986, S. 125). Solche Einstellungen kann man als Glied in der „great chain of orientalism" interpretieren, die Aziza Khazzoom (2003) in der jüdischen Geschichte identifiziert hat und die die osteuropäischen Juden in Israel später auf ihre „orientalischen" (misrachischen) Brüder und Schwestern herabschauen ließ.

Der Erste Weltkrieg ‚im Osten'

Einen ersten Kulminationspunkt der kolonialen und rassistischen Diskurse bezüglich des östlichen Europas stellte der Erste Weltkrieg dar. Dessen „Ostfront" ist in der von den Stellungskriegen in Nordfrankreich und Flandern dominierten öffentlichen Wahrnehmung nach wie vor relativ wenig präsent. Exzellente wissenschaftliche Arbeiten der vergangenen Jahre und Jahrzehnte haben aber die Bedeutung des osteuropäischen Kriegsschauplatzes herausgearbeitet (z. B. Liulevicius 2000). Mit Blick auf das östliche Europa sind vor allem zwei Ebenen von Interesse: Die Herrschaftspraxis in Form der staatlichen Politik in den deutsch besetzten Gebieten sowie der Weltkrieg als Ort der ersten massenhaften Begegnung der deutschen Bevölkerung mit ‚dem Osten'.

Blickt man zunächst auf die gesamtstaatliche Ebene, so lassen sich unterschiedliche Formen der Herrschaftsausübung benennen. Während das sogenannte Generalgouvernement Warschau der Zivilverwaltung unterstellt wurde, die einer Politik der begrenzten Zugeständnisse verfolgte (Lehnstaedt 2015a), wurde das Gebiet Ober Ost einer rigiden Germanisierung unterworfen. Die

Abkürzung „Ober Ost“ stand für den „Oberbefehlshaber der gesamten deutschen Streitkräfte im Osten“ und bezeichnete die ab Anfang 1915 deutsch besetzten Gebiete des Russischen Reichs, die nördlich und südlich an Ostpreußen grenzten. 1917 umfasste Ober Ost Teile des heutigen Lettlands, Litauens sowie kleinere Gebiete des heutigen Belarus sowie Polens (als Überblick Lehnstaedt 2015b). Es handelte sich um ein multiethnisches Gebiet mit nur einem sehr geringen Anteil deutscher, vor allem deutschbaltischer, Bevölkerung (ausweislich des letzten Zensus im Russischen Reich 1897 rund 2,5 %, vgl. Lehnstaedt 2015b). Ober Ost verblieb während des gesamten Kriegs als einziges deutsch besetztes Gebiet durchgängig unter Militärverwaltung. Aufgebaut wurde es vom Oberbefehlshaber der gesamten, deutschen Streitkräfte im Osten, Paul von Hindenburg, und seinem Stabschef, Erich Ludendorff. Als Hindenburg und Ludendorff im August 1916 die Oberste Heeresleitung übernahmen, folgte Prinz Leopold von Bayern als neuer Oberbefehlshaber Ost.

Abbildung 4.4: „Das Land Ober Ost“ aus der kolonialen Perspektive des gleichnamigen Buches

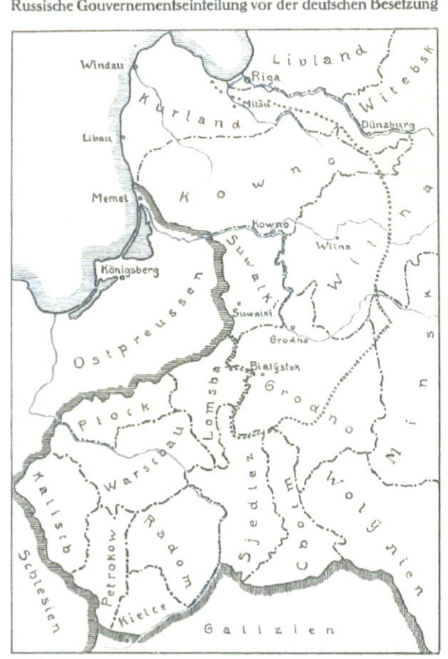

Quelle: Das Land Ober Ost (1917). Deutsche Arbeit in den Verwaltungsgebieten Kurland, Litauen und Bialystok-Grodno. Hrsg. von der Presseabteilung Ober Ost. Stuttgart, Berlin: Deutsche Verlags-Anstalt, S. 472.

Die Herrschaft in Ober Ost lässt sich mit zwei Begriffen beschrieben: Ausbeutung und Germanisierung. Wirtschaftlich verfolgten die deutschen Besatzer mittels der Enteignung von Landgütern, des Zwangsaufkaufs der Ernte, der Zwangsarbeit der einheimischen Bauern und des Exports landwirtschaftlicher Produkte und Tiere ins Deutsche Reich eine Politik der maximalen Exploitation des Gebiets. Hieran änderte auch der Ausbau der Verkehrsinfrastruktur nichts, die primär der effektiveren Ausbeutung des Gebiets dienen sollte (Liulevicius 2000, S. 89–112). Ein Interesse an dessen ökonomischer Entwicklung bestand nicht, die vorhandenen Industriebetriebe wurden weitgehend nicht genutzt. Dies entsprach der Grundhaltung, mit der die deutschen Besatzer auf das Gebiet und seine Menschen schauten: Die nichtdeutsche Bevölkerung galt als „nicht kollaborationsfähig" (Lehnstaedt 2015b), weshalb sie auch nur zu Hilfsarbeiten und Zwangsarbeit herangezogen wurde. Den Deutschen war jeglicher Umgang mit der Zivilbevölkerung untersagt, vielmehr bestand eine Grußpflicht, die von den Menschen verlangte, beim Zusammentreffen mit einem deutschen Offizier den Bürgersteig zu verlassen und den Hut abzunehmen. Abba Strazhas charakterisierte solcherlei Verordnungen als Ergebnis eines „in manchen Gesellschaftskreisen des kaiserlichen Deutschlands verbreiteten Herrenvolksglaubens" (Strazhas 1993, S. 29).

Für die Zukunft gab es zudem Pläne, Ober Ost zu einer deutschen Siedlungskolonie zu machen: Freiherr Wilhelm von Gayl, Leiter der politischen Abteilung von Ober Ost, präsentierte der Reichsregierung 1917 ein Memorandum, das die Zwangsumsiedlung ganzer Bevölkerungsgruppen vorsah. Ziel war es, in den Worten Ludendorffs, einen „menschlichen Wall" aus „Wehrbauern" zu errichten, um die deutsche Herrschaft über das Gebiet langfristig zu sichern (Liulevicius 2000, S. 96). Der weitere Kriegsverlauf verhinderte, dass diese Pläne Realität werden konnten. Stattdessen zogen sich die deutschen Besatzer den Hass der einheimischen Bevölkerung zu, stärkten deren Nationalbewusstsein und sahen sich mit bewaffnetem Widerstand und Partisaneneinheiten konfrontiert (Strazhas 1993).

Hinzu kam die deutsche Arbeitskräftepolitik ‚im Osten', die jahrzehntelang einer systematischen Aufarbeitung harrte. Erst 2012 erschien mit Christian Westerhoffs Dissertation die erste grundlegende Studie zu diesem Thema (Westerhoff 2012). Auf breiter Quellengrundlage konnte er zeigen, dass die Zivilverwaltung im Generalgouvernement Warschau zunächst auf die freiwillige Anwerbung polnischer Arbeitskräfte für die deutschen Bedürfnisse setzte. Den Hintergrund bildete der durch den ‚totalen Krieg' rapide gestiegene Bedarf an Arbeitskräften, nicht nur in den besetzten Gebieten selbst, sondern auch an der ‚Heimatfront'. 200.000 bis 240.000 polnische (einschließlich polnisch-jüdischer) Arbeiter*innen gingen unter der Prämisse der Freiwilligkeit und guter Löhne ins Deutsche Reich – um dort dann zu erfahren, dass sie bis Kriegsende nicht zurückkehren durften, Wohnort und Arbeitsplatz nicht wechseln konnten und vielfach unter sehr schlechten Bedingungen zu leiden hatten. Es handelte sich also weniger um „Freiwilligkeit", sondern eher um einen „freiwilligen Eintritt in Zwangsarbeit"

Abbildung 4.5: Deutsches Militär vor dem Rathaus von Mitau/Jelgava

Quelle: Das Land Ober Ost (1917). Deutsche Arbeit in den Verwaltungsgebieten Kurland, Litauen und Bialystok-Grodno. Hrsg. von der Presseabteilung Ober Ost. Stuttgart, Berlin: Deutsche Verlags-Anstalt, S. 337.

(Westerhoff 2012, S. 332). Ab Ende 1916 gingen die Behörden dann im Generalgouvernement Warschau zu Zwangsrekrutierungen über, bei denen es unter anderem zu regelrechten Razzien auf offener Straße kam.

Auch in Ober Ost gab es anfangs eine Anwerbung von Arbeitskräften ins Reich auf freiwilliger Basis. Hier konnten jedoch nur rund 24.000 Menschen nach Deutschland vermittelt werden. Dies lag maßgeblich daran, dass die Anwerbung fürs Deutsche Reich für die Militärverwaltung nicht prioritär war – Hauptziel war die wirtschaftliche Ausbeutung des Gebiets selbst. Um diese zu erreichen, wurden in Ober Ost von Beginn an Arbeitskräfte zwangsweise und damit völkerrechtswidrig für die Land- und Forstwirtschaft sowie den Straßen- und Eisenbahnbau rekrutiert. Zwangsarbeit stellte hier die Regel dar, sie kam in wesentlich größerem Umfang und über einen längeren Zeitraum zur Anwendung als im Generalgouvernement Warschau (Westerhoff 2012, S. 335).

Angesichts dieser Besetzungspolitik lässt sich Ober Ost zwar einerseits als eine koloniale Herrschaft im Sinne der Definition Sebastian Conrads begreifen, treffen die von ihm genannten Charakteristika doch alle zu. So ordnet etwa Mark Terkessidis (2019, S. 142 f.) Ober Ost als „koloniales Regime" ein und verweist in diesem Zusammenhang auf eine Ausstellung über Obstprodukte aus Ober Ost, die 1916 in Berlin stattfand und an die Präsentation der überseeischen Kolonien in der innenpolitischen Propaganda des Deutschen Reichs erinnert. Andererseits gab es aber in Ober Ost keinen Anspruch einer Zivilisierungsmission, sondern eine bewusste Herabstufung der nicht-deutschen Menschen, an der sich auch nichts ändern sollte.

Abbildung 4.6: In Kalisch 1914. Preuße: Lernt die Überlegenheit unserer Kultur kennen, verdammte Slawenbrut!

Quelle: Mucha, Warschau. Sammlung Rudolf Jaworski

Neben der konkreten Besatzungspolitik vor Ort war der Erste Weltkrieg zugleich der Ort der ersten massenhaften Begegnung der deutschen Bevölkerung mit ‚dem Osten'. Rund zwei bis drei Millionen deutsche Soldaten haben an der Ostfront gedient. Hierbei lassen sich verschiedene Phasen unterscheiden: Zu Kriegsbeginn überschritten russische Truppen die deutsche Grenze und besetzten Teile Ostpreußens. Nach der Schlacht von Tannenberg verschob sich die Front dann ostwärts mit der skizzierten Folge der jahrelangen Besetzung westlicher Gebiete des Zarenreichs. Und unmittelbar nach Ende des Ersten Weltkriegs kämpften paramilitärische Freikorps im Baltikum gegen die Rote Armee, aber auch gegen die estnischen und lettischen Unabhängigkeitsbestrebungen.

Die bis heute grundlegende Studie zur Wahrnehmung ‚des Ostens' durch deutsche Soldaten hat Vejas Gabriel Liulevicius (2000) vorgelegt. In *War Land on the Eastern Front* arbeitete er auf der Grundlage von Tagebüchern, Memoiren und Propagandaschriften heraus, dass ‚der Osten' als Ort der „Unkultur", schmutzig, krank und ansteckend wahrgenommen wurde (Liulevicius 2000, S. 105). Dies entsprach einerseits dem seit der Aufklärung tradierten Selbstbild der ‚deutschen Kulturträger', besaß durch die Krankheitsmetaphern aber auch bereits eine unverkennbar biologistische Dimension. Der russische Vormarsch 1914 wurde mit biblischen Gleichnissen als „Apokalypse" und „Sintflut" sowie als „Kosakeneinbruch in Ostpreußen" beschrieben (Liulevicius 2006, S. 48–55). Im Zuge der deutschen Besetzung russländischer Gebiete ab 1915 traten an die Stelle der „Apokalypse" dann Bilder der unendlichen Weite, der Rückständigkeit („Unkultur") und der „Reinigung", derer es durch die nun beginnende deutsche Herrschaft bedürfe. Die tatsächliche Zerstörung durch das Kriegsgeschehen vermischte sich mit den tradierten Bildern ‚des Ostens', die viele Soldaten im Kopf hatten (vgl. in diesem Sinne auch Thum 2016, S. 276–278).

Abbildung 4.7: „Zurück nach Asien". Erster Weltkrieg.

Quelle: Sammlung Rudolf Jaworski

Nach der deutschen Kapitulation im November 1918 waren es dann die Freikorps, die nicht nur die vom Kieler Matrosenaufstand ausgehenden Arbeiter- und

Soldatenräte und in München die Räterepublik mit Gewalt bekämpften, sondern auch ‚gen Osten' zogen, um im Baltikum gegen die Rote Armee, aber auch gegen die nationalen Unabhängigkeitsbewegungen zu kämpfen. Diese paramilitärischen Einheiten zeichneten sich durch einen extremen Nationalismus aus. Die Kämpfe gegen die Bolschewiki interpretierten sie als Teil eines grundsätzlichen Kampfes zwischen ‚West' und ‚Ost', der nicht nur eine militärische Auseinandersetzung war, sondern Ausdruck einer geopolitischen Neuordnung. Das gesamte östliche Europa samt seiner Menschen wurde dämonisiert (Liulevicius 2006, S. 60–62). Nach der Oktoberrevolution 1917 stand ‚der Osten' hierbei zugleich für den Bolschewismus, wie ein Plakat aus dem Jahr 1919 verdeutlicht, mit dem die „Deutsche Schutzdivision" dazu aufrief, sich ihrem Kampf anzuschließen (Abbildung 4.8).

Steht das Freikorpsplakat noch für die Synthese aus Antislawismus, bzw. genauer: Antipolonismus und Antibolschewismus, wurde daraus sehr bald das in Bezug auf die „Ostjuden" schon angesprochene und in folgenden Kapiteln erneut aufgegriffene Feindbild des „jüdischen Bolschewismus". Die bolschewistische Revolution in Russland wurde als Werk ‚jüdischer Mächte' interpretiert und wurde zu einem zentralen Baustein antisemitischer Verschwörungstheorien. Das Feindbild der ‚Judäo-Kommune' verbreitete sich in vielen europäischen Ländern (vgl. zu Polen Pufelska 2007), im deutschen Kontext entfaltete es aber während des nationalsozialistischen Vernichtungskrieg gegen die Sowjetunion seine verheerendste Wirkung (vgl. dazu Kapitel 6).

Vejas Gabriel Liulevicius sieht in den Fronterfahrungen der deutschen Soldaten in Osteuropa das „verborgene Vermächtnis" (*hidden legacy*, Liulevicius 2000, S. 1) des Ersten Weltkrieges, das in einem Prozess der Radikalisierung über die Weimarer Republik zum Nationalsozialismus und zum Vernichtungskrieg geführt habe. Zu einer vergleichbaren Einschätzung gelangte Christian Westerhoff mit Blick auf die Arbeitskräftepolitik ‚im Osten': Die Zwangsarbeit als Mittel deutscher Herrschaft im Ersten Weltkrieg lasse sich zwar nicht als direkter „Probelauf" (so bei Herbert 1984, S. 304) für die massenhafte Versklavung der ‚Ostarbeiter' im Zweiten Weltkrieg lesen, es gebe grundlegende Unterschiede und Radikalisierungen (vgl. dazu Kapitel 6). Dennoch hätten die Erfahrungen des Ersten Weltkriegs in der longue durée wie ein „Katalysator" (Westerhoff 2012, S. 329) auf diesem Weg gewirkt. Und in der Tat vergingen nur 21 Jahre, bis deutsche Soldaten am 1. September 1939 erneut die Grenze ihres östlichen Nachbarstaates überschritten. Es bedarf keiner teleologischen Erklärungsmuster (diesen Vorwurf erheben implizit u. a. Chu / Kaufmann / Meng 2013), um die Bedeutung des „Erfahrungshorizonts" (Westerhoff 2012, S. 330) Erster Weltkrieg zu ermessen, den sie mit sich trugen.

Abbildung 4.8: Antibolschewistisches und antipolnisches Freikorpsplakat, 1919

Quelle: https://commons.wikimedia.org/wiki/File:Freikorpsplakat_(1919).JPG

Kapitel 5: Die Wissenschaft und ‚der Osten'

Wenn wir über Kontinuitäten und Radikalisierungen deutscher Perspektiven auf das östliche Europa schreiben, sollte eine Entwicklung nicht unerwähnt bleiben, die im deutschsprachigen Raum Ende des 19. Jahrhunderts einsetzte: die wissenschaftliche Erforschung der Geschichte des Großraums östliches Europa. „Wissenschaftlich" bezieht sich hierbei zunächst einmal auf die Strukturen (Forschungsinstitute, Publikationsorgane etc.) sowie auf das Selbstverständnis der handelnden Akteure. Wie zu zeigen sein wird, stellte die Selbstverortung des eigenen Handelns unter dem Dach der ‚wissenschaftlichen Objektivität' für das Gros der Ost(europa)forscher keinen Hinderungsgrund dar, nicht zugleich völkische und, im Einklang mit der politischen Entwicklung, zunehmend radikalere Ziele zu verfolgen. Ausnahmen bestätigen hierbei die Regel: Die Namen Georg Sacke und Hildegard Schaeder stehen für widerständiges Verhalten im Nationalsozialismus und damit zugleich für die Handlungsspielräume, die Menschen trotz Sozialisation in den Netzwerken der Ost(europa)forschung haben konnten.

Idealtypisch kann zwischen einer universitär verankerten *Osteuropäischen Geschichte*, deren Ursprünge im deutschen Kaiserreich liegen, und einer sich primär außeruniversitär entwickelnden *Ostforschung* unterschieden werden, welche als interdisziplinärer Forschungsverbund in Frontstellung gegen das „Versailler System" nach dem Ersten Weltkrieg entstand und aus einem deutschtumszentrierten Blickwinkel ihren östlich liegenden Untersuchungsgegenstand nur als Objekt deutscher Interessen begriff (Zernack 1980; Kleßmann 1985; Petersen 2012; Krzoska 2017). Zugleich verliefen die institutionellen und personellen Grenzen in der Praxis nicht so trennscharf, es gab zahlreiche Verflechtungen und Übergänge. Erst in der longue durée der neuen Ostpolitik ab Ende der 1960er Jahre verlor die Ostforschung dann deutlich an Einfluss.

Es ist kein Zufall, dass die im Kalten Krieg über Jahrzehnte vermiedene Auseinandersetzung mit der eigenen Fachgeschichte maßgeblich ‚von außen' angestoßen wurde. Zu nennen ist hier vor allem Michael Burleighs bahnbrechende Studie *Germany Turns Eastwards* (Burleigh 1988). In der deutschsprachigen Forschung war es – nach ersten Veröffentlichungen seit Ende der 1980er Jahre (Volkmer 1989; Camphausen 1990; Oberländer 1992) – erst der kontrovers verlaufene Historikertag in Frankfurt a. M. 1998, der eine Vielzahl von Studien zu konzeptionellen, institutionellen und personellen Kontinuitäten in der deutschen Ost(europa)forschung nach sich zog (Schulze / Oexle 1999; Hohls / Jarausch 2000).

Inzwischen ist es ruhiger um das Thema geworden (zum Stand der Forschung sei verwiesen auf Fahlbusch / Haar / Pinwinkler 2017). Dies ermöglicht eine Neubewertung im Rahmen dieses Buches, entlang der Leitfrage, welche Relevanz die Geschichte der deutschen Ost(europa)forschung für das Thema des antiosteuropäischen Rassismus hat. Denn das Erbe der deutschtumszentrierten Ostforschung ist zu wirkmächtig, als dass es hier keine Erwähnung finden sollte. Zugleich ist „Rasse“ eine Kategorie, die sich in den Publikationen der Ost(europa)forschung auch bis 1945 eher selten findet. Auch in der Forschung wird die Geschichte der Ostforschung in der Regel nicht unter „rassistisch“, sondern unter „völkisch“ subsummiert. Dies könnte zu dem Schluss verleiten, dass sie mit dem Thema unseres Buches nichts zu tun hat. Zieht man jedoch in Betracht, dass „Rasse“ nach der Definition von Uwe Puschner neben „Sprache“ und Religion“ zur Trias der „Schlüsselbegriffe“ (Puschner 2001, S. 31) gehört, die völkisches Denken ausmachen, dann wird deutlich, dass das völkische Erbe nicht vorschnell ausgeklammert werden sollte. Und Philomena Esseds Definition von „Rassismus“ basiert zentral darauf, dass Menschen „als wesensmäßig andersgeartete oder minderwertige ‚Rassen‘ oder ethnische Gruppen“ (Essed 1992, S. 375) kategorisiert und abgewertet werden. „Wesensmäßig“ verweist auf die Dauerhaftigkeit dieser Zuschreibungen: Menschen können ihr nicht entkommen. Und „ethnische Gruppen“, die Essed neben „Rasse“ als Differenzkategorie nennt, waren genau das, womit sich die Ostforschung beschäftigte. Angesichts dessen soll im Folgenden danach gefragt werden, mittels welcher Kategorien die Ost(europa)forschung Menschen beschrieb, inwieweit diese Zuschreibungen zumindest theoretisch die Option eines ‚Aufstiegs‘ beinhalteten oder ob sie essentialistisch und unveränderlich („wesensmäßig“) hierarchisierend waren.

Anfänge der Osteuropaforschung

Der Beginn der universitären Erforschung der Geschichte des östlichen Europas im deutschsprachigen Raum lässt sich auf das Jahr 1892 datieren. In ihm erhielt Theodor Schiemann ein Extraordinariat für Osteuropäische Geschichte an der Friedrich-Wilhelms-Universität in Berlin (der heutigen Humboldt-Universität), aus dem sich dann das Seminar für Osteuropäische Geschichte und Landeskunde entwickelte, dem Schiemann ab 1902 als ordentlicher Professor vorstand (zur Biographie Schiemanns Meyer 1956; Gelwich 2022). 1907 folgte die Gründung des Seminars für Osteuropäische Geschichte an der Universität Wien, das von dem tschechischen Balkanologen Joseph Konstantin Jireček geleitet wurde, wobei die Einrichtung des Seminars maßgeblich auf Hans Uebersberger zurückging (vgl. Leitsch/Steu 1983). Damit liegen die Anfänge der institutionalisierten Beschäftigung mit der Geschichte Osteuropas rund eineinhalb Jahrhunderte nach dem Beginn einer allgemeinen Geschichtswissenschaft im deutschsprachigen Raum. Ursächlich hierfür war nicht zuletzt die Tradition des deutschen Historismus, dessen Geschichtsbild maßgeblich durch Leopold von Rankes These geprägt war, dass nur die „romanischen und germanischen Völker“ kulturfähig seien, während die Slawen ebenso wie die nicht-staatenbildenden Völker von dieser „Entwicklung" ausgeschlossen wurden (Ranke 1824). Die Parallelen zu Hegels Ausführungen über die „slawische Nation", die „bisher nicht als ein selbständiges Moment in der Reihe der Gestaltungen der Vernunft in der Welt aufgetreten ist", sind unverkennbar.

Die Gründe für die „erstaunliche Verdichtung der Anfänge" (Stökl 1992, S. 5) der Osteuropaforschung um die Jahrhundertwende sind vor allem in der zeitgenössischen politischen Entwicklung zu suchen: Die im deutsch-russischen Zollkrieg sowie der Nichtverlängerung des Rückversicherungsvertrages mit Russland durch das Deutsche Reich 1890 zum Ausdruck kommende Verschlechterung des deutsch-russischen Verhältnisses hat ebenso wie das Drängen des Deutschen Reiches zur „Weltpolitik" im Zeichen des Imperialismus dazu beigetragen, dass die Gründung des Berliner Seminars auf reges Interesse im Auswärtigen Amt und in der Reichskanzlei traf und maßgeblich durch diese Stellen befördert wurde. Diese enge Bindung des Faches an die politischen Entscheidungsträger kommt entsprechend auch in der Person Schiemanns zum Ausdruck, der als gebürtiger Deutschbalte über gute Beziehungen zum Kaiserhof verfügte und einem stark deutschnationalen Weltbild anhing, das mit einem entsprechend negativ konnotierten Russlandbild einherging. Als Beispiel sei aus seinem Vorwort zur Edition der Tagebuchaufzeichnungen Victor Hehns aus den Jahren 1857 bis 1873 zitiert. Hehn selbst hatte seiner Sammlung den Titel „De moribus Ruthenorum. Zur Charakteristik der russischen Volksseele" gegeben. Er beschrieb darin einen „russischen Volksgeist" der nur „schwerlich [...] ein neues Weltalter" eröffnen werde:

> „Die Russen gehören ursprünglich zu der indoeuropäischen Völkergruppe, bilden aber in ihrem physischen Habitus, sei in Folge lange einwirkender Naturverhältnisse, oder Kreuzung und Mischung, den Uebergang von dem tatarischen Stamme zu den Europäern." (Schiemann 1892, S. 6)

Man könne, so Hehn kurz darauf, „Rußland aus der Reihe der Völker ganz streichen, ohne daß der Zivilisation ein bemerkbarer Zug fehlte." (Schiemann 1892, S. 7)

Diese Beschreibungen erinnern einerseits an die Zeit der Aufklärung, in unserem Kontext vor allem an Herder („Volksgeist", „Zivilisation"), andererseits argumentiert Hehn aber ähnlich wie Max Weber mit dem „physischen Habitus" und geht von der Existenz einer „indoeuropäischen Völkergruppe" aus, womit er sich im Rassendiskurs seiner Zeit verortet.

Schiemann knüpfte hieran an, indem er in seinem einleitenden Vorwort von einer russischen „Volksseele" sprach, die „unter dem Firniß einer äußerlich angeeigneten Kultur versteckt lag oder ungeschminkt in Handel und Wandel, in Thun und Lassen der verschiedenen Schichten des eigentlichen Volkes zu Tage trat" (Schiemann 1892, S. 5–6). Weiter warnte Schiemann, der Hehn als „Kenner ersten

Ranges […] über das russischen Volkstum" lobte (Schiemann 1892, S. 12) vor einer „Ueberschätzung der Macht des russischen Kolosses", der auf „thönernen Füßen" stehe, denn letztendlich zeigten die mores Ruthenorum, dass „diese Rasse" nicht „den inneren Gehalt habe, um einer seit Jahrhunderten erarbeiteten Kultur Herr zu werden." Der zum Zeitpunkt des Erscheinens der Edition bereits verstorbene Hehn habe zwar „die große Entscheidung zwischen Ost und West, zwischen Orient und abendländischem Wesen" nicht mehr erlebt. Für Schiemann gab es aber ebenso wie für Hehn keinen Zweifel daran, dass „die Entscheidung erfolgen müsse und welches der Ausgang sein werde […]" (Schiemann 1892, S. 13–14).

Das von Schiemann verwandte Vokabular ist nicht stringent – neben „Rasse" spricht er ähnlich wie Hehn von „Volksseele" und wenige Zeilen weiter von „Orient und abendländischem Wesen". Festzuhalten ist jedoch, dass er von einem ‚eigentlichen Kern' der ‚russischen Wesensart' ausging, der durch die Hochkultur nur verdeckt werde, und dass er von der Unausweichlichkeit einer nicht näher bezeichneten „Entscheidung zwischen Ost und West" überzeugt war. Damit schreibt er ‚den Russen' im Sinne Philomena Esseds „wesensmäßige" Eigenschaften zu, die nicht überwunden werden können. Ludmila Gelwich schreibt zutreffend von einem „antirussische[n] Buch", das exemplarisch für die weit verbreiteten Stereotype „über Russland und seine Bewohner" stehe, „die zudem einen ausgeprägt rassistischen Zug angenommen hatten" (Gelwich 2022, S. 144). Erinnert sei in diesem Kontext daran, dass Schiemann die Edition 1892 und damit in jenem Jahr herausbrachte, in dem er durch Förderung der Reichsregierung das Extraordinariat in Berlin erhielt.

Auch in Wien waren gegenwartspolitische Interessen von maßgeblicher Bedeutung. Hans Uebersberger, der 1915 neben Jireček zum zweiten Direktor des Seminars avancierte, profitierte von seinen guten Kontakten zu dem Diplomaten Fürst Franz von und zu Liechtenstein und vertrat ein ähnliches deutschnationales Weltbild wie Schiemann. Mit seinem Aufstieg verengte sich analog zu Berlin auch in Wien das Untersuchungsfeld der Osteuropäischen Geschichte auf Russland, während Jireček vorher noch eine breitere, Südosteuropa in den Blick nehmende Konzeption vertreten hatte. Hier gab es also durchaus unterschiedliche Ansätze, letztendlich prägte aber die von Schiemann und Uebersberger vertretene Verbindung von Politisierung und negativem Russlandbild die Anfänge der Fachgeschichte.

Osteuropaforschung in der Zwischenkriegszeit

Der hohe Grad an Politisierung der wissenschaftlichen Beschäftigung mit dem östlichen Europa blieb auch in der Zwischenkriegszeit charakteristisch. Nur änderten sich die Vorzeichen nach dem Vertrag von Versailles, in dessen Folge das Deutsche Reich rund ein Siebtel seiner Fläche und etwa 10 % seiner Bevölkerung abtreten musste, im Zeichen des Revisionismus der Weimarer Republik und der starken Agitation gegen Polen als vermeintlichen „Saisonstaat". Vor allem der Name Otto Hoetzsch steht für eine Politik des Ausgleichs mit Russland bzw. der Sowjetunion, die mit einer stark anti-polnischen Stoßrichtung einherging (vgl. Liszkowski 1991). Hoetzsch, der 1920 zum ordentlichen Professor berufen wurde und sich zum bedeutendsten deutschen Osteuropahistoriker der Zwischenkriegszeit entwickelte, war zugleich Mitglied des antisemitischen „Kyffhäuser-Verbandes der Vereine deutscher Studenten", des „Alldeutschen Verbandes", des „Ostmarkenvereins" und als außenpolitischer Experte Fraktion der Deutschnationalen Volkspartei (DNVP) im Reichstag auch eine öffentliche und politische Person (vgl. Voigt 1978; Liszkowski 1988).

Während die Osteuropäische Geschichte in der Zwischenkriegszeit trotz prominenter Vertreter wie Otto Hoetzsch insgesamt ein „Stiefkind der Wissenschaft" (Kleßmann 1985, S. 355) blieb, wurde die Ostforschung in der Weimarer Republik an mehreren Stellen mit tatkräftiger Förderung verschiedener Reichsministerien aufgebaut. Ebenso dezidiert gegen Polen gerichtet, legte die Ostforschung jedoch sehr bald ihren reaktiven Charakter ab und proklamierte deutsche Gebietsansprüche weit über die Vorkriegsgrenzen des Deutschen Reiches hinaus.

Zum konzeptionellen Zentrum der Ostforschung entwickelte sich die 1926 gegründete „Stiftung für deutsche Volks- und Kulturbodenforschung" in Leipzig, die vom Reichsministerium des Innern (RMdI) sowie dem Auswärtigen Amt (AA) finanziert wurde. Ziel der Stiftung war es, den „deutschen Volks- und Kulturboden" zu erforschen und die Ergebnisse den Ministerien zur Verfügung zu stellen sowie mittels Tagungen und Publikationen in der Fachwissenschaft bekannt zu machen (vgl. Fahlbusch 1994). Das diesen Forschungen zugrunde liegende Konzept hatte der spätere Leiter der Stiftung, der Geograph Albrecht Penck, in seinem 1925 erschienenen, programmatischen Aufsatz „Deutscher Volks- und Kulturboden" entwickelt und auf einer Karte visualisiert (Abbildung 5.1).

Nach Penck stellte das „Volk" die zentrale Größe des geschichtlichen Prozesses dar, aus der sich entsprechend auch die zukünftigen deutschen Gebietsansprüche ableiteten. Staaten betrachtete er demgegenüber nur als untergeordnete Verwaltungseinheiten. Penck unterschied hierbei zwischen dem „Volksboden", den er überall dort erblickte, „wo deutsches Volk siedelt" (Penck 1925, S. 62)[44], und dem „Kulturboden", der so weit reichte, wie sich Spuren „deutscher Kultur" nachweisen ließen: „Der deutsche Kulturboden ist die größte Leistung des deutschen Volkes. [...] Die Inseln deutschen Volksbodens, die weitab von dessen mitteleuropäischem Hauptgebiete liegen, sind ebenso wie letztes von deutschem Kulturboden begleitet." (Penck 1925, S. 69)

44 Pencks Konzept des „Deutschen Volks- und Kulturbodens" war einer der zentralen Punkte in der Diskussion um die Aufarbeitung der Geschichte der deutschen ‚Ostforschung'. Vgl. zu Penck unter anderem Fahlbusch (1994), Pinwinkler (2011), Henniges (2017).

Abbildung 5.1: Deutscher Volks- und Kulturboden 1925

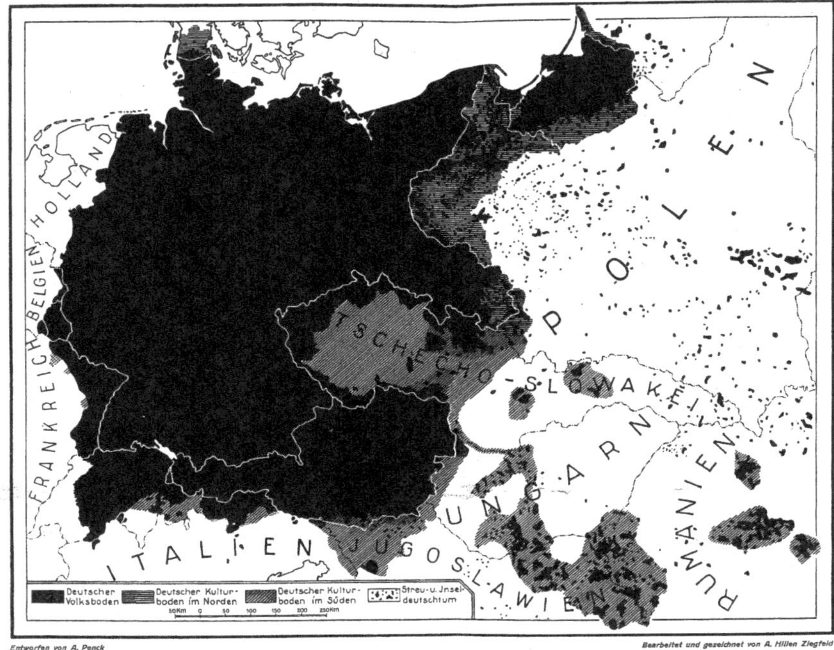

Quelle: Albrecht Penck (1925): Deutscher Volks- und Kulturboden. In: Karl Christian von Loesch (Hrsg.), in Zusammenarbeit mit Arnold Hillen Ziegfeld: Volk unter Völkern. Breslau: Ferdinand Hirt, S. 62.

Diese Konzeption lieferte die Legitimation zur Revision der nach dem Ersten Weltkrieg entstandenen Grenzen: Die von Penck skizzierte Reichweite des „deutschen Volks- und Kulturbodens“ durchschnitt die existierenden Staatsgebiete und reichte weit über die Grenzen von 1914 hinaus. Die Erhebung des „Volkes“ zur zentralen Kategorie ging dabei mit einer Hierarchisierung der „deutschen Kultur“ gegenüber allen anderen „Kulturen“ einher: „Aber so weit die Durchdringung mit Deutschen reichte oder reicht, herrscht deutscher Kulturboden.“ (Penck 1925, S. 65) Penck macht diese Ansprüche nicht an „Rassen“ fest, sondern argumentiert mit dem „Boden“. Dieser erhält seine Bedeutung jedoch über die auf ihm lebenden Menschen, die Penck kollektiv beschreibt und hierarchisiert. „Deutscher Kulturboden“ war für ihn (und viele andere) auch dort, wo kaum noch deutschsprachige Menschen lebten, da der „Kulturboden“ höherwertig war. Dies erinnert an die Debatten in der Frankfurter Paulskirche Mitte des 19. Jahrhunderts. Von einer möglichen ‚Zivilisierung‘ oder ‚Erhebung‘ der nicht-deutschen Bevölkerung ist bei Penck allerdings keine Rede mehr: Es ist ein ‚Deutscher Osten‘, der hier reklamiert wird, und dies auf Dauer. Kristin Kopp (2012, S. 149) spricht in diesem Kontext davon, dass „a geographic space had been created that remained immutably German." „Immutable" oder eben „wesensmäßig", wie von Philomena Essed in ihrer Rassismusdefinition formuliert und von Penck in eine Karte übersetzt.

Penck war nicht der erste, der die Kartographie zur Darstellung des ‚Deutschen Ostens' nutzte. 1897 gab der Geograph und Kartograph Paul Langhans den *Deutschen Kolonial-Atlas* heraus (Langhans 1897). Der Atlas erschien im international renommierten Verlag Justus Perthes (Weger 2015, S. 103). Langhans, zugleich Mitglied im Alldeutschen Verband sowie mehreren völkischen und antisemitischen Organisationen, schrieb in seiner Einführung:

> „Deutscher Fleiß und deutsche Tüchtigkeit lassen die deutschen Ackerbausiedlungen Süd-Rußlands trotz slawischer Gegenarbeit immer weiter um sich greifen; bis an die Hänge des Kaukasus und in die Steppen Innerasiens ziehen fortwährend deutsche Kolonistenscharen, Serben und Rumänen müssen im Banat und in Slawonien deutscher Betriebsamkeit weichen, und das neu erschlossene Bosnien bietet deutschen Ackerbauern ein lohnendes Arbeitsfeld." (Langhans 1897, Zur Einführung)

Das Zitat illustriert die Radikalisierung, die sich bis Ende des 19. Jahrhunderts vollzogen hatte. Der von Langhans herausgegebene Atlas verstand sich zwar noch als „Kolonial-Atlas", und Langhans beschwört entsprechend das Bild deutscher „Kolonistenscharen", die ostwärts ziehen. An die Stelle einer ‚Zivilisierungsmission' war jetzt jedoch der klare Anspruch getreten, dass die dort lebende Bevölkerung zu „weichen" habe.

Ab 1900 gab Langhans auf Betreiben des Alldeutschen Verbandes in mehreren Auflagen den *Alldeutschen Atlas* heraus, der eine Auswahl der Karten aus dem *Deutschen Kolonial-Atlas* enthielt. Dazu gehörte die Karte „Das Deutsche Reich einst und jetzt und seine Bewohner" (Abbildung 5.2). Ihre Anlage und Visualisierung lesen sich wie eine Vorstufe der Karte von Albrecht Penck 25 Jahre später. Auch hier gibt es eine Darstellung, die in Abstufungen ‚deutsche Gebiete' reklamiert und gen Osten in Flecken und Punkten endet. Zwar werden diese noch nicht als „deutscher Kulturboden" reklamiert, aber die Hervorhebung dieser ‚Siedlungsinseln' jenseits der deutschen Staatgrenzen weist doch deutlich in diese Richtung. Zudem werden den „Deutschen" in der Legende der Karte nicht etwa die „Anderen" oder die „Nicht-Deutschen" gegenübergestellt, sondern „Undeutsche". Tobias Weger hat dies zutreffend als „semantische Botschaft von kulturell unvollständigen Menschen" bezeichnet (Weger 2015, S. 107).

Karten erreichten, zumal über Schulatlanten, ein deutlich größeres Publikum als Texte, sie waren (und sind es vielfach heute noch) mit dem Nimbus der vermeintlichen Objektivität versehen und wiesen zugleich eine Bildsprache auf, die die ‚deutschen Ansprüche' stark hervorhob (Herb 1997; Kopp 2012, S. 124–160; Weger 2010 und Weger 2015). Der expansive Charakter, der einer solchen Konzep-

Abbildung 5.2: Alldeutscher Atlas 1905

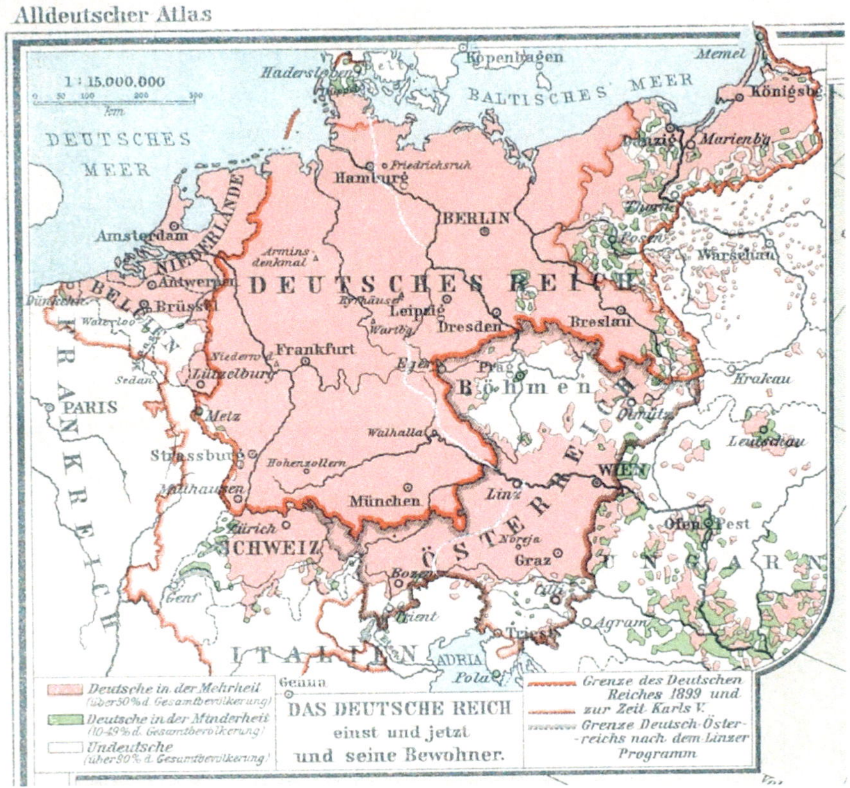

Quelle: Paul Langhans (1905): Justus Perthes' Alldeutscher Atlas. Gotha: Justus Perthes.

tion inhärent war, zeigte sich dann nach 1933. Für die Person Pencks lässt sich diese „Entgrenzung" (Weger 2015) des ‚Deutschen Ostens' am Beispiel einer zweiten Karte zum „Deutschen Volks- und Kulturboden" nachvollziehen (Abbildung 5.3), die ebenfalls auf ihn zurückging und 1936 in *Putzgers historischem Schulatlas* erschien (Penck 1936). Die titelgebende Konzeption war die gleiche wie 1925: „Deutscher Volks- und Kulturboden". War dieser damals jedoch noch auf das Gebiet (Ost-)Mitteleuropas ‚beschränkt', erstreckte er sich nun bis weit in die Sowjetunion hinein.

Abbildung 5.3: Deutscher Volks- und Kulturboden 1936

Quelle: Albrecht Penck (1936): „Deutscher Volks- und Kulturboden." n: Putzgers historischer Schulatlas. Bielefeld: Velhagen & Klasing.

Ostforschung und Expansion

Weitere Beispiele für den expansiven Charakter der deutschen Ostforschung nach der NS-Machtübernahme ließen sich nennen, etwas das Großprojekt eines *Handwörterbuchs des Grenz- und Auslanddeutschtums*, das rund 800 Mitarbeiter hatte und mit dem das Ziel verfolgt wurde, das ‚Deutschtum' weltweit zu erfassen (Petersen u. a. 1933–1938; vgl. auch Oberkrome 1997). In Berlin wurde bereits seit 1931 die „Publikationsstelle Berlin-Dahlem" (PuSte) aufgebaut. Diese hatte zum einen die Aufgabe, das in- und ausländische Schrifttum zur „Landes- und Volksforschung" zu beobachten, zu übersetzen und auszuwerten, zum anderen sollte sie einschlägige Daten in Form von Statistiken und Karten sammeln, die dann den Staats- und Parteistellen „nur für den Dienstgebrauch" zur Verfügung gestellt wurden. Hierzu zählte die „Volkstumskartei", in der auf Basis der Volkszählung im Mai 1939 die individuellen Daten (Name, Geburtstag, Geburts- und Wohnort, Beruf und „Mischlingsgrad") der sogenannten „fremden Volksgruppen" im Deutschen Reich erfasst wurden. Ebenso führte die PuSte die Kopie der „Deutschen Volksliste", welche als Basis für die In- und Exklusion der Bevölkerung im besetzten

Polen diente: Aufgrund der „Volksliste" entschieden die Reichsämter und regionalen Gauleiter über die „Eindeutschungsfähigkeit" der ihnen unterstellten Bevölkerung (Borchers 2014). Die PuSte lieferte damit zentrale Daten für die nationalsozialistische Segregationspolitik (vgl. Fahlbusch 1999; Aly / Roth 2000).

Die treibende Kraft bei der Gründung der PuSte war der Historiker und Generaldirektor der Preußischen Staatsarchive in Berlin, Albert Brackmann, der mit seinem Konzept einer politischen Funktionalisierung der Archivarbeit, die sich in erster Linie gegen Polen richten sollte, beim RMdI sowie dem AA auf reges Interesse stieß. Brackmann, der die PuSte bis 1936 leitete, stand ab Ende 1933 darüber hinaus der „Nordostdeutschen Forschungsgemeinschaft" (NOFG) vor, die sich im Folgenden zur zentralen Koordinierungsstelle der deutschen Ostforschung entwickelte. Die NOFG gehörte zu einem ab 1931 entstandenen Verbund von zunächst fünf „Volksdeutschen Forschungsgemeinschaften", die sich nach territorialen Zuständigkeiten gliederten und mit deren Gründung das Ziel verfolgt wurde, über das engere fachwissenschaftliche Gebiet hinaus zu einem gemeinsamen „Einsatz" verschiedener Disziplinen im Rahmen der „Volkstumsforschung" zu gelangen. Die Forschungsgemeinschaften wurden ebenso wie die jeweils angegliederten Publikationsstellen in erster Linie vom RMdI und dem AA finanziert und verfügten in dem Zeitraum 1931 bis 1944 über einen Gesamtetat von rund 8,5 Millionen Reichsmark (Fahlbusch 1999, S. 121–130). Der geographische Zuständigkeitsbereich der NOFG erstreckte sich auf das Baltikum, Polen, den tschechischen Teil der Tschechoslowakei sowie ab 1936 auch auf Skandinavien. Als Resultat dieser „Volkstumsforschung" versorgte man die politisch Verantwortlichen mit Daten und Karten; so konnte Hitler seine Position in den „Verhandlungen" mit Daladier und Chamberlain im Rahmen des „Münchner Abkommens" durch großflächige Karten über die „Siedlungsgebiete der Deutschen in der Tschechoslowakei" untermauern, die von der PuSte und den Forschungsgemeinschaften in Arbeitsteilung mit dem RMdI angefertigt worden waren (Haar 2002, S. 313).

Ein zweites Zentrum der deutschen Ostforschung neben Berlin stellte Königsberg dar. Neben dem Kreis junger Historiker um Hans Rothfels an der Albertus-Universität (Haar 1997) sind für den Kontext dieses Buches vor allem die bevölkerungsgeschichtlichen Fragestellungen am Institut für ostdeutsche Wirtschaft relevant. Dessen Leiter, Theodor Oberländer, hatte 1935 eine viel beachtete Studie vorgelegt, in der er die „agrarische Überbevölkerung" als das dringendste Problem des polnischen Staates beschrieb (Oberländer 1935). An diese These knüpfte sein Stellvertreter Peter-Heinz Seraphim an, indem er die „Bevölkerungsfrage" mit der „Judenfrage" verband: In seinem 1938 erschienen, voluminösen Buch über *Das Judentum im osteuropäischen Raum* definierte er die jüdische Bevölkerung der Staaten des östlichen Europa als „Fremde" in diesem Raum, die nicht aufgrund äußerer Umstände, sondern infolge ihrer „inneren" Eigenschaften grundsätzlich nicht assimilationsfähig seien und deshalb ein „Problem" darstellten, das es zu „lösen" gelte. Er forderte einen Antisemitismus ein, der „den rassischen Gesichtspunkt als den allein maßgebenden betrachtet.“ Hierzu gehöre „ein Begriff der Wertigkeit der Menschengruppen“, wobei die „rassische Minderwertigkeit der Juden, eine unabänderliche Tatsache, [...] ihre Entfernung aus dem öffentlichen und wirtschaftlichen Leben“ erfordere (Seraphim 1938, S. 281 und 659; grundsätzlich zu Seraphim siehe Petersen 2007a). Diese klar antisemitische Positionierung ging mit einer breiten empirischen Grundlage und zahlreichen quantifizierenden Darstellungen in Form von Karten und Statistiken einher, wobei Seraphim auch die Arbeiten jüdischer Wissenschaftler*innen heranzog, ihnen jedoch zugleich die Fähigkeit zur Objektivität absprach und die Titel jeweils gesondert mit einem „J“ kennzeichnete (Petersen 2007a, S. 121, 124). Die zeitgenössische Presse begrüßte Seraphims Buch als „wissenschaftliches Standardwerk“, das nicht nur „eine Lücke“ ausfüllte, sondern als „schlechthin unentbehrlich“ angesehen wurde: „Aus der modernen Judenforschung ist es nicht wegzudenken.“[45]

Osteuropäische Geschichte im Nationalsozialismus

Während die deutsche Ostforschung ab 1933 also expandierte, stellte die nationalsozialistische Machtübernahme für die universitär verankerte Osteuropäische Geschichte eine einschneidende Zäsur von existentiellem Ausmaß dar. Innerhalb weniger Jahre verlor sie große Teile ihrer institutionellen Basis. Erste Opfer waren hierbei diejenigen unter den Osteuropahistorikern, die nach nationalsozialistischen Maßstäben als jüdisch galten und infolge des „Gesetzes zur Wiederherstellung des Berufsbeamtentums“ vom 7. April 1933 entlassen wurden; ihre Zahl war nicht groß, aber allein in Berlin führte dies dazu, dass mehrere Mitarbeiter des akademischen „Mittelbaus“ emigrieren mussten oder später ermordet wurden (vgl. Zernack 1994, S. 238 f.). In Hamburg musste Richard Salomon seine Lehre seit dem Sommersemester 1933 ruhen lassen, ehe er im Juni 1934 unter Berufung auf § 6 des Gesetzes in den vorzeitigen Ruhestand versetzte wurde und 1937 in die USA emigrierte.

Die zwangsweise Verdrängung Richard Salomons steht nicht nur exemplarisch für die Entlassung der als „jüdisch“ eingestuften Hochschullehrer. Gegen Salomon ist infolge einer anonymen Denunziation auch wegen des Verdachts ermittelt worden, dass er dem Kommunismus nahestehe. Anlass hierfür waren seine verschiedenen Reisen in die Sowjetunion, die er im Rahmen seiner universitären Tätigkeit unternommen hatte. Diese Behauptung entbehrte bei dem Schiemann-Schüler Salomon jeglicher Grundlage, verweist aber auf den

45 So die exemplarische Besprechung von Reinhart Maurach (1941, S. 118). Hierzu neben Petersen 2007a auch Volkmer (1989). Zur nationalsozialistischen „Judenforschung“ siehe auch Rupnow (2011), Berg / Rupnow (2006).

Umstand, dass der Osteuropäischen Geschichte jetzt ihre traditionelle Fixierung auf die russische bzw. sowjetische Geschichte zum Verhängnis wurde. Unter anderem warf Hermann Greife, Dozent an der „Deutschen Hochschule für Politik" und Leiter des „Instituts zur wissenschaftlichen Erforschung der Sowjetunion", Otto Hoetzsch und der von ihm geleiteten „Deutsche Gesellschaft zum Studium Osteuropas" öffentlich vor, die „bolschewistische Zersetzung" des Deutschen Reiches gefördert und „dem deutschen Salonbolschewismus, Kulturbolschewismus und Nationalbolschewismus [...] Tür und Tor geöffnet" (Greife 1936, S. 58 f.) zu haben. Hoetzsch war zu diesem Zeitpunkt bereits zwangspensioniert worden, obwohl er im Sommer 1933 die nationalsozialistische Machtübernahme offen begrüßt hatte (vgl. Hoetzsch 1933). Nachfolger Hoetzschs als Generalsekretär der Gesellschaft wurde Werner Markert. Markert hatte in einem Vortrag vor den Mitgliedern der Gesellschaft im Februar 1934 erklärt, Sinn des Studiums der Geschichte Osteuropas müsse es sein, einen „Stab wissenschaftlicher Arbeiter und Kenner des Ostens" auszubilden, denn, so Markert: „Der Weg nach Osten heißt auch in der Wissenschaft Kampf. Kampf auf Vorposten um Neuland. Wir haben die *Kleinarbeit* zu leisten für den Ausbau des Weges, den der Führer uns vorgezeichnet hat. Das ist heute die wissenschaftliche und politische Aufgabe des Osteuropastudiums!" (Markert 1933/34, S. 399, 401)

Bereits Ende März 1933 war der Privatdozent Georg Sacke in Leipzig von einem „Nationalen Ausschuss für Erneuerung der Universität Leipzig" als „lettischer Kommunist aus Russland (Bessarabien)" denunziert worden; der in Chişinău geborene Sacke kam mit einem Entlassungsgesuch einer entsprechenden Entscheidung des Sächsischen Ministeriums zuvor, wurde jedoch Ende 1934 verhaftet und in das Konzentrationslager Sachsenburg eingeliefert (vgl. Geyer 1972; Unger 1959). Hintergrund waren Sackes marxistische Überzeugung und seine Nähe zu einem Widerstandskreis, der politisch Verfolgte und deren Familien unterstützte. Sacke ist 1935 mangels Beweisen freigesprochen worden und hat im Folgenden weiter publiziert und nach seiner Anstellung am Archiv des Hamburger Welt-Wirtschaft-Instituts Widerstandszirkel mit Informationen versorgt (vgl. Camphausen 1990, S. 156–163). Im August 1944 wurde Sacke von der Hamburger Gestapo verhaftet und in das Konzentrationslager Neuengamme verschlepp; er starb bei der Räumung des Lagers am 27. April 1945.

Georg Sacke hat in der Osteuropahistoriografie nach 1945 wenig Beachtung gefunden, im Gegensatz zu vielen anderen gibt es zu ihm keinen Nachruf in den einschlägigen Fachzeitschriften, und eine Biografie zu seiner Person stellt bis heute ein Desiderat dar. Dies dürfte vor allem in seiner nach 1945 in Westdeutschland politisch nicht opportunen Rolle als marxistischer Widerstandskämpfer begründet liegen. Im Gegensatz hierzu ist festzustellen, dass Georg Sacke gemeinsam mit Hildegard Schaeder, auf die wir noch eingehen werden, zu den ganz wenigen Osteuropaforschern zählt, die unter Einsatz ihres Lebens Mut und die Fähigkeit zum kritischen Denken bewiesen haben – Eigenschaften, die man bei vielen seiner Kolleg*innen vergeblich suchte.

Ostforschung und Besatzungs- und Vernichtungspolitik

Die Frage, welche Rolle der Ostforschung im Kontext der ab dem 1. September 1939 einsetzenden nationalsozialistischen Besatzungs- und Vernichtungspolitik zukam, bildete das Zentrum zum Teil sehr kontroverser Debatten seit dem Historikertag in Frankfurt am Main 1998. Relativ lange unbeachtet blieb dabei eine Denkschrift, die Angelika Ebbinghaus und Karl Heinz Roth bereits 1992 publiziert hatten. Sie ging auf eine Initiative des Historikers Hermann Aubin zurück (zu ihm vgl. Mühle 2005), der gegenüber Albert Brackmann 17 Tage nach dem deutschen Überfall auf Polen beklagte, dass jetzt, da die „Volkstumsfragen im Osten" in „ein entscheidendes Stadium" getreten seien, bei den politisch Verantwortlichen anscheinend „wieder eine Ladehemmung eingetreten" sei. Aubin regte deshalb die Erstellung einer Denkschrift an, die dann an das RMdI weitergeleitet werden sollte: „Die Wissenschaft kann nicht einfach warten, bis sie gefragt wird, sie muß sich selber zu Worte melden."[46] In der Folge kam es zur Gründung eines Arbeitskreises, und Mitte Oktober wurde eine erste Version der Denkschrift verschickt, die von Theodor Schieder verfasst worden war (zu Schieder vgl. Nonn 2013; Haar 2017). Die Ausarbeitung ist letztendlich nicht mehr in die politische Entscheidungsfindung eingeflossen, da sie von konkurrierenden Planungen der SS verdrängt wurde; dennoch lässt sich an ihr das Ausmaß an Bereitschaft der Beteiligten ablesen, aus eigener Initiative Einfluss auf die deutsche Politik im besetzten Polen zu nehmen. Und sie zeigt, was das Konzept des „Volksbodens" in der Praxis bedeutete und wie stark es mit Blick auf die jüdische Bevölkerung ‚des Ostens' mit Antisemitismus verknüpft war. In dem Entwurf wurden „Bevölkerungsverschiebungen allergrößten Ausmaßes" zur „Sicherung des deutschen Volksbodens im Osten" gefordert mit dem Ziel, mittels „Volksbrücken" einen „geschlossenen [deutschen] Siedlungskörper" zu schaffen.[47] Im Gegenzug kalkulierte Schieder mit der Zwangsaussiedlung der polnischen Bevölkerung aus den „wiedergewonnenen Gebieten", wobei er als Ausweichmöglichkeiten sowohl die „Überseewanderung" als auch die „Abwanderung in den polnischen Reststaat" in Betracht zog; Letzteres sei jedoch nur bei einer vorhergehenden „Entjudung Restpolens" möglich (Schieder, zitiert nach Ebbinghaus/Roth 1992, S. 90).

46 Aubin an Brackmann, 18.9.1939, abgedruckt in: Ebbinghaus/Roth (1992, S. 78 f.).

47 Aufzeichnung über Siedlungs- und Volkstumsfragen in den wiedergewonnenen Ostprovinzen: Erster Entwurf von Theodor Schieder, 4.10.1939, zitiert nach Ebbinghaus/Roth (1992, S. 86 f., S. 88 f.).

Der Festigung der deutschen Herrschaft im besetzten Polen diente eine Institution, die unter Anwesenheit hoher Vertreter von Wehrmacht, SS und Reichsbehörden am 20. April 1940, dem Geburtstag Adolf Hitlers, in den Räumen der Jagiellonischen Bibliothek der Universität Krakau eröffnet wurde: das „Institut für deutsche Ostarbeit“ (IdO). Vorausgegangen war dieser Neugründung die „Sonderaktion Krakau“: Im Rahmen der deutschen Politik der De-Kulturation in Polen war Anfang November 1939 der gesamte Lehrkörper der Jagiellonen-Universität durch Angehörige der SS verhaftet worden. Die Universität wurde geschlossen, die Angehörigen der Hochschule in das KZ Sachsenhausen verschleppt; die Mehrheit von ihnen wurde im Februar des folgenden Jahres nach Protesten ausländischer, auch einzelner deutscher Kollegen wieder entlassen, während die Übrigen in Haft blieben oder in das KZ Dachau kamen, wobei auch die meisten von ihnen die Freiheit wieder erlangen konnten. Die Jagiellonische Bibliothek wurde zur „Deutschen Staatsbibliothek“ erklärt (vgl. Pierchała 1998; Batowski 1978; August 1997).

Das IdO war strukturell und personell auf das Engste mit dem Herrschaftsapparat des Generalgouverneurs Hans Frank verknüpft, die am Institut erstellten Gutachten flossen in die die deutsche Besatzungspolitik in Polen ein (vgl. Rybicka 2002). Das IdO beschäftigte über 300 Personen, wobei die Biographien Fritz Arlts, Werner Radigs oder Helmut Meinholds belegen, dass eine Mitarbeit am IdO eine Karriere nach 1945 nicht per se ausschloss (vgl. Aly/Heim 1986). Für Übersetzungen wurde auch eine ganze Reihe polnischer Mitarbeiter herangezogen, die ihrerseits in den meisten Fällen konspirativ mit dem polnischen Untergrund zusammenarbeiteten. Insgesamt handelte es sich beim IdO jedoch, wie Christoph Kleßmann zutreffend formulierte, um „ein Stück praktischer Antizipation künftiger Ostforschung, wie sie die Nationalsozialisten wünschten und für ihre Lebensraumpolitik auch benötigten“ (Kleßmann 1985, S. 366).

Dieses Urteil trifft ebenso auf die zweite Neugründung zur „Erforschung des Ostens“ zu, die „Reichsuniversität Posen“ (RUP) (Arend 2010; Białkowski 2011; Schaller 2011). Nach der Zerschlagung der polnischen Universität Posen wurde am 27. April 1941 der von allen deutschen Sendern übertragene Gründungsakt vollzogen und damit eine Institution eröffnet, die sich als „Führerschule des deutschen Ostens“ verstand. Dies bedeutete konkret, dass die Studenten der RUP einem strengen Auswahlverfahren unterworfen wurden, demzufolge sie keine polnischen Verwandten haben durften und sich vor 1939 im „Volkstumskampf“ bewährt haben mussten. Neben dieser Funktion als Ausbildungsstätte des zukünftigen Führungspersonals eines deutsch besetzten östlichen Europa diente die „Reichsuniversität“ als begleitende Forschungsstelle für die nationalsozialistische Umsiedlungs- und Vernichtungspolitik und sollte die „Eingliederung“ der vom Deutschen Reich inkorporierten Gebiete wissenschaftlich unterstützen. Angegliedert war die „Reichsstiftung für Ostforschung“, welche Förderpreise für Arbeiten aus dem Kontext der deutschen Ostforschung vergab und deren

Kapital sich aus beschlagnahmtem polnischem Besitz speiste. Unter den Angehörigen der Hochschule, die von dem Biologen und Mitglied der „Leibstandarte Adolf Hitler“, Peter Johannes Carstens, geleitet wurde, befand sich eine große Anzahl umgesiedelter deutschbaltischer Dozenten, zu denen auch Reinhard Wittram gehörte. Dieser äußerte sich als Vertreter der „aus dem Ausland an die Reichsuniversität Posen rückgeführten deutschen Wissenschaftler“ (Reichsuniversität Posen 1941, S. 7) bei der Eröffnungsfeier wie folgt: „Wir dürfen uns wieder einreihen in die Kameradschaft derer, die auf vorgeschobener Wacht für Großdeutschland stehen, wir dürfen das Feuer hüten helfen, das aus Nacht und Dämmerung in den großen germanischen Morgen brennen soll. Daß wir uns dessen würdig erweisen wollen, sei unser Gelöbnis in dieser feierlichen Stunde. Und so bleibt unser Blick auf den Führer gerichtet, dem wir allezeit verschrieben haben alle Güte unseres Wissens, unseren ganzen Arbeitswillen und unser ganzes Herz.“ (Reichsuniversität Posen 1941, S. 67)

Ebenfalls bekannt ist, dass sich zahlreiche Ostforscher am Kulturraub von Bibliotheken, Sammlungen etc. in den besetzten Ländern beteiligt haben. Dies gilt nicht nur für das besetzte Polen, sondern ab dem 22. Juni 1941 auch für die Sowjetunion (hierzu Kuhr-Korolev / Schmiegelt-Rietig 2017; am Beispiel Peter Scheiberts Abel 2016). Und bei einzelnen Forschern stellt sich die Frage der direkten Beteiligung an der Ermordung von Menschen im Rahmen des Vernichtungskriegs. Nicht immer ist das Bild hierbei eindeutig. So radikalisierte etwa der erwähnte „Judenforscher“ Peter-Heinz Seraphim wie die meisten mit Beginn des Krieges seine Positionen. Im März 1941 sprach er auf der ersten Arbeitstagung des „Instituts zur Erforschung der Judenfrage“ in Frankfurt am Main, über „Die bevölkerungs- und wirtschaftspolitischen Probleme einer europäischen Gesamtlösung der Judenfrage“ und plädierte hierbei für die Zwangsaussiedlung der europäischen Juden und Jüdinnen in ein außereuropäisches Gebiet (Seraphim 1941). Des Weiteren nahm er am Kulturraub des Einsatzstabs Reichsleiter Rosenberg in der besetzten Ukraine teil. Auf der anderen Seite wurde Seraphim 1941 in der Ukraine mit den Massenerschießungen ukrainischer Juden und Jüdinnen in Rowno und Kameniez-Podolsk konfrontiert. In einem Bericht kritisierte er dieses Vorgehen, wobei er aus einer strikt ökonomischen Perspektive auf die aktuelle Notwendigkeit ukrainischer Arbeitskräfte für die wirtschaftlichen und militärischen Interessen des Deutschen Reichs verwies. Ein Widerspruch zu seiner langfristigen Forderung, dass Europa „judenfrei“ werden müsse, lässt sich hieraus nicht ableiten.

Anders verhält es sich im Falle von Fritz Valjavec, eines führenden Vertreters der frühen bundesdeutschen Südost(europa)forschung. Hier haben mehrere Forscher starke Indizien dafür vorgelegt, dass Valjavec im Juli 1941 bei Massenexekutionen von Juden und Jüdinnen selbst Genickschüsse abgegeben hat (Fahlbusch 2004; Angrick 2005, S. 339; Haar 2005; Popa 2017). Und hinsichtlich des „Sonderkommando Dr. Stumpp“, das die schwarzmeerdeutschen Siedlungen in der besetzten Ukraine mittels „rassenbiologischer Untersuchungen“ erfasste, sind nicht nur die drastischen antisemitischen Äußerungen seines Leiters Karl Stumpp über die „bolschewistische-jüdische Pest“ überliefert, sondern es existiert auch eine anonyme Aussage eines früheren Geheimdienstmitarbeiters der US Army, dass Stumpp in der Ukraine persönlich Juden erschossen hat (Schmaltz / Sinner 2005, S. 82, Anm. 67).[48]

Personen wie Hermann Aubin, Reinhard Wittram und Karl Stumpp stehen, in Abstufungen, für das Handeln der meisten Ostforscher. Um ihnen nicht auch noch nachträglich die Deutungshoheit zu überlassen, ist es umso wichtiger, auf die wenigen Ausnahmen hinzuweisen – beweisen sie doch, dass auch ein wissenschaftlicher Werdegang in der deutschen Ostforschung nicht kollektiv und quasi zwangsläufig zu einem Ausblenden aller anderen Wertmaßstäbe führen musste. Hierfür steht die Biografie Hildegard Schaeders (1902–1984). Nach ihrer Promotion bei Richard Salomon mit einer Arbeit über „Moskau, das Dritte Rom“ (Schaeder 1929) war sie ab 1935 als Mitarbeiterin der Publikationsstelle in Berlin-Dahlem an einer zentralen Stelle der deutschen Ostforschung tätig; gleichzeitig engagierte sie sich als Mitglied der Bekennenden Kirche in der Berliner Gemeinde Martin Niemöllers. Im Herbst 1943 wurde sie durch die Gestapo verhaftet und im Folgenden in das Frauenkonzentrationslager Ravensbrück verschleppt (vgl. den autobiografischen Bericht von Schaeder 1947). Schaeder hat diese Zeit überlebt und ist ab 1965 als Honorarprofessorin am Seminar für Osteuropäische Geschichte in Frankfurt am Main tätig gewesen. Für ihre Unterstützung verfolgter Juden in der NS-Zeit ist sie posthum durch die Gedenkstätte Yad Vashem mit dem Titel „Gerechte unter den Völkern“ geehrt worden.

Ähnlich wie Georg Sacke hat die Person Schaeders lange Zeit kaum Beachtung in der Historiografiegeschichte gefunden (vgl. jetzt Arend / Petersen 2017; Arend / Petersen / Schuster 2019). Gleichwohl belegt ihre Biografie, dass es auch innerhalb des Verbundes der deutschen Ostforschung Möglichkeiten zu abweichendem, an humanitären Werten orientiertem Handeln gegeben hat, die jedoch nur selten gewählt wurden. Stattdessen dominierte ein völkischer Blick auf ‚den Osten‘, der die dortige nicht-deutsche Bevölkerung als grundsätzlich ‚anders‘ und den deutschen Ansprüchen unterlegen begriff. Von „Rasse“ war hierbei nur partiell die Rede, etwa im Falle der „Judenforschung“ eines Peter-Heinz Seraphim. Aber auch so decken sich die Entwürfe eines ‚Deutschen Ostens‘ durch die deutsche Ostforschung mit Philomena Esseds Definition von „Rassismus“ als essenzialisierender und hierarchisiender Ideologie und Praxis. Sie mündeten nicht zufällig nach dem 1. September 1939 in weitreichende Pläne zur ‚Verschiebung‘ von Menschen und in die Teilnahme an der deutschen Besatzungs- und Vernichtungspolitik im östlichen Europa auf verschiedenen Ebenen.

---

48 Der Nachweis dazu findet sich im Bundesarchiv in Berlin: BArch R57/1741 (Kriegstagebuch Karl Stumpp), Eintrag Nr. 6, 06.08.1941. Eine kritische Biografie zu Karl Stumpp von Hans-Christian Petersen ist im Entstehen.

Kapitel 6: Besatzung ‚im Osten' und Zwangsarbeit ‚aus dem Osten'

Der Zweite Weltkrieg stellte die Kulmination der kolonialen Beziehung Deutschlands zu Osteuropa dar. Bekannt ist das Schlagwort vom „Lebensraum im Osten", der erobert werden sollte. Osteuropa sollte aber auch die Basis der deutschen Weltmacht werden: „Russland ist unser Indien", verkündete Adolf Hitler im Jahr 1941 (Nolte 2021; Ueberschär 1992). Der „Ostfeldzug" war untermauert durch weit ausgreifende Eroberungspläne, den „Generalplan Ost". Dieser kombinierte Elemente von Ausbeutungskolonialismus und Siedlungskolonialismus: Osteuropa und speziell die Schwarzerdegebiete der Sowjetunion sollten das Deutsche Reich mit Nahrung und Rohstoffen versorgen und gleichzeitig der Ort deutscher Pioniersiedlungen werden. Die einheimische Bevölkerung sollte zwangsumgesiedelt, versklavt oder ermordet werden (vgl. Aly/Heim 1991, S. 394–441; Wasser 1993; Rössler/Schleiermacher 1993; Madajczyk 1994; Heinemann 2003, Heinemann 2006).

Neben diesen Kolonisierungsplänen, die in ihrer größenwahnsinnigen Gesamtheit nie realisiert werden konnten, gab es aber auch eine Kriegs- und Besatzungspraxis in den eroberten Gebieten Osteuropas, speziell in Polen und der Sowjetunion, die schon von Zeitgenossen als „Vernichtungskrieg" bezeichnet wurde (Pohl 2007, S. 1). Die Opferzahlen übersteigen die menschliche Vorstellungskraft: die Sowjetunion hatte 27 Millionen Tote zu beklagen, darunter 14 Millionen Zivilisten (einschließlich der in der Shoah ermordeten sowjetischen Juden) und drei Millionen Kriegsgefangene, die in deutschem Gewahrsam starben. In Polen starben ca. sechs Millionen Menschen, in ihrer großen Mehrzahl Zivilisten (ebenfalls einschließlich der in Shoah ermordeten polnischen Jüdinnen und Juden) (Aust 2021, S. 10). Es besteht in der Forschungsliteratur kein Zweifel daran, dass diese extrem hohe Opferzahl und die ihr zugrunde liegende Brutalität ein Ergebnis von Rassismus war, der die Osteuropäer*innen nicht als vollwertige Menschen ansah. Für die besetzte Sowjetunion, auf die wir in diesem Kapitel fokussieren werden, stellte Dieter Pohl (2007, S. 341) fest, dass „eine vollwertige Behandlung der Bevölkerung nach dem geltenden Völkerrecht, wie sie in den besetzten Gebieten West- und Nordeuropas, wenn auch mit Einschränkungen, betrieben wurde, [...] nicht zur Diskussion" stand.

Die zeitweilige Eroberung großer Teile der westlichen Sowjetunion führte auf zwei Wegen auch zu Begegnungen zwischen Deutschen und Osteuropäer*innen. Zum einen waren dies der Krieg und die Besatzungsherrschaft vor Ort, in der deutsche Soldaten sowjetische Soldaten als Feinde bekämpften und sowjetische Zivilisten mit brutaler Gewalt beherrschten. Zum anderen wurden vieler dieser

Menschen zur Zwangsarbeit rekrutiert und ins Deutsche Reich verbracht, wo sie wiederum in den Fabriken und auf den Bauerhöfen deutschen Zivilisten begegneten.

Gerade diese Begegnungsebene ist von Interesse, wenn es darum geht einzuschätzen, wie tief antiosteuropäischer und antislawischer Rassismus in der deutschen Bevölkerung verbreitet waren. Daher wird sich dieses Kapitel nach einer Darstellung der strukturellen Ebene der NS-Besatzungsherrschaft in der Sowjetunion auf die Erfahrungsebene fokussieren. Über die Einstellungen der Soldaten gegenüber den feindlichen Soldaten und der Zivilbevölkerung geben u. a. Feldpostbriefe Auskunft, die einen relativ unmittelbaren Blick auf das „Russlandbild des kleinen Mannes" (Stenzel 1998) ermöglichen. Auf der anderen Seite geben Zeitzeugenberichte von Zwangsarbeiter*innen Einblicke in die Erfahrungen dieser Menschen sowohl unter deutscher Besatzungsherrschaft in der Sowjetunion wie auch in Deutschland selbst. Es geht hier also sowohl um den ‚Westen im Osten' wie auch um den ‚Osten im Westen'.

Bilder vom „Rassenfeind"

Charakteristikum des Feldzugs gegen die Sowjetunion war es, dass man hier im NS-Selbstverständnis nicht einfach gegen einen militärischen Gegner, sondern gegen einen „Rassenfeind" ins Felde zog. Dieser war im Sinne des Feindbildes des „jüdischen Bolschewismus" jüdisch, aber er war auch slawisch. Erich von dem Bach-Zelewski, einer der schlimmsten Kriegsverbrecher in der besetzten Sowjetunion, äußerte sich dementsprechend vor dem Nürnberger Kriegsverbrechertribunal: „Wenn man jahrelang predigt, jahrzehntelang predigt, dass die slawische Rasse eine Unterrasse ist, dass die Juden überhaupt keine Menschen sind, dann muss es zu einer solchen Explosion kommen." (zitiert nach Wette 1995, S. 175)

Dass die Juden in der NS-Vorstellungswelt als „Gegenrasse" imaginiert und entmenschlicht wurden, ist bekannt und stellt – jenseits aller klassischen Diskussionen über „Intentionalismus" und „Funktionalismus" – die Grundmotivation für die Shoah dar. In dieser Vorstellungswelt gab es aber nicht nur die Binarität von „Arier" und „Juden", sondern eine umfassende Rassenordnung und -hierarchie (Wette 1995, S. 176). Die Position der Slawen in dieser rassistischen Hierarchie ist nicht so einfach zu bestimmen. John Connelly (1999) weist zurecht auf die strukturellen Unterschiede zwischen Antisemitismus und Antislawismus hin: unterschiedliche slawische Völker wurden unterschiedlich behandelt, und angesichts der ständigen Improvisation im Umgang mit ihnen fällt es schwer, eindeutige Intentionen zu bestimmten (Connelly 1999, S. 20). Die Nazis konnten sich die Slawen außerdem, anders als die Juden, als nützlich vorstellen (Connelly 1999, S. 32). Wolfram Wette (1995, S. 178) wiederum stellte die These auf, dass in Hitlers Weltanschauung Antisemitismus und Antislawismus zum ersten Mal systematisch zueinanderfanden. Dies gilt speziell mit Blick auf die Sowjetunion, für die auch Connelly (1999, S. 20) eine größere Kohärenz zwischen antislawischer Vorkriegspropaganda und tatsächlichem Handeln im Krieg feststellt: „[These territories] would be emptied of a population largely contaminated by ‚Judeo-Bolshevism'."

Diese letzte Beobachtung verweist darauf, dass Russland bzw. die Sowjetunion in der NS-Imagination einen speziellen Platz einnahmen. Traditionell war das deutsche Russlandbild in verschiedenen Teilen des politischen Spektrums nicht nur negativ, sondern auch von einer gewissen Faszination geprägt gewesen (Koenen 2005; Casteel 2016). Dies galt auch für die extreme Rechte: NS-Chefideologe Alfred Rosenberg beispielsweise verkehrte als Deutschbalte nach dem Ersten Weltkrieg mit russischen Emigrantenkreisen und bezog einiges an ideologischen, insbesondere antisemitischen Inhalten aus diesem Milieu (vgl. Brehmer, o. J.; Kellogg 2005). Das Feindbild des „jüdischen Bolschewismus", der angeblich in Russland herrschte, besaß dann aber eine derartige Destruktivität, dass es den Vernichtungskrieg erst denkbar machte (Wette 1994, S. 57). Hitler formulierte hierzu schon in *Mein Kampf* eine programmatische Aussage:

> „Indem [das Schicksal] Russland dem Bolschewismus überantwortete, raubte es dem russischen Volk jene Intelligenz, die bisher dessen staatlichen Bestand herbeiführte und garantierte. Denn die Organisation eines russischen Staatsgebildes war nicht das Ergebnis der staatspolitischen Fähigkeiten des Slawentums in Russland, sondern vielmehr nur ein wundervolles Beispiel für die staatenbildende Wirksamkeit des germanischen Elementes in einer minderwertigen Rasse. [...] Seit Jahrhunderten zehrte Russland von diesem germanischen Kern seiner oberen leitenden Schichten. Er kann heute als fast restlos ausgerottet und ausgelöscht angesehen werden. An seine Stelle ist der Jude getreten. So unmöglich es dem Russen an sich ist, aus eigener Kraft das Joch der Juden abzuschütteln, so unmöglich ist es dem Juden, das mächtige Reich auf die Dauer zu erhalten. [...] Das Riesenreich im Osten ist reif zum Zusammenbruch. Und das Ende der Judenherrschaft in Russland wird auch das Ende Russlands als Staat sein. Wir sind vom Schicksal ausersehen, Zeugen einer Katastrophe zu werden, die die gewaltigste Bestätigung für die Richtigkeit der völkischen Rassentheorie sein wird." (Hitler 1938, S. 742 f.)

Wie Wolfram Wette, der maßgebliche Arbeiten zur Erforschung des rassistischen Russlandbildes des NS vorgelegt hat, weiter ausführt, wollte Hitler „die Herrschaft der ‚jüdischen Bolschewisten' [...] im Zuge seines Lebensraum-Krieges gegen die Sowjetunion beenden und ihre Träger nicht etwa nur entmachten, sondern physisch vernichten. Nach erfolgter Eroberung des Landes im Osten sollten die Slawen dezimiert werden und die Überlebenden sollten den germanischen ‚Herrenmenschen' Sklavendienste leisten." (Wette 1995, S. 178) Martin Bormann skizzierte diese Herangehensweise explizit in einer Denkschrift aus dem August 1942, über ein Jahr nach der Invasion in die Sowjetunion:

> „Die Slawen sollen für uns arbeiten. Soweit wir sie nicht brauchen, mögen sie sterben. [...] Die slawische Fruchtbarkeit ist unerwünscht. [...] Bildung ist gefährlich. Es genügt, wenn sie bis 100 zählen können. Höchstens die Bildung, die uns brauchbare Handlanger schafft, ist zulässig. Die Religion lassen wir ihnen als Ablenkungsmittel. An Verpflegung bekommen sie nur das Notwendigste. Wir sind die Herren, wir kommen zuerst." (zitiert nach Wette 1995, S. 178)

Die publizistische Kulmination der NS-Feindbildproduktion stellte die 1942 vom SS-Hauptamt herausgegebene Broschüre *Der Untermensch* dar (SS-Hauptamt 1942). Zwar wurden dort „die Slawen" nicht explizit als „Untermenschen" benannt, der Fokus der Publikation auf die Sowjetunion impliziert dies aber eindeutig. Die Sprache des Pamphlets ist mit „entmenschlichend" noch unzureichend beschrieben:

> „Der Untermensch – jene biologisch scheinbar völlig gleichgeartete Naturschöpfung mit Händen, Füßen und einer Art von Gehirn, mit Augen und Mund, ist doch eine ganz andere, eine furchtbare Kreatur, ist nur ein Wurf zum Menschen hin, mit menschenähnlichen Gesichtszügen – geistig, seelisch jedoch tiefer stehend als jedes Tier. Im Innern dieses Wesens ein grausames Chaos wilder, hemmungsloser Leidenschaften: namenloser Zerstörungswille, primitivste Begierde, unverhüllteste Gemeinheit. Untermensch – sonst nichts!" (SS-Hauptamt 1942, S. 2)

Entsprechend des schon in *Mein Kampf* dargelegten, rassistischen Geschichtsbildes heißt es weiter: „Und diese Unterwelt der Untermenschen fand ihren Führer: – den ewigen Juden! Der verstand sie, der wußte, was sie wollten. Er schürte ihre gemeinsten Lüste und Begierden, er ließ das Grauen über die Menschheit kommen." (SS-Hauptamt 1942, S. 2) Die Herkunft der „Untermenschen" wird dabei ganz klar im Osten verortet:

> „Ewig ist der Haß des Untermenschen gegen die hellen Gestalten, die Träger des Lichtes. Ewig droht aus den Wüsten der Untergang des Abendlandes.
> Ewig ballen sich in fernen Steppen die Mächte der Zerstörung zusammen, sammelt (sic!) Attila und Dschingis-Chan seine Hunnenhorden und rast über Europa, lebendige Apokalypse, Feuer und Tod, Vergewaltigung, Mord und Entsetzen hinterlassend, damit die Welt des Lichtes und des tausendfachen Wissens, die Mächte des Fortschritts und menschlicher Größe zurücksinken in den Abgrund des Urzustandes." (SS-Hauptamt 1942, S. 2)

Der Rest der Broschüre besteht aus einer Vielzahl von Bildern, die den Lesern zum einen die Physiognomie des „Untermenschen", zum anderen seine Gräuel näherbringen sollten, stets kontrastiert mit der Überlegenheit der „arisch-europäischen Völkerfamilie“, zu der interessanterweise auch die Türken gezählt wurden (SS-Hauptamt 1942, S. 19, 29). Am Ende steht der Appell: „Der Untermensch stand auf die Welt zu erobern. Wehe euch Menschen, wenn ihr nicht zusammensteht. Wehr Dich Europa!“ (SS-Hauptamt 1942, S. 51)

Koloniale Pläne und verbrecherische Befehle

Die Planungen für die Eroberung der Sowjetunion setzten diese Feindbilder in konkrete koloniale und genozidale Projekte sowie entsprechende militärische Befehle um. Den Rahmen für die gewaltsame Umgestaltung des östlichen Europa bildete der Generalplan Ost. 1941/42 ließ Heinrich Himmler fünf Varianten dieses Plans ausarbeiten, die sich analog zur militärischen Entwicklung immer weiter radikalisierten. Die Federführung der Planungen lag bei dem Agrarwissenschaftler und SS-Mitglied Konrad Meyer, Leiter der Hauptabteilung Planung und Boden des Reichskommissars für die Festigung des deutschen Volkstums (RKF), Heinrich Himmler. Im Ergebnis sah der Generalplan Ost die ‚Germanisierung‘ der deutsch besetzten Gebiete von der Ostsee bis zum Schwarzen Meer vor. Über 30 Millionen Menschen sollten nach Sibirien zwangsumgesiedelt, weitere rund 14 Millionen zur Zwangsarbeit herangezogen werden. Als „slawische Untermenschen“ wurden sie behandelt wie Sklaven. Den Planern war hierbei bewusst, dass ein Großteil dieser Menschen nicht überleben würde, ihr Tod wurde zynisch einkalkuliert oder, wie im Fall der Blockade Leningrads, auf die wir noch eingehen werden, durch Hunger und Erfrieren gezielt herbeigeführt („Entstädterung“). An ihrer Stelle sollten durch die Ansiedlung „Volksdeutscher“ und die Gründung ‚deutscher Dörfer‘ „Germanisierungszonen“ geschaffen werden.[49]

In der Forschung gibt es unterschiedliche Positionen zu der Frage, ob der Generalplan Ost mit „kolonial“ angemessen beschrieben ist. Einerseits weist er Elemente von Ausbeutungskolonialismus und Siedlungskolonialismus auf, die gigantischen Planungen eines ‚deutschen Siedlungsraums‘ vom Nordwesten Russlands über das Baltikum, Polen, Belarus und die Ukraine bis zur Krim, die sprachliche Aneignung (Ingermanland, Gotengau) sowie die ökonomische Ausbeutung weisen stark koloniale Züge auf. Andererseits hat Sebastian Conrad ebenso zutreffend darauf hingewiesen, dass ein entscheidendes Merkmal kolonialer Herrschaft im Falle der deutschen Vernichtungspolitik im östlichen Europa fehlt: Von einer ‚Zivilisierungsmission‘ kann keine Rede sein, die Menschen sollten auf einer

---

49 Neben der bereits genannten Literatur sei verwiesen auf https://www.dfg.de/pub/generalplan/einleitung_1.html. Ein kommentiertes Faksimile des Generalplan Osts von Juni 1942 findet sicher hier: https://www.1000dokumente.de/index.html?c=dokument_de&dokument=0138_gpo&object=abstract&st=&l=de.

Abbildung 6.1: Generalplan Ost, Mai 1942

Quelle: https://commons.wikimedia.org/wiki/File:Generalplan_Ost.svg; Sir Henry, Public domain, via Wikimedia Commons

sklavenähnlichen Stufe verbleiben oder wurden direkt ermordet (Conrad 2012, S. 103–106). Andererseits sieht auch Conrad Parallelen zum Siedlungskolonialismus in Nordamerika und Australien, der die indigene Bevölkerung ebenfalls verdrängte bzw. ermordete und nicht ‚heben' wollte.

Unabhängig von der Frage der Einordnung als „kolonial" lassen sich Planungen wie der Generalplan Ost aber unzweifelhaft als rassistisch benennen. Die nicht-deutsche Bevölkerung wurde nicht als gleichwertig angesehen, ob sie überlebte oder nicht, war für die deutschen Planer kein Wert an sich, sondern lediglich ein Faktor ihrer Kosten-Nutzen-Rechnungen. Hierin besteht auch der entscheidende Radikalisierungsschritt gegenüber der deutschen Herrschaft in Ober Ost im Ersten Weltkrieg: Zu kolonialer Aneignung und rassistischer Herabstufung kam jetzt die direkte Planung mit der Ermordung von Millionen von Menschen. Es gibt also einen unmittelbaren Zusammenhang zwischen Planung, Zwangsumsiedlungen und Genozid. Götz Aly hat diesen Konnex hinsichtlich der Shoah bereits 1995 in seiner Studie *Völkerverschiebung und der Mord an den europäischen Juden* überzeugend dargelegt (Aly 1995).

Die militärischen Planungen für den Überfall auf die Sowjetunion beinhalteten eine Reihe verbrecherischer Befehle, die geltendes Kriegs- und Völkerrecht ignorierten und extrem hohe Opferzahlen unter der Zivilbevölkerung mindestens in Kauf nahmen, wenn nicht sogar aktiv herbeiführten. Am bekanntesten ist vielleicht der sogenannte Kommissarbefehl, der die Tötung von gefangenen „Kommissaren" befahl (grundlegend hierzu Römer 2008). Dabei spielte es keine Rolle, dass es in der Roten Armee seit August 1940 offiziell keine Kommissare mehr gab. Zu stark hatte sich in den Jahren zuvor das antisemitische Feindbild des „jüdischen Kommissars" in der NS-Vorstellungswelt verankert. Aber eben weil das Feindbild des Kommissars keine präzise Entsprechung in der Realität hatte, „richtete sich der Mordbefehl gegen sowjetische Parteifunktionäre und Politarbeiter der Roten Armee im Allgemeinen; somit war der Willkür Tür und Tor geöffnet" (Pohl 2007, S. 76). Der Kommissarbefehl wurde im Mai 1942 wieder aufgehoben, da er den Widerstand der Roten Armee verstärkte (Streit 1996, S. 80).

Bedeutender für den Umgang mit der Zivilbevölkerung war der Kriegsgerichtsbarkeitserlass vom 13. Mai 1941. Dieser stellte laut Dieter Pohl „zweifelsohne den Freibrief für den ideologischen Vernichtungskrieg dar. Deutsche Soldaten konnten sich sicher fühlen, dass Gewalttaten gegen Zivilisten nur in Ausnahmefällen vor Gericht landeten, während die Einheimischen praktisch entrechtet waren" (Pohl 2007, S. 71). Zivilist*innen konnten nun als Retributionsmaßnahme gegen vermeintliche „Freischärlerei" in großer Zahl erschossen werden, wie es die Wehrmacht in Serbien schon seit Beginn des Balkanfeldzugs im April 1941 praktizierte. Auch dort war die Ursache ein „spezifische[r] Antislawismus, der auf den Ressentiments des Ersten Weltkrieges aufbaute" (Pohl 2007, S. 80). In der Sowjetunion verband sich dieser mit einem aggressiven antisemitischen Antibolschewismus zu einer besonders gewalttätigen Mischung.

Ein charakteristisches Merkmal der deutschen Besatzungsherrschaft war der Hunger, dem die Zivilbevölkerung wie auch die Kriegsgefangenen ausgesetzt waren. Wegen logistischer Schwierigkeiten gingen die Planer des Feldzugs von vornherein davon aus, dem Land Nahrungsmittel entnehmen zu müssen, was automatisch zu Lasten der Zivilbevölkerung gehen würde. Die NS-Führung rechnete mit einem „Bevölkerungsverlust" von bis zu 30 Millionen Menschen (Pohl 2007, S. 66, vgl. auch Gerlach 2000). Herbert Backe vom Reichsernährungsministerium berechnete einen Hungerplan, gemäß dem die landwirtschaftlichen Produkte der besetzten sowjetischen Gebiete an Truppen und Reichsbevölkerung und nur in eingeschränktem Maße an die Einheimischen verteilt werden würden. „Entscheidend an Backes Hungerplan war die Kalkulation, dass ein erheblicher Teil der sowjetischen Bevölkerung verhungern würde bzw. nach Osten fliehen müsste. Während für die Ukraine und das Baltikum noch eine Grundversorgung bestehen bleiben sollte, waren die ‚Großrussen', also die ethnischen Russen vor allem in der Mitte und im Norden der Russischen Föderation völlig von der Versorgung abzuriegeln, insbesondere die Einwohner von Großstädten." (Pohl 2007, S. 66)

Die Ergebnisse der deutschen Hungerpolitik waren katastrophal. Unmittelbar betroffen waren zunächst vor allem die vielen sowjetischen Kriegsgefangenen, die durch die anfänglichen Erfolge des „Blitzkriegs" in deutsches Gewahrsam gerieten. Allein von Kriegsbeginn im Juni 1941 bis Februar 1942 starben zwei Millionen Kriegsgefangene durch Hunger, Krankheit und direkte Ermordung. Während des gesamten Krieges starben 3,3 von 5,7 Millionen sowjetischen Gefangenen, ca. 58 %. Zum Vergleich: unter englischen und amerikanischen Soldaten lag die Quote bei 3,5 % (Streit 1996, S. 75). Dies lag keinesfalls daran, dass die Wehrmacht von der Anzahl der Gefangenen überrascht worden sei. Christian Streit, der bereits vor über vierzig Jahren eine bahnbrechende Studie über den Umgang mit sowjetischen Kriegsgefangenen vorlegte (Streit 1978), brachte es auf den Punkt: „Nicht die Anzahl der Gefangenen war die tiefere Ursache des Massensterbens, sondern die im Osten verfolgten Kriegsziele." (Streit 1996, S. 76) Und diese bestanden darin, Hunger im Reich zu verhindern, auf Kosten der hungernden Menschen im ‚Osten', deren Leben man keinen besonderen Wert beimaß.

Auch die Zivilbevölkerung hungerte, besonders in den Städten, in denen die Besatzer „Brutstätten des Bolschewismus" und Bastionen des „Moskowitertums" sahen (Pohl 2007, S. 183). Betroffen waren beispielsweise ostukrainische Städte wie Charkiw oder Städte auf der Krim (Berkhoff 2004). Besonders ausgeprägt war das Massensterben zudem im Norden des Besatzungsgebietes, wo sich das belagerte Leningrad befand – eine Stadt, die in der genozidalen Imagination der Nazis einen besonderen Platz einnahm. Leningrad als Ort der Oktoberrevolution wurde in der NS-Propaganda zum einen zum Inbegriff des „jüdischen Bolschewismus" erklärt; zum anderen war es als Hauptstadt eines zukünftigen „Ingermanland" zentraler Baustein des Generalplan Ost. Mit der Schlussfolgerung, dass die Bevölkerung der Stadt – rund drei Millionen Menschen zum Beginn des deutschen Überfalls am 22. Juni – für die ‚Germanisierung' ‚zu weichen' hatte. ‚Zu weichen' bedeutete: verhungern und erfrieren. Den Entscheidern in der politischen und militärischen Führung war dies völlig klar. General Eduard Wagner, als Generalquartiermeister des Heeres für Versorgungsfragen zuständig, schrieb am 9. September 1941 an seine Frau:

> „Der Nordkriegsschauplatz ist so gut wie bereinigt, auch wenn man nichts davon hört. Zunächst muß man sie in Petersburg schmoren lassen, was sollten wir mit einer 3,2 Mill. Stadt, die sich nur auf unser Verpflegungsportemonnaie legt. Sentimentalitäten gibt's dabei nicht." (zitiert nach Ganzenmüller 2007, S. 51)

Am 8. September 1941 schloss sich der Belagerungsring aus deutscher Wehrmacht und finnischen Verbänden um die Stadt. Als einziger Fluchtweg verblieb der Ladogasee, dies aber auch nur während der Frostperiode im Winter, und unter beständigem deutschem Beschuss. Bis zum 27. Januar 1944 dauerte die Blockade Leningrads – die Stadt wurde bewusst nicht eingenommen, da sie ausgehungert werden sollte. Rund 1,1 Millionen Menschen erfroren und verhungerten in den Zimmern, den Kellern und auf den Straßen Leningrads (grundlegend zur Blockade Leningrads siehe Ganzenmüller 2007). Ein unglaubliches Martyrium. Sergej Loznitsas Dokumentarfilm *Blokada* von 2005, der auf zeitgenössischen Filmaufnahmen beruht, vermittelt einen nur schwer erträglichen Eindruck vom Leben und Sterben in der Stadt.

Die Menschen haben, soweit es ihnen noch möglich war, ihren Kampf ums Überleben in Notizen festgehalten. Hieraus ist eine eigene Literaturgattung entstanden: die „Blockadeliteratur". Zu den bekanntesten Beispielen gehören Lidija Ginzburgs *Aufzeichnungen eines Blockademenschen* (1984–1989; deutschsprachige Ausgaben 1997 und 2014) sowie das von Ales Adamowitsch und Daniil Granin herausgegebene, in der DDR zunächst in Teilen zensierte *Blockadebuch* (erste vollständige russische Ausgabe 2014; erste vollständige deutschsprachige Ausgabe 2018). Zu den erschütterndsten Zeugnissen gehören die Berichte von Kindern und Jugendlichen wie Lena Muchina (2013), deren Tagebuch die Schriftstellerin Lena Gorelik aus dem Russischen übersetzt und herausgegeben hat, und Tanja Sawitschewa, die im Alter von 11 und 12 Jahren innerhalb weniger Monate das Sterben ihrer gesamten Familie um sie herum in einem Notizheft festhielt, dessen letzte Sätze lauten: „Die Sawitschews sind tot. Alle sind tot. Nur Tanja ist übriggeblieben."[50]

Tanja konnte über den Ladogasee aus der Stadt evakuiert werden. Sie starb jedoch in der Folge am 1. Juli 1944 im Gebiet Nižnij Novgorod im Alter von 14 Jahren an Tuberkulose. Ihr Tagebuch befindet sich heute in der Gedenkhalle am Eingang

---

50 Das Tagebuch von Tanja Sawitschewa. https://drb-ja.com/das-tagebuch-von-tanja-sawitschewa/ (Abfrage: 12.11.2023).

des Piskarev-Friedhofs in St. Petersburg, auf dem ein Großteil der Blockadeopfer beerdigt liegt (vgl. Panagiotidis 2007).

Die Blockade Leningrads stellt nach der Shoah eines der größten deutschen Kriegsverbrechen im Zweiten Weltkrieg dar. Bis heute ist sie jedoch in Deutschland weitgehend unbekannt. Zwar setzte der Musiker Frederik Vahle Tanja Sawitschewa schon 1982 mit dem Lied *Tanja* auf seinem Album *Der Friedensmaler* ein ergreifendes musikalisches Denkmal. In den meisten Schulbüchern kommt die Blockade bisher aber nicht vor, zwischenzeitliche Initiativen wie die Errichtung eines Gedenkortes in Hamburg, Partnerstadt St. Petersburgs, verliefen ergebnislos (Schellen, 14.10.2015), und aus unseren eigenen Lehrerfahrungen an verschiedenen Universitäten können wir nur bestätigen, dass das Vorwissen der Studierenden in aller Regel äußerst gering ist, das Interesse aber zugleich hoch. Umso wichtiger sind bilaterale Erinnerungsprojekte wie z. B. die Edition von *Lenas Tagebuch* (Muchina 2013) und bewegende Auftritte wie die Rede des Blockadeüberlebenden (*Blokadnik*), früheren Soldaten der Roten Armee und Mitherausgebers des *Blockadebuchs*, Daniil Granin, am 27. Januar 2014 im deutschen Bundestag.[51] Es ist jedoch noch ein weiter Weg, um die Blockade Leningrads, eines „Völkermords mit Ansage", von einer „Leerstelle der Erinnerung" ins Bewusstsein der deutschen Gesellschaft zu bringen (Sapper / Weichsel 2011).

„Das Russlandbild des kleinen Mannes"

Aus der historischen Forschung zum Zweiten Weltkrieg an der „Ostfront" bzw. in der besetzten Sowjetunion ergibt sich ein eindeutiges Bild einer rassistisch motivierten Terrorherrschaft, die auf einem über Jahre und Jahrzehnte hinweg kultivierten Feindbild basierte. Während dies die strukturellen Bedingungen des Vernichtungskrieges hinreichend beschreibt, lässt sich die Erfahrungsebene individueller deutscher Soldaten hieraus noch nicht zwangsläufig erschließen. Welches Bild hatten die Soldaten an der „Ostfront" von Russland bzw. der Sowjetunion und von den Menschen die sie als Rotarmisten bekämpften oder als Zivilisten beherrschten? Inwieweit war diese Sichtweise von der rassistischen Propaganda geprägt? Glaubten die Soldaten, dass sie hier gegen „Untermenschen" kämpften?

Die historische Forschung hat schon seit Längerem Feldpostbriefe als Quelle ausgemacht, anhand derer man sich der Erfahrungsebene von Soldaten annähern kann (Knoch 1986). Natürlich bieten diese keinen ungefilterten Blick in die Wahrnehmungswelt der Soldaten, unterlagen sie doch der Militärzensur (einschließlich der sich aus ‚vorauseilendem Gehorsam' ergebenden Selbstzen-

---

51 https://www.bundestag.de/parlament/geschichte/gastredner/rede_granin-261326; https://www.youtube.com/watch?v=yhyasIzQt1w (Abfrage: 12.11.2023). Vgl. auch sein autobiografisches Werk *Mein Leutnant* (Granin 2016).

sur) und bestimmten Schreibkonventionen, die sich aus der Kommunikation mit den Angehörigen zu Hause ergaben. Gerade wenn es um die Beschreibung des Feindes geht, verspricht die Quelle aber relevante Einsichten, denn „[e]in Briefschreiber war nicht gezwungen sich negativ zum Feind zu äußern" (Stenzel 1998, S. 15). Wenn sich also ein Soldat abfällig über die gegnerischen Soldaten oder die beherrschte Zivilbevölkerung äußerte, dann kann man dies durchaus als Ausdruck einer authentischen Einstellung sehen.

Spannende Einsichten in das „Russlandbild des kleinen Mannes" liefert die gleichnamige Studie, die der Historiker Thilo Stenzel (1998) vorgelegt hat. Darin untersucht er ca. 1000 Briefe von 227 Mannschaftssoldaten, die in der Wehrmacht im Osten am Krieg teilnahmen und darüber in die Heimat schrieben. Um Veränderungen in der Wahrnehmung festzustellen schaute er sich einerseits Briefe aus dem Juli 1941, kurz nach Beginn der Invasion in der Sowjetunion, und aus dem August 1944 an, als sich die Wehrmacht schon auf dem Rückzug befand. Weiterhin schaute er sich sechs Briefreihen von einzelnen Soldaten von Juni 1941 bis März 1945 an, um einen detaillierteren Blick in die Erfahrungswelt von Individuen über Zeit zu bekommen (Stenzel 1998, S. 10–11). Da es sich bei den Schreibern um Soldaten aus den Mannschafts- und Unteroffiziersrängen handelte, die im regulären Heer und nicht bei SS oder SD Dienst taten, gibt die Analyse einen Einblick in die Erfahrungen „ganz normaler Männer" (Browning 1993), denen nicht a priori eine fanatische Ideologisierung unterstellt werden kann (Stenzel 1998, S. 37).

Den untersuchten Feldpostbriefen lässt sich für die frühe Kriegsphase auf jeden Fall ein Überlegenheitsgefühl entnehmen. Stenzel (1998, S. 52) stellt beispielsweise fest, dass „während der ersten Kriegsphase im Juli 1941 [...] das Oppositionspaar ‚Übermensch-Untermensch' als ideologisch frei besetzbare Leerformel in den Briefen einen großen Einfluß" hatte. Dabei richtete sich die Abneigung gegen „Juden", „Russen" aber auch die unter den sowjetischen Kriegsgefangenen wahrgenommenen „Asiaten", die das Stereotyp von Russland bzw. der Sowjetunion als „asiatischer" Macht zu erfüllen schienen (vgl. Jahn 1991). Hier sind ein paar Zitate, die dieses „minderwertige, dämonisierte Feind-Stereotyp" (Stenzel 1998, S. 50) illustrieren:

> „Wie wir so gemütlich die Straße nach dem Kino entlangtrotteten und uns dabei die Behausungen der in dieser Straße ziemlich zahlreich angesiedelten Juden anschauten [...], da bekamen wir wieder den richtigen Begriff von dem Wert und der Größe des ‚Auserwählten Volkes'! [...] Hier, unter diesem Gesindel, brauchte ein Maler nicht lange nach Modellen für bösartige Märchengestalten (Hexen, Zauberer, usw.) suchen! Helmut frug sich auch, wie es möglich sei, daß diese Rasse das Recht beanspruchen wollte, über alle Völker der Welt zu herrschen." (Wilhelm H., 4.7.1941)
>
> „Die gefangenen Russen sehen aus wie Verbrecher und es ist diesen Menschen alles zuzutrauen. Ihr könnt froh sein, daß die Horde nicht bei Euch eindrang, dann wäre alles verloren [...]." (Willi S., 18.7.1941)

> „Wenn diese Mordbuben mit 300000 ins Reich gekommen wären und die Brandfackel geworfen hätten. Es wäre nicht auszudenken. Kirgisen, Mongolen, sibirische Scharfschützen und sonstiges an Auswurf der Menschheit. Es war ein gigantischer Schlag des Führers.“ (Erich V., 31.7.1941)
> „Wenn man diese Gesichter sieht, kann man nur den Kopf schütteln. Es ist ein Völkergemisch, wie man es nicht alle Tage findet, zum großen Teil Asiaten. (Ferdinand M., 2.7.1941)“
> (alle zitiert nach Stenzel 1998, S. 50–51)

Für manche Soldaten ergab sich aus dieser Feindwahrnehmung zugleich die Rechtfertigung des Krieges:

> „Es ist ein Kampf gegen alle Elemente, die Asiatentum, Judentum, Bolschewismus usw. hervorbringen konnten. Und daß der Heimat und Europa dies erspart blieb, kann man dem Führer und den deutschen Soldaten danken.“ (Paul B., 16.7.1941, zitiert nach Stenzel 1998, S. 51)

Vor dem Hintergrund der Wahrnehmung eines gerechten Kampfes gegen einen minderwertigen wie hinterhältigen Feind wurde zum Teil sehr offen über die Gewalt gegen diese Menschen geschrieben, die auch durch die oben geschilderten verbrecherischen Befehle gerechtfertigt schien.

> „Gleich in den ersten Tagen sah man viele Zivilisten mit kahlgeschorenen Köpfen, und daran konnte man meistens feststellen, daß es Russen waren, die sich schnell umgekleidet hatten. Bei zweien, ganz jungen Burschen, Juden (!), stellten wir fest, daß es Sowjetoffiziere waren. Auf Befehl eines Offiziers wurden sie dann erschossen. Später nochmal zwei andere Bolschewiki. Ihr glaubt nicht, wie gemein diese Brüder sind […].“ (Waldo P., 2.7.1941, zitiert nach Stenzel 1998, S. 55–56)

Die Zivilbevölkerung wurde in den Briefen tendenziell weniger feindselig, aber auch als rückständig und minderwertig beschrieben. Stenzel (1998, S. 63) identifiziert in seiner Studie eine Reihe von häufig verwendeten Begriffen zur Beschreibung der sowjetischen (oft undifferenziert als „Russen“) beschriebenen Zivilisten. Unter Adjektiven listet er: *primitiv, schmutzig, feindlich, verschlagen, verlaust, dreckig, schmierig, öde, stupid, kulturlos*. Als Substantive: *Schweine, Dreck, Unrat, Wanzenbuden, Lümmel, Elend, Wanzen, Flöhe, Lumpen*. Nur aus zwei der untersuchten Briefreihen ließen sich auch positive Begriffe entnehmen wie *fein, modern, fleißig, herzlich, sauber, zuvorkommend, einsam, arm, nett, besorgt, ‚in Ordnung‘*. Auch eine sexualisierende Referenz zu „stemmigen (sic!) Weibsleut“ fand sich hier. Stenzel spricht von einem „kolonial gefärbten Filter“ des Blicks der Soldaten, „der das Fremde mit seinem Besitz entterritorialisiert und weitgehend als inferior beschreibt. […] Von der touristischen Perspektive eines ‚romantischen Wilden‘ sind die *stories* weit entfernt.

Den Angehörigen werden meist Erfahrungsberichte mitgeteilt, die in akkumulierter Form Beweise für das Kulturgefälle zwischen West und Ost liefern. Diese Segmentierung der Kulturen machte Feindbilder plausibel." (Stenzel 1998, S. 64).

Real existierende Armut wurde dabei in rassistischer Art und Weise essenzialisiert und „äußere Zustände wurden zu inneren Eigenschaften des Fremden umgedeutet" (Stenzel 1998, S. 65). Hierzu passt auch folgendes Zitat des Soldaten Josef Z., der sowjetische Kriegsgefangene bewachte. In seinem Fall war es die Reaktion der Gefangenen auf das durch die Deutschen selbst herbeigeführte Elend, das der Schreiber als Beleg ihrer ‚Primitivität' anführte:

> „Daß die Russen so tief in der Kultur stehen, hätte ich nicht geglaubt, wenn wir es nicht alle Tage sehen würden, wo doch in Rußland das Paradies der Arbeiter sein soll. Sie fressen, auf deutsch gesagt, Gras wie Vieh. Finden sie im Kot oder in der Straßenrinne einen Apfelbutzen, stürzen sie drauf los, um wie die Wölfe über ihre Beute herzufallen. Muß man mit diesen Kerls an einem Kartoffelfeld vorbei, gibt´s Kolbenstöße, denn sonst kommt man mit diesen Kerls nicht vorbei. Sie fallen ins Feld, graben sie mit den Fingern aus und fressen sie roh. Es wäre für manchen Deutschen, der noch bolschewistische Gesinnung hat, gut, er würde diese Bilder sehen." (Josef Z., 12.9.1941, zitiert nach Stenzel 1998, S. 105)

In den Briefen aus dem späteren Zeitschnitt aus dem Jahr 1944 verschwindet die vorher gezeigte Überheblichkeit, das entmenschlichende Feindbild bleibt aber bestehen. „Die Rede ist immer noch von ‚Horden' und ‚roter Hölle', von der ‚Roten Flut' und vom ‚Vernichtungswillen Alljudas', die man von den schutzlosen Frauen in der Heimat abhalten muß. Es ist nach wie vor von ‚Untermenschen' und ‚Bestien' die Rede, die, wenn sie dazu fähig sind, ‚die Frauen und Kinder zu quälen und zu töten', auch nach einem ‚verlorenen Kriege [Deutschland] vollkommen vernichten' werden." (Stenzel 1998, S. 86) Die unterstellte Brutalität der Gegner war es von Anfang an, die die eigene Brutalität gegen sie rechtfertigen sollte. Im Angesicht der Niederlage erlangte diese Unterstellung „eine erschreckendere und realere Plastizität" (Stenzel 1998, S. 105).

Der von einem beträchtlichen Teil der Soldaten nachweisbar internalisierte Rassismus gegen Menschen aus Osteuropa überdauerte also den Krieg, selbst wenn er gewissen Veränderungen unterlag. So stellt Stenzel (1998, S. 123) zwar fest, dass in gewissem Maße „Unterscheidungen zwischen den Opfern und Tätern des Bolschewismus vorgenommen" wurden, was „in einigen Fällen zu einer gewissen Akzeptanz und einem Mitgefühl gegenüber der Landbevölkerung" führte. Doch selbst in solchen Fällen blieb ein hierarchisches Verhältnis die Grundlage und „eine den Deutschen dienende Bevölkerung galt als die Normalität."

> „Fand eine Begegnung statt, so führte dies, außer in Einzelfällen, zu keiner Revision des Weltbildes. Die Untersuchung zur Interaktion ergab einen Modus, der sich

> durch ein Verhalten auszeichnete, das sich meist als erfahrungs- und interaktionsresistent erwies. Die Bevölkerung wurde als unbegrenzte Ressource, als Residualmasse betrachtet. Diese „extraktive" Einstellung wurde durch die Politik des Generalplans Ost und die Äußerungen der militärischen und politischen Führer besonders in der Anfangsphase des Krieges legitimierend flankiert. Im Kontext eines den Soldaten einleuchtenden hochideologisierten Weltanschauungskrieges war Überheblichkeit keine abnormale, sondern vielmehr normale Kommunikationsweise." (Stenzel 1998, S. 123)

Zwangsarbeit und Segregation

Der ‚Westen im Osten', um den es in den vorherigen Abschnitten ging, bedingte es schließlich, dass auch ‚der Osten' zahlreich in ‚den Westen' kam. Angesichts der Masse von deutschen Männern, die während des Zweiten Weltkriegs unter Waffen standen, fehlte es der deutschen Kriegswirtschaft an Arbeitskräften. Die Rekrutierung von Arbeitskräften aus den eroberten Gebieten war nicht unumstritten, gefährdete sie doch die „Blutsreinheit" des deutschen Volkes. Letztlich zog man sie aber dem Einsatz von deutschen Frauen vor, da rechtlose Zwangsarbeiter als leichter zu kontrollieren galten (Herbert 1995, S. 122). Das ‚Dritte Reich' importierte im Krieg daher Arbeitskräfte im großen Stil. Im Sommer 1944 arbeiteten 5,7 Millionen Zivilarbeiter*innen und 2 Millionen Kriegsgefangene im Deutschen Reich. Die Mehrzahl von ihnen, 2,8 Millionen, kamen aus der Sowjetunion, 1,7 Millionen aus Polen, 1,3 Millionen aus Frankreich (Herbert 1995, S. 130). Insgesamt geht die Forschung von rund 13,5 Millionen Menschen aus anderen Ländern aus, die während des Zweiten Weltkriegs in Deutschland in Industrie und Landwirtschaft unter Zwang beschäftigt waren (Aust 2021, S. 102). Durch diese massenhafte Ausbeutung von Menschen aus Osteuropa wurde die deutsche Gesellschaft, unbeschadet der differenzierten Verhaltensweisen, die wir in der Folge beschreiben werden, „insgesamt zu einer Komplizin im Vernichtungskrieg" (Aust 2021, S. 103).

Zwischen den Zwangsarbeiter*innen und ‚Gastarbeiter*innen' aus verschiedenen Ländern wurde eine strenge Rassenhierarchie etabliert. Osteuropäer befanden sich in dieser ganz unten. Zunächst wurden nach dem deutschen Überfall auf Polen Menschen von dort zur Arbeit ins Reich verschleppt (Herbert 1995, S. 123; vgl. auch Loew 2014, S. 180–185). Sie wurden von der deutschen Bevölkerung separiert und durch den Aufnäher „P" an ihrer Kleidung kenntlich gemacht. Teilhabe am öffentlichen Leben wie etwa die Nutzung von öffentlichen Verkehrsmitteln war für sie verboten. Im Sinne der Rassentrennung noch schwerwiegender war, dass sexuelle Beziehungen mit „arischen" Deutschen verboten waren. Besonders polnische Männer wurden bei Verstößen hart bestraft, bis hin zahlreichen Todesurteilen (Loew 2014, S. 182; vgl. grundlegend zu deutsch-polnischen Beziehungen im Kriegskontext auch Röger 2015).

Gegen den Einsatz von Arbeitskräften aus der Sowjetunion gab es noch größere rassistische Vorbehalte. Wie oben geschildert ließ man sowjetische Kriegsgefangene lieber massenhaft verhungern, als sie zur Arbeit ins Reich zu bringen. Mit fortdauerndem Krieg und anhaltendem Arbeitskräftemangel griff das NS-Regime aber auch auf diese rassisch unerwünschte Arbeitskräfteressource zurück (Herbert 1995, S. 126). Vor allem junge Frauen aus den besetzten ukrainischen, russischen und belarussischen Gebieten wurden nach Deutschland zur Arbeit verschleppt (Herbert 1995, S. 130). „Der idealtypische Ostarbeiter war [...] eine junge Ukrainerin, die man 1942 vom Lande zwangsrekrutiert hatte." (Pohl 2007, S. 317)

Sowjetische Zwangsarbeiter*innen waren in der Rassenhierarchie noch weiter unten angesiedelt als Polen. Der Aufnäher „OST" identifizierte sie als „Ostarbeiter" mit extrem eingeschränkten Rechten. Ihre Verpflegungssituation war besonders schlecht, was ihren Arbeitseinsatz aber auch unwirtschaftlich machte. Laut Ulrich Herbert (1995, S. 127) verbesserte sich die Lage erst nach der Schlacht von Stalingrad etwas, wobei sie immer noch alles andere als gut war. Hier, wie auch schon beim „Poleneinsatz" gilt allerdings die Beobachtung, dass die Bedingungen der Zwangsarbeiter in der Landwirtschaft besser (oder weniger schlecht) waren als in der Industrie (Loew 2014, S. 183). Und auch in der Industrie waren die Bedingungen nicht überall gleich schlecht, was Herbert (1995, S. 127) als Resultat der Ermessensspielräume von Betrieben interpretiert.

Erfahrungen von Zwangsarbeit und Rassismus

Wie schon in Bezug auf die Kriegsführung ‚im Osten' geschildert gab es auch im Fall der Zwangsarbeit von Menschen aus Osteuropa im Deutschen Reich zweifellos einen rassistischen institutionellen Rahmen, der die Behandlung dieser Menschen als ‚minderwertig' präfigurierte. Die Haltung der Bevölkerung zu den in deutschen Betrieben und auf deutschen Bauernhöfen arbeitenden Zwangsarbeiter*innen wirft aber ähnliche Fragen auf wie die Haltung der Soldaten an der „Ostfront": inwieweit hatten die Menschen die rassistische Propaganda des Regimes internalisiert? Behandelten sie die Osteuropäerinnen und Osteuropäer, denen sie am Arbeitsplatz oder in anderen Lebensbereichen begegneten, als „Untermenschen"? Und welche Rolle spielte dabei, dass es sich hier, anders als im Fall der Soldaten in der besetzten Sowjetunion, um einen zivilen Kontext und nicht um eine Kampf- bzw. Besatzungssituation handelte?

Die Einschätzungen in der einschlägigen Sekundärliteratur sind durchaus unterschiedlich. Am schärfsten in ihrer Einschätzung ist wohl Maria Alexopoulou (2020) in ihrem aktuellen Buch *Deutschland und die Migration*, in dem sie der

Zwangsarbeit ein eigenes Teilkapitel widmet. In ihrer Analyse war es die NS-Propaganda, die die „fremdvölkischen" Arbeiter vor den feindseligen „Volksgenossen" in Schutz nehmen musste, indem sie ihre Nützlichkeit für die „Arbeitsschlacht" betonte (Alexopoulou 2020, S. 51). Dies passt zu der These Ulrich Herberts (1995, S. 125), dass der Einsatz von sowjetischen Zwangsarbeitern – zunächst der zahlreichen Kriegsgefangenen – nicht zuletzt deshalb zunächst ausgeschlossen wurde, da es in der deutschen Bevölkerung starke Vorbehalte gab. Er zitiert dazu einen SD-Bericht von August 1942, dass „mit Sorge gefragt [würde], was wir mit diesen ‚Tieren' in Zukunft anfangen wollten. Viele Volksgenossen stellen sich vor, dass sie radikal ausgerottet werden müssten. Zusammen mit Gewalttaten entflohener russischer Kriegsgefangener bildete sich eine gewisse Angst davor heraus, dass diese Gestalten und Typen in größerer Zahl in das Reichsgebiet kommen könnten und gar als Arbeitskräfte Verwendung finden könnten." (Herbert 1995, S. 125)

Diese Einschätzungen legen nahe, dass der Rassismus in Bezug auf die „Ostarbeiter" gewissermaßen *bottom-up* war, also einem gesellschaftlichen Bedürfnis entsprach, auf das die Machthaber reagierten. Mark Spoerer hingegen, ebenfalls Autor einer wichtigen Studie zu Zwangsarbeit im deutschen Reich (Spoerer 2001), geht davon aus, dass „der Mehrheit in der deutschen Bevölkerung [...] die Verletzung der Himmlerschen Reinheitsgebote eher gleichgültig gewesen sein wird" (Spoerer 2015, S. 687). Er betont die Realität kaum zu kontrollierender „unerwünschter Kontakte", „ängstlichen und heimlichen Solidaritätsbekundungen über Freundschaften bis hin zu Liebesbeziehungen" (Spoerer 2015, S. 687). Und während die Gewalt, die an Zwangsarbeitern verübt wurde, die Bevölkerung im Reich zu Zuschauern oder sogar Tätern von ansonsten an die Front ausgelagerter Gewalt machte, so hält er es doch für möglich, dass die Begegnung mit Menschen aus anderen Ländern „auch Vorurteile abgebaut haben könnte", mit langfristig positiven Wirkungen auf den Umgang mit Arbeitsmigranten auch nach dem Krieg (Spoerer 2015, S. 689).

Abgesehen von der Frage, ob die „Meldungen aus dem Reich" des SD, die sowohl Alexopoulou als auch Herbert zur Grundlage ihrer Einschätzung machen, als authentische Wiedergabe der Stimmung in der Bevölkerung zu sehen sind, muss man die dort geschilderten Vorgänge auch gleichsam „gegen den Strich bürsten", um ein differenziertes Bild zu erlangen. Wenn Alexopoulou (2020, S. 53) schreibt, dass Strafmaßnahmen gegen polnische Zwangsarbeiter, die häufig sexuelle Beziehungen mit deutschen Frauen eingingen, „von der volksbewussten deutschen Bevölkerung freudig und mit Genugtuung begrüßt" wurden, so zeigt dies zweierlei: einerseits gab es einen solchen „volksbewussten" Teil der Bevölkerung, der auf die Einhaltung der „Reinheitsgesetze" pochte und obendrein auch die Bestrafung der beteiligten deutschen Frauen forderte. Andererseits gab es aber auch genug Personen, die keine Berührungsängste mit den „Rassenfeinden" hatten, andernfalls wäre es zu den strafrechtlich verfolgten Beziehungen überhaupt nicht erst gekommen. Der Umstand, dass solche Rassegesetze überhaupt erlassen wurden spricht insgesamt dafür, dass auch die NS-Machthaber nicht davon ausgingen, dass die Segregation „arischer“ und „fremdrassiger“ Bevölkerung selbstverständlich eingehalten würde.

Genau wie das Verbot sexueller Kontakte zeigt auch die Kennzeichnung der Zwangsarbeiter aus Osteuropa mit besonderen Markern an der Kleidung, dass Rassismus nicht einfach aus der Gesellschaft heraus passiert, sondern aktiv produziert wird. In Abwesenheit des Differenzkriteriums Hautfarbe kam den Aufnähern „P“ oder „OST“, genau wie dem seit September 1941 obligatorischen „Judenstern“, eine zentrale Rolle bei der rassischen Segregation zu (zum Judenstern vgl. Hund 2017, S. 36). Trotz aller Annahmen über besondere „rassische“ Physiognomien von Juden oder Slawen wollte man ihre Identifikation nicht der Urteilskraft der Bevölkerung überlassen.

Interessant sind in diesem Zusammenhang die vielfältigen Erfahrungen, die Zwangsarbeiter*innen in der deutschen Gesellschaft mit den stigmatisierenden Aufnähern und der damit einhergehenden Sichtbarkeit – bzw. Unsichtbarkeit in ihrer Abwesenheit – gemacht haben. So berichtete die ehemalige Zwangsarbeiterin Alexandra A. (geb. 1920) aus Charkiv in der Ukraine in einem Interview im Jahr 2005, dass man sie mit dem Aufnäher OST nirgendwo hingelassen habe (Alexandra A., Band 1 – 0:36:14, Band 5 – 0:17:29).[52] Auf einem Ausflug an den Wannsee habe man sie wegen ihres Aufnähers nicht bedient. Ins Kino aber schaffte sie es, da sie ihren Aufnäher verdecken konnte (Alexandra A., Band 5 – 0:20:24). Dies spricht einerseits für ihre Unsichtbarkeit, wenn sie ihre Markierung verdecken konnte. Dass die Kassiererin dabei andererseits vermutlich ein Auge zudrückte scheint impliziert in der Aussage „sie wollen ja auch verdienen, die ihrigen gingen wenig ins Kino“ (Alexandra A., Band 5 – 0:20:24). Sie berichtet weiterhin von einer Fahrt in der S-Bahn, auf der sich „russische Jungen“ (*rebjata russkie*) zu ihr und ihrer Freundin setzten und sich mit ihnen unterhielten (Alexandra A., Band 1 – 0:37:16). Es war demnach möglich, sich in der Öffentlichkeit auf Russisch zu unterhalten, ohne dass dies – zumindest in diesem Fall – für Aufregung gesorgt hätte.

Auch die ukrainische Zwangsarbeiterin Marija C. (geb. 1921), die in Deutschland in der Landwirtschaft tätig war, berichtet davon, dass sie ohne das OST-Kennzeichen „keinen Schritt machen“ durfte (Marija C., Band 2 – 0:18:44). Sie erzählt dann aber von einer Episode, als sie wegen großer Hitze vergaß, die Jacke mit dem Aufnäher anzuziehen und mit der Bäuerin nur mit Rock und Bluse bekleidet zur Bahn ging, um Saatgut entgegenzunehmen.

---

52 Die in der Folge zitierten Interviews sind allesamt dem Online-Archiv von https://www.zwangsarbeit-archiv.de entnommen. Die vollständigen Referenzen und Links zu den Interviews finden sich in der Bibliografie.

„Da kommt ein Gendarm und sagt: ‚Bist du Russin?‘ Ich sag zu ihr [der Bäuerin]: ‚Sieht der etwa nicht, dass ich Russin bin?‘ Sie sagt: ‚Ja.‘ ‚Und warum ohne Zeichen?‘ Ich sag zu ihm: ‚Bei der Hitze, wo hätte ich es denn…? Ich hab… die Jacke… na… nicht mitgenommen.‘ So. Da hat die Bäuerin einen Schreck gekriegt. […] ‚Sie müssen Strafe zahlen.‘ Wie wir wieder zu Hause waren […], da erzählt sie es ihrem Mann. Da sagt er: ‚Du dumme Kuh. Hättest du doch gesagt, dass sie zu mir gehört, dann hätte er euch in Ruhe gelassen.‘ Ihn haben alle gekannt.“ (Marija C., Band 2 – 0:19:53)

Auch hier fällt auf, dass der Gendarm sie ohne ihre Kennzeichnung nicht ohne weiteres identifizieren konnte, was sie selber offenbar überraschte. Als sie sich verrät, gibt es eine Geldstrafe in unbekannter Höhe, darüber hinaus aber offenbar keine Konsequenzen. Die Reaktion des Bauern legt aber nahe, dass selbst diese Strafzahlung wegen seiner Kontakte nicht nötig gewesen wäre. Bei der Sanktionierung von Verstößen gegen die diskriminierende Kennzeichnung gab es demnach gewisse Spielräume.

Kontraintuitiv wirkt die häufige Betonung „guter Menschen“ in den lebensgeschichtlichen Interviews mit sowjetischen Zwangsarbeiterinnen und Zwangsarbeitern, die in der hervorragend aufbereiteten Interviewsammlung zwangsarbeit-archiv.de gesammelt sind. Marija C. beschreibt die Bauernfamilie, auf deren Hof sie arbeitete, als „rechte Menschen. Gute Menschen“ (*ljudi nastojaščie. Chorošie ljudi*), die sie wie ihre eigene Tochter behandelten und sie sogar adoptieren wollten (Marija C., Band 2 – 0:30:17). Ähnliches berichtet die landwirtschaftliche Zwangsarbeiterin Anastasia S., die nach dem Krieg sogar in Deutschland blieb. Sie beschreibt in ihrem auf Deutsch geführten Interview die Bauernfamilie, bei der sie lebte, als „supergut“, sie nannte sie sogar Mutter und Vater (Anastasia S., Band 1 – 0:13:43). Zwar musste sie als Fünfzehnjährige „schaffen […], aber ich hab' Essen gehabt und ich durfte mit die Kinder in einem Zimmer schlafen, was damals bei die Deutsche durften keine Ausländer am Tisch mit die Bauersleute essen, aber bei uns hat's da nix gegeben. Die waren auch christlich.“ (Anastasia S., Band 1 – 0:14:21)

Doch auch in den Erzählungen von Zwangsarbeiter*innen in der Industrie und sogar von Kriegsgefangenen und KZ-Häftlingen, deren Lebensbedingungen im Allgemeinen viel schlechter waren als in der Landwirtschaft, stechen Erzählungen von „guten Menschen“ hervor. Der ukrainische Zwangsarbeiter und KZ-Häftling Pjotr A. (geb. 1925) berichtet davon, dass er im Werk für Waggonreparaturen, in dem er arbeiten musste, die Werkbank mit einem „guten Deutschen“ (*chorošij nemec*) teilte, der ihm bei der Beschaffung von zusätzlichem Essen half (Pjotr A., Band 1 – 0:04:04). Auch einen 70-jährigen Wachmann im KZ-Dachau beschreibt er als „gut“ (*chorošij*), weil er ihm immer Schwarzbrot mitbrachte (Pjotr A., Band 1 – 0:30:19). Fjodor A., der als Kriegsgefangener in Norwegen und Deutschland inhaftiert war und Zwangsarbeit leisten musste, spricht von den Deutschen allgemein als „guten Menschen“ (*chorošie ljudi*) (Fjodor

A., Band 1 – 0:08:20). Aber auch in Norwegen gebe es „die besten Menschen der Welt (*samye lučšie v mire ljudi*)“, die trotz ihrer Armut mit den Kriegsgefangenen teilten (Fjodor A., Band 2 – 0:29:08). Konstantin A. aus dem Gebiet Poltava berichtet von der örtlichen Bevölkerung im historisch deutschsprachigen Ort Deutsch-Oth (Audun-le-Tiche) im annektierten Lothringen, die ihnen Brot über den Zaun ins Arbeitslager geworfen hätten – nachdem sein Waggon allerdings auf dem Weg dorthin von „deutschen Jungs“ (*nemeckie malyši*) mit Steinen beworfen worden sei (Konstantin A., Band 1 – 0:14:50). Auch der Sprengmeister im Eisenerzbergwerk, wo er arbeitete, sei ein „sehr guter (*chorošij*) Mensch“ gewesen, ein „sehr gutherziger (*dobryj*) Mensch“, der ihnen jeden Tag ein belegtes Brot mitbrachte (Konstantin A., Band 1 – 0:15:44). Bei einem Fluchtversuch half die lothringische und luxemburgische Bevölkerung, wobei ein luxemburgischer Bauer ihn schließlich verriet (Konstantin A., Band 1 – 0:25:58). Der deutsche Kommandant im Ostarbeiter-Lager in Deutsch-Oth sei hingegen ein Biest gewesen, während sein luxemburgischer Helfer ein „guter Mensch“ gewesen sei, der immer versucht hätte, „einen zu verteidigen“ (Konstantin A., Band 5 – 0:43:18). Die Unterscheidung zwischen der Behandlung durch Angehörige verschiedener Nationalitäten wird ganz explizit bei Galina G. thematisiert, die als Zwangsarbeiterin in Österreich war: „Die Österreicher – das sind nicht die Deutschen, das soll ich gleich sagen. Sie sind gutmütiger (*dobrodušnye*). Sie haben uns etwas mitgebracht, wer was konnte, obwohl es streng verboten war: keine Kleidung, keine Möhre oder Kartoffeln, oder noch etwas zum Essen.“ (Galina G., Band 1 – 0:04:58) Absolut war diese Unterscheidung aber nicht, wie sie sofort danach feststellt: „Aber trotzdem, wir hatten eine gute Deutsche, Lagerführerin, eine gutherzige Frau.“ (Galina G., Band 1 – 0:05:25)

Es wäre freilich ein Trugschluss, aus den zahlreichen Erwähnungen „guter Menschen“ zu schließen, dass es *keine* Feindseligkeit in der deutschen (oder auch nicht-deutschen) Bevölkerung gegeben habe. Zum einen koexistieren die „guten Menschen“ in den Erzählungen häufig mit grausamen oder feindseligen Personen. Es fehlen auch nicht Erwähnungen von Alltagsrassismus. Alexandra A., in deren Erzählung auch ein guter Meister in ihrem Betrieb vorkommt und die ihrer Einschätzung nach „nirgendwo wirklich unterdrückt“ (Alexandra A., Band 5 – 0:10:59) wurde, spricht über die allgemeine Verachtung, die ihnen entgegengebracht wurde: „Besonders lästig war, mit welcher Verachtung man uns begegnete, und dann wie Schweine nicht... jeder beschimpfte uns, wie er wollte. Selbst der größte Taugenichts konnte einen beschimpfen, und das gereichte ihm noch zu Ruhm und Ehre, wir verstanden das nicht.“ (Alexandra A., Band 5 – 0:22:03) Galina G. berichtet Ähnliches im Zusammenhang mit der räumlichen Segregation in ihrem Lager im österreichischen Blumau: „Das Lager war geteilt. Hier ‚russisch‘ – das ist ‚russisch‘ (*vot russiš‘ – eto est‘ russiš‘*). ‚Schweine, Schweine‘ (*švajne, švajne*) – so wurden wir genannt. Russen sind Schweine (*russiš‘ – eto švajne*). Die Polen und andere wohnten separat.“ (Galina G., Band 3 – 0:09:49) Es gibt auch Interviews, in denen gar keine „guten Deutschen" vorkommen, so bei dem Zwangsarbeiter Heorhij S., der in Wolfsburg in der Industrie eingesetzt war. Er berichtet von Begegnungen mit einheimischen Kindern, die seine Stirn abtasteten, weil man ihnen erzählt hatte, dass die die Russen Hörner hätten (Heorhij S., Band 1 – 0:19:18). Von den Deutschen spricht er als „Barbaren höchsten Grades", die – wie er spöttisch anmerkt – jetzt auf einmal Freunde seien (Heorhij S., Band 3 – 0:41:37). Auf Nachfragen hält er aber fest, dass die „einfachen Deutschen", denen er begegnete, „gar nicht so" gewesen seien (*ničoho tak buly*), ohne sie aber explizit als „gut" zu bezeichnen (Heorhij S., Band 3 – 0:41:54). Freunde habe er auch keine gehabt – einem gewissen Max, der sich ihm gegenüber als Kommunist ausgab, vertraute er auch nicht (Heorhij S., Band 3 – 0:42:29).

Dass trotzdem Erfahrungen mit „guten Menschen" in solcher Häufigkeit erzählt werden, kann als eine Art „Survivor Bias" gesehen werden – nur wer (auch) solche guten Erfahrungen machte, hatte eine Chance zu überleben. Das Gedächtnis spielt bei diesen gut sechzig Jahre nach Kriegsende geführten Interviews auch eine Rolle. Galina G. brachte dies auf den Punkt, wohlgemerkt nachdem sie von der Schlechterstellung der sowjetischen Zwangsarbeiter im Vergleich zu anderen Gruppen berichtete: „Wissen Sie, im Laufe von diesen Jahren hat man viel vergessen, das Schlechte vergisst man. Manchmal erinnern wir uns ans Gute." (Galina G., Band 1 – 0:10:45)

Dies könnte sich dadurch erklären, dass gerade vor dem Hintergrund eines durch und durch rassistischen Systems, das die von ihm betroffenen Menschen hierarchisierte, ausbeutete und entmenschlichte, die „guten Menschen" besonders erinnerungswürdig schienen. Da die Norm in grausamer Behandlung, übermäßig harter Arbeit und unzureichender Nahrung bestand, blieben vor allem solche „guten Taten" im Gedächtnis, die ein halbwegs menschenwürdiges Arbeitsumfeld und zusätzliches Essen mit sich brachten. Die „guten Deutschen" fielen deshalb besonders auf, weil sie die Minderheit waren.

Interessante Beobachtungen in dieser Hinsicht stellte auch die 1924 geborene Ukrainerin Jewdokija B. an, die als Zwangsarbeiterin am Hamburger Hafen tätig war. Sie unterschied sehr deutlich zwischen den deutschen Okkupanten in ihrer Heimat und den Deutschen, die sie in Deutschland erlebte. An die deutschen Soldaten in der Ukraine erinnert sie sich als „Diebe", die ihnen Öl, Eier, Fleisch und sonstige Nahrungsmittel wegnahmen (Jewdokija B., Band 2 – 0:29:09, Band 2 – 0:26:23). Ganz anders in Deutschland:

> „Ich muss jedoch sagen, auch in Deutschland, wo ich war, hatte ich keine richtigen ~ Faschisten ~ erlebt, die sie sind ... in den Geschichten. Ich habe sie nicht gesehen, denn dort waren meistens alte Menschen und sie waren gar nicht so, wie die Deut-

schen.[53] Wie ‚Deutsche' – wie die Jugendlichen oder wie ihre Soldaten. Ganz anders. [...] Kindchen, wir kamen zur Arbeit und sie brachten uns... Butterbrot hieß es, Stulle – zwei dünne Scheiben Brot mit etwas Belag dazwischen... Ihr Leben war auch schwer wegen des Krieges. Und trotzdem gaben Sie uns etwas ab. Sogar, wenn sie sahen, dass einem die Schnürsenkel fehlten – gaben sie diese. Dort waren keine jungen Menschen zu sehen, nur ältere. Alle waren schon älter. Alle." (Jewdokija B., Band 2 – 0:26:53)

Jewdokija B. sieht also einen fundamentalen Unterschied zwischen den jungen deutschen Soldaten in der Ukraine und den älteren Deutschen in Deutschland:

„Sie konnten alles machen, was sie wollten, wirklich alles. Sie waren solche Diebe, die Nazis. Ich sage, man kann sie nicht mit ihren Eltern vergleichen, so waren sie. Sie [die Eltern] müssten uns eigentlich unterdrücken, doch stattdessen brachten Sie uns sogar noch was zum Essen, oder auch was zum Anziehen mit. Wenn sie unsere kaputten Kleider sahen, gaben sie uns was zum Essen, meistens eine Stulle." (Jewdokija B., Band 2 – 0:29:26)[54]

Später im Interview bringt sie diesen Punkt noch einmal auf, diesmal als Frage formuliert:

„Ich muss auch sagen, dass sie gar nicht so furchtbar zu uns waren, gar nicht so, wie wir sie bei uns im Lande erlebten. Ob, es nur an den älteren Menschen lag, oder ob nur die Jugend so faschistisch[55] war? Die Menschen dort hatten Verständnis für uns." (Jewdokija B., Band 3 – 0:41:56)

Jewdokija B. mutmaßt also, dass es einen Generationenunterschied gibt zwischen den jungen „Faschisten" und der älteren Generation, die von der Ideologie noch nicht so durchdrungen sind. Angesichts der Tatsache, dass die jungen Soldaten, die sie in der Ukraine traf, ihre Jugend vollständig im NS verbracht hatten und entsprechend dessen Feindbilder internalisieren konnten, liegt eine solche Vermutung nahe. Aber auch die äußeren Umstände sind zu bedenken: in der Sowjetunion sorgten der durch verbrecherische Befehle angeordnete Vernichtungskrieg und die brutale Okkupation für Bedingungen, in denen sich der Hass auf das bolschewistisch-slawisch-jüdische Feindbild ausleben konnte. Im Arbeitsalltag sah dies in vielen Fällen anders aus, dort gab es in den intimeren Arbeitsbeziehungen mehr Fälle von Solidarität – ebenso übrigens bei den Transporten der Zwangs-

53 Die ukrainische Transkription und die deutsche Übersetzung des Interviews weichen hier voneinander ab. In der Übersetzung heißt es, die alten Menschen in Deutschland seien nicht „Nazi" gewesen, wo es im Ukrainischen „nimci", Deutsche heißt. Die Übersetzung hier orientiert sich am ukrainischen Original.

54 Die deutsche Übersetzung auf der Webseite ist missverständlich und wurde hier modifiziert. Dank geht an Irena Remestwenski für ihre Hilfe bei der korrekten Übersetzung.

55 „Fašysty" ist in der deutschen Übersetzung des Archivs als „nazistisch" wiedergegeben.

arbeiter nach Deutschland, wo auch immer wieder von Solidarität der Einheimischen berichtet wird. Der konkrete Raum ist also bedeutsam für die Art und Weise, wie sich Rassismus in der Praxis ausprägt. Auch hier gilt: Rassismus existiert nicht gleichsam von selbst, sondern wird durch aktive Rahmensetzung sowie äußere Umstände geformt.

Dieser Befund hat Implikationen für die Frage nach den Kontinuitäten von Einstellungen in der deutschen Gesellschaft gegenüber Menschen aus Osteuropa in der Zeit nach 1945. Durch die totale Niederlage und die Besatzungsherrschaft änderten sich die Rahmenbedingungen einerseits radikal. Andererseits zeigen Forschungen zur Behandlung von osteuropäischen Displaced Persons (DPs) in der Nachkriegszeit, dass abwertende und feindselige Haltungen in der Bevölkerung fortwirkten (z. B. Alexopoulou, S. 66–91; siehe auch unten, Kapitel 8). Eine „Stunde Null" gab es angesichts der vielfach gemachten Erfahrungen asymmetrischer Begegnungen mit osteuropäischen Menschen unter den Bedingungen eines rassistischen Herrschaftssystems sicher nicht.[56]

56 Zu den langfristigen Wirkungen der rassistischen NS-Feindbilder vgl. auch Wette (1994), Hund (2017).

Kapitel 7: Deutschland und ‚der Osten' nach 1945

Die bedingungslose Kapitulation des Deutschen Reiches bedeutete das vorläufige Ende der Träume von einem ‚Deutschen Osten'. Tatsächlich hatten sie Leid und Tod in einem bis dahin nicht gekannten Ausmaß über die Länder des östlichen Europa gebracht, Millionen Menschen mussten das deutsche Herrendenken mit ihrem Leben bezahlen.

Das Jahr 1945 war also zweifellos eine historische Zäsur. Zugleich war es keine „Stunde Null" – die Forschung hat seit Jahrzehnten gezeigt, wie stark Kontinuitäten auf institutioneller, personeller und konzeptioneller Ebene die Anfänge der bundesrepublikanischen Geschichte prägten (Kleßmann 2010). Es ist in Anbetracht dessen mehr als erstaunlich, dass die Frage des Fortwirkens des nach Osten gerichteten Rassismus hierbei bisher nicht in den Blick genommen wurde. Wie gezeigt, waren antiosteuropäischer und antislawischer Rassismus in der deutschen Gesellschaft weit verbreitet, als kollektives Feindbild und als millionenfache, mörderische Praxis an der ‚Ostfront'. Es spricht nichts dafür, dass diese Linien 1945 abrupt endeten. Vielmehr ist davon auszugehen, dass sie fortgewirkt haben, unter neuen Vorzeichen Wandlungsprozesse durchliefen, aber bis heute Teil unserer Gegenwart sind.

Die weitgehend fehlende Forschung kann in einem Kapitel unseres Buchs nicht kompensiert werden. Es sollen aber zumindest einige exemplarische Sondierungen des Feldes erfolgen. Zunächst werden wir schlaglichtartig die Kontinuität des Antikommunismus und antikommunistischer Bildsprache in den Blick nehmen, in der teilweise auch rassistische Motive reproduziert werden. Wulf D. Hund (2017, S. 151) postuliert, dass in Westdeutschland „der Antislawismus einfach in den Antikommunismus überführt werden" konnte. Eine systematische Untersuchung dieses Transfers und seiner Implikationen steht aber noch aus. Am Beispiel der Ost(europa)forschung sowie der Ostkunde werden wir dann der Geschichte des Konzepts des ‚Deutschen Ostens' nach 1945 nachgehen und danach fragen, inwieweit koloniale oder rassifizierende Zuschreibungen auch nach dem Ende des Deutschen Reichs fortwirkten. ‚Deutscher Osten' war im Westdeutschland der 1950er und 60er Jahre hierbei eng mit der Frage der Erinnerung an Flucht und Vertreibung verbunden. Hierzu gibt es dank grundlegender Arbeiten von Eva und Hans Henning Hahn (Hahn / Hahn 2010) oder dem „Handbuch der Medien und Praktiken" des Erinnerns an Flucht und Vertreibung (Scholz / Röger / Niven 2015) inzwischen einen Forschungsstand, der in Kombination mit der Aufarbeitung der Geschichte von Ost(europa)forschung und Ostkunde erste Überlegungen dazu ermöglicht, wie denn ‚die Anderen', die nicht-deutsche Bevölkerung in diesem deutschen Erinnern repräsentiert wurden. Zudem werden wir einen Blick auf die DDR werfen – der diesbezügliche Forschungsstand ist zwar noch einmal dünner, aber mit den Soldaten der Roten Armee und den rund 50.000 polnischen Vertragsarbeiter*innen der 1980er Jahre gab es auch dort größere Gruppen ost(mittel)europäischer Migrant*innen, bei denen sich die Frage nach ihren Erfahrungen stellt.

Die Bundesrepublik und ‚der Osten': Antikommunismus und Antislawismus

Der Antikommunismus als zentrale „Integrationsideologie" (Doering-Manteuffel 2017, S. 15) des Westens ist sowohl für die USA als auch für die Bundesrepublik Deutschland bereits Gegenstand zahlreicher Studien geworden (für Westdeutschland sei verwiesen auf Frei/Rigoll 2017 sowie Faulenbach 2017). Antikommunismus in Westeuropa sollte hierbei nicht verkürzt als ein Import aus den USA begriffen werden. Vor dem Hintergrund der Geschichte der unterschiedlichen Staaten besaß er jeweils spezifische, nationale Traditionen, an die nach 1945 angeknüpft wurde – im deutschen Fall war dies in erster Linie das Erbe des gerade untergegangenen nationalsozialistischen Deutschen Reichs, in dem der „jüdische Bolschewismus" wie auch der „slawische Untermensch" als zentrale Feindbilder fungiert hatten.

Schon vor dem Nationalsozialismus hatte der deutsche Antikommunismus eine bestimmte Bildsprache entwickelt, in der die bolschewistische Gefahr aus dem „Osten" kam. Bildlich wurde dies einerseits dadurch dargestellt, dass „die Gefahr vom rechten Bildrand kam" und „verwüstete Landschaften, verängstigte Menschen, zerstörte Städte, Leichenberge erhängter oder erschossener Menschen" hinterließ. Andererseits hatte der dargestellte „Bolschewik" auch häufiger stereotype „asiatische Gesichtszüge", was dem antikommunistischen Topos des Bolschewismus als „asiatischer Herrschaft" entsprach (Paul 2008, S. 91–92).

Diese Bildsprache fand sich auch in der frühen Bundesrepublik auf gegen die SPD gerichteten Wahlplakaten der CDU wieder. Auf einem Plakat zur ersten Bundestagswahl 1949 (Abbildung 7.1) beispielsweise wurde ein „im abgedunkelten Bildhintergrund lauernder Rotarmist als hinterhältiger, heimtückischer Mongole visualisiert" (Paul 2008, S. 95).

Noch bekannter ist das CDU-Plakat mit dem Slogan „Alle Wege des Marxismus führen nach Moskau!" aus dem Jahr 1953 (Abbildung 7.2). Das Plakat richtete sich einerseits gegen die SPD, die (unzutreffenderweise) als marxistisch und damit indirekt als Vorfeldorganisation der Sowjetunion im Westen angegriffen wurde. Zugleich schürte die Darstellung aber auch gezielt Angst – Angst vor einem übermenschlichem Feind, aus dessen Augen die schwarzen und roten Strahlen

Abbildung 7.1: CDU-Wahlplakat 1949

Quelle: Bundesarchiv Plakatsammlung

auf den Betrachter zulaufen. Und dieser bedrohliche Feind saß eben ,im Osten', in Moskau, und stand für den „Marxismus". Auch hier wurde unverkennbar an das Feindbild des „Bolschewismus" angeknüpft.

Das Motiv besitzt eine gewisse Tradition in der westdeutschen Bildsprache. 1972 griff die NPD es auf, um gegen die Ratifizierung der Ostverträge zu agitieren (Abbildung 7.3). 2007 nutzte es dann der Spiegel, um die vom „Energie-Imperium" Wladimir Putins ausgehende Gefahr zu visualisieren (Abbildung 7.4).

Abbildung 7.2: CDU-Wahlplakat 1953

Quelle: https://de.wikipedia.org/wiki/Alle_Wege_des_Marxismus_f%C3%BChren_nach_Moskau!#/media/Datei:CDU_Wahlkampfplakat_-_kaspl010.JPG; Lizenz: KAS/ACDP 10-001: 411 CC-BY-SA 3.0 DE

Diese Linie zeugt von der Langlebigkeit bestimmter Bilder Russlands bzw. der (in Deutschland zumeist ebenfalls nur russisch gelesenen) Sowjetunion über historische Zäsuren und unterschiedliche politische Lager hinweg. Eine eingehende Untersuchung dieser „Kontinuität und Diskontinuität des Antikommunismus in Deutschland im 20. Jahrhundert" steht jedoch nach wie vor aus, wie Bernd Faulenbach unverändert zutreffend festgestellt hat (Faulenbach 2017; als erste Skizze hierzu Doering-Manteuffel 2017). Dies gilt umso mehr für die Frage, inwieweit die bis 1945 dominanten rassistischen Zuschreibungen fortwirkten bzw. sich wandelten.

Abbildung 7.3: NPD-Plakat 1972

Quelle: Sammlung Gerhard Paul, Flensburg

Dabei war ‚der Osten' in Zeiten des Systemkonflikts im Westen omnipräsent – für manche als Gegenentwurf zum Kapitalismus oder als romantisierter Sehnsuchtsort, vor allem aber als Feindbild. Ronald Reagans viel zitierte Aussage über die Sowjetunion als das „Reich des Bösen" (*evil empire*) datiert zwar erst aus dem Jahr 1983, sie hätte jedoch ebenso gut drei Jahrzehnte zuvor getroffen werden können, wahlweise in den USA wie auch in Westdeutschland. Trivialliteratur und Filme bedienten dieses Bild und erreichten ein Millionenpublikum – genannt sei nur die roboterhafte Figur des Boxers Ivan Drago in *Rocky IV. Der Kampf des Jahrhunderts*. Drago, gespielt von dem schwedischen Kampfsportler Dolph Lundgren, verkörpert wie eine anonyme Kampfmaschine sowohl das Stereotyp der russischen

Abbildung 7.4: Spiegel-Cover 2007

Quelle: Der Spiegel, Nr. 10/2007

Hypermaskulinität als auch den im Labor ‚gezüchteten' sowjetischen ‚Modellathleten der Zukunft'.[57] *Rocky IV* ist hierbei nur eines der bekanntesten aus einer Vielzahl medialer Formate des Kalten Kriegs, die unter der Frage kolonialer oder rassifizierender Zuschreibungen eine nähere Betrachtung wert wären. Hier gibt es reichlich Stoff für zukünftige Studien.

Ostforschung

Die deutsche Ostforschung hat sich in Westdeutschland nach dem 8. Mai 1945 sehr rasch neu organisiert. Trotz des Verlustes der zentralen Forschungseinrichtungen

57 Trailer: https://www.youtube.com/watch?v=DcDOisTyA1M (Abfrage: 12.11.2023).

in Königsberg, Breslau und andernorts wirkten die personellen Netzwerke fort. An der Universität Göttingen wurde im Oktober 1945 eine offizielle „Meldestelle" für die ehemaligen Angehörigen der Königsberger Albertus-Universität eingerichtet, der mit Friedrich Hoffmann der ehemalige Kurator der Albertina vorstand. Dieses Provisorium diente als Schnittstelle zur Wiederherstellung alter Beziehungsgeflechte, was nicht zuletzt mit Blick auf die Entnazifizierungsverfahren von Relevanz war (Linnemann 2002).

Ebenfalls in Göttingen organisierte sich im November 1946 der erste Zusammenschluss, der sich dezidiert in die Tradition der deutschen Ostforschung stellte. Mit dem „Göttinger Arbeitskreis" bildete sich eine Gruppe von Wissenschaftlern, deren zentrales Anliegen die Revision der neu entstandenen Grenzen war. Zur Untermauerung dieses Anspruchs auf die ehemaligen Ostgebiete des Deutschen Reiches wurden Gutachten für das Stuttgarter „Büro für Friedensfragen", die Vorläuferinstitution des Auswärtigen Amtes, und andere Stellen angefertigt sowie Publikationen herausgegeben, deren geografischer Schwerpunkt auf dem früheren Ostpreußen lag. Der bis heute existente „Göttinger Arbeitskreis" ist auch in der Folgezeit in der Tradition der deutschen Ostforschung verblieben und hat eng mit den Vertriebenenorganisationen zusammengearbeitet (Salzborn 2017).

Zu einem zweiten Schwerpunkt der Restitution früherer Traditionen entwickelte sich Marburg. Mit dem Johann Gottfried Herder-Forschungsrat sowie dem gleichnamigen Institut wurden 1950 Einrichtungen geschaffen, die an die zentrale Funktion der „Nordostdeutschen Forschungsgemeinschaft" im Verbund der deutschen Ostforschung anknüpfen sollten. Die Namen der beteiligten Forscher belegen das hohe Maß an personeller Kontinuität; genannt seien exemplarisch Hermann Aubin als erster Präsident des Forschungsrates und Erich Keyser, der ab 1951 als Direktor dem Herder-Institut vorstand (Mühle 1997; Hackmann 2017; zu Keyser vgl. Hackmann 1993; Pinwinkler 2005).

Die inhaltliche Brücke bildeten Antikommunismus sowie völkisch verstandene Abendland- und Europakonzepte. Dies wird exemplarisch an dem programmatischen Aufsatz Hermann Aubins in der ersten Ausgabe der Zeitschrift des Herder-Forschungsrates deutlich, die nicht zufällig den Titel *Zeitschrift für Ostforschung* trug. Nachdem zum Geleit bereits die „Schar der Ungebrochenen"[58] beschworen worden war, legte Aubin eine Analyse Europas nach dem Ende des Zweiten Weltkriegs vor. Ihm zufolge verlief durch das „östliche Mitteleuropa [...] die Grenze zweier Kulturkreise ausgeprägten Charakters" (Aubin 1952, S. 3). Weiter schrieb er:

> „Die Austreibung von über 12 Millionen Deutschen und die Verschleppung und Vernichtung von weiteren Millionen haben auch die völkische Zusammensetzung verändert. Während früher die räumliche Durchdringung der Völker ein Kennzeichen

58 Zum Geleit. In: Zeitschrift für Ostforschung 1 (1952), S. 1.

dieses Raumes war, ist eine Entmischung versucht worden, die ihn von Elementen entleert hat, die zum Teil seit Jahrhunderten seine Gesittung bestimmt oder mitbestimmt haben." (Aubin 1952, S. 3)

Diese auf der ersten Seite des Aufsatzes stehende Passage ist in mehrfacher Hinsicht aussagekräftig. Zum einen spiegelt sie das zeitgenössisch weit verbreitete Narrativ der Deutschen als Hauptopfer des Zweiten Weltkriegs infolge von Flucht und Vertreibung (Hahn / Hahn 2010; Scholz / Röger / Niven 2015). Dies bleibt auch im Folgenden so: NS-Herrschaft und Zweiten Weltkrieg handelt Aubin gegenüber der wiederholten Erwähnung der „Austreibung" der deutschen Bevölkerung in einem Absatz ab. Dem Nationalsozialismus attestiert er, dass dieser, aufbauend auf den Konzepten der Ostforschung, mit einem vernünftigen „Ordnungsgedanken" angetreten sei, dessen „ernsthafte Anwendung wesentlichen Teilen der osteuropäischen Problematik Abhilfe" gebracht hätte. Allein Hitler habe durch seinen Imperialismus und den Nichtangriffspakt mit der UdSSR die Realisierung dieser „Ordnung" zunichte gemacht (Aubin 1952, S. 10 f.). Die Millionen Opfer unter der osteuropäischen Bevölkerung erwähnt er nicht.

Zugleich führte Aubin die Tradition des ‚deutschen Kulturträgertums' fort, indem er der deutschen Bevölkerung bescheinigte, dass sie die „Gesittung des Raumes" (mit)bestimmt habe. Sein Vokabular von „völkische[r] Zusammensetzung", „Entmischung" und „Volksboden" (Aubin 1952, S. 6) zeugt hierbei von der ungebrochenen Fortführung völkischer Ansätze. Die bolschewistische Entwicklung in Russland war für ihn Beleg, dass dieses Land schon immer und unverrückbar („wesensmäßig" im Sinne Philomena Esseds) ‚anders' gewesen sei, es verkörpere einen „abendlandferne[n] Lebenskreis" (Aubin, 1952, S. 11). Angesichts dieser unveränderten Analyse forderte Aubin, die Ostforschung „mit ausdrücklicher Erinnerung an ihre Vorgängerin" (Aubin 1952, S. 17) fortzuführen. Die einzige notwendige Neuerung nach 1945 bestand für ihn darin, sich nicht mehr auf die „innerabendländische Perspektive" zu beschränken, sondern das Untersuchungsfeld auszudehnen und den Blick dem „weiteren Osten" zuzuwenden:

> „Die Losung ‚Deutschland und der Osten' war in einer rein innerabendländischen Perspektive ausgegeben worden. Den weiteren Osten hatte sie völlig außer Anschlag gelassen. Solche Begrenzung kann heute nicht mehr gelten. Das östliche Mitteleuropa bietet das große Schauspiel der abendländisch-bolschewistischen Überschneidung, ist das Feld einer Kulturbewegung weltgeschichtlichen Ausmaßes geworden, und davon empfängt seine wissenschaftliche Betrachtung ihr Gesetz." (Aubin 1952, S. 17)

Aubin proklamierte also geografisch eine Ausdehnung (Entgrenzung) der deutschen Ostforschung, kritische Selbstreflektion oder Beschränkung angesichts der

Verheerungen bis 1945 lagen ihm fern (vgl. die biografische Studie zu Aubin von Mühle 2005). Auch sprachlich sah Aubin keine Notwendigkeit, den alten Inhalt in neue Worte zu fassen, „Ostforschung“, „Volksboden“ oder „völkisch“ waren für ihn ungebrochen gültige Konzepte. 1956 bezeichnete er die Menschen des östlichen Europa als „undeutsche Nachbarn“ und „Eingeborene“ (Aubin 1965 [1956], S. 776). Das Konzept des „Abendlands“ spiegelte zwar einerseits den Antikommunismus des beginnenden Kalten Krieges, war für Aubin jedoch bereits seit Mitte der 1920er Jahre die Inkarnation der ‚deutschen Leistung im Osten‘ (vgl. neben Mühle 2005 auch Unger 2007, S. 138–142). Hätte er anstatt „abendlandferner Lebenskreis“ „fremde Rasse“ geschrieben, hätte dies seiner Argumentation keinen Abbruch getan.

Die Liste der Beispiele institutioneller, personeller und inhaltlicher Kontinuitäten in der deutschen Ostforschung ließe sich weiter fortsetzen. Neben diversen Forschungsinstitutionen (vgl. Hackmann 1996, sowie Fahlbusch/Haar/Pinwinkler 2017) gehört hierzu auch das zeitweise von Theodor Oberländer geleitete Bundesministerium für Vertriebene, Flüchtlinge und Kriegsgeschädigte (BMVt).[59] Unter der Ägide des Ministeriums entstand mit der *Dokumentation der Vertreibung der Deutschen aus Ost-Mitteleuropa* das früheste und größte zeitgeschichtliche Forschungsprojekt am Beginn der Bundesrepublik, für das unter anderem Hans Rothfels, Werner Conze und Theodor Schieder verantwortlich zeichneten (Beer 1998). Die Ost-Dokumentation enthält zahlreiche Zeitzeugenberichte zu Flucht und Vertreibung der deutschen Bevölkerung am Ende des Zweiten Weltkriegs. Manche stehen hierbei noch deutlich, bei aller verständlichen Betonung der eigenen Erfahrungen, in der Tradition der NS-Propaganda von den ‚slawischen Untermenschen‘. So beispielsweise der Bericht von Hans Graf von Lehndorff über Ost- und Westpreußen, der 1960 als Beiheft der Ost-Dokumentation erschien und dann 1961 als „Ostpreußisches Tagebuch“, von dem bereits ein halbes Jahr später 100.000 Exemplare verkauft waren und das inzwischen über 30 Auflagen erfuhr (Beer 2015, S. 378). Dieser „publizistische Siegeszug des Buches“ (Beer 2015, S. 378) bedeutete allerdings auch, dass Bilder ‚der Russen‘ als „Wölfe“, „Rattenflut“ und „Schlachtfeldhyänen“ (Lehndorff 1961, S. 70, 75 f.) ein Millionenpublikum fanden. Beata Halicka kann deshalb nur in ihrem Urteil zugestimmt werden, dass Lehndorffs Tagebuch nicht nur der vielfach gewürdigte Zeitzeugenbericht ist, sondern auch ein „aggressiv herablassendes Feindbild“ (Halicka 2015, S. 92) transportiert.

Hinsichtlich der Frage von Wandel und Kontinuitäten sind vor allem die inzwischen zahlreichen biografischen Studien zu einzelnen Ostforschern inter-

59 Vgl. das Projekt zur Geschichte des BMVt https://www.geschichte-vertriebenenministerium.de/ (Abfrage: 12.11.2023).

essant.[60] Bei allen individuellen Unterschieden lässt sich doch der Einschätzung Ulrich Prehns zur Person Max Hildebert Boehms zustimmen, dass es sich hierbei primär um strategische „semantische Umbauten" (Prehn 2013, S. 440) der Forschungskonzepte und -kategorien handelte, es im Kern aber ein hohes Maß an „Selbstanknüpfungen" gab und das Jahr 1945 nur eine „überaus weiche Zäsur" darstellte (Prehn 2012, S. 472). Dies zeigt im Umkehrschluss auch die sehr kleine Zahl derjenigen, die zu einer kritischen Auseinandersetzung mit der eigenen Rolle bereit waren. Aus dem Kreis der deutschen Ostforscher können nur Eberhard Wolfgramm in der DDR sowie Walter Schlesinger und Reinhard Wittram in Westdeutschland genannt werden.[61] Veränderungen auf breiterer Basis kamen hingegen von außen, infolge der neuen Ostpolitik ab Ende der 1960er Jahre (hierzu Ahonen 2003; Unger 2007; Kleindienst 2009). Und erst 1995 erfolgte die Umbenennung der *Zeitschrift für Ostforschung* in *Zeitschrift für Ostmitteleuropa-Forschung* (Karp / Lemberg / Weczerka 1995).

Osteuropäische Geschichte

Der politische Impuls, welcher der Reorganisation der deutschen Ostforschung zugrunde lag, lässt sich ebenso für die die Wiederbegründung der Osteuropäischen Geschichte in der Bundesrepublik verzeichnen. Vor dem Hintergrund des Kalten Krieges wurde das Fach als Mittel der Feindbeobachtung betrachtet. Demzufolge wurden in den 1950er Jahren insgesamt acht einschlägige Professuren errichtet, und im folgenden Jahrzehnt wurde die Osteuropäische Geschichte an neun weiteren Universitäten verankert (vgl. Kappeler 2001, S. 232–242; Oberländer 1991). Unter den berufenen Personen dieser „Gründergeneration" (Kappeler 2001, S. 236) fanden sich mit Hans Koch, Werner Markert oder Reinhard Wittram mehrere, die im Nationalsozialismus aktiv an der „kämpfenden Wissenschaft" mitgewirkt hatten. Markert, der ebenso der Ostforschung zugerechnet werden kann, gehörte zugleich der „Arbeitsgemeinschaft Bolschewismus" an, die ab 1955 die Führung der Bundeswehr hinsichtlich des zukünftigen Umgangs mit dem „Bolschewismus" (nicht „der Sowjetunion") beriet. 1957 sprach er im Rahmen der Tübinger Vorträge über das „russische Menschentum, seine Bedürfnis- und Anspruchslosigkeit [...], seine Leidensfähigkeit und Fügung in das Schicksal." (Markert 1966 S. 91. Zur Beratung der Bundeswehr durch Markert und weitere Ostforscher siehe Unger 2007, S. 215–219). Darüber hinaus gehörte Markert der „Arbeitsgemeinschaft für Osteuropaforschung" an, die sich an der Univer-

---

60 Siehe neben den bereits genannten u. a. auch Wachs 2000; Etzemüller 2001; Eckel 2005; Eckert 2012; Abel 2016. Zum Erkenntnispotenzial dieses Ansatzes Jaworski / Petersen 2002.

61 Vgl. Wolfgramm (1959); zu Heimpel und Wittram siehe Linnemann (2002, S. 153–170). Siehe außerdem Schlesinger (1964).

sität Göttingen gebildet hatte und nach Markerts Berufung nach Tübingen an der dortigen Universität angesiedelt war und vom Bundesinnenministerium finanziert wurde. Zu den wichtigsten und breit rezipierten Ergebnissen dieser Arbeitsgemeinschaft gehörten länderspezifische Osteuropa-Handbücher. 1959 erschien der Band zu Polen, der weithin als wissenschaftlich fundiertes Überblickwerk gilt. Dieses Urteil trifft auf einen Teil der Beiträge auch zu. Andere Texte zeugen jedoch deutlich vom Fortleben deutschtumszentrierter Perspektiven. So schrieb Harald Laeuen in dem Band über eine angeblich nur schwach ausgebildete polnische Intelligenz, die zwar erkannt habe, dass „das Nachholen einer westeuropäischen Entwicklung" den einzigen Weg für Polen darstelle, sich aber angesichts des „grauen Heer[es] der ohne Hoffnung dumpf dahinlebenden, im Grunde außerhalb der Ordnung stehenden Menschen des vierten Standes" (Laeuen 1959, S. 17) nicht habe durchsetzen können.

Öffentlicher Widerspruch und Selbstkritik aus dem Kreis der universitären Osteuropaforschung war selten, aber es gab ihn. Genannt sei Werner Philipp, zunächst Lehrstuhlinhaber in Mainz und ab 1952 am Osteuropa-Institut der Freien Universität Berlin. Unmissverständlich sprach er gegenüber Kollegen davon, dass der Ruf der deutschen Osteuropaforschung „in der Nazizeit verloren gegangen" (zitiert nach Petersen 2007b, S. 47) sei. Er schreckte dabei auch nicht vor der direkten Konfrontation mit konkreten Personen zurück. 1953 schrieb er aus Anlass mehrerer Förderanträge des früheren „Judenforschers" Peter-Heinz Seraphim bei der Deutschen Forschungsgemeinschaft (DFG) an deren Präsidenten:

> „Herr Seraphim hat bekanntlich in der Nazizeit die wissenschaftlichen Unterlagen für das Judentum in Russland geliefert. Er war ein ausgesprochener Antisemit und guter Nazi, ich bin sicher, dass er jetzt entnazifiziert ist. Ich habe keineswegs Lust, einem solchen Manne durch einen solchen Akt der Forschungsgemeinschaft wieder in den Sattel zu verhelfen [...]." (Zitiert nach Petersen 2007b, S. 49)

1966 forderte Werner Philipp seine Disziplin dann auch öffentlich zur Selbstreflektion auf. Im Rahmen einer Ringvorlesung an der FU Berlin sprach er über „Ostwissenschaften und Nationalsozialismus" und erinnerte hierbei an die Kolleg*innen, die ab 1933 verdrängt, verfolgt oder ermordet worden und betonte den Zusammenhang mit den Karrieren derjenigen, die geschwiegen oder aktiv mitgemacht hatten. Von der Verantwortung für die Entwicklung nahm er auch sich selbst nicht aus – er sprach sogar explizit von der Schuld seiner Generation:

> „Von dieser Schuld kann meiner Überzeugung nach niemand aus jener Generation, die auch die meine ist, freigesprochen werden, der nicht Existenz und Leben gegen den Nationalsozialismus eingesetzt hat. Aus welchen einleuchtenden und gewichtigen gründen man sich auch aufgespart hatte, diese Schuld kann selbst denjenigen jener Generation nicht abgenommen werden, die mit gutem Gewissen sagen können, dass sie niemals an den Nationalsozialismus geglaubt hätten." (Philipp 1983, S. 286)

Personen wie Werner Philipp blieben zunächst auch in der universitären Osteuropaforschung die Ausnahme. In den 1950er und 60er Jahren gelang es der Disziplin dann jedoch sukzessive, sich von der Ostforschung zu lösen und zu einem Dialog mit den früheren „Gegnern" zu gelangen, wie das Beispiel der deutsch-polnischen Schulbuchgespräche zeigt (Guth 2015; Olschowsky 2019).

Mit Berlin und Leipzig lagen zwei traditionelle Stätten der historischen Osteuropaforschung 1945 auf dem Gebiet der Sowjetischen Besatzungszone (SBZ). In Berlin wurde der fast siebzigjährige Otto Hoetzsch zwar bereits im Juli 1945 wieder in seine Rechte als Ordinarius für Osteuropäische Geschichte eingesetzt, konnte diese jedoch erst 1946 und nur noch kurze Zeit wieder aufnehmen, ehe er wenige Monate später verstarb (Voigt 1978; Liszkowski 1988). Maßgeblich dafür, dass es überhaupt zu einem so raschen Neubeginn der Berliner Osteuropahistorie kam, war Hoetzschs Zusammenarbeit mit der Deutschen Zentralverwaltung für Volksbildung sowie seine Forderung nach einer gründlichen Neuorientierung der Disziplin. Auf einer Konferenz aller Historiker der SBZ im Mai 1946 wandte sich Hoetzsch scharf gegen die mit Ranke verbundene Vorstellung „von der bewussten Absetzung des christlich-katholischen Abendlandes, der romanisch-germanischen Völkergemeinschaft, […] gegenüber dem europäischen Osten" (Hoetzsch 1946, zitiert nach Voigt 1978, S. 341). Stattdessen forderte er „eine vergleichende Wirtschafts-, Rechts- und Verfassungsgeschichte Osteuropas im Vergleich mit der des Westens", um somit „die eigentliche organische Einordnung eben der osteuropäischen Geschichte in die Europas, der slawischen Welt in die europäische" (Hoetzsch 1946, zitiert nach Voigt 1978, S. 348). Diese Äußerungen waren sicherlich zum einen den veränderten machtpolitischen Realitäten und dem Bestreben Hoetzschs geschuldet, eine Neuetablierung der Osteuropäischen Geschichte in der SBZ zu ermöglichen. Inhaltlich stellten sie dennoch einen wegweisenden Beitrag zur Verortung der Osteuropäischen Geschichte dar, der bis heute seine Aktualität nicht eingebüßt hat.

Die weitere Entwicklung des Faches in der SBZ bzw. der DDR war von zunehmender ideologischer Indoktrinierung gekennzeichnet. Die 1952 erfolgte Umbenennung des Ost-Berliner Seminars in „Institut für Geschichte der Völker der UdSSR" war hierfür emblematisch: „Was Osteuropäische Geschichte hätte heißen sollen, schmolz […] auf bilaterale Beziehungsgeschichten zusammen, deren Kammertöne vom Imperativ des ‚sozialistischen Internationalismus' vorgegeben wurden." (Geyer 1996, S. 30) Eine entsprechende Entwicklung vollzog sich an den Universitäten Leipzig, Halle-Wittenberg, Rostock, Jena und Greifswald.

Ab Ende der 1950er Jahre erfolgte eine gezielte Kampagne der DDR gegen das Wiederaufleben der Ostforschung in der Bundesrepublik. Trotz aller zutreffender Details litt sie jedoch an der Staatsanwaltspose, aus der heraus die an sich berechtigte Kritik vorgetragen wurde. Das ideologisch begründete Bestreben, sämtliche Erkenntnisse über die Ostforschung unter wenige Begriffe wie „Revanchismus" oder den „Deutschen Drang nach Osten" zu subsumieren, führte zu groben Verkürzungen und Verzerrungen der Ergebnisse. Die Pauschalität der Angriffe bot den Angegriffenen in Westdeutschland die Möglichkeit, bis auf wenige Ausnahmen die Vorwürfe ebenso geschlossen mit Schweigen zu ‚beantworten'.[62]

Ostkunde

Das Pendant zur Ostforschung an westdeutschen Schulen war die Ostkunde. Sie stellte eine zentrale bildungspolitische Forderung der Vertriebenenverbände dar, um das Bewusstsein für den ‚Deutschen Osten' auch bei zukünftigen Generationen wach zu halten. Politisch korrespondierte dies mit der prinzipiellen Haltung der Bundesrepublik, dass die früheren ‚Ostgebiete' nur vorübergehend unter polnischer bzw. sowjetischer Verwaltung stünden. 1956 wurde sie durch die Ostkundeempfehlung der Kultusministerkonferenz (KMK) für alle allgemeinbildenden Schulen als Unterrichtsprinzip verbindlich festgeschrieben. Damit sollte Ostkunde fächerübergreifend unterrichtet werden, sodass die Mehrheit der westdeutschen Schüler*innen in den folgenden Jahren mehr oder weniger intensiv mit ihr in Berührung kam. Flankiert wurde dies durch weitere Formate wie „Ost- und Mitteldeutsche Wochen" und „ostdeutsche" Schülerwettbewerbe (grundlegend zur Ostkunde siehe Weichers 2013; zu ihrer Institutionalisierung auch Unger 2007, S. 102–111).

Inhaltlich wies die Ostkunde starke Überschneidungen mit der reaktivierten Ostforschung auf. Auch hier ging es weitgehend ungebrochen um „Volksboden", „Volkstumskampf" und die vermeintliche Überlegenheit ‚deutscher Kultur und Lebensart'. ‚Der Osten' war in dieser Konzeption lediglich als ‚Deutscher Osten' von Interesse, eine Beschäftigung mit allem ‚Slawischem' sollte es dezidiert nicht geben:

> „Der deutsche Osten, vielfältig nach Landschaft, geschichtlicher Entwicklung, Menschenschlag, ist eines niemals und nirgendwo gewesen – polnisch. Der Aufenthalt der Slawen zwischen germanischer Frühsiedlung und deutscher Kolonisation in diesen Ländern war der in einem Niemandsland aus Gestrüpp und Bruch [...] Das Land ist deutsch, weil deutsche Leistung es geschaffen hat." (Pohl 1951, S. 16)

Das Zitat verdeutlicht die essentialistische und unversöhnliche Gegenüberstellung von ‚höherwertiger', ‚deutscher Leistung' und ‚minderwertiger' Geschichte und Gegenwart der nicht-deutschen Bevölkerung und erinnert stark an Konzepte der Zwischenkriegszeit wie Albrecht Pencks „Volks- und Kulturboden".

---

62 Diese unfreiwillige Wechselwirkung hat Christoph Kleßmann (2002) analysiert.

Zugleich gab es teilweise gewisse strategische Abstufungen in der Darstellung der ostmitteleuropäischen Völker. Während Polen partiell als *antemurale christianitatis* (christliche Vormauer) gegen die ,russische Barbarei' dem ,Abendland' zugerechnet wurde, allerdings nur unter ,deutscher Führung', galten die Tschechen als wesentlich größere Gefahr. Dies führte dann bis zu Rechtfertigungen des Münchner Diktats von 1938 – die erzwungene Annexion der Sudetengebiete durch das Deutsche Reich sei, so der Ostkundler Anton Willimek, das Ergebnis von „Maßlosigkeit, Selbstüberschätzung und fanatische[r] Intoleranz" der tschechoslowakischen Regierung gewesen: „Kein Wunder, dass dieses Staatsgebilde bei der ersten ernsten Belastungsprobe wie ein Kartenhaus zusammenbrechen mußte. Diese Situation trat 1938 ein." (Willimek 1961, S. 63)

Eugen Lemberg, Osteuropahistoriker, Ostforscher und allgemein als Theoretiker der Ostkunde anerkannt (Weichert 2013, S. 74–81), setzte gar Flucht und Vertreibung der deutschen Bevölkerung mit der Shoah gleich: „Was den Juden durch Deutsche zugefügt wurde, ist diesen von Tschechen und Polen widerfahren." (Lemberg 1950, S. 11)

Angesichts dessen verwundert es auch nicht, dass auch offen rassistische Äußerungen Teil des Ostkundekonzepts waren. Ernst Lehmann, einer ihrer führenden Vertreter, bezeichnete 1952 in seiner Schrift „Wir Sudetendeutsche" die Tschechen als „Massenmenschen" (dieses und folgenden Zitate Lehmann 1952, S. 25, 30, 137 f.), sie verkörperten die „östliche Herden- und Massenmenschheit". Die Tschechen hätten ein „slawisches Grunderbe" und eine „eigentümliche Zwitterstellung, das Doppelseitige und Doppelgesichtige ihres Wesens, mit sie andere so leicht und so arg zu täuschen vermögen."

Die Liste der Beispiele ließe sich fortsetzen. So wurde etwa die Dämonisierung des tschechoslowakischen Präsidenten Edvard Beneš, der in der NS-Zeit als Handlanger des ,internationalen Judentums' verunglimpft wurde, in der Vertriebenenpresse auch nach 1945 fortgeführt. Er war, wie Eva und Hans Henning Hahn es formuliert haben, der „,negative[] Star' der deutschen Vertreibungsliteratur" (Hahn/Hahn 2010, S. 91). Noch 2009 warnte die sudetendeutsche Presse davor, dass die EU mit dem „Beneš-Virus" infiziert sei (Hahn/Hahn 2010, S. 94). Eine kaum kaschierte Anknüpfung an die antisemitische Charakterisierung Beneš' in der NS-Propaganda.

Ebenfalls in dieser Tradition stand eine Karte, die Teil des Bandes *Deutsche Heimat ohne Deutsche. Ein ostdeutsches Heimatbuch* war, eines Lehrwerks der Ostkunde (Mackensen 1954, S. 63), und den Titel „Asia ante portas" trug (Abbildung 7.5). Die Karte suggerierte eine seit rund 2.500 bestehende ,asiatische Gefahr', die ,dem Westen' drohe. Ahistorisch in ihren Zuschreibungen (von den Persern bis zu den Russen, womit 1945 die Rote Armee gemeint war, werden alle ,Völker' als ,asiatisch' vereinnahmt), führte sie ein Feindbild fort, das an die Darstellung der Sowjetunion und des ,Bolschewismus' als ,asiatisch' im NS anknüpfte.

Abbildung 7.5: Asia ante portas

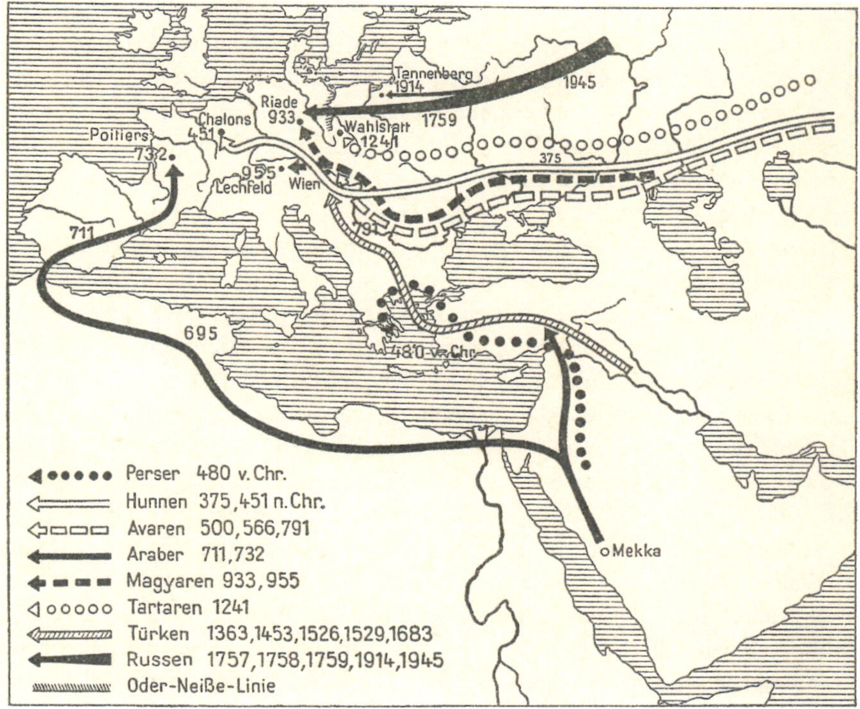

Quelle: Lutz Mackensen (1954): Deutsche Heimat ohne Deutsche. Ein ostdeutsches Heimatbuch. Braunschweig: Westermann, S. 63.

Die deutsche Ostkunde war letztendlich allerdings keine Erfolgsgeschichte. Ab Mitte der 1960er Jahre wurde sie als revisionistisch und in der Tradition nationalsozialistischen Gedankenguts stehend kritisiert. Auch wenn sich die KMK 1973 mehrheitlich gegen eine Aufhebung der Ostkundeempfehlungen von 1956 votierte, so kommt Britta Weichers doch zu dem klaren Urteil, dass sich die Ostkunde Ende 1960er Jahre „in einem desolaten Zustand" präsentierte: „Der ‚deutsche Osten' erfuhr kaum noch eine unterrichtliche Behandlung [...], der Unwille von Lehrern und Schülern, sich mit ostkundlichen Themen zu befassen, nahm immer mehr zu." (Weichers 2015, S. 321)

Auf der anderen Seite zeigt die staatliche Förderung von Ostforschung und Ostkunde bis Ende der 1960er Jahre, dass die Vorstellung eines ‚Deutschen Ostens' nicht 1945 endete, sondern über die organisierten Vertriebenenverbände hinaus breiten Rückhalt in der Bundesrepublik besaß. Eine Karte, die die ‚asiatische Gefahr' beschwört, war eben ein „typisches Produkt des Kalten Krieges" (Weger 2015a, S. 243) und sagt entsprechend viel über die Persistenz rassistischer Zuschreibungen in der westdeutschen Gesellschaft aus.

Die DDR und ‚der Osten'

In der DDR gab es auch jenseits der Wissenschaft deutlich andere Rahmenbedingungen für die Reproduktion von althergebrachtem Denken über den ‚Deutschen Osten', von antislawisch-antikommunistischen Feindbildern und mithin für antiosteuropäischen Rassismus. Durch die frühzeitige Anerkennung der Oder-Neiße-Grenze schon im Jahr 1950 war jegliche Vorstellung einer Revision der Nachkriegsgrenzen von vornherein ausgeschlossen. Das traditionelle Feindbild der Sowjetunion wurde hier nicht weiter gepflegt, sondern zumindest offiziell ersetzt durch den Slogan der „Völkerfreundschaft" mit dem sowjetischen „Brudervolk" (wie auch mit den anderen, nunmehr sozialistischen osteuropäischen Staaten). Durch die sowjetische Besatzung, aber auch die insbesondere seit der Öffnung der Grenzen zu Polen und der Tschechoslowakei im Jahr 1972 verstärkten Austauschbeziehungen mit den Nachbarländern, war der „Osten" in der DDR tatsächlich lebensweltlich präsenter, als es in der Bundesrepublik lange Zeit der Fall war, sodass tradierte antiosteuropäische Einstellungen auch im Alltag relevant werden konnten.

In seiner Eigenschaft als Generalsekretär des Zentralkomitees der SED hatte Walter Ulbricht freilich die Frage eines eventuell vorhandenen Rassismus 1950 schlicht für nicht existent erklärt, in der DDR gebe es keinen Rassismus (Alexopoulou 2020, S. 207f.). Die Forschung hat inzwischen in verschiedenen Studien gezeigt, dass jenseits dieser Staatsideologie Rassismus natürlich auch im selbsterklärten antifaschistischen Staate ein massives Problem war (u.a. Behrends/Lindenberger/Poutrus 2003; Müller/Poutrus 2005; Rabenschlag 2014; Slobodian 2015; Lorenz 2020). Das Thema wurde offiziell beschwiegen, aber auch in der DDR gab es rassistische Gewalt bis hin zu Hetzjagden gegen Menschen. Endgültig sichtbar wurde das Ausmaß des rassistischen Potenzials nach dem Fall der Mauer 1989 – Maria Alexopoulou zitiert in ihrer Studie aus einem Interview mit einem vietnamesischen Vertragsarbeiter, für den das Pogrom von Rostock-Lichtenhagen im August 1992 nicht überraschend kam, da Gewalt gegen Migrant*innen in Ostdeutschland für ihn schon seit Jahren „zum Alltag" gehörte (Alexopoulou 2020, S. 210).

Die mit Abstand größte Gruppe an ‚Fremden' kam durch Militärmigration aus der offiziell durch Völkerfreundschaft verbundenen Sowjetunion (hierzu eingehend Behrends 2006a; Satjukow 2008). Rund eine halbe Million Soldaten und Zivilangestellte der Roten Armee waren in der DDR stationiert. Räumlich von der deutschen Bevölkerung strikt separiert, gab es auf lokaler Ebene, in den Garnisonsstädten und an den Kasernen, dennoch zahlreiche Kontakte zwischen einheimischer Bevölkerung und Rotarmisten. So entwickelte sich etwa aufgrund der staatlichen Mangelwirtschaft vielerorts zum beiderseitigen Vorteil ein reger Schwarzmarkt, der später, so Jan C. Behrends, „positiv erinnert" wurde (Behrends 2006b, S. 173). Christian Th. Müller spricht in seiner umfassenden interviewbasierten Studie zu den Beziehungen von sowjetischen Streitkräften und DDR-Gesellschaft von einer „symbiotischen Beziehung", die beim Tausch von Benzin gegen Devisen entstanden sei (Müller 2005, S. 82).

Parallel zu diesen pragmatischen Arrangements scheint es aber eine deutliche Kluft zwischen der offiziellen Losung vom „Brudervolk" und den Haltungen in der Bevölkerung gegeben zu haben. Zu diesem Schluss kommen sowohl Jan C. Behrend, der interne Dokumente der 1949 gegründeten „Gesellschaft für Deutsch-Sowjetische Freundschaft" (DSF) ausgewertet hat, wie auch Müller. Demnach gab es anhaltende Ressentiments gegen die Sowjets, auch wenn dies offiziell als „Antisowjethetze" angeprangert wurde. Gründe waren zum einen die Erfahrungen von Plünderungen, Gewalt und Massenvergewaltigungen durch Soldaten der Roten Armee am Ende des Zweiten Weltkriegs. Hinzu kamen weitere, einschneidende Erfahrungen wie die gewaltsame Niederschlagung des Volksaufstandes am 17. Juni 1953 durch die sowjetischen Truppen. Zum anderen stand der SED aber eine Bevölkerung gegenüber, „deren Bild von ‚den Russen' sich aus einer Melange älterer Stereotypen über ‚den Osten' [und] rassistischer und antibolschewistischer NS-Propaganda [...] zusammensetzte" (Behrends 2003, S. 78. Vgl. diese Feststellung auch bei Müller 2005, S. 26–28). Behrends zitiert unter anderem einen LDPD-Vorsitzenden in Luckau mit der Aussage (Behrends 2003, S. 83): „Was können wir von Rußland lernen? Rußland war schon immer hintenan. Insgesamt am deutschen Wesen soll die Welt genesen." Und auch wenn diese Äußerung Konsequenzen hatte, da sie an höhere Stellen gemeldet wurde, stellt sie in ihrem Grundtenor keinen Einzelfall dar. In Angermünde wurde auf einer Versammlung erklärt (Behrends 2003, S. 84): „Ja, wir sind für den Frieden, aber mit den Russen oder dem Kommunismus wollen wir nichts zu tun haben."

Die durchgängige Adressierung der Sowjets als „Russen" bildete nicht die Realität in der DDR ab: Die Soldaten der Rote Armee setzten sich aus den verschiedenen Sowjetrepubliken zusammen, in der DDR stellten Russen mit rund 65 % zwar die größte Gruppe, aber keineswegs die einzige. Ca. 20 % der dort stationierten Rotarmisten waren Ukrainer, ca. 6 % Belarussen (Kowalczuk / Wolle 2001, S. 134). „Die Russen" zeugt aber vom Fortwirken tradierter Ressentiments und steht wie gezeigt in einer langen deutschen Tradition, die nach 1945 in West- wie in Ostdeutschland fortlebte.

Zum verbalen Rassismus kamen Schändungen sowjetischer Friedhöfe und Ehrenmäler sowie direkte Drohungen. Eine Gruppe deutscher Jugendlicher skandierte 1987 in einer Neuruppiner Diskothek nach einer Schlägerei mit sowjetischen Gleichaltrigen „Russen raus!" Und in Wünsdorf tauchte 1984 ein Flugblatt folgenden Inhalts auf:

> „20.10.1984 Raus ihr alten Russenschweine. Ihr bewohnt unnütz Wohnraum in Wünsdorf. Ihr habt uns alles genommen und besitzt noch diese Frechheit, Euch weiter zu vermehren. Hitler hätte euch, und nicht die Juden vernichten sollen. Alle

[sic!] wer Euch liebt, den hasse ich. Ob Ost, West, Süden und Norden. Ihr seid und bleibt Vergewaltigungsschweine. Ich hasse alle Russen." (Zitiert nach Müller 2005, S. 31)

Wünsdorf war in dem Sinne ein Sonderfall, als dass ein Dorf von rund 3.000 Einwohner*innen zum Sitz des Oberkommandos der sowjetischen Truppen in der DDR wurde, was mit der Errichtung eines exterritorialen Gebiets für durchschnittlich 35.000 bis 40.000 Angehörige der sowjetischen Streitkräfte einherging (Kowalczuk/Wolle 2001, S. 123–126. Zu Wünsdorf auch die lokale Studie von Kaiser 1993). Und die in dem Flugblatt erwähnten Vergewaltigungen wirkten tatsächlich traumatisierend und generationenübergreifend nach. Dies ändert jedoch alles nichts am neonazistischen Inhalt. Das Beispiel zeigt, dass rassistische, in diesem Fall antirussische Vernichtungsphantasien auch in der DDR existierten und zumindest anonym artikuliert wurden.

Neben den sowjetischen Armeeangehörigen stellten die polnischen Arbeitsmigrant*innen die zweite größere ‚östliche' Migrationsgruppe in der DDR dar. Wobei gerade ihr Beispiel den begrenzten Erkenntniswert der Zuschreibung „östlich" demonstriert, handelte es sich doch um den Nachbarstaat, der durch Pendelmigration oder Tourismus für die DDR-Bevölkerung sowieso im Alltag präsenter war als die weiter entfernte Sowjetunion. Dennoch blieb das Verhältnis zu den rund 50.000 polnischen Vertragsarbeiter*innen, die gegen Ende der 1980er Jahre in die DDR kamen und damit die zweitgrößte Gruppe nach den rund 60.000 vietnamesischen Arbeitsmigrant*innen stellten, bestenfalls ambivalent. Jonathan R. Zatlin hat aufgezeigt, wie stark antipolnische Einstellungen in der DDR-Gesellschaft der Ära Honecker verbreitet waren. Nachdem die SED 1972 entschieden hatte, die ostdeutschen Grenzen für polnische, tschechoslowakische und rumänische Touristen zu öffnen, brach sich entgegen der offiziell verordneten „internationalen Solidarität" ausweislich der Berichte der DDR-Zollfahndung und anderer Staats- und Parteistellen eine Polenfeindlichkeit Bahn, die zum Teil lang tradierte Feindbilder wie jenes der „Polnischen Wirtschaft" aufrief, teilweise aber auch offen rassistisch war. So äußerte ein deutscher Besucher in Anbetracht polnischer Kund*innen in einem Potsdamer Kaufhaus (Zatlin 2005, S. 302): „Die Polacken sind Heuschreckenschwärme, sie lassen uns nur wenig Waren übrig." Bewohner der Grenzstadt Görlitz forderten (Zatlin 2005, S. 303 f.): „Kontrolliert doch lieber die Polen richtig, damit sie nicht alles wegschleppen." Und ein Bericht einer ostdeutschen Zollstelle enthielt unter anderem diese Schilderung:

> „Lautstark, so daß es alle anstehenden Kunden verstehen konnten, sagte im Centrum-Warenhaus Pasewalk die Packerin im 1. Stock zu der Kassiererin, als ein relativ großer Andrang fast ausschließlich polnischer Bürger herrschte: ‚Wir müssen hier aufpassen, sonst haben wir bald Hunderte Mark Minus.'" (Zitiert nach Zatlin 2005, S. 304)

Die zitierten Beispiele sind keine Einzelfälle. Zatlin weist darauf hin, dass es auch noch deutlich drastischere Äußerungen gab, die von den staatlichen Instanzen dann aber nur noch in euphemistischer Form festgehalten wurde. Es sollte nicht dokumentiert werden, was offiziell nicht sein durfte.

Insgesamt muss konstatiert werden, dass wir über den deutsch-sowjetischen wie auch den deutsch-polnischen Alltag in der DDR jenseits der offiziellen Sprachregelungen nur begrenzt etwas wissen. Dies ist systembedingt: In der „kontrollierten Öffentlichkeit" (Behrends 2003, S. 75) waren die Möglichkeiten, hierüber zu sprechen, stark beschränkt. Die Erinnerungen verblieben im Privaten. Grundlegende Arbeiten wie jene von Silke Satjukow (2008) wie auch lokale Studien (neben den bereits genannten Arbeiten u. a. auch von Buttler/Endlich/Leo 1994; Müller 2005, S. 99–133) haben aber zumindest etwas Licht in diese Grauzone gebracht. Interessant wäre ein West-Ost-Vergleich, denn Feindbilder wie ‚die Russen' oder ‚der klauende Pole' lassen sich zeitlich parallel dies- und jenseits der Mauer nachweisen. Silke Satjukow verweist diesbezüglich auf den Wandel bei einem Teil der ostdeutschen Bevölkerung in der longue durée, durch das jahrzehntelange Mit- und Nebeneinander hätten sich Einstellungen verändert, ‚die Russen' seien teilweise zu „fremden Freunde[n]" (Satjukow 2008, S. 333) geworden, während in Westdeutschland die Feindbilder und Erfahrungen des Zweiten Weltkriegs „überwiegend erstarrt" seien (Satjukow 2008, S. 331). Diesen deutsch-deutschen Entwicklungen vergleichend und grenzübergreifend nachzugehen, dürfte ein spannendes Unterfangen sein.

Die von Maria Alexopoulou vorsichtig formulierte Hypothese, dass „die propagandistisch relativ konsequent durchgeführte ‚Umerziehung' der DDR-Bürger*innen [...] gleichwohl eine gewisse Wirkmacht entwickelt und auch die Veränderung oder gar das Entlernen antislawischer rassistischer Wissensbestände befördert haben" könnte (Alexopoulou 2020, S. 211), ist beim derzeitigen Forschungsstand nicht abschließend zu bewerten. Die skizzierten bisherigen Erkenntnisse stimmen diesbezüglich jedoch deutlich pessimistisch. Es ist wohl eher von einer Ambivalenz von Wandel einerseits und Persistenz eines antislawischen und/oder spezifisch antirussischen Rassismus in der DDR andererseits auszugehen.

Kapitel 8: Ost-West-Migration, 1945–2004

Ost-West-Migration war seit der zweiten Hälfte des 19. Jahrhunderts und bis 1945 ein Massenphänomen gewesen, sowohl innereuropäisch als auch transatlantisch (vgl. Zahra 2016). Sie war stets begleitet von Vorbehalten und Ängsten. Migration aus dem ‚Osten' und speziell von Polen und Juden war, wie in Kapitel 4 gesehen, die Motivation für die Einführung des restriktiven Staatsangehörigkeitsgesetz von 1913 gewesen. Auch andere Länder reagierten auf Zuwanderung aus dem ‚Osten' mit restriktiven Maßnahmen, so Großbritannien mit seinem Aliens Act von 1905 und die USA mit ihrem National Origins Act von 1924 (vgl. Wolff 2014). Währen des Zweiten Weltkriegs zwang das Deutsche Reich wiederum Millionen von Menschen aus dem östlichen Europa zur Arbeit in Deutschland, eingebettet in ein rassistisches Regime von Hierarchisierung und Segregation (vgl. Kapitel 6). Viele von ihnen blieben nach Kriegsende zunächst als sogenannte „Displaced Persons" (DPs) im Land. Während der Nachkriegsjahre wuchs die DP-Bevölkerung weiter an, als jüdische Shoah-Überlebende aus dem östlichen Europa vor dem auch in den Nachkriegsgesellschaften präsenten Antisemitismus und angesichts der Zerstörung ihrer Gemeinschaften in der Shoah nach Westen flohen. Zu den DPs gehörten allerdings auch NS-Kollaborateure aus verschiedenen osteuropäischen Staaten, die nicht in ihre nunmehr kommunistischen Heimatländer zurückkehren wollten (vgl. u. a. Cohen 2012; Grossmann 2007; Holian 2011; Nowak 2023; Shephard 2010).

Durch die Schließung des „Eisernen Vorhangs" bis zum Ende der 1940er Jahre änderte sich die Situation grundlegend. Die Staaten des östlichen Europas, die bis dahin wichtige Auswanderungsländer gewesen waren, wurden nunmehr zu „non-exit states" (Stola 2010). ‚Klassische' Migrationsrouten wurden so abgeschnitten. Dies bedeutete einerseits, dass Süd-Nord-Migration an Bedeutung gewann, um den Arbeitskräftebedarf der nord- und westeuropäischen Industrienationen zu stillen. Andererseits wurde Ost-West-Migration so zum Ausnahmefall. Für die bis dahin stets präsente Furcht vor den ‚Massen' aus dem ‚Osten' bedeutete dies eine radikale Änderung der Rahmenbedingungen – diese ‚Massen' wurde nun von einer Emigrationsbarriere aufgehalten. Unter den Bedingungen des Kalten Krieges bedeutete das wiederum, dass diejenigen, die diese Barriere überschritten, darauf hoffen konnten, als Flüchtlinge vor dem Kommunismus im „freien Westen" willkommen geheißen zu werden. Tara Zahra (2016) hat zuletzt gezeigt, dass nicht zuletzt die Ost-West-Migration während des Kalten Krieges dazu diente, das Bild eines „freien Westen" zu kultivieren – während für die konkreten Menschen die Hoffnung auf ein Willkommen trügerisch sein konnte.

Dieses Kapitel nutzt die Berichterstattung des Spiegels als maßgeblichem deutschen Leitmedium als ‚Fenster' in den bundesdeutschen Diskurs über Migration aus dem östlichen Europa während der Nachkriegsjahrzehnte. Wir betrachten den gesamten Zeitraum von 1945 über den Fall der Mauer 1989 und das Ende der Sowjetunion 1991 bis hin zur EU-Osterweiterung 2004. Durch diese Längsschnittperspektive lassen sich Kontinuitäten und Brüche in der Art und Weise nachvollziehen, wie Ost-West-Migration über politische Zäsuren hinweg verhandelt wurde. 1989/1991 stellt insofern einen bedeutenden Einschnitt dar, als dass mit dem Verschwinden der *Aus*wanderungsbarriere die Furcht vor der unkontrollierten *Ein*wanderung wieder zurückkehrte – eine Furcht, die im Zusammenhang mit der EU-Osterweiterung, die den Endpunkt des Untersuchungszeitraums darstellt, umso größer wurde. Wie wir aber sehen werden, war es auch vor 1989 alles andere als selbstverständlich, dass Migrant*innen aus dem östlichen Europa vorbehaltlos willkommen geheißen wurden. Vor allem im Laufe der 1980er Jahre wurde Migration aus Osteuropa integraler Bestandteil der in er Öffentlichkeit zunehmend dramatisierten „Asylkrise", die sonst eher mit Zuwanderung aus dem globalen Süden in Verbindung gebracht wird. Von einer allgemeinen Privilegierung der ‚europäischen' Geflüchteten kann zumindest im Diskurs des Spiegels keine Rede sein. Zugleich zeichnen sich hier auch Hierarchisierungen zwischen verschiedenen Geflüchtetengruppen ab – darunter den intersektional diskriminierten osteuropäischen Roma – die zeigen, dass Migration aus Osteuropa in ein größeres System rassistischer Hierarchien eingebettet war.

Ost-West-Migration im Kalten Krieg

Wie Maria Alexopoulou (2020, S. 66–91) zuletzt am Beispiel der Stadt Mannheim eindrücklich gezeigt hat, waren Displaced Persons in der unmittelbaren Nachkriegszeit weiterhin Objekt von antiosteuropäischem und antislawischem Rassismus in der Bevölkerung. Die Frontstellungen des Kalten Krieges sorgten allerdings parallel für eine gewisse Verbesserung für Menschen aus Osteuropa, die in den Westen flohen. So fand sich im Jahr 1948 ein Bericht im Spiegel über „Displaced Persons" aus Osteuropa, mit Sympathie für die „bildschöne, blonde Lettin" Daina Berzins und ihren ukrainischen Freund Alexander Klimenko, der während des Krieges als Zwangsarbeiter nach Deutschland verschleppt worden war (über Dainas Weg nach Deutschland erfahren wir nichts). „Auf der deutschen Sprach-Ebene verbanden sich lettisches und ukrainisches Fühlen." (dieses und folgende Zitate aus Spiegel 22/1948) Wie die meisten DPs suchten sie ihre Zukunft jenseits von Deutschland: „Drei Jahre geschuftet, drei Jahre gewartet – zu Hause bedroht, in Deutschland verhaßt, in Amerika noch unerwünscht", so fasste Alexander ihre Lage zusammen. Dass sie in Deutschland nicht willkommen waren, daran bestand trotz dieses wohlwollenden Berichts kein Zweifel – wobei der Artikel die Ursachen des Hasses nicht im eingeübten Rassismus der deutschen Bevölkerung sah. Vielmehr sei dieser die Schuld derjenigen „Deplacierten, die vom Verbrechen leben, arbeitsscheue Elemente, denen es noch nie so gut gegangen ist wie in den DP-Lagern und auf dem deutschen Schwarzmarkt. ... Diese DP's sind an einer Auswanderung und damit an einer endgültigen Lösung des Flüchtlingsproblems nicht interessiert. Alle anderen aber leben von der Hoffnung, endlich neues Land unter die Füße zu bekommen." Demnach gab es also „gute" und „schlechte" DPs – die „guten" waren im Zweifel diejenigen, die Deutschland aus freien Stücken bald verlassen wollten.

Als Wegmarke in der Aufwertung osteuropäischer Flüchtlinge während des Kalten Kriegs gilt die Flucht aus Ungarn nach der sowjetischen Invasion 1956 (vgl. Ther 2017, S. 235 f.). Als Kämpfer gegen den und Flüchtlinge vor dem Kommunismus waren sie prinzipiell willkommen. Dies zeigte sich beispielsweise an der großen Spendenbereitschaft der westdeutschen Bevölkerung für die Geflüchteten, von der der Spiegel im Januar 1957 berichtete. „So viele Ungarn, wie wir Kleider haben, gibt es gar nicht", zitierte der Artikel den Geschäftsführer des Deutschen Roten Kreuzes für den hessischen Landkreis Büdingen (Spiegel 5/1957). Im März folgte dann allerdings bereits ein Bericht über die zunehmend ablehnende Haltung britischer Bergleute gegenüber den zahlreichen Ungarn-Flüchtlingen, die im Bergbau Arbeit finden sollten (Spiegel 10/1957). Prinzipiell vorhandene Solidarität kam also auch schnell an ihre Grenzen.

Zu dieser ambivalenten Haltung gegenüber ‚zu vielen' Flüchtlingen aus dem ‚Osten' passt Tara Zahras Hinweis in ihrem Buch *The Great Departure*, dass der Eiserne Vorhang von beiden Seiten geschlossen wurde – sie spricht in diesem Zusammenhang von „collusion" (Zahra 2016: 55).[63] Über ein Beispiel hierfür berichtete der Spiegel im Jahr 1965: Bayern sei dazu übergegangen, Flüchtlinge aus dem Ostblock „scharenweise" zurückzuschicken.

> „Ungarn und Jugoslawen, Tschechen wie Polen werden im fränkischen Ausländer-Sammellager Zirndorf vor Tau und Tag aus den Betten geholt und per Bahn oder im Flugzeug heimgeführt. Nur noch rund 15 Prozent der Asyl-Heischenden von Zirndorf werden als Flüchtlinge anerkannt.
> Und an bayrischen Grenzen wird der Eiserne Vorhang von Demokraten verriegelt. Allein im Bereich der Grenzpolizeiinspektion Bad Reichenhall wurden in den ersten acht Monaten dieses Jahres vierhundert Ost-Menschen bereits dort, wo der Wildbach rauscht, abgefangen und zumeist – via Österreich – wieder abgeschoben.
> Zu solch erbittertem Kleinkrieg gegen die Zugereisten aus dem Osten sehen sich die Bayern veranlaßt, seit immer weniger Menschen Schutz vor politischer Verfolgung

63 Ein ähnliches Argument für die deutsch-deutschen Verhältnisse findet sich bei Sheffer (2014).

und immer mehr Arbeit und Einkommen im Wirtschaftswunderland suchen." (Spiegel 41/1965)

Vom „Kampf gegen Überfremdung" war die Rede, der von München und Bonn gleichermaßen abgesegnet wurde. Aus den Ostblockstaaten kämen „Wirtschaftsflüchtlinge" und Goldsucher aus dem Osten, wie der im Titel „István im Wunderland" angesprochene ungarische Tapezierer István Pesti, der bei Ankunft in Deutschland zugegeben habe, „weder politisch noch rassisch noch religiös verfolgt zu sein – er suche lediglich einträgliche Arbeit." Zusammen mit vier anderen Ungarn wurde er aus München nach Budapest abgeschoben, allerdings mit einer paradoxen Konsequenz:

> „Er wird höchstwahrscheinlich nach dem Paragraphen 205 des ungarischen Strafgesetzbuchs abgeurteilt werden, der West-Ausflüglern Gefängnis von sechs Monaten bis zu fünf Jahren sichert. Die Rückführer, die politisch nicht Verfolgte zurückschicken, produzieren eben damit lauter politisch Verfolgte: Heimgeschickte Ausreißer müßten bei einem zweiten Ausbruchsversuch freundlich aufgenommen werden, wenn sie inzwischen für ihre West-Kontakte im Kerker gebüßt haben." (Spiegel 41/1965)

Bei den Lesern hatte die Abschiebung von Flüchtlingen aus dem „Ostblock" Skandalpotenzial, wie Leserbriefe in einer der folgenden Ausgaben zeigen. Thomas Ammer aus Tübingen z. B. echauffierte sich: „Es ist mir völlig unbegreiflich, wie man Flüchtlinge, auch wenn sie aus wirtschaftlichen Gründen kommen, zwangsweise an eine Justiz ausliefern kann, die von rechtsstaatlichen Begriffen auch heute noch ein großes Stück entfernt ist." Leonhard Manfred Schwarz aus Flensburg berichtete von seinen eigenen Erfahrungen mit der bayrischen Grenzpolizei, die ihn bei seiner Flucht seinerzeit zurück „über die Zonengrenze in die Hände der Volkspolizei getrieben" habe. Margot Vosteen aus Hamburg zog Parallelen zur Abweisung von Flüchtlingen aus NS-Deutschland in den Nachbarländern und sah in einer großzügigen Aufnahme heutiger Flüchtlinge „eine kleine Chance der Wiedergutmachung an den Völkern, denen wir durch Krieg und Kriegsfolge ihre heutige politische Lebensform eingebrockt haben" (alle Zitate aus Spiegel 44/1965). Der ungarische Flüchtling Lajos Csaknady aus Mulhouse (Frankreich) wiederum beklagte die vermeintliche Ungleichbehandlung von deutschen und ausländischen Ostflüchtlingen, und mutmaßte über eine Kontinuität zur NS-Zeit:

> „Die deutsche Bundesregierung nutzt jede Gelegenheit aus, um öffentlich über die Teilung Deutschlands zu klagen. Man beweint stets die Lage der Bevölkerung der DDR. [...] Bei jeder Schießerei an der Sektorengrenze entsteht ein Klagelied. Wenn aber ein ausländischer Flüchtling die westdeutschen Grenzen unter denselben

schweren Bedingungen erreicht, dann wird er offiziell von den Bundesbehörden an den Osten verkauft. [...]
Die Bundesrepublik ist sich dessen bewußt, daß die in den Ostblockstaaten schnell in aller Eile geschaffenen Gesetze unmenschlich sind und jedes Verbrechen legalisieren. Das Traurige dabei ist die Tatsache, daß die Bundesregierung sich als Repräsentant des ganzen deutschen Volkes vorstellt, die Wiedergutmachung der Naziverbrechen an allen Ausländern verspricht, aber gleichzeitig auf den Spuren der braunen Horden geht und, genauso wie diese es taten, mit wehrlosen und unschuldigen Ausländern einen unwürdigen Menschenhandel betreibt." (Spiegel 44/1965)

Die hier insinuierte rassistisch motivierte Haltung lässt sich in den vorliegenden Quellen schwer nachweisen, zumal der bayerische Abschiebefuror auch vor vermeintlichen „Volksdeutschen" aus Osteuropa nicht Halt machte, denen man ebenfalls pauschal „wirtschaftliche" Motive unterstellte (Panagiotidis 2019, 105). Klar ist aber, dass osteuropäische Flüchtlinge nicht automatisch besser behandelt wurden als andere Flüchtlinge zu anderen Zeiten – der Verdacht, „nur" aus wirtschaftlichen Motiven zu migrieren, begleitete auch sie.

Aufwertung und Abschiebung

Kurz darauf, im Jahr 1966, besserte sich die Lage für Flüchtlinge aus Osteuropa zumindest politisch, als die Innenminister der Länder einstimmig beschlossen, Menschen aus dem „Ostblock" grundsätzlich nicht mehr abzuschieben, selbst wenn sie nicht als Flüchtlinge anerkannt würden (Poutrus 2015, S. 878). Dies deckt sich mit Maria Alexopoulous (2020, S. 172) Beobachtung, dass Ostblockflüchtlinge spätestens in den 1970er Jahren aufgewertet, ja „förmlich rehabilitiert" worden seien (vgl. dazu ausführlicher Ther 2017).

Zugleich blieb auch diese Aufwertung nicht ohne Ausnahme. Erneut war es Bayern, das eine „Asyl-Affäre" mit Osteuropa-Bezug produzierte, als es Ende 1978 zwei Männern aus der Tschechoslowakei, Vratislav Cermak und Juraj Zilka, den Asylantrag verweigerte und sie am Grenzübergang Furth im Wald den tschechoslowakischen Grenzpolizisten überstellten. Der Spiegel vermutete hier Methode, „denn der bayrische Innenminister [Gerold Tandler], der sich als scharfer Gegner all jener Ausländer profilieren will, die ‚unter Ausnutzung der rechtsstaatlichen Mittel über Jahre hin ohne Arbeit auf Kosten der Sozialhilfe und damit zu Lasten des Steuerzahlers leben' (Tandler), deckte die ungesetzliche Abschiebung noch im nachhinein." (Spiegel 47/1979) Und tatsächlich gestand Innenminister Tandler vor dem Rechtsausschuss des Bayerischen Landtags sieben weitere Fälle von „Überstellungen" an die CSSR seit 1976, außerdem sei „von den insgesamt 104 Ausländern, die 1978 bei der bayrischen Grenzpolizei um Asyl gebeten hätten, [...] nur 47 die Einreise erlaubt worden, die anderen 57 hätten die Beamten zurückgewiesen" (Spiegel 48/1979a).

In der Verhandlung dieser Affäre reproduzierte sich ein ähnliches Muster wie schon bei den Abschiebefällen in den 1960er Jahren: ‚Ostblockflüchtlinge' galten offenbar als ‚fremd' genug, um in bestimmten politischen Kontexten als Teil der „Springflut von Asylbewerbern aus aller Welt" behandelt und abgewiesen zu werden (Spiegel 47/1979). Erneut taugte diese Abweisung aber zum Skandal. Der Chefredakteur des Spiegels, Erich Böhme, höchstpersönlich schrieb einen wütenden Kommentar darüber, dass Tandler „es zwar für politisch unklug und menschlich nicht ganz in Ordnung, im Grunde aber für durchaus Rechtens hält, daß Rudel asylsuchender Flüchtlinge aus dem Ostblock ohne Asylverfahren und ohne Anspruch auf rechtliches Gehör wie Stücke Rindvieh über die Grenze zurückgetrieben werden" (Spiegel 48/1979b). Insbesondere richtete sich die Kritik aber an den bayrischen Ministerpräsidenten und Kanzlerkandidaten Franz-Josef Strauß, „[d]er Kanzlerkandidat, der sich so schmuck mit dem DDR-Wehrdienstverweigerer Niko Hübner und einem 10 000-Mark-Scheck der Deutschland-Stiftung fotografieren läßt, wenn's denn in den Kram paßt. Der im Duo mit seinem teiggesichtigen Innenminister gegen das Unwesen des Asylantentums angeht, als gelte es, die bayrischen Kammerjäger gegen eine Ungezieferplage einzusetzen." (Spiegel 48/1979b)

Erneut kann man nur mutmaßen, ob antislawische Motivationen bei der Rückweisung der Flüchtlinge aus dem stark sudetendeutsch geprägten Bayern eine gewisse Rolle gespielt haben könnten – immerhin stammte Innenminister Tandler selbst aus Reichenberg (Liberec) in der Tschechoslowakei. Sicher ist jedenfalls, dass auch im Jahr 1981 ein tschechischer Arzt, der aus der DDR in die Bundesrepublik geflohen war, vom Bundesamt für die Anerkennung ausländischer Flüchtlinge in Zirndorf bei Nürnberg nicht als Flüchtling anerkannt wurde. Der Spiegel zog hier eine Verbindung zur Asyl-Affäre kurz zuvor:

> „Die Behandlung seines Falls, vom Ansatz her gerade so schlimm wie die Abschiebung zweier CSSR-Bürger durch bayrische Behörden vor drei Jahren, zeigt einmal mehr, wie westdeutsche Beamte das im Grundgesetz garantierte Asylrecht bis zur Unkenntlichkeit auslegen. Und sie belegt, daß im Kampf mit der Masse der Bewerber keine Rücksicht auf einzelne Schicksale und geltendes Recht genommen wird." (Spiegel 8/1981).

Polen in „wilder Auflösung"

Die „Masse der Bewerber" wurde zu jener Zeit Anfang der 1980er Jahre, als die Zahl der Asylsuchenden u. a. aus der Türkei und dem Iran vor dem Hintergrund von Militärputsch bzw. islamischer Revolution relativ stark anstieg, zunehmend zu einem Argument, das auch die Sicht auf die Zuwanderung aus dem ‚Ostblock' beeinflusste. Aus dem benachbarten Österreich hatte der Spiegel schon Anfang 1979 berichtet, dass das Lager Traiskirchen bei Wien wegen eines „unerwartet[en] neue[n] Flüchtlings-Hoch[s]" schon „aus allen Nähten" platze – 3412 Menschen hätten sich im Jahr 1978 gemeldet, „vorwiegend aus dem Osten" (erwähnt werden Tschechen, Rumänen, Ungarn und Albaner) (Spiegel 10/1979). In der Bundesrepublik kam der entsprechende Diskurs mit etwas Verzögerung an. Der Fokus verlagerte sich dabei zunehmend auf Polen, das zu jenem Zeitpunkt seinen Bürgern eine recht umfassende Reisefreiheit gewährte, die viele für eine temporäre oder dauerhafte Ausreise nutzten (vgl. Stola 2010). Im Juli 1981 berichtete der Spiegel über eine massenhafte Migrationsbewegung in Richtung Bundesrepublik:

> „Bevorzugtes Ziel der Polen-Flüchtigen ist die Bundesrepublik, in der sie leicht Aufnahme und zumeist auch Arbeit finden. Viele von ihnen haben sogar Verwandte im Lande, sei es durch die Wanderungen während der Kaiser- oder durch die Wirren der Hitlerzeit.
> Sie kommen zu Tausenden, per Bahn, Schiff, Bus oder im eigenen Personenwagen, und haben an Papieren in der Regel nur einen Reisepaß oder ein befristetes Touristenvisum. Doch an Rückkehr denken längst nicht alle. ‚Wir wollen hierbleiben', sagt eine Krankenschwester, ‚mein Mann, meine Tochter und ich. Zuhause ist es trostlos'." (Spiegel 31/1981)

Die Zuwanderung aus Polen verlief über verschiedene Kanäle: deutschstämmige polnische Bürger konnten nach ihrer Ausreise Anerkennung als Aussiedler und damit den deutschen Pass beantragen; andere stellten einen Asylantrag und wurden in der Bundesrepublik geduldet; und wieder andere blieben nur zeitweise, um schwarz zu arbeiten und Geld zu verdienen, mit dem sie zu Hause ihren Lebensstandard verbessern würden.

Der Historiker Philipp Ther identifizierte die zahlenmäßig umfangreiche Flucht aus Polen ab Beginn der 1980er Jahre als Wendepunkt in der lange Zeit weitgehend positiven Aufnahme von Flüchtlingen aus dem Ostblock (Ther 2017, S. 261 f.). Den Zeitgenossen fiel die politische Einschätzung des Phänomens zunächst schwer: Während das Bundesinnenministerium abwiegelte, nannte der nordrheinwestfälische Sozialminister Friedhelm Farthmann den Zuzug aus Polen eine „fast schon dramatisch zu nennende Entwicklung". Für den Leiter des NRW-Durchgangswohnheims für Aussiedler in Unna-Massen befand sich Polen „offenbar in wilder Auflösung". Für den Bundesbeauftragten im Durchgangslager Friedland, Franz Krafczyk, war wiederum klar: „Religiöse oder politische Verfolgung besteht in Polen nicht." (alle Zitate aus Spiegel 31/1981)

1981 war in der Tat ein bemerkenswertes Jahr in der Migrationsgeschichte der Volksrepublik Polen. Die in jenem Jahr in der Bundesrepublik registrierten 50.983 Aussiedler aus dem Land stellten die höchste Zahl seit der großen Aussiedlung von

1958 dar. Selbst nach Verhängung des Kriegsrechts Ende des Jahres kam die Mobilität nicht vollständig zum Erliegen, auch wenn die Genehmigungen zur temporären Ausreise – anders als die Genehmigungen zur dauerhaften Ausreise – zunächst deutlich restriktiver vergeben wurden (Stola 2010, Tab. 9 & 10). Immer wieder nutzten polnische Bürger touristische Reisen zur Ausreise, etwa indem sie touristische Schiffe im Hamburger Hafen verließen, um in der Bundesrepublik zu bleiben. 1984 waren dann laut Spiegel 96.000 Flüchtlinge aus Polen in Westdeutschland und West-Berlin gemeldet, „womöglich eine gleich große Anzahl lebt und arbeitet schwarz" (Spiegel 48/1984).

Die Zuwanderung aus dem „Ostblock" und speziell aus Polen wurde ab Mitte der 1980er Jahre verstärkt im Kontext der zunehmend diversen Asylmigration in die Bundesrepublik Deutschland verhandelt. Im August und September 1986 publizierte der Spiegel eine bemerkenswerte sechsteilige Serie über „Asylanten und Scheinasylanten in der Bundesrepublik" mit dem suggestiven Obertitel „Die Spreu vom Weizen trennen" – eine Forderung der CSU zu jener Zeit. Fünf Gruppen beschäftigten die bundesdeutsche Öffentlichkeit zu jener Zeit: Tamilen aus Sri Lanka (Spiegel 35/1986), Ghanaer (Spiegel 36/1986), Türken und Kurden (Spiegel 37/1986), Polen (Spiegel 38/1986) und Iraner (Spiegel 39/1986). Der sechste Teil der Serie befasste sich schließlich mit den „Schleppern", speziell jenen, die Pakistaner und Iraner über das „Schlupfloch Berlin" in die Bundesrepublik schleusten (Spiegel 40/1986; vgl. Stokes 2023).

Trotz des gewohnt reißerischen Titels waren alle Beiträge um eine grundsätzlich ausgewogene bis positive Darstellung der verschiedenen Flüchtlingsgruppen bemüht. Am besten kamen die Iraner weg, die sich zwar in den Flüchtlingswohnheimen „selbstbewusst und aufmüpfig" verhielten, da sie sich „hier als die wahren Flüchtlinge" fühlten – dies aber auch zurecht: „Kein Zweifel: Kaum ein Land der Erde bietet seinen Bürgern derzeit so viele Anlässe zur Flucht wie der Iran" (Spiegel 39/1986). Die Tamilen aus Sri Lanka seien trotz gewisser Verstrickungen mit der Gewalt der tamilischen Befreiungsfront „von besonderer Seriosität" und mit ihrem Ordnungssinn „richtig gute Deutsche" (Spiegel 35/1986). Der Beitrag zu „Türken und Kurden" beschrieb plastisch die Folterungen, die politische Gefangene erlitten, und legte einen starken Fokus auf die besonders verfolgte Minderheit der Jeziden (Spiegel 37/1986). Bei den Ghanaern wiederum wurden größere Zweifel hinsichtlich ihrer politischen Verfolgung geäußert. Vielmehr sei das vermehrte Ansuchen um Asyl eine Folge der ausbleibenden Arbeitsvisa für die Bundesrepublik, die es früher durchaus noch gab (Spiegel 36/1986). In dem Artikel kommen allerdings auch Stimmen zu Wort, die als Ursache der restriktiven Handhabung der Asylanträge von Ghanaern ihre dunkle Hautfarbe sehen – Rassismus, mit anderen Worten. Auch die massiven rassistischen Anfeindungen, denen die Ghanaer im Land ausgesetzt sind, werden ausführlich dargestellt – wobei stereotype Darstellungen der „temperamentvollen Schwarzafrikaner" trotzdem nicht fehlen durften.

Bezüglich der Polen verwies der Spiegel zunächst auf ein politisches Paradox: einerseits hatte CSU-Chef Franz Josef Strauß gefordert, „daß nur noch Flüchtlinge aus Ostblock-Ländern und aus dem sowjetisch besetzten Afghanistan aufgenommen werden“ sollten. Andererseits forderte der CDU/CSU-Fraktionsvorsitzende Alfred Dregger, dass abgelehnte Asylbewerber unverzüglich abzuschieben seien. Viele von letzteren, so hatte Justizminister Hans Engelhard (FDP) vorgerechnet, kamen aus dem „Ostblock“: „Von den rund 270.000 Zuwanderern, die zur Zeit trotz endgültig abgelehnter Asylanträge aus politischen Gründen als ‚De-facto-Flüchtlinge‘ in der Bundesrepublik geduldet werden, kommen [...] 170.000 aus Ostblock-Staaten, und davon 100.000 aus Polen“ (alle Zitate aus Spiegel 38/1986).

Der Spiegel schien Engelhards kritische Sicht auf diese „einseitige Begünstigung“ durchaus zu teilen: „Politik paradox: Während Flüchtlingen etwa aus dem Nato-Staat Türkei häufig die Asylanerkennung trotz Folternarben versagt bleibt, sind selbst Ostblock-Emigranten, die nicht einmal behaupten, verfolgt worden zu sein, herzlich willkommen.“ Inzwischen würden sie sogar gezwungen, Asylanträge zu stellen, die dann selbstverständlich abgelehnt würden – nur um dann automatisch im „kleinen Asyl“, der behördlichen Duldung, zu resultieren:

> „Praktische Folge: Durch den Status des De-facto-Flüchtlings, entstanden aus der Mentalität des Kalten Kriegs und den Widersprüchen der westdeutschen Asylpraxis, ist die Bundesrepublik zum De-facto-Einwanderungsland für Osteuropäer geworden.
> So kommen denn nun Tausende, zu Wasser, zu Lande und in der Luft.“ (Spiegel 38/1986)

In der Einschätzung der Gründe für die bisherige Offenheit der Bundesrepublik Deutschland für Zuwanderer aus Polen brachte der Spiegel neben den politischen Konstellationen des Kalten Kriegs zum ersten Mal die Hautfarbe ins Spiel:

> „Solange der Krieg kalt und die Konjunktur heiß war, hieß die Bonner Republik die Polen willkommen. Die Westwanderung galt als politisches Bekenntnis – auch wenn viele Polen selber es gar nicht so gemeint hatten. Meistens trieben und treiben Not und Armut und eine verhangene Zukunft sie aus dem Land.
> Zugute kam den Polen im Westen auch, daß sie ein unauffälliges Völkchen sind: Sie haben die richtige Hautfarbe, kommen aus einem vertrauten Kulturkreis und lernen schnell Deutsch.“ (Spiegel 38/1986)

Der Faktor Hautfarbe kam in der „Spreu vom Weizen“-Serie mehrfach zur Sprache, wenn es um die Positionierung der verschiedenen Gruppen im Verhältnis zur deutschen Gesellschaft, aber auch untereinander ging. Dabei kamen sowohl „weiße“ oder „helle“ Haut als Grund für Bevorzugung wie auch „dunkle“ oder „schwarze“ Haut als Grund für besonders heftige Diskriminierung zur Sprache, ebenso wie die Hierarchisierung der unterschiedlichen Gruppen aufgrund ihres Phänotyps. Der Beitrag über die Ghanaer berichtete von einer „zunehmend aggressive[n] Abwehrhaltung, die gespeist wird durch berechtigten Unmut über Asylmißbrauch, aber auch durch rassistische Vorurteile und Überfremdungsängste – eine Aversion, wie sie Asylanten aus anderen Ländern in dieser Schärfe kaum zu spüren bekommen“ (Spiegel 36/1986). So habe ein Pfarrer einer Gemeinde bei Straubing darauf bestanden, nur „‚hellhäutige Katholiken‘ aufzunehmen. Nach längerer Diskussion ließ sich Monsignore Stich lediglich dazu bewegen, ‚mittelbraune Asylanten‘ zu akzeptieren – keine Schwarzen.“ Aber auch Konflikte zwischen den Gruppen wurden in Hautfarbenkategorien beschrieben, wobei hier die „dunkelhäutigen“ Ghanaer im Grunde allen anderen gegenübergestellt wurden:

> „Während sich Asylbewerber etwa aus Ostblockländern oder aus Südasien beim Heimpersonal mit bisweilen unterwürfig anmutender Höflichkeit und hervorgekehrter Sauberkeit anbiedern, treten Ghanaer häufig furchtlos und fordernd auf, organisieren Hungerstreiks, machen Rabatz und legen sich mit Nachbarn an.
> Von weniger dunkelhäutigen, stärker angepaßten Asylanten aus anderen Ländern fühlen sich viele Ghanaer abgelehnt. ‚They hate us', meint einer aus dem Sammellager Ingelheim bei Mainz, wo es im Juli zu einer Massenschlägerei kam: Hundert Libanesen und Ghanaer droschen mit Zaunpfählen, Eisenstangen und Kanthölzern aufeinander ein; drei Afrikaner mußten mit schweren Verletzungen ins Krankenhaus, fünf Libanesen wurden festgenommen.“ (Spiegel 36/1986)

Doch trotz ihrer relativen Aufwertung als Gruppe half ihre vermeintlich „richtige“ Hautfarbe individuellen polnischen Flüchtlingen nur sehr bedingt bei der Ankunft in Deutschland, wie wir am Fall des Arztes Josef Kaminski aus Posen erfahren. Die Anerkennung seiner Approbation in Deutschland sei nicht sehr wahrscheinlich, befürchtete er, wie schon in Polen drohe ihm in der Bundesrepublik Berufsverbot. Doch auch die gesellschaftliche Akzeptanz sei schwierig:

> „Einstweilen erinnert sich Kaminski im Kreise von Landsleuten auf polnisch an schöne Zeiten im schönen Polen. Schon mehrfach hat er versucht, aus dem ungewollten Getto auszubrechen, vergebens. Als einmal ein Kegelklub per Inserat Kegelbrüder suchte, meldete er sich, doch eine freundliche Dame ließ ihn abblitzen: Überall in Deutschland wimmele es von Ausländern, wohin man spucke; da wolle man wenigstens unter sich eine ruhige Kugel schieben.“ (Spiegel 38/1986)

Hautfarbe verschlimmerte also den Rassismus, den die Menschen erfuhren. Der einzige Faktor für soziale Exklusion war sie aber nicht.

Auch die Abschiebung von Polen war politisch zu dem Zeitpunkt kein allgemeines Tabu mehr. „Es muß alles diskutiert werden“, forderte Bundesinnenminister Friedrich Zimmermann. „‚Ostblock‘ sei heute nicht ‚gleich Ostblock‘.“ Verschiedene CDU-Politiker, so die Ministerpräsidenten Lothar Späth und Uwe Barschel, waren offen für Abschiebungen in den „Ostblock". Auch Niedersachsens Innenminister und CDU-Chef Wilfried Hasselmann ließ verlautbaren, dass man „nicht unterscheiden [dürfe] zwischen Wirtschaftsflüchtlingen aus Polen und anderen Ländern." (alle Zitate aus Spiegel 38/1986)

Doch für andere war es gerade die Geschichte deutscher Gewalt am polnischen Volk, aus der eine historische Verantwortung resultierte. Der nordrhein-westfälische Innenminister Herbert Schnoor wollte „nicht gerne einen polnischen Dissidenten nach Polen abschieben müssen, wenn man mal daran denkt, was wir dem polnischen Volk angetan haben." Und der rheinland-pfälzische CDU-Fraktionschef Hans-Otto Wilhelm wollte den Status Quo mit folgender Begründung nicht antasten: „Wir haben schließlich eine historische moralische Verpflichtung gegenüber den Polen. Man kann sie nicht gleichsetzen mit den Tamilen und Ghanaern." (beide Zitate aus Spiegel 38/1986) Wie der Fall von geflüchteten Roma aus Rumänien und Jugoslawien gleich zeigen wird, kam das Argument der historischen Verantwortung allerdings nur selektiv zum Tragen.

Intersektionaler Rassismus: die osteuropäischen Roma

Anfang 1989 publizierte der Spiegel die Ergebnisse einer Emnid-Umfrage, die sehr deutlich zeigte, in welchem Maße die Zuwanderung aus Osteuropa Teil des allgemeinen Krisendiskurses über „Asyl" und „Ausländer" geworden war. Hintergrund war neben den medial und politisch über alle Maßen skandalisierten steigenden Asylantragszahlen (57.379 im Jahr 1987, 103.076 im Jahr 1988)[64] der Anstieg der Emigration aus den sich öffnenden Ländern des noch existierenden ‚Ostblocks'. Die meisten dieser Menschen suchten freilich in der Bundesrepublik nicht als Flüchtlinge Aufnahme, sondern als Aussiedler, also als „deutsche Volkszugehörige" mit Anspruch auf die deutsche Staatsangehörigkeit. 1987 wurden 78.523 Aussiedler in Deutschland registriert, 1988 waren es schon 202.673, davon gut 70 % aus Polen, in steigender Zahl aber auch aus der UdSSR, deren neues Ausreisegesetz von 1987 mehr Menschen die Auswanderung ermöglichte.[65] Bereits im Juni 1988 hatte der Spiegel über die „drangvolle Enge" in den „Aufnahmelagern für Ostflüchtlinge" berichtet; in Pforzheim-Haidach, heutzutage bekannt als Stadtteil mit sehr hohem Aussiedleranteil, kämpfe eine Bürgerinitiative gegen weiteren Zuzug (Spiegel 24/1988).

---

64 Zu den Zahlen siehe: https://www.bpb.de/themen/migration-integration/zahlen-zu-asyl/265708/asylantraege-in-deutschland/ (Abfrage: 12.11.2023); zu Asyldiskursen siehe zuletzt Sylla (2023).

65 Für die Registrierungszahlen siehe: https://www.bva.bund.de/SharedDocs/Downloads/DE/Buerger/Migration-Integration/Spaetaussiedler/Statistik/Zeitreihe_1950_2022.pdf?__blob=publicationFile&v=2 (Abfrage: 12.11.2023). Zum politischen Kontext der Aussiedleraufnahme siehe Panagiotidis (2019, Kap. 5).

In der Zusammenfassung der Umfrageergebnisse machte der Spiegel dann auch keine Unterschiede zwischen den verschiedenen Zuwanderungsgruppen, die unter dem Label „Ausländer" zusammengefasst wurden:

> „Einer Mehrheit von 75 Prozent der Bundesbürger sind schon heute zu viele Ausländer hier. Es gibt aus ihrer Sicht zu viele Özdemirs und Caliskans, zu viele Jovics und Simics, Kulikowskis und Pawlowskis, zu viele Rabenschwarze und Schlitzäugige, zu viele Seibels und Rauschenbachs mit sowjetischem oder polnischem Ausreisepaß, von denen viele ihre deutschen Namen russisch oder polnisch aussprechen." (Spiegel 16/1989)

Die weitere Analyse war dann allerdings differenzierter. Für die Aussiedler konstatierte die Umfrage sinkende Akzeptanz: „Im Dezember waren immerhin noch 32 Prozent der Bundesbürger bereit gewesen, alle deutschstämmigen Aussiedler aus dem Osten aufzunehmen. Im März 1989 sind es nur noch halb so viele." Dies ging einher mit Zweifeln an ihrer genuinen deutschen Identität: „In den Aussiedlern sieht lediglich eine Minderheit der Bundesbürger deutsche Landsleute, die sie endlich in der gemeinsamen Heimat begrüßen können. Aber immerhin halten sich negative und positive Meinungen etwa die Waage: 36 Prozent wählten Minus-Werte, 39 Prozent Plus-Werte, 24 Prozent weder die einen noch die anderen." (alle Zitate aus Spiegel 16/1989)

Mit diesem lauwarmen Empfang standen die Aussiedler jedoch noch besser da als andere Gruppen von Zuwanderern. „Asylanten aus Osteuropa" sahen 53 % negativ, 21 % positiv, 25 % weder/noch; „Asylanten aus Afrika" sahen 59 % negativ, 20 % positiv, 21 % weder/noch; und gegenüber den „Asylanten aus Asien waren 58 % negativ eingestellt, 18 % positiv, 23 % weder/noch. Im Vergleich zu den außereuropäischen Zuwanderergruppen waren Osteuropäer also minimal bessergestellt, die Ablehnung überwog jedoch in allen Fällen. „Sogar Rassenhaß" identifizierte der Spiegel in den Zahlen, „wenn jeder fünfte Bundesbürger (je 19 Prozent) sich bei den beiden Gruppen von Asylanten mit anderer Hautfarbe für den höchsten negativen Wert -5 entscheidet" (alle Zitate aus Spiegel 16/1989). Der Faktor Hautfarbe sorgte also für eine merkliche Schlechterstellung außereuropäischer Flüchtlinge im Vergleich zu Osteuropäern, deren Ablehnung für den Spiegel offenkundig nicht in die Rubrik „Rassenhass" fiel.

Während Migration aus Osteuropa also als Teil eines insgesamt zunehmend aggressiven und überhitzten Asyl- und Migrationsdiskurses diskutiert wurde, hatte eine bestimmte osteuropäische Migrationsgruppe besonderes Skandalpotenzial: die Roma vom Balkan, v. a. aus Rumänien[66] und dem damals noch existierenden Jugoslawien. Ihre verstärkte Zuwanderung identifizierte der Spiegel

66 Für den österreichischen Kontext hat zuletzt Sarah Knoll (2022) die Bedeutung der Fluchtbewegung aus Rumänien und ihre starke Assoziation mit den Roma herausgearbeitet.

im November 1990 als Anlass für „Spitzenpolitiker [...] am bislang unantastbaren Grundrecht auf Asyl zu rühren“ (Spiegel 36/1990). Davon abgesehen, dass dieses Grundrecht schon zuvor zumindest rhetorisch kaum unantastbar gewesen war, zeigt diese Einschätzung die heftige Ablehnung, die der Zuwanderung von Roma entgegenschlug. Gesellschaftlicher Hass war es dabei laut Spiegel schon, was sie veranlasste, aus Rumänien ausgerechnet dann zu emigrieren, als die Diktatur Ceaușescus schon Geschichte war:

> „Der Umsturz von Polen bis Bulgarien aber setzte schlagartig die uralten Vorurteile wieder frei, ließ dem Haß auf die Andersartigen ungehemmten Lauf: Die Zigeuner sind Opfer der Revolution, die im Osten die Völker von ihren Ketten befreite. Vom Anspruch ‚Wir sind das Volk' werden sie ausgeschlossen, überall, vor allem aber in Rumänien.“ (Spiegel 36/1990)

In Deutschland wiederum „keim[t]en bei den Bürgern alte Ängste vor dem insgesamt als kriminell und schmuddelig verleumdeten Zigeunervolk, kommt in manchen Städten wie dem saarländischen Lebach geradezu Panik auf.“ Und auch wenn der Spiegel ihre Diskriminierung in Herkunfts- und Aufnahmegesellschaft ausführlich und kritisch darstellte, waren im Sinne des antiziganistischen Stereotyps doch die Roma selber schuld:

> „Hauptursache für die Zigeuneraversionen von Bürgern wie Behörden ist das Sozialverhalten der Fahrensleute, besonders der Neuankömmlinge aus Rumänien. ‚Hygiene ist ihnen weitgehend unbekannt, ihre Bettelei aufdringlicher als bei anderen, sie sind kaum gesprächsbereit', klagt der Essener Sozialdezernent Günter Herber über das Betragen der Roma. [...]
> Die hygienischen Zustände sind unzumutbar. Aus Klos quillt der Kot, in Waschräumen steht das Wasser zentimeterhoch. ZASt-Mitarbeiter geben den ‚Balkan-Sitten' der Roma die Schuld an den verheerenden Verhältnissen.“ (Spiegel 36/1990)

Während in Bezug auf die Situation der Roma in Rumänien und Ungarn eindeutig von „Rassismus“ gesprochen wird, bleibt diese Kategorie in der Spiegel-Analyse der deutschen Verhältnisse außen vor. Und auch das Argument der historischen Verantwortung, mit dem politische Akteure noch kurz zuvor Restriktionen gegenüber polnischen Asylsuchenden abgelehnt hatten, fand in Bezug auf die Roma keinen Widerhall, wie ein bemerkenswertes Streitgespräch zwischen Hamburgs Innensenator Werner Hackmann (SPD) und dem Roma-Vertreter Rudko Kawczynski im November 1989 zeigte (Spiegel 46/1989). Dort ging es noch um Roma aus Jugoslawien, die bereits in den 1980er Jahren Asyl in der Bundesrepublik suchten. Kawczynski forderte dort explizit eine großzügige Aufnahme aus historischer Verantwortung ein, wobei er auch Parallelen zur Aufnahme deutscher Aussiedler zog:

„Hier spricht man einerseits von Wolgadeutschen, von Siebenbürgern, die auch sowjetische und rumänische Staatsbürgerschaften besitzen. Trotzdem sagt man, daß es sich dabei um deutsche Volksangehörige handelt. Das soll bei Roma nicht mehr gelten – für mich ist das nicht nachvollziehbar. [...]
Sie können doch nicht so tun, als ob es das Dritte Reich nicht gegeben hätte, als ob wir plötzlich Leute hätten, die nur durch Zufall Zigeuner seien, die aber im Grunde genommen Jugoslawen, Polen oder sonstwas sind. Deutschland hat unseren Menschen gegenüber eine ganz besondere Verpflichtung. Es gibt keine Normalität zwischen Sinti, Roma und den Deutschen. Also gibt es auch keine Normalität im Ausländerrecht für Sinti und Roma." (Spiegel 46/1989)

Im Grunde forderte Kawczynski hier eine „Wiedergutmachung durch Migration" (Panagiotidis 2021, S. 48) ein, wie sie gegenüber den Deutschen aus Osteuropa bereits praktiziert wurde und wie sie dann nach 1991 auch auf Juden aus der ehemaligen Sowjetunion übertragen wurde, die außerhalb des regulären Asylrechts als Kontingentflüchtlinge Aufnahme fanden (zu den Bleiberechtskämpfen von Roma siehe Leko 2022). In Bezug auf die Roma konnte hiervon keine Rede sein, im Gegenteil: die Bundesregierung bemühte sich um die Abschiebung der rumänischen Roma, etwa durch das am 1. November 1992 in Kraft getretene deutsch-rumänische „Rückübernahmeabkommen" (Leko 2022, S. 342). Wie der Spiegel bedauernd feststellte, gestaltete sich dessen Implementierung allerdings schwierig: „Jede Repatriierung der häufig illegal eingewanderten Zigeuner vom Balkan wird von deren Lobby, etwa dem Roma National Congress, als ‚Deportation' und ‚Fortsetzung der nationalsozialistischen Politik mit anderen Mitteln' verleumdet." (Spiegel 46/1992)

In der Zuwanderung von Roma vom Balkan verdichteten sich intersektional und in überspitzter Form all die Ängste und Stereotype (Armut, Schmutz, „Asozialität"), die die deutsche rassistische Imagination auf ‚den Osten' projizierte. Damit erfüllten die Roma eine ähnliche Funktion wie die „Ostjuden" im Diskurs des Kaiserreichs und der Weimarer Republik (vgl. Kapitel 4). In diesem Zusammenhang sei auch auf die selten thematisierte Gewalt und Hetze gegen Roma im Zusammenhang mit den Pogromen in Hoyerswerda 1991 und Rostock-Lichtenhagen 1992 verwiesen (Spiegel 40/1991; Leko 2022, S. 343; Molnar 2022).

„Östliche Völkerwanderung"

Doch auch jenseits des besonders dramatisierten (und aus Sicht der Betroffenen auch dramatischen) Falls der Roma sorgte die sich abzeichnende massenhafte Abwanderung aus der seit dem Fall der Mauer im November 1989 offenstehenden DDR, aus Polen, der Sowjetunion und Rumänien für eine gewisse Panik im Westen, die alleine schon in dem vielfachen Gebrauch des Begriffs „Völkerwanderung" zum Ausdruck kam: „östliche Völkerwanderung", „ost-westliche Völkerwanderung", oder auch „Hunderttausende [die] gen Westen trecken" würden (Spiegel 4/1990) malten eine Szenario eines massiven Migrantenansturms an die Wand, der – wenn man das klassische Verständnis der Völkerwanderung zugrunde legt – die bestehende Ordnung bedrohte. Eine Privilegierung von DDR-Übersiedlern und deutschen Aussiedlern findet sich in diesem Diskurs nicht, im Gegenteil: ein besonderes Problem bestand darin, dass ein Großteil dieser „Völkerwanderung" im rechtlichen Sinne dem deutschen Volk angehörte und sich daraus massive Belastungen von Renten- und Krankenversicherungen ergaben. Besorgt stellte der Spiegel im Januar 1990 – also kurz nach der Maueröffnung und noch vor der deutschen Wiedervereinigung – folgende Rechnung auf:

> „Täglich wechseln derzeit bis zu 2000 Deutsche-Ost nach Deutschland-West, für das ganze Jahr werden in Bonn mehr als eine halbe Million Übersiedler nicht mehr ausgeschlossen. Bleibt die Wirtschaftslage der DDR so trostlos wie im Augenblick, verschlimmert sie sich gar, so dürfte der Strom der Abwanderer noch deutlich anschwellen.
> Dazu kommen jene, die aus osteuropäischen Staaten und der Sowjetunion ins vermeintliche Paradies Bundesrepublik umziehen. Alles zusammen wird das westliche Deutschland in diesem Jahr durch Aus- und Übersiedler eine Million Bürger dazugewinnen, mindestens. Bereits 1989 waren es 720 000 Aus- und Übersiedler." (Spiegel 4/1990)

Hinzu kamen „polnische Asylanten", die zusammen mit den Aus- und Übersiedlern eine „Völkerwanderung im Zeitalter der Freizügigkeit" konstituierten, denen das deutsche Sozialsystem nicht gewachsen sei. Grund dafür war das Kriegsfolgenrecht und speziell das Fremdrentenrecht, das alle diese Zuwanderer nach dem Eingliederungsprinzip behandelte – d. h. konkret, dass sie beispielsweise sofort Sozialleistungen beziehen konnten und obendrein im Ausland geleistete Arbeitsjahre voll auf ihre Rente angerechnet bekamen. Die deutsch-deutsche Solidarität wurde dabei laut Spiegel – trotz ‚richtiger' Hautfarbe – auf eine harte Probe gestellt:

> „Die Toleranz gegenüber den DDR-Deutschen ist zweifellos größer [als gegenüber ‚ausländischen Mitbürgern'], sie fallen weder durch die Hautfarbe noch durch die Sprache auf. Doch je mehr sich rumspricht, was die Neuen das Land kosten oder kosten können, um so entschiedener wird gewiß die Abwehrhaltung. Zumal die DDR-Bürger durchaus Abgreif-Qualitäten besitzen." (Spiegel 4/1990)

„Polnische Asylanten" wiederum kämen in vielen Fällen nur pro forma in die Bundesrepublik, um sich eine Adresse zu besorgen, an der sie Sozialleistungen beziehen könnten. Insgesamt sei das System nicht auf die neue Situation ost-westlicher Freizügigkeit eingestellt:

„Die riesige staatliche Umverteilungsmaschine, die Alte, Kranke oder Auszubildende versorgt, wurde in Jahrzehnten konstruiert, in denen Deutschland und Europa zweigeteilt waren. Sie ist nicht gebaut für eine Zeit, in der zwischen Regionen mit unvereinbaren Wirtschaftsordnungen und klaftertiefem Wohlstandsgefälle die Mauern fallen.
Alles wird nun, im Fall DDR wie der anderen osteuropäischen Staaten, davon abhängen, ob es gelingt, dort innerhalb kurzer Zeit eine Stimmung zu schaffen, die zum Bleiben veranlaßt. Alles deutet aber darauf hin, daß trotz vielfältiger Hilfen ein rascher Aufschwung ausbleibt. [...]
All diese Regelungen dienten einmal der reibungslosen Eingliederung jener Flüchtlinge, die mittellos und gegen viele Widerstände ihr Ziel, das westliche Deutschland, erreicht hatten.
Nun aber, da von der Ostsee bis zum Schwarzen Meer, von der Elbe bis zur Wolga weitgehend Freizügigkeit für die fern der Heimat lebenden Deutschen und ihre Abkömmlinge herrscht, wirkt die Staatsfinanzierung des Länder- und Systemwechsels wie eine Prämie für Auswanderung.“ (Spiegel 4/1990)

Diese Prämie müsse gestrichen werden – da waren sich Oppositionsführer Oskar Lafontaine, der zu verschiedenen Zeitpunkten gegen die Aussiedlerzuwanderung Stimmung gemacht hatte, und die regierende CDU im Grunde einig. „Durch die erwogenen Abstriche soll hierzulande aufkeimender Sozialneid erstickt, Fremdenfeindlichkeit gedämpft werden.“ Zugleich bestand aber die Furcht, dass das Bekanntwerden jeglicher Verschlechterungen für einen verstärkten Zustrom derjenigen sorgen würde, die noch rechtzeitig in die Bundesrepublik kommen wollen würden. „Ein Kanzlerberater: ‚Das müssen wir in aller Stille tun‘ – und öffentlich das Gegenteil verbreiten.“

Besondere Angst generierte der drohende Zerfall der Sowjetunion und die in diesem Zusammenhang erwartete Massenauswanderung, als dessen Vorboten man die sowjetdeutschen Aussiedler sowie die sowjetischen Juden sah, die zu Hunderttausenden das Land verließen (Spiegel 50/1990). „Massenflucht in den Westen?“ – so titelte der Spiegel im Dezember 1990, illustriert durch eine andrängende Masse ausgemergelter Menschen (Abbildung 8.1). Die Zahlen, über die spekuliert wurde, muten fantastisch an, zeigen aber sehr anschaulich die dramatischen Erwartungen:

„Der sowjetische Parlaments-Vizepräsident Iwan Laptew rechnet mit 5 bis 6 Millionen Auswanderern, die sowjetische Arbeitsbehörde mit 20 Millionen. Der Warschauer Innenminister Krzysztof Kozlowski fürchtet einen Sturm aus dem Osten, diesmal von hilflosen Armutsflüchtlingen – ‚verzweifelte Leute, die vor dem Hunger fliehen‘. Zum ersten Mal seit 1920 will Polen ein Drittel seiner Truppen an seine Ostgrenzen verschieben – eine neue Mauer, nachdem die Berliner gefallen ist. Der österreichische Innenminister Franz Löschnak erwartet bis zu 10 Millionen Asylanwärter aus

Abbildung 8.1: Spiegel-Cover 1990

Quelle: Der Spiegel, Nr. 50/1990

> der Sowjetunion, der Prager Bürgermeister Jaroslav Koran 20 Millionen. In Deutschland aber würde laut Umfrage des Münchner Sinus-Instituts in der UdSSR jeder vierte erwachsene Sowjetbürger (und fast jeder zweite unter 20 Jahren) gern und ‚für längere Zeit' leben – das wären 51 Millionen.“ (Spiegel 50/1990)

Obwohl sich dieser Massenexodus in dieser Form nicht materialisierte, blieb die Furcht vor einem ‚Ansturm der Armen' aus der Sowjetunion bzw. ihren Nachfolgestaaten auch in der Folge präsent. Noch 2002 prognostizierten vom Spiegel nicht namentlich genannten Migrationsforscher „eine monströse Völkerwanderung aus den Nachfolgestaaten der ehemaligen Sowjetunion in Richtung Westen“ – wobei man sich, so beruhigten die Autorinnen und Autoren, nicht vor „einem neuen Tatarensturm fürchten“ müsse (Spiegel 25/2002).

Zu Beginn der 1990er Jahre war es die Steuerbarkeit der vermeintlich drohenden Zuwanderung aus ‚dem Osten', die großen Anlass zur Sorge bot: „Bonn reagiert hilflos auf die Vorboten des gefürchteten Massenexodus aus Osteuropa" titelte der Spiegel Anfang 1991. Interessant ist dabei das globale Framing in diesem Artikel: 15 Millionen Menschen seien weltweit auf der Flucht, nur die wenigsten kämen nach Westeuropa. „Und wie eine Petitesse mutet dagegen der Dauerstreit der deutschen Politiker an, ob bei 50 000 oder 100 000 oder wie im abgelaufenen Jahr bei annähernd 200 000 Asylbewerbern die Grenze des Verkraftbaren liege." Die Öffnung und gleichzeitige Destabilisierung Osteuropas ändere nun aber alles. „Nun geht jedoch wirklich Furcht um in Bonn und der EG, Furcht vor einer ‚Völkerwanderung' (so der bayerische Ministerpräsident Max Streibl) aus dem Osten, vor allem aus der wirtschaftlich maroden und vom Zerfall bedrohten Sowjetunion." (alle Zitate aus Spiegel 2/1991)

Dem Spiegel entging dabei nicht die „Ironie der Geschichte: Es ist die Verwirklichung des vom Westen im KSZE-Prozeß eingeforderten Rechts auf Freizügigkeit, das den europäischen Osten nach dem Ende der Blockkonfrontation nun in ganz neuer Weise bedrohlich erscheinen läßt." Und zwar bedrohlich in einer Art und Weise, die eine Krise in völlig neuen Dimensionen auslösen würde, wie Innenminister Wolfgang Schäuble Ende 1990 warnte:

> „Weil davon auszugehen sei, daß ein Massenzustrom aus der Sowjetunion durch Visapolitik und ‚noch so perfekte Grenzkontrollen nicht aufgehalten' werden könne, werde die ‚einstweilige Unterbringung' dieser Menschen zu einer Aufgabe nicht nur für Deutschland, sondern für ‚Europa insgesamt'.
> In Deutschland, fügte der Christdemokrat hinzu, werde die ‚Verteilung auf Länder und Landkreise so, wie wir sie heute mit den Asylbewerbern machen, natürlich nicht mehr funktionieren'. Schäuble mit dem Gestus der Ablehnung: ‚Wir müßten dann im Grunde zu Massenlagern kommen, wie man sie in anderen Regionen der Erde heute auch hat.'" (Spiegel 2/1991)

Bayerns Ministerpräsident Max Streibl malte sich „derweil schon einen Schutzwall für Deutschland aus, der zumindest den ersten Flüchtlingsansturm aus der Sowjetunion abbremsen könnte. Wenig diplomatisch nennt er die soeben der Moskauer Hegemonie entkommenen Nachbarn in Osteuropa ‚Pufferstaaten'" (Spiegel 2/1991).

Tatsächlich fand diese neue Geografie von Europas Osten bald ihre Entsprechung auf höherer politischer Ebene, etwa beim Treffen der europäischen Innenminister in Budapest im Februar 1993. „Sie sind dabei", so resümierte der Spiegel die Konferenz, „die vier Jahrzehnte lang blutig bewachte Demarkationslinie mitten durch den alten Kontinent weiter östlich neu zu errichten, wenngleich in zivilerer Gestalt." So solle die „illegale Migration" abgewehrt werden, „ein schwellender Strom von Flüchtlingen, der aus dem Osten Richtung Westen zieht, seit

Mauer, Stacheldraht, Minenfelder und allzeit schußbereite Grenzer verschwunden sind. Tote soll es nicht mehr geben, die neuen Zäune werden gesichert mit allem, was moderne Überwachungs-, Fahndungs- und Kommunikationstechnik zu bieten haben. Europa wird umgebaut zur Festung gegen den Ansturm." (alle Zitate aus Spiegel 8/1993) Dabei wurde der Kontinent in folgende Kategorien eingeteilt:

> „die *Herkunftsländer* – neben dem Bürgerkriegs-Sonderfall Ex-Jugoslawien sind das Albanien, Bulgarien, Rumänien und die Staaten der ehemaligen Sowjetunion, die nach dem Ende des Kommunismus zusehends auf Dritte-Welt-Verhältnisse zurückfallen;
> die *Transitländer* Polen, Tschechische Republik, Slowakei, Ungarn und Slowenien, die wegen ihres schwierigen Wechsels von der Kommando- zur Marktwirtschaft für die große Mehrheit der Flüchtlinge nur Durchgangsstation sind;
> die *Zielländer* im kapitalistischen Teil Europas, allen voran Deutschland, das auch im vergangenen Jahr mit rund 440.000 registrierten Asylbewerbern und geschätzten 300.000 illegalen Zuwanderern die meisten Flüchtlinge zu verkraften hatte. 60.000 wurden beim illegalen Grenzübertritt geschnappt." (Spiegel 8/1993)

Die „Transitländer" wurden somit als Teil der Re-Organisation des europäischen Migrationsregimes tatsächlich zu „Pufferstaaten" – insbesondere nach der Einschränkung des Grundrechts auf Asyl als Teil des „Asylkompromisses" von 1993. Im April 1994 beschrieb der Spiegel die resultierende Situation mit drastischen Worten:

> „Mit der Verschärfung der Asylgesetze hat die Regierung Kohl das internationale Flüchtlingsproblem nach dem Prinzip Giftmüll lediglich gen Osten verschoben – ‚auf Kosten ihrer Nachbarländer', sagt Peter Kuchar, ehemaliger Sprecher des slowakischen Innenministeriums.
> Nun müssen die jungen und wirtschaftlich morbiden Wende-Staaten wie Polen und Ungarn, die Slowakei, die Tschechische Republik, Slowenien und Kroatien sehen, wie sie mit Migranten aus aller Welt zurechtkommen; mit Kriegsflüchtlingen aus Bosnien, Kurdistan, Afghanistan, dem Kosovo und Mazedonien, Strahlen-Flüchtlingen aus der Region um Tschernobyl. Dazu noch Sinti und Roma, Arbeitsuchende aus der Dritten Welt und den armseligen Resten des Sowjetreichs." (Spiegel 14/1994)

Interessant ist hierbei die implizite Aufwertung, die die in anderen Fällen durchaus auch unter „Osteuropa" subsumierten „Transitländer" in der politischen Geografie erfuhren. Wenn auch „jung und morbide" und noch nicht ganz Teil des Zentrums, waren sie doch klar unterschieden von den „Herkunftsländern" der Flüchtlinge und Migranten, bei denen die Grenzen Europas und des Rests der Welt verschwammen.

Bilder vom (kriminellen) ‚Osten'

Formulierungen wie „die armseligen Reste des Sowjetreichs", die auf „Dritte-Welt-Verhältnisse" zurückgefallen seien, deuten schon das Bild von Armut, Chaos und Verfall an, das in verschiedenen Berichten zu jener Zeit gezeichnet wurde und aus denen sich das vermeintlich enorme Migrationspotenzial der Region ergab (vgl. speziell zur Sowjetunion bzw. Russland Spiegel 50/1990; 24/1991; 2/1998). Anders als im zuvor geschilderten politischen Diskurs wurde hier zwischen den postsowjetischen und den ostmitteleuropäischen Staaten keine klare Unterscheidung getroffen. Dies galt insbesondere für das Thema der Kriminalität, das im Laufe der 1990er Jahre in immer stärkerem Maße mit ‚dem Osten' in Verbindung gebracht werden sollte.

Interessanterweise war es zunächst allerdings gar nicht so klar, dass die Kriminalität nur *aus* dem ‚Osten' kommen würde. „Mafia auf dem Weg nach Osten" titelte der Spiegel im September 1990, kurz vor der Wiedervereinigung (Spiegel 37/1990). Genauer gesagt, so zitierte der Artikel den Ex-Landespolizeipräsidenten von Baden-Württemberg Alfred Stümper, träfen hier „zwei riesige kriminalgeografische Räume" aufeinander. Oder, in den Worten des Spiegels:

> „Seit die deutsch-deutsche Währungsunion das ehemalige Paradies des real existierenden Sozialismus zum gewinnversprechenden Dorado für westliche Kriminelle aufgewertet hat, strömen nicht nur Nepper, Drücker und Bauernfänger zuhauf ins Ostland. Auch die Großgauner aus der Zunft der organisierten Kriminalität haben die Noch-DDR als Markt entdeckt. [...]
> Die offenen Grenzen des bröckelnden Ostblocks ermuntern umgekehrt Ganoven und Gangs vom Balkan und Schwarzmeer bis hin zum Ural zur Expansion in den bis dato versperrten goldenen Westen." (Spiegel 37/1990)

Stümper etablierte hier auch schon ein Motiv, das in den folgenden Jahren wiederholt in Bezug auf die Kriminalität ‚aus dem Osten' auftauchten sollte, als er „massive Turbulenzen für unser freiheitliches System" befürchtete (Spiegel 37/1990). Ganz ähnlich formulierte es Dieter Schenk, Chef des Berliner Landeskriminalamts, der Anfang 1995 „ein Anwachsen der Mafia wie derzeit in Osteuropa" als möglichen „Angriff auf unsere freiheitliche Lebensform" sah. Ebenso sah der sächsische Innenminister Heinz Eggert (CDU) durch „aus dem einstigen Ostblock importierte Kriminalität" den „inneren Frieden der Bundesrepublik gefährdet", der NRW-Innenminister Herbert Schnorr (SPD) sah in der organisierten Kriminalität „eine reale Bedrohung für die innere Sicherheit in Deutschland" (alle Zitate aus Spiegel 11/1995). Dieses Szenario einer fundamentalen Bedrohung ‚aus dem Osten' traf auf eine allgemeine Angst vor Verbrechen in Deutschland. So berichtete der Spiegel im Juli 1993: „Keine andere Angst, das signalisierten Umfragen der Union schon vor Monaten, bewegt die Deutschen zur Zeit dermaßen wie die

Furcht vor Verbrechern: Mit 50 Prozent der Nennungen liegt die Kriminalität auf der Skala der Schrecken noch vor der Arbeitslosigkeit (40 Prozent)" (Spiegel 28/1993). Diese Angst, so legte der Bericht dar, war nicht nur auf osteuropäische Kriminalität bezogen, sondern wurde auch mit der wachsenden Kluft zwischen Arm und Reich sowie der Beschaffungskriminalität von Drogenabhängigen in Verbindung gebracht. Aber der Migrationsbezug war nicht weit: „Die neue Armut", so wurde der Kriminologe Christian Pfeiffer zitiert, „kommt von außen ins Land." In einem weiteren Bericht wenige Woche später präzisierte er auch von wo genau: „Die neue Armut, die kriminell mache, sei, so Pfeiffer, vor allem aus Osteuropa ins Land gekommen" (Spiegel 32/1993).

Begünstigt werde dies durch die Öffnung von Grenzen: „Je freizügiger sich die Menschen in Europa bewegen können, desto leichter haben es, logisch, auch die Kriminellen." Dies gelte auch für die Westgrenzen, wo der Abbau von Grenzkontrollen durch Schengen dazu führe, dass immer weniger Verdächtige gefasst würden. „Besonders aktiv" seien die Kriminellen aber „bereits an der Ostgrenze. Rund die Hälfte der in Deutschland gestohlenen Autos, im vergangenen Jahr 173.105 Stück, schaffen bestens organisierte Diebesbanden mit Vollgas nach Osteuropa. ‚Kaum gestohlen, schon in Polen', reimte die Motorwelt, Zeitschrift des Allgemeinen Deutschen Automobil-Clubs" (alle Zitate aus Spiegel 28/1993).

Mit dem Autodiebstahl war ein Leitmotiv der Berichterstattung über Osteuropa im Zusammenhang mit Kriminalität gesetzt. Polen kam dabei als stereotypes Zielland, aber auch als Transitland für Schmuggel in weiter östlich gelegene Länder vor (Spiegel 44/1993). Noch 2002 war die Rede von „Gangsterbanden aus jenen Ländern, die einst hinter dem Eisernen Vorhang lagen," die „derzeit wie Heuschreckenschwärme nach Deutschland" einfielen, von „Ostbanden", „Ost-Ganoven" und „Hordenkriminalität" (Spiegel 41/2002).

Ein weiteres Schreckgespenst war die viel zitierte „Russenmafia", manchmal auch differenzierter umschrieben als „Östliche Mafia-Gruppen aus Rußland, der Ukraine und Tschetschenien" (Spiegel 11/1995). In einem ausführlichen Bericht Anfang 1995 wurde ein umfassendes Szenario dargelegt, in dem nicht nur die Gefährlichkeit dieser „Ost-Mafia", einschließlich Gewaltkriminalität, Menschenhandel und Prostitution, sondern auch die angebliche Inkompetenz und Korruption der sie verfolgenden Polizisten in Osteuropa plastisch dargestellt wurde:

> „Ukrainische Entführer hatten einen Landsmann aus Deutschland ostwärts verschleppt, weil er bei Autogeschäften 30 000 Mark schuldig geblieben war. Im Slubicer Hotel ‚Polonia' hielten sie den säumigen Zahler gefangen. Mit Hilfe einiger Wodkaflaschen konnten die Berliner Beamten jedoch ihre polnischen Kollegen für eine weihnachtliche Befreiungsaktion gewinnen: Die Polen stürmten das Hotelzimmer, die Deutschen konnten das schwerverletzte Opfer gleich mitnehmen." (Spiegel 11/1995)

Ein ähnliches Szenario entwarf im selben Jahr ein Bericht über vergleichbare Strukturen rumänischer Krimineller, die bei ihren Einbrüchen und Überfällen „grobschlächtiger“ agierten als alle anderen Kriminellen in der Branche: „‚Arbeitsweise Balkan‘ nennt Sachsens Landeskriminalamt diese Methode“. Und auch hier gab es Zweifel an den Kollegen im ehemaligen Ostblock, allerdings aus politischen Gründen: „Viele Polizisten glauben nicht, daß die einst kommunistischen Rumänen-Fahnder dem ehemaligen Klassenfeind ernsthaft helfen wollen.“ (alle Zitate aus Spiegel 47/1995)

Allerdings gab es auch Stimmen, die das „rassistische Wissen“, das hinter solchen Szenarien steckte, zu dekonstruieren wussten – so etwa die Spiegel-Reporter Michael Sontheimer und Uwe Klußmann, die sich im Oktober 1997 der Thematik der „Russen-Mafia“ annahmen. Ohne real existierende Kriminalität zu negieren bemühten sie sich um einen realistischen Blick auf die Phänomene. Gleich zu Beginn zitierten sie den Berliner Rechtsanwalt Johannes Eisenberg mit den Worten: „Sobald Russen ins Spiel kommen, geht mit den meisten Kriminalreportern die Phantasie durch“ (Spiegel 44/1997). So werde aus jedem Fall von Kriminalität mit russischer Beteiligung das Etikett „Mafia“ verpasst, ohne dass entsprechende Strukturen nachweisbar wären.

> „Doch diese kriminologischen Differenzierungen sind kaum gefragt. Dazu fallen die Mafia-Geschichten, die wie alle Märchen auf das kollektive Unbewußte zielen, auf zu fruchtbaren Boden. Schon den Nationalsozialisten diente der barbarische russische ‚Untermensch‘ als furchteinflößendes Feindbild, um die arische Volksgemeinschaft zusammenzuschweißen. In den fünfziger Jahren schürte die westdeutsche Rechte – auf Konrad Adenauers Landkarte begann Asien östlich der Elbe – die Angst vor dem kommunistischen Riesenreich im Osten.“ (Spiegel 44/1997)

Die Autoren verweisen hier auf ein kulturelles Repertoire, in dem sich das „Russen-Mafia“ Narrativ in eine Tradition rassistisch begründeter Bedrohungsszenarien aus ‚dem Osten‘ einschreibt (vgl. dazu Kapitel 2, 4 und 6). Gleichzeitig erlaubt ihr vermeintliches Wissen über „die Russen“ den Deutschen es nicht, die neuen gesellschaftlichen Verhältnisse angemessen zu interpretieren. In diesem Sinne zitieren die Autoren des Berichts den Osteuropahistoriker Karl Schlögel:

> „Wesentlich wichtiger ist allerdings, daß die Deutschen nach dem Abgang und der Transformation der kommunistischen Nomenklatura noch kein Verhältnis zu den sich rasant konstituierenden Oberschichten der einstigen Sowjetrepubliken gefunden haben. ‚Der Mythos Mafia‘, sagt Karl Schlögel, ‚dient dazu, das Vakuum in unseren Köpfen zu füllen.‘
> Hierzulande habe man noch große Schwierigkeiten damit […] , daß es auch erfolgreiche russische Geschäftsleute gibt. ‚Der Russe‘, so Schlögel, ‚hat kriminell zu sein oder arm.‘“ (Spiegel 44/1997)

Die umstrittene Osterweiterung

Solche Bilder von Osteuropa als einem Raum von Gesetzlosigkeit und Kriminalität spielten bei der Formierung negativer Einstellungen der deutschen Bevölkerung gegenüber der EU-Osterweiterung eine Rolle, die im Laufe der 1990er Jahre und bis zu ihrem Vollzug im Jahr 2004 kontinuierlich diskutiert wurde. In einer kurz vor dem Beitritt durchgeführten Umfrage im Auftrag der Konrad-Adenauer-Stiftung, die der Spiegel im Februar 2004 zitierte, fürchteten 77,7 % der Befragten einen Anstieg der Kriminalität. Noch größer war die Sorge vor Schwierigkeiten deutscher Unternehmen wegen der billigen Konkurrenz aus Osteuropa (84,9 %), vor wachsender Zuwanderung aus Osteuropa (82,1 %), während weitere 73,5 % sich vor steigender Arbeitslosigkeit in Deutschland fürchteten – ob aufgrund von Arbeitsplatzverlagerung nach Osten oder Verdrängung durch zugewanderte Konkurrenz auf dem Arbeitsmarkt bleibt hier unklar (Spiegel online 27.02.2004). Die große Angst vor der offenen Grenze nach Osten, die laut einem Bericht im Jahr 2000 noch auf die Grenzregionen beschränkt gewesen war, während bundesweit zwei Drittel für den Beitritt waren, verbreitete sich auf ganz Deutschland und darüber hinaus (Spiegel 37/2000). Der Europa-Politiker Elmar Brok argwöhnte im Jahr 2002, dass „in der alten EU nun [...] mit Wucht die Ängste aufbrechen [würden] vor Mafia-Banden und Horden billiger Arbeitskräfte aus dem Osten, vor maßloser Korruption und gigantischen Kosten, vor dem großen Chaos eines unregierbaren und unüberschaubaren Staatenverbunds“ (Spiegel 50/2002).

Je näher die Osterweiterung rückte, desto wichtiger wurde das Thema Arbeitsmigration in der öffentlichen Wahrnehmung. Auch hierfür gab es einen diskursiven Hintergrund, der in den 1990er Jahren produziert worden war. Osteuropäer als illegale billige Arbeitskräfte waren im Laufe des Jahrzehnts wiederholt Thema in der Öffentlichkeit gewesen. Ende 1995 z. B. berichtete der Spiegel über die zehntausenden Ausländer, die jedes Jahr nach Deutschland kämen, um illegal zu arbeiten. Hinter der „Ostgrenze der Europäischen Union“, die Deutschland damals markierte, befand sich eine Welt der Armut, in der die Zugehörigkeit zu Europa keine große Rolle mehr spielte: „Die Barrieren zwischen armen und reichen Regionen schwinden, die Zuwanderung läßt sich nicht vermeiden. Zu laut ist der Lockruf des Geldes, zu groß die Hoffnung, mit irgendeinem Job in Deutschland die ganze Familie in der Ukraine oder in Pakistan ernähren zu können“ (Spiegel 49/1995). Ukrainische Handwerker und polnische Babysitterinnen koexistierten in diesem – durchaus mit Sympathie für die Lage der Betroffenen geschriebenen – Bericht mit illegalisierten ehemaligen Vertragsarbeitern aus Angola, Heiratsmigrantinnen kämen aus Asien und Lateinamerika, aber neuerdings auch aus Polen, Russland und der Ukraine.

Gegen die Ängste vor Konkurrenz auf dem Arbeitsmarkt schrieb der Spiegel unter Berufung auf verschiedene Forschungsinstitute an. Diese Ängste seien zwar nicht völlig ohne Grund, aber, so zitierte ein Bericht im Jahr 2000 den Migrationsforscher Rainer Münz, „bei der Süderweiterung der EU habe es ‚genauso wilde Prognosen' gegeben, die sich im Nachhinein als ‚viel zu dramatisch erwiesen'". Insgesamt würden alle von der Osterweiterung profitieren, „und der Anrainer Deutschland am meisten." Erweiterungskommissar Günter Verheugen stellte aber gleichzeitig auch schon „lange Übergangszeiten" in Aussicht – „im Gespräch sind zehn, vielleicht mehr Jahre" (alle Zitate aus Spiegel 37/2000).

Auch folgende Berichte changierten zwischen der Betonung der Chancen und einem Kleinreden der möglichen Konsequenzen der Osterweiterung. Während das Manager Magazin von einer „Jahrhundert-Chance" schrieb, die sich hier Deutschland biete, berichtete der Spiegel unter Berufung auf ein Papier des Vorsitzenden des Rates für Migration, Dieter Oberndörfer, dass es in Osteuropa nur noch ein „kleines Wanderungspotenzial" gebe (Spiegel 9/2001). Erweiterungskommissar Günter Verheugen teilte Anfang 2001 mit, dass „Migration ein sehr eingeschränktes Problem sein [wird], regional und auf gewisse Sektoren begrenzt" (Manager Magazin 28.01.2001).

Aus diesen Beschwichtigungen lässt sich der gesellschaftliche Druck ablesen, der sich gegen die Osterweiterung und insbesondere die Freizügigkeit der Bürger der Beitrittsstaaten richtete. Die Bundesregierung sprach dabei mit unterschiedlichen Stimmen. Außenminister Joschka Fischer (Grüne) setzte sich für offene Grenzen ein und „sprach von Ängsten, die sich dann ‚in der Beitrittsrealität als unbegründet erweisen'" (Spiegel online 07.03.2001). Bundeskanzler Gerhard Schröder (SPD) hingegen warnte zeitgleich vor „Migrationsdruck" wegen des „riesigen Wohlstandsgefälles" innerhalb der EU, was ohne Migrationskontrolle für Deutschland „nicht verkraftbar" sei. „Sieben Jahre lang solle daher den Polen, Tschechen, Slowaken, Ungarn und Slowenen auch nach dem EU-Beitritt der Zugang zum deutschen Arbeitsmarkt versperrt bleiben. Diesen Vorschlag werde er bei den Beitrittsverhandlungen in Brüssel einbringen, versprach der Kanzler mit betonter Fürsorge" (Spiegel online 02.01.2001).

Als wichtigster Bedenkenträger werden die Gewerkschaften genannt, die ebenso wie die Regierungschefs der ostdeutschen Länder und die Handwerksverbände Schröders Vorstoß unterstützten. Diese argumentierten grundsätzlich im Sinne sozialer Standards, die durch die Osterweiterung nicht unterlaufen werden dürften. DGB-Chef Dieter Schulte argumentierte für Übergangsfristen, da „eine schrittweise Angleichung der Lebens- und Arbeitsbedingungen [...] der ‚Dreh- und Angelpunkt' für die Erweiterung" sei. [...] Die Bewerberländer müssten sich verpflichten, die in Westeuropa geltende Sozialstandards wie die Mitbestimmung zu übernehmen." (Spiegel online 07.03.2001) Der IG-Bau-Vorsitzende Klaus Wiesehügel sah die vorgesehenen sieben Jahre sogar als „unterste Grenze" und argumentierte im Sinne der politischen Implikationen einer ungeregelten Einwanderung:

> „Angesichts von 390.000 Arbeitslosen im Baugewerbe sprach Wiesehügel von einem ‚braunen Rand' im Gewerbe, den die Gewerkschaften ‚gerade noch im Griff' hätten. Im Klartext: Ihr treibt die Arbeiter in die Hände rechtsextremer Parteien, wenn ihr ihre Ängste nicht ernst nehmt." (Spiegel online 07.03.2001)

Auf politischer Ebene setzte sich die skeptische Fraktion letztlich durch. Deutschland nahm die siebenjährige Übergangsfrist für die Freizügigkeit der neuen EU-Bürger voll in Anspruch. Zugleich bildete sich bereits während dieser Zeit ein prekärer Arbeitsmarkt für Menschen aus Osteuropa heraus, die für wenig Geld im deutschen Niedriglohnsektor schufteten. Dieser wuchs nach Einführung der Freizügigkeit weiter an und schuf ein osteuropäisches migrantisches Prekariat, wir im folgenden Kapitel 9 zeigen werden.

Kapitel 9: Arbeitsmarkt und Ausbeutung

Im vorigen Kapitel ging es um die bundesdeutsche Sichtweise auf Migration aus Osteuropa vor und nach 1989. Dabei wurde deutlich, dass die Ausweitung des europäischen Freizügigkeitsraums auf die ehemals sozialistischen Länder in der deutschen Öffentlichkeit sehr kritisch gesehen wurde. Viele dieser Bedenken basierten auf stereotypen Ängsten über massenhafte Zuwanderung armer Osteuropäer, die nach der Öffnung des Eisernen Vorhangs bzw. nach der Integration Osteuropas in die EU drohe.

Der ‚wahre Kern' dieser Ängste war das enorme Wohlstandsgefälle zwischen West und Ost, aus dem ein massiver Migrationsdruck gefolgert wurde. Jenseits kultureller Stereotype über einen ‚rückständigen Osten' ist diese ökonomische Disparität als ein Ergebnis der langfristigen ökonomischen Marginalität Osteuropas zu sehen, die historisch durch „economic extractivism and precarious labour mobility" (Lewicki 2023, S. 1485) gekennzeichnet war. Osteuropas Rohstoffe, v. a. Getreide, wurden demnach ähnlich einer Kolonie mithilfe unfreier Arbeit ausgebeutet (vgl. Boatca 2013). Später wurde günstige saisonale Arbeitskraft für die deutsche Landwirtschaft rekrutiert (vgl. Kapitel 4). Ivan Kalmar (2022) spricht in diesem Zusammenhang unter Bezug auf Immanuel Wallerstein von Osteuropa als einer Semi-Peripherie im Weltsystem, die sich zwischen den ökonomischen Zentren des „Westens" und den Peripherien des „globalen Südens" befand.

Diese in Bezug auf den Westen semiperiphere Position, die während der Zeit des Staatssozialismus durch die politische und ökonomische Fixierung auf die Sowjetunion relativiert worden war, wurde nach 1989 im Rahmen der neoliberalen Transformation Ost- und auch Westeuropas erneut ausgehandelt (vgl. Ther 2014). Dabei waren die sozialistischen Staaten schon in den Jahren zuvor in verstärkte ökonomische Abhängigkeit vom Westen geraten, insbesondere in Form von Schulden. Nach dem Ende der sozialistischen Regime erfolgte eine – je nach Land mehr oder weniger radikale – Umgestaltung der wirtschaftlichen und gesellschaftlichen Verhältnisse. Auch wenn einfache Narrative einer vom Westen oktroyierten neoliberalen Transformation zu kurz greifen und obendrein von einer west-östlichen „Kotransformation" (Ther 2014, Kap. 9) auszugehen ist, so ist doch klar, dass die Transformationsstaaten bei ihren Reformen westlichen Vorbildern folgten – insbesondere dann, wenn sie einen EU-Beitritt anstrebten, bei dem die Aufnahmekriterien einen bestimmten Reformpfad nahelegten.

Diese ‚nachholende Entwicklung', die diskursiv durchaus auf schon zur Zeit des Staatssozialismus in Dissidentenkreisen vorhandene Ambitionen einer „Rückkehr nach Europa" andocken konnte, hatte Konsequenzen für die Migrationsverhältnisse auf dem Kontinent: sinkende Löhne und steigende Arbeitslosigkeit ließen die Migration nach Westen für viele zur attraktiven – oder schlicht notwendigen – Option werden (Lewicki 2023, S. 1486; vgl. auch Probst 2023). Bis heute hat die schon vor der EU-Osterweiterung begonnene massive Emigration enorme demografische Konsequenzen für die osteuropäischen Staaten gehabt, die zum Teil bis zu einem Viertel ihrer Bevölkerung verloren haben – nicht nur, aber doch hauptsächlich wegen der Emigration. Eine Studie der Österreichischen Akademie der Wissenschaften (2018) stellte dazu fest: „While fertility rates in Eastern Europe have now reached similar levels as in Western European countries, the migration of people has divided the continent into two parts —and thus also determines the divide in population trends between these two parts of the continent."

Migration perpetuiert in diesem Fall also kontinentale Ungleichheiten. Wie Aleksandra Lewicki (2023, S. 1483) betont, ist es gerade diese fortgesetzte Marginalisierung ihrer Herkunftsländer, die die Rassifizierung osteuropäischer Menschen entscheidend bedingt. Während ihr phänotypisches Weißsein dazu beiträgt, dass Diskriminierung und soziale Benachteiligung in westlichen Gesellschaften generationenübergreifend überwunden werden können, führt die Peripherialisierung der Herkunftsregion dazu, dass auch folgende Generationen ihr Heil in der Emigration suchen müssen und somit als ‚billige Arbeitskraft' für den Westen fungieren. Dies unterstreicht die Notwendigkeit der Betrachtung der materiellen Bedingungen der Produktion von Rassifizierung. Es geht mithin nicht nur um Stereotype, sondern auch um die materiellen Grundlagen, die sie erzeugen und zu ihrer Perpetuierung beitragen.

Osterweiterung und prekäre Freizügigkeit

Die Frage der Freizügigkeit für Menschen aus dem östlichen Europa im Rahmen der EU-Osterweiterung illustriert die ambivalente Position Osteuropas in gesamteuropäischen Kontexten sehr deutlich. Dass die Europäische Union überhaupt auf den östlichen Teil des Kontinents ausgedehnt wurde kann man zunächst als grundsätzliche Anerkennung von westlicher Seite sehen, dass es sich bei diesen Staaten um „Europa" handelt und sie Teil eines zunächst west- und dann zunehmend auch südeuropäisch geprägten „Clubs" sein durften und sollten. Manche Autoren interpretieren die Inklusion Osteuropas in den gesamteuropäischen Wirtschafts- und Migrationsraum sogar als gezielte Strategie des *whitening*, um nicht auf außereuropäische Migration angewiesen zu sein (del Grande 2023, S. 430–437). Angesichts der scharfen Grenze, die in den letzten Jahrzehnten um die „Festung Europa" (vgl. z. B. Carr 2015) gezogen wurde und dem daraus resultierenden Massensterben von Menschen vom afrikanischen und asiatischen Kontinent, die versuchen, nach Europa zu gelangen, sind solche

Interpretationen nicht von der Hand zu weisen. Dass Menschen aus Osteuropa in einer globalen Perspektive vergleichsweise privilegiert sind, ist eindeutig.

Wie zuvor gesehen, war diese Erweiterung und insbesondere die Freizügigkeit aber alles andere als unumstritten. Beispielsweise war sie in der deutschen Bevölkerung mit Ängsten verbunden – Ängsten vor der Verlagerung von Arbeitsplätzen in die neuen Mitgliedsstaaten mit ihren niedrigeren Löhnen, aber auch Ängsten vor massenhafter Zuwanderung, die ebenfalls zu sinkenden Löhnen und steigender Arbeitslosigkeit in Deutschland führen könnten (vgl. Gallegos Torres / Sommerfeld / Bartel 2022, S. 2). Diese Ängste artikulierten sich vor dem realen Hintergrund wirtschaftlicher Unterschiede, aber auch eines seit Ende der 1980er Jahre entwickelten Angstszenarios vor einer „Völkerwanderung" aus einem als ‚chaotisch' imaginierten Osten, aus dem Armut und Kriminalität nach Westen kämen (vgl. Kapitel 8). Aus diesem Grund bestand Deutschland nach dem EU-Beitritt der neuen Staaten auf einer Übergangsfrist von bis zu sieben Jahren, in denen ihren Bürgern noch keine Freizügigkeit gewährt würde. Die Bundesrepublik schöpfte diese Frist aus, sodass die Staatsangehörigen der 2004 (Polen, Tschechien, Slowakei, Ungarn, Slowenien, Estland, Lettland, Litauen, die EU-8) bzw. 2007 (Rumänien und Bulgarien, die EU-2) beigetretenen ostmittel-, ost- und südosteuropäischen Staaten erst 2011 bzw. 2014 volle Freizügigkeitsrechte erhielten. Studierende, Selbständige und Saisonarbeiter waren von diesen Restriktionen allerdings ausgenommen (Gallegos Torres / Sommerfeld / Bartel 2022, S. 2). Nachdem sich ein Großteil der osteuropäischen Migration seit 2004 bzw. 2007 nach Großbritannien und Irland orientierte, wo es keine Übergangsfristen und dafür aufnahmefähige Arbeitsmärkte gab, ist Deutschland seitdem auch zu einem wichtigen Zuwanderungsziel geworden. Seit dem Ende der Übergangsfrist im Jahr 2011 stieg der Anteil der sozialversicherungspflichtig Beschäftigten aus den EU-8-Ländern von unter 200.000 auf über 600.000 bis Ende des Jahrzehnts. Aus den EU-2-Staaten stieg der Anteil phasenverschoben seit 2014 auf über 500.000, wohlgemerkt aus nur zwei Ländern (Gallegos Torres / Sommerfeld / Bartel 2022, S. 8). Weitere 300.000 EU-Bürger waren zu dem Zeitpunkt ausschließlich geringfügig beschäftigt (Baas 2019, S. 48).

Verschieben wir die Perspektive nun auf die Bedingungen, unter denen Osteuropäer im Westen und speziell in Deutschland arbeiten, so wird deutlich, dass die gewährte Freizügigkeit trotz der mit ihr einhergehenden prinzipiellen Gleichstellung mit allen anderen EU-Bürgern eine prekäre ist (Probst 2023). Diese Prekarität lässt sich zunächst in einer allgemeinen Prekarisierung und Flexibilisierung von Arbeit und dem Rückbau des Sozialstaats im Zusammenhang mit neoliberalen Reformen in Ost und West verorten. In den Transformationsstaaten wurden so „die durch die EU-Beitritte gewonnenen Migrationsmöglichkeiten für viele ‚osteuropäische' EU-Bürger*innen zur ökonomischen Notwendigkeit, wurden aber aus neoliberal-individualistischer Perspektive als Ausdruck und Möglichkeit (west-)‚europäischer' Freiheiten gleichzeitig als erstrebenswert konstruiert“ (Probst 2023, S. 28). In Deutschland wiederum kamen sie auf einen durch im Zuge der Hartz-Reformen und der Agenda 2010 deregulierten Arbeitsmarkt mit wachsendem Niedriglohnsektor, der migrantische Arbeitskraft dankbar absorbierte.

Dabei zeigen Daten immerhin, dass die große Mehrzahl der Beschäftigten, die seit Einführung der Freizügigkeit in Deutschland Arbeit aufgenommen haben, in sozialversicherungspflichtigen Jobs arbeiten und mithin zumindest eine gewisse soziale Absicherung haben (Gallegos Torres / Sommerfeld / Bartel 2022, S. 5). Entsendungen spielen bei den Zuwanderern aus den 2004 beigetretenen Staaten auch noch eine relativ wichtige Rolle, haben aber keinen vergleichbaren Zuwachs erfahren. Vielmehr gehen vorher wegen der Übergangsfristen notgedrungen im Rahmen der Entsendung, als Saisonarbeiter oder als Soloselbständige beschäftigte Personen seit der Freizügigkeit in sozialversicherungspflichtige Arbeitsstellen über (Baas 2019, S. 31, 42). Geringfügige Beschäftigung existiert auch, stärker bei Rumänen und Bulgaren als bei den EU-8, macht aber nur einen relativ kleinen Anteil der Gesamtbeschäftigung aus (Gallegos Torres / Sommerfeld / Bartel 2022, S. 5). „Die Mehrheit der EU-Bürger*innen aus Bulgarien, Rumänien und Polen gelten als erfolgreich im Arbeitsmarkt integriert.“ (Kovacheva / Cyrus 2020, S. 28)

Über die Qualität der Arbeit sagt dies nur bedingt etwas aus. Trotz des positiven Bilds zur Arbeitsmarktintegration im allgemeinen halten Kovacheva und Cyrus (2020, S. 28) unter Bezug auf die Befunde in Baas (2019) ebenfalls fest, dass „EU-Bürger*innen überproportional in atypischen Beschäftigungsverhältnissen wie Teilzeitarbeit, befristeten Arbeitsverhältnissen und geringfügiger Beschäftigung vertreten [sind]. Zudem sind sie überwiegend in Sektoren mit niedrigen Löhnen trotz vorhandener Qualifikationen tätig und haben ein höheres Risiko, Arbeitsausbeutung zum Opfer zu fallen.“ Zeitarbeit und die damit einhergehenden schlechten Arbeitsbedingungen und niedrigen Löhne sind bei ihnen deutlich weiterverbreitet als in der Gesamtbevölkerung (Baas 2019, S. 39–40). Selbst Fachkräfte haben ein hohes Risiko, bloß einen Niedriglohn zu erhalten (Baas 2019, S. 45). Darüber hinaus gibt es das Phänomen der Schwarzarbeit, zu dem naturgemäß keine offiziellen Daten vorliegen. „Private Netzwerke, Vermittlungsagenturen, Tagelöhner-Märkte und Arbeitsvermittlung im Internet stellen wichtige Rekrutierungsmechanismen dar, die in ausbeuterische Arbeitsverhältnisse führen können.“ (Kovacheva und Cyrus 2020, S. 28) Die Ausbeutung osteuropäischer Migrantinnen und Migranten in Deutschland findet also nicht zuletzt in einer rechtlichen Grauzone oder ganz jenseits der Legalität statt.

Die wichtigsten Berufsgruppen, in denen osteuropäische Migrant*innen tätig sind – darunter Post- und Lagerwirtschaft, Transport, Reinigung, Lebensmittelsektor und Gastgewerbe, Bau, Landwirtschaft und Pflege – sind „stark durch niedrig und mittel qualifizierte Beschäftigung charakterisiert“ (Gallegos Torres / Sommerfeld / Bartel 2022, S. 7; vgl. auch Baas 2019, S. 46–48). Sie werden „vor allem als Helfer und Fachkräfte und weniger als Experten und Spezialisten eingesetzt" (Baas 2019, S. 33). In vielen dieser Jobs dominieren manuelle Routineaufgaben, was die Arbeitsaufnahme auch mit geringen Sprachkenntnissen ermöglicht. Daraus kann man aber kein generell niedriges Qualifikationsniveau der Beschäftigten ableiten. Gallegos Torres u. a. (2022, S. 7–8) sehen vielmehr Hinweise auf „Downgrading", also auf Beschäftigung der Zugewanderten unter ihrem eigentlichen Qualifikationsniveau. Baas (2019, S. 43–44) berichtet von „brain waste" bei der freizügigen osteuropäischen Migration nach Großbritannien seit 2004, kann flächendeckende Arbeit unter Qualifikation für Deutschland aber nicht eindeutig empirisch bestätigen. Angesichts der unterschiedlichen Ausbildungssysteme in verschiedenen EU-Ländern ist es aber durchaus möglich, dass eigentlich höher qualifizierte Arbeitskräfte als unqualifiziert gelten und in entsprechenden Jobs unterhalb ihrer faktischen Fähigkeiten arbeiten müssen. Weiterhin sieht er die Gefahr einer „unterwertigen Beschäftigung" gerade auch für jüngere Zugewanderte der letzten Jahre, bei denen das formale Qualifikationsniveau tendenziell höher liegt als bei älteren Kohorten.

Betrachtet man den Umgang mit anderen osteuropäischen Zuwandererkohorten der 1990er Jahre, konkret mit den Spätaussiedlern und den Kontingentflüchtlingen aus der ehemaligen Sowjetunion, wäre eine weitgehende nicht-Anerkennung von beruflichen Qualifikationen jedenfalls nicht überraschend. Insbesondere die Anerkennung akademischer Abschlüsse aus den Herkunftsländern erfolgte nur in unzureichendem Maße, was insbesondere für die in der Breite hochqualifizierten Kontingentflüchtlinge eine massive Dequalifizierung und Exklusion vom regulären Arbeitsmarkt mit sich brachte (vgl. dazu auch Kapitel 10). Doch auch bei den eher mit mittleren und technischen Abschlüssen ausgestatteten Spätaussiedlern gingen die Arbeitslosenzahlen erst ab Mitte der Nullerjahre sukzessive zurück, wobei auch hier überproportional viele Beschäftigte im produzierenden Gewerbe oder dem prekären Dienstleistungssektor beschäftigt sind, besonders im Falle von Frauen oft verbunden mit nur geringfügigen Beschäftigungsverhältnissen (vgl. Panagiotidis 2021, Kap. 3; speziell zur Genderdimension auch Jašina-Schäfer 2023). Freilich hat sich der rechtliche Rahmen für die Anerkennung von Qualifikationen durch das „Gesetz zur Verbesserung der Feststellung und Anerkennung im Ausland erworbener Berufsqualifikationen" (Anerkennungsgesetz) von 2012 zum Positiven verändert. Eine andere Frage ist aber die Anerkennungspraxis – auch die Spätaussiedler hatten prinzipiell Anspruch auf Prüfung ihrer Qualifikation, was in der Realität aber häufig trotzdem nicht zu einer Anerkennung führte.

Soziale Rechte und „Armutsmigration"

Ein besonders umstrittener Aspekt der Freizügigkeit für Menschen aus Osteuropa war und ist ihr Zugang zu sozialen Rechten. Grundsätzlich besteht die

Besonderheit der EU-Freizügigkeit im Vergleich zu früheren Modellen der Europäischen Gemeinschaft darin, dass sie eine unmittelbar geltende persönliche Grundfreiheit europäischer Bürger qua ihrer Zugehörigkeit ist (Baas 2019, S. 9). Die Frage der Ansprüche auf Sozialleistungen verkompliziert dieses Bild allerdings, wenn es sich dabei wie im Falle von Hartz IV (inzwischen „Bürgergeld") nicht um beitragsabhängige Leistungen handelt, sondern um steuerfinanzierte Leistungen der nationalen Solidargemeinschaft (Kovacheva/Cyrus 2020, S. 28). Entsprechend schloss das SGB II Unionsbürger während der ersten drei Monate ihres Aufenthalts sowie arbeitssuchende Unionsbürger vom Bezug von Sozialleistungen aus. Dies geschah auf Grundlage einer Ausnahmeregelung in Art. 24, Abs. 2 der EU-Freizügigkeitsrichtlinien 2004/38, dass Staaten nicht verpflichtet sind, nicht-arbeitenden EU-Bürgern während der ersten drei Monate ihres Aufenthalts Sozialleistungen zu gewähren (Baas 2019, S. 65).

Hintergrund dieser Regelung war die Furcht vor „Armutszuwanderung", „Einwanderung in die Sozialsysteme" oder „Sozialtourismus" – allesamt Kampfbegriffe, die Migrant*innen unterstellen, den Sozialstaat ausnutzen zu wollen und die seit der „Wende" von 1989 existierende Angst vor der massenhaften Zuwanderung armer Osteuropäer*innen aufgriffen. Die zunehmende Dominanz dieser Figur im Diskurs über EU-Migration interpretieren Carstensen, Heimeshoff und Riedner (2018, S. 261) auch als Hintergrund der restriktiven Wende in der Rechtsprechung des Europäischen Gerichtshofs zu dieser Frage im Fall Dano aus dem Jahr 2014. Nachdem der Gerichtshof zuvor in verschiedenen Urteilen zugunsten der sozialen Rechte nicht-arbeitender Migrant*innen entschieden hatte, wurden eine aus Rumänien stammende Frau und ihr Sohn vom Sozialleistungsbezug ausgeschlossen (vgl. Thym 2014). Zu jener Zeit hatte auch bereits der Deutsche Städtetag in einem Positionspapier wegen der „Armutswanderung" aus Bulgarien und Rumänien Alarm geschlagen, die zwar „offiziell üblicherweise zum Zwecke der Arbeitssuche" erfolge, aber „eine sozialversicherungspflichtige Tätigkeit als Arbeitnehmer oder eine selbständige Erwerbstätigkeit häufig nicht zustande komme" (Deutscher Städtetag 2013, S. 3). Die aus diesen Staaten stammenden Roma wurden dabei als besondere Problemgruppe identifiziert (vgl. dazu auch Haj Ahmad, 2022, S. 181–182).

Tatsache ist freilich, dass EU-Migrant*innen, insbesondere aus Bulgarien und Rumänien, überdurchschnittlich oft Grundsicherung beziehen. 2017 lag der Anteil der Grundsicherungsempfänger unter ihnen bei 15,5 % und damit deutlich höher als bei EU-8-Migranten (8,1 %) oder der Gesamtbevölkerung (7,7 %). Mit „Sozialtourismus" hat das aber nichts zu tun: Laut Baas (2019, S. 69) scheinen „der Grund für die hohe Hilfequote geringe Löhne zu sein." 42,5 % der Hilfeempfänger waren demnach erwerbstätig, aber wegen ihres geringen Einkommens zur Aufstockung berechtigt. Der Anstieg der Sozialleistungsquote ist somit auch ein „Indikator dafür, dass der Markt für prekäre Beschäftigungsverhältnisse durch eine

Rekrutierung von EU-Bürger*innen nicht nur aufrechterhalten, sondern ausgeweitet wurde." (Kovacheva/Cyrus 2020, S. 29)

Die „Armutsmigranten" wären also treffender als *working poor* beschrieben. Wenn sie Grundsicherung beziehen, dann in vielen Fällen deshalb, weil ihr Arbeitslohn nicht zum Leben reicht. Verschärfungen beim Leistungsbezug drängen sie wiederum in Jobs, in denen sie nicht genügend Einkommen erzielen können. Saisonarbeiter sind grundsätzlich von der Aufstockung ausgeschlossen (Baas 2019, S. 65). Die Armut der „Armutsmigranten" ist also real, wird aber aus dem System heraus und durch das System produziert – manche würden sagen mit der Intention, den Niedriglohnsektor weiter auszuweiten (Carstensen/Heimeshoff/Riedner 2018, S. 262).

Ein weiterer Effekt dieser ökonomischen Marginalisierung und die vielleicht drastischste Illustration der prekären Freizügigkeit von EU-Migrant*innen ist das Phänomen der Obdachlosigkeit unter ihnen. Im Jahr 2017 war etwa die Hälfte aller Obdachlosen in Deutschland EU-Migranten (Baas 2019, S. 54). Wie Marie-Therese Haj Ahmad (2022, S. 42–43) in ihrer wichtigen ethnografischen Studie zu dem Thema feststellt, findet im Umgang mit diesem Phänomen die Konstitution eines europäischen „Inneren Anderen" statt, wobei sie die freizügigen, aber wohnungslosen EU-Migranten als „Subalterne Europas" identifiziert. Dabei spielen antiziganistische, aber auch antislawische und antiosteuropäische Stereotype und Vorurteile eine Rolle, die sich hier mit Klassismus und Obdachlosenfeindlichkeit verschränken (Haj Ahmad 2022, S. 219). Bezeichnenderweise stellt sie fest, dass es im Feld zwar „ein gewisses Wissen um den Diskriminierungsgehalt des *Otherings* auf Grundlage antiziganistischer Deutungsmuster zu geben [schien], [...] die Begriffe ‚Osteuropa' bzw. ‚Osteuropäer' und die damit einhergehenden Konstruktionen [aber] weitestgehend nicht hinterfragt" würden. „Osteuropa" sei als „Anderer" offenbar „so tief im Bereich des Selbstverständlichen verankert [...], dass die Reflexion einer möglichen damit verbundenen Diskriminierung außer Frage" stehe (Haj Ahmad 2022, S. 186).

Branchen und Arbeitsvermittlung

Wie oben bereits angesprochen, gibt es einige ‚typische' Branchen, in denen Arbeitnehmer aus Osteuropa schwerpunktmäßig arbeiten. Dazu gehören die Land- und Forstwirtschaft, das Baugewerbe, das Gastgewerbe, die Post- und Lagerwirtschaft, der Reinigungssektor, Lebensmittel- und Genussmittelherstellung (darunter die Fleischindustrie), Altenpflege und die Fahrzeugführung (vgl. Baas 2019, S. 47–48; Gallegos Torres/Sommerfeld/Bartel 2022, S. 7–15). Gallegos Torres u. a. (2022, S. 15) halten fest, dass es den höchsten Ausländeranteil in den Bereichen Reinigung (etwa 36 %, davon sehr viele aus Rumänien und Bulgarien), Lebensmittel- und Genussmittelherstellung (33 %), und Hochbau (32 %) gibt, während der in absoluten Zahlen höchste Wert in der Post- und Lagerwirtschaft erreicht wird. Baas (2019, S. 47) verweist auf eine starke Überrepräsentation von EU-Ausländer*innen in den Bereichen Land- und Forstwirtschaft, im Baugewerbe und im Gastgewerbe. Viele davon sind geringfügig beschäftigt.

Ausbeutung und schlechte Arbeitsbedingungen sind in allen diesen Bereichen ein Thema, oft verbunden mit bestimmten atypischen Beschäftigungsformen wie Entsendung, Saisonarbeit, Soloselbständigkeit, geringfügige Beschäftigung, Werkverträge und grenzüberschreitende Leiharbeit (Baas 2019, S. 49). Während also, wie oben dargelegt, der Anteil der regulären, sozialversicherungspflichtigen Arbeitsverhältnisse gestiegen ist, so gibt es nach wie vor ein – nicht leicht zu quantifizierendes – breites Feld prekärer, atypischer und irregulärer Beschäftigungsformen.

Ein Blick auf die Webseiten einiger Personalvermittlungsagenturen vermittelt einen Eindruck davon, wie die Rekrutierung von Arbeitskräften in diesen Branchen läuft – und in welch starkem Maße die hier angesprochenen Branchen mit Arbeit aus „Osteuropa" assoziiert werden. Am explizitesten ist der Osteuropa-Fokus bei dem Personalvermittler *Eastrecruiting*, der den „Osten" bereits im Namen trägt. Im zentralen Kasten auf der Startseite erscheint „Osteuropa" regelrecht als Zauberwort, das es durch Wiederholung zu betonen gilt [Hervorhebung von uns, JP/HCP]:

> „Personalvermittlung *Osteuropa*: Fachkräfte und geschultes Personal aus *Osteuropa* Personal *Osteuropa*: Sie suchen nach qualifiziertem Personal aus *Osteuropa*? Dann sind Sie bei uns genau richtig. Wir rekrutieren und vermitteln Arbeitskräfte aus *Osteuropa*. Schnell und erfolgreich. Ihre Personalvermittlung *Osteuropa*: Eastrecruiting."[67]

Eastrecruiting vermittelt also Arbeitskräfte aus Osteuropa direkt an Firmen im deutschsprachigen Raum. Versprochen werden Fach- und Hilfsarbeiter für „alle Branchen", konkret Baugewerbe, Gastronomie & Hotellerie, Logistik, Landwirtschaft, Produktionshelfer, Technik, Gebäudereinigung, sowie speziell Fachkräfte und Akademiker, die über die Niederlassung in den Vereinigten Arabischen Emiraten auch aus Asien vermittelt werden können. Der Erfolg scheint garantiert:

> „Erhöhen Sie jetzt Ihre Umsätze, stellen Sie Ihre Projekte fertig und machen Sie Ihre Kunden glücklich. Die Arbeiter aus Osteuropa, zum Erreichen Ihrer Ziele, kommen von uns. Egal, ob Sie nach Handwerkern, Personal für Gastronomie & Hotel, LKW-Fahrern, Mitarbeitern für die Produktion & Logistik oder Erntehelfern suchen, mit uns finden Sie Ihr Personal aus Osteuropa und Mitarbeiter aus Osteuropa."[68]

---

67 https://www.eastrecruiting.de (Abfrage: 12.11.2023).
68 Ebd.

Weiterhin wird mit „schneller Vermittlung“ geworben: „Bei Ihrer Personalvermittlung Osteuropa erhalten Sie Ihr Personal innerhalb von 3 Tagen.“ Und dies alles zum günstigen Preis: „Der schnelle Zugriff auf Fachkräfte u. Hilfskräfte senkt die *Kosten* [Hervorhebung im Original, JP/HCP] u. Sie erhalten Personal ab einmalig 249 €.“ Rekrutiert wird „Personal aus Polen, Personal aus Rumänien, Litauen, Russland und ganz Osteuropa“. Jedes Land hat dabei ein besonderes Arbeitskräfteprofil:

> „Polen bietet sehr gute Fachkräfte und Hilfskräfte, als Arbeitskräfte, für unsere Kunden. Hilfskräfte werden von uns jedoch zunehmend aus anderen Staaten rekrutiert, da aufgrund zunehmend steigender Löhne in Polen auch Hilfskräfte teurer werden. Nutzen Sie dazu unsere Personalvermittlung Polen.
> Rumänien, als zweitgrößter Ost-EU Staat, bietet sich vor allem an, Hilfsarbeiter als Produktionshelfer, Erntehelfer, Bauhelfer oder Monteure zu rekrutieren. Facharbeiter findet man aus dem Bereich Bauwesen wie Maurer, Maler, Bauarbeiter aber auch Mitarbeiter für IT und den Office-Bereich. Nutzen Sie dazu unsere Personalvermittlung Rumänien.
> Litauen, als eines der kleinsten Länder der EU, bietet sich hervorragend an zur Vermittlung von Personal für Fach- und Hilfskräfte aller Branchen. Allerdings findet man hier weniger Arbeitskräfte mit Deutschkenntnissen.
> Russland, als Riesenreich und Nachbar der Ost-EU Staaten, nutzen wir für die Personalvermittlung Osteuropa, wenn es um spezialisiertes Personal geht. Die Personalvermittlung kann hier mehrere Monate andauern.“[69]

Auch die Seite www.personalvermittlung.eu wirbt mit „Personalvermittlung aus Osteuropa“, sowohl von Fach- wie von Hilfsarbeitern. Ihre Mission beschreiben sie folgendermaßen: „Wir bringen Arbeitgeber und Personalvermittler aus Osteuropa zusammen.“[70] Hier geht es also nicht um direkte Rekrutierung, sondern darum „für Arbeitgeber die passenden Personalvermittler aus Osteuropa zur Arbeitnehmerüberlassung oder Direktvermittlung“ zu finden. Das Unternehmen vermittelt also Vermittler für Arbeitskräfte aus den Bereichen Produktion & Fertigung, Bauhandwerk, Gesundheitswesen, Verkehr & Logistik, Hotel & Gastronomie, Landwirtschaft, Computer & IT, allgemein für den Bereich Dienstleistungen sowie von Hilfskräften. Außerdem werden Kontakte zu Subunternehmen in Osteuropa angeboten, die ihrerseits Arbeitskräfte anbieten können.

„Personalvermittlung Osteuropa“ verspricht auch zeitarbeit-international.de. Hier geht es um die Vermittlung von Leiharbeitern oder Subunternehmern, die über eine Personalvermittlung entsendet werden und Werkverträge erhalten – wie oben angesprochen eine vergleichsweise prekäre Form der Beschäftigung.

---

69 Ebd.
70 https://www.personalvermittlung.eu (Abfrage: 12.11.2023).

Rekrutiert wird in Polen, dem Baltikum, Kroatien, der Slowakei, Tschechien, Ungarn, der Ukraine und der Türkei. „Dank unserem großen Netzwerk im Ausland finden wir immer zeitnah und unkompliziert benötigtes Personal." Angeboten wird eine Art rundum-sorglos-Paket für verschiedene Branchen:

> „Lehnen Sie sich zurück und lassen Sie uns, einen erfahrenen Personalvermittler Osteuropa für Sie die Arbeitskräfte aus Osteuropa finden. Egal, ob Sie nach Elektrikern, Schlossern, Schweißern, Bauarbeitern aus Polen oder Produktionsmitarbeiter aus Tschechien suchen, wir stehen Ihnen beratend zur Hilfe. Wir haben uns auf die Vermittlung von osteuropäischen Arbeitskräften spezialisiert und helfen Ihnen bei der Rekrutierung von Personal für Industrie, Handwerk, Logistik, Transport, Produktion oder Bau. Bei der Vermittlung von Personal aus Osteuropa finden Sie bei uns sowohl Facharbeiter als auch Hilfsarbeiter."[71]

Die starke Betonung von *Osteuropa* durch diese verschiedenen Anbieter wirft die Frage nach dem Zweck dieses Labels auf. Vor dem Hintergrund der Art und Weise, wie die Angebote dieser Vermittlungsunternehmen präsentiert werden, entsteht der Eindruck einer Chiffre: Osteuropa steht hier für Flexibilität und günstige Preise bei guter Qualifikation. Zugleich steht es aber auch für einen nicht einfach zu navigierenden Arbeitsmarkt, der „go-betweens" wie eben diese Vermittlungsfirmen erforderlich macht. Die Startseite von www.personalvermittlung.eu bringt dies noch auf den Punkt, wenn es heißt: „Wir bringen Transparenz in die unübersichtliche Rekrutierung aus Osteuropa." Die in den Köpfen der Kunden nach wie vor vorhandene Exotisierung der östlichen Hälfte des Kontinents (in Verbindung mit in der Regel wohl nicht vorhandenen Sprachkenntnissen) wird hier zum Geschäftsmodell von Firmen, die sich in der ‚fremden Welt' jenseits von Oder und Neiße auskennen und alle deutschen Wirtschaftsbereiche – Landwirtschaft, Produktion und Dienstleistungssektor – mit Arbeitskräften versorgen.

Die Art und Weise der Vermittlung von Arbeitskräften wird auch in den folgenden beispielhaften Porträts verschiedener Branchen eine Rolle spielen, in denen Arbeiterinnen und Arbeiter aus Osteuropa stark präsent sind. Außerdem werden die bereits angedeuteten problematischen Arbeits- und Ausbeutungsverhältnisse hier exemplarisch ausgeführt werden, ohne Anspruch auf Vollständigkeit. Schließlich geht es auch um die Bilder von Osteuropa und Osteuropäern, die in diesem Zusammenhang produziert werden.

71 https://zeitarbeit-international.de/personalvermittlung-osteuropa/ (Abfrage: 12.11.2023).

Pflege

Im Juli 2011 erschienen eine ARD-Dokumentation mit dem Titel *Omas neue Polin*. Darin wurde eine gewisse Gisela Müller porträtiert, die ihre gebrechliche Mutter zu Hause pflegen wollte. Nachdem sich dies negativ auf ihr Leben und Wohlbefinden auswirkt, sucht Frau Müller Hilfe:

> „Für ihre pflegebedürftige, alte Mutter engagiert Gisela Müller eine Betreuerin aus Osteuropa. Gabriela ist 50, spricht zwar kaum deutsch (sic!), fügt sich aber gut in die Familie ein. Nach zwei Monaten Betreuung rund um die Uhr macht sie Pause in der Heimat. In dieser Zeit übernimmt die junge Polin Greta die Arbeit. Wie wirkt sich dieser Wechsel auf das Familienleben und die Mutter von Gisela Müller aus? Das Fernsehteam begleitet die Familie über diese Zeit der Eingewöhnung voller Erwartungen und Spannungen."[72]

Vieles an diesem Text ist bemerkenswert: der Titel, der „die Polin" Greta zum Besitz der Oma und damit quasi zum Objekt macht – die „neue Polin" könnte genauso gut eine neue Jacke sein; die Herkunft ihrer Vorgängerin aus einem unbestimmten Raum namens „Osteuropa"; und nicht zuletzt der Umstand, dass sich der Film (zumindest laut Teaser) nur für die Auswirkungen auf das Familienleben und auf Frau Müllers Mutter interessiert, nicht aber für Greta selbst.

Im Jahr 2020 machte das Pflegevermittlungsunternehmen *Procura24* Schlagzeilen mit einer auf Bussen im nordwestdeutschen Ammerland platzierten Werbung, die den Titel der Dokumentation neu auflegte: „Oma's (sic!) neue Polin" war dort zu lesen, gefolgt von dem Versprechen: „kompetente und herzliche Pflege" (Kranz 3.9.2020). Die Linke Oldenburg/Ammerland kritisierte, „dass hier bewusst Rassismus gegenüber Polinnen und Polen gefördert wird, um damit Gewinne zu erwirtschaften." Das Unternehmen wies diese Vorwürfe über seinen Anwalt zurück, da die Werbung „nicht auf biologische Merkmale [rekurriere] und auch nicht eine Abstammung über eine andere [stelle]. Somit könne die Werbung keinen Rassismus fördern." Auch verwehrte sich *Procura24* gegen den von der Linkspartei ebenfalls angestellten Vergleich mit den Arbeitsbedingungen in der Pflege mit jenen in der Fleischindustrie. Trotzdem zog das Unternehmen seine Werbung offenbar zurück.[73] Noch heute wirbt *Procura24* aber auf seiner Webseite mit „Osteuropäische[n] Pflegekräfte[n] für eine ‚24h-Betreuung' Zuhause":

> „Im Alter zu Hause wohnen, im vertrauten Umfeld und mit den Freunden in der Nähe, das ist für die meisten Senioren und Seniorinnen ein Herzenswunsch. Die häusli-

72 https://www.daserste.de/information/reportage-dokumentation/echtes-leben/sendung/rbb/2011/omas-neue-polin-100.html (Abfrage: 12.11.2023).

73 https://goldener-zaunpfahl.de/pflegefachkraefte-von-und-fuer-rassist-innen/ (Abfrage: 12.11.2023).

che Pflege und Altenbetreuung durch osteuropäische Pflegekräfte macht es möglich. Sie sorgt für die bestmögliche Betreuung und ist die bessere – und bezahlbare – Alternative zum Alten- & Pflegeheim!
Procura24 vermittelt erfahrene, zuverlässige und liebevolle Pflegekräfte aus Polen, Litauen und Estland, die bei den Pflegebedürftigen einziehen, um die "24-Stunden-Pflege" zu übernehmen.
In der Regel dauert es nur 5–7 Werktage, bis die osteuropäische Pflegekraft mit ihrem Einsatz beginnen kann. [Im Original durch Fettdruck hervorgehoben]
Wir wissen, dass dies ein Einschnitt in das Leben der Menschen und ihrer Angehörigen ist. Als Pflegeagentur mit über 10-jähriger Erfahrung in der Vermittlung osteuropäischer Betreuungskräfte, versuchen wir daher den Übergang so reibungslos wie möglich zu gestalten."[74]

Auch in weiteren Texten auf der Webseite sticht das Attribut *osteuropäisch* immer wieder ins Auge, so etwa, wenn die „Kosten für eine osteuropäische Pflegekraft" erläutert werden (u. a. abhängig vom „Niveau der Deutschkenntnisse der Betreuungskraft") und betont wird, dass „es in erster Linie darauf an[komme], dass die Ihnen vermittelte osteuropäische Pflegekraft zu Ihren Vorstellungen passt, insbesondere in Bezug auf Ihre fachlichen Anforderungen."[75] Die Analogie zu einer Katalogbestellung einer ‚osteuropäischen Pflegekraft nach Maß' drängt sich hier auf und verstärkt die Reduzierung von „Omas neuer Polin" auf ein Objekt.

Für die Verhältnisse in der Branche ist weiterhin bezeichnend, dass eigentliche Selbstverständlichkeiten wie die „Einhaltung des gesetzlichen Mindestlohns" und ein „100 % legales Beschäftigungsverhältnis" gesondert hervorgehoben werden. Darüber hinaus deutet die Beschreibung der Vertragskonditionen der Kunden mit dem Unternehmen aber darauf hin, was den „osteuropäischen Pflegekräften" hier abverlangt wird: kurzfristiger Einsatz (innerhalb von „nur 5–7 Werktagen"), „Verträge befristet oder unbefristet", „Personalaustausch jederzeit möglich", „Vertrag ‚ruhend stellen' jederzeit möglich", „Täglich kündbar".[76]

Pflegearbeit findet in Deutschland auf einem „grauen Markt" statt, auf dem legale und illegale Praktiken in intransparenter Weise miteinander verschmelzen (Satola 2023, S. 144). Seine Größe lässt sich dementsprechend nur schwer bestimmten. Sicher ist aber, dass „osteuropäische Pflegekräfte" hier dominieren: Agniezska Satola (2023, S. 144) spricht von 300.000 bis 700.000 Frauen aus Ostmittel-, Südost- und Osteuropa (v. a. aus den EU-Staaten Polen, Rumänien, Kroatien, Slowakei, Bulgarien, Ungarn und Litauen sowie aus der Ukraine und den Balkanstaaten), die in Deutschland als „Live-ins" in der 24-Stunden-Pflege arbeiten. Dabei gibt es verschiedene Beschäftigungsmodelle: das Entsen-

---

74 https://www.procuracare.de/pflegekonzepte/procura24/ (Abfrage: 12.11.2023).
75 Ebd.
76 Ebd.

demodell, in dem die Pflegekräfte aus ihrem Herkunftsland nach Deutschland entsendet werden; das Selbstständigenmodell, in dem die Pflegekräfte selber ein Gewerbe anmelden; und das Arbeitgeber-Modell, in dem die Pflegekräfte direkt im Haushalt angestellt werden. Letzteres wird seltener in Anspruch genommen, da es für die Auftraggeber deutlich teurer ist (Satola 2023, S. 144–146).

Alle diese Modelle sind aber aufgrund des intimen Beschäftigungsverhältnisses in der familiären Privatsphäre nur schwer zu kontrollieren und für Missbrauch anfällig – Satola (2023, S. 147) spricht von einer „Einladung zur Ausbeutung". Diese zeigt sich u. a. in erfahrungsgemäß extrem langen Arbeitszeiten und daraus resultierend niedrigen Stundenlöhnen: bei durchschnittlich 1.500 Euro Monatslohn ergibt sich aus einem Monat 24-Stunden-Dienst ohne Ruhetage ein Einkommen von 50 Euro am Tag oder 2,10 Euro pro Stunde. Selbst wenn nicht jede dieser Arbeitsstunden gleichermaßen intensiv ist und viel ‚Leerlauf' dabei sein dürfte, so ist auch klar, dass dies gegen deutsches Arbeitsrecht verstößt, das nur 48 Wochenstunden Arbeit inklusive Bereitschaftsdienst erlaubt und längere Ruhephasen vorschreibt (Satola 2023, S. 147). Das Bundesarbeitsgericht entschied 2021 zwar, dass den Pflegekräften auch in Bereitschaftszeiten der Mindestlohn zusteht (Tagesschau, 25.6.2021). Doch noch im Mai 2022 äußerte sich die Bundesregierung in einer Antwort auf eine kleine Anfrage der Linksfraktion ausweichend zur Thematik und bezeichnete u. a. die Bezeichnung „24-Stunden-Pflege" als „doppelt irreführend, weil das Betreuungspersonal in aller Regel weder über eine (fach-)pflegerische Ausbildung verfügt noch rund um die Uhr im Einsatz ist" (BT DS 20/1670, 04.05.2022, S. 14). Ansonsten gebe es Beratungsangebote. Satola (2023, S. 148) interpretiert diese Aussagen als „stille Erlaubnis" für die bestehende Praxis. Angesichts der Tatsache, dass in einer alternden Gesellschaft die Pflegefrage immer wichtiger wird und es sich bei den Angehörigen, anders als bei den Pflegekräften, um potenzielle Wähler*innen handelt, vermag dies nicht zu überraschen. Der Stellenwert der „osteuropäischen Pflegekräfte" ist damit aber auch klar benannt.

Bau

Ähnlich wie Pflegekräfte kann man auch osteuropäische Bauarbeiter per Internet über spezialisierte Vermittlungsagenturen anheuern. „Arbeiter aus Osteuropa – Nur so baut man heute schnell und effizient" – so versucht die Webseite der in Deutschland, Österreich und der Schweiz tätigen Firma *Subauftrag* aus Klagenfurt, die Anwerbung von Bauarbeitern aus Osteuropa schmackhaft zu machen. Fachkräftemangel auf dem Bau sei dabei die eine Seite der Medaille – der Pullfaktor, wenn man so will – niedrige Löhne und Korruption in den Herkunftsländern die andere, der Pushfaktor. „Die Osteuropäer hoffen darauf, dass in Deutschland gewissenhaft und gerecht gearbeitet wird, Verträgen entsprechend gehandelt und Gesetzte berücksichtigt werden."[77] Doch Fachkräfte gibt es nicht nur einzeln:

> „Subunternehmen aus Osteuropa die ihre Teams entsenden, sind gang und geben (sic!). Die Baubranche und mittlerweile auch die Metaller profilierten (sic!) enorm von Arbeitern aus Osteuropa. Würden die osteuropäischen Arbeiter auf den Baustellen fehlen, käme so manches Projekt und manches Bauunternehmen gewaltig ins schwitzen (sic!).
> Selbst das Corona-Virus bereitete den Unternehmen weniger Kopfzerbrechen als die Frage, ob man die dringend benötigte ausländische Unterstützung ins Land lassen würde."[78]

Subauftrag bietet als Dienstleister die Vermittlung zwischen deutschen Bauunternehmern und ausländischen Subunternehmern an. Auch hier steht Flexibilität ganz oben in der Prioritätenliste: „Der Vermittlungsexperte ist immer up-to-date was Grenzsperren, Einreise- und Quarantänebestimmungen betrifft und kann deshalb schnell und flexibel die Entsendung von verfügbaren Arbeitern aus Mittel- und Osteuropa koordinieren."[79] Teams von Handwerkern kann man direkt auf der Webseite anfragen, wobei neben handwerklichem Einsatzgebiet und Referenzen auch die im Team gesprochenen Sprachen angegeben sind. Slowenisch und Kroatisch/Bosnisch dominieren dabei eindeutig, sehr gute Deutschkenntnisse werden als Besonderheit hervorgehoben.

Insgesamt zeichnet sich die Baubranche aber nicht durch Transparenz aus. Vielmehr finden sich in der Literatur Experteneinschätzungen des Baugewerbes „als eine[r] Branche, die durch ein oft undurchschaubares Geflecht von General-, Sub- und Sub-Subunternehmen gekennzeichnet sei" (Auer 2023, S. 109). Diese Geflechte führten einerseits zu einem harten Preisdruck, der von oben nach unten durchgereicht wird und letztlich die Löhne der Arbeiter drückt (vgl. dazu zuletzt auch Dietl, 03.08.2023). Andererseits machen sie es für die Arbeiter oft schwierig, im Konfliktfall ihre Rechte oder beispielsweise auch ihren Lohn einzufordern, um den sie häufiger geprellt werden. Der Journalist Dirk Auer (2023, S. 106) zitiert einen serbischen Bauarbeiter mit den Worten, dass es in Berlin „vielleicht gerade einmal zehn Bauunternehmen [gebe], bei denen es mit rechten Dingen zugehe. Die anderen versuchten zu tricksen und zu betrügen, wo es nur gehe – auf Kosten von Arbeitern wie ihm, die weder ausreichend Deutsch sprechen könnten noch ihre Rechte kennen würden. Sich dagegen zu wehren, sei schwer." Für Drittstaatsangehörige wie ihn gehört dies im Vergleich zu freizügigen EU-Europäern noch verschärft, da sie über den Aufenthaltsstatus erpressbar sind. Zum Teil geht die

---

77 https://www.subauftrag.com/arbeiter-aus-osteuropa-auslaendische-fachkraefte-fuer-bauprojekte/ (Abfrage: 12.11.2023).

78 Ebd.

79 Ebd.

Abhängigkeit vom Arbeitgeber auch so weit, dass sie die Unterkunft von ihm gestellt bekommen und somit im Fall der Kündigung buchstäblich auf der Straße stehen (Auer 2023, S. 110).

Zum Teil findet die Rekrutierung der Bauarbeiter auf der Straße statt. In mehreren deutschen (und österreichischen) Großstädten gibt es einen despektierlich oft so genannten „Arbeiterstrich“, auf dem Tagelöhner ihre Arbeitskraft anbieten. In Frankfurt beispielsweise stehen sie an der Sonnemannstraße gegenüber der Europäischen Zentralbank (Steinhagen, 14.1.2019). In München ist es die Ecke Goethe- und Landwehrstraße im Bahnhofsviertel (Anlauf, 28.2.2017), in Köln die Hansemannstraße und die Venloer Straße in Ehrenfeld (Dowe, 29.10.2017). Die tageweise Beschäftigung und Bezahlung stellt einerseits die ultimative Prekarität von Arbeit dar, zumal keinesfalls klar ist, ob man an einem gegebenen Tag einen Job bekommt – und im Zweifel der niedrigste Bieter den Zuschlag erhält (Dowe, 29.10.2017). Andererseits ist sie aber auch ein Schutz gegen den verbreiten Lohnklau, lässt der Journalist Martin Steinhagen (14.1.2019) den rumänischen Tagelöhner Cosmin berichten: „Da sei es eben besser, nur für einen Tag zu arbeiten und immer abends das Geld bar auf die Hand zu bekommen. Wenn es schlecht läuft, dann ist nur ein Tag verloren und nicht gleich mehrere Wochen.“

Der Begriff „Arbeiterstrich“, der sogar einen eigenen Wikipedia-Eintrag hat, ist dabei kritisch zu reflektieren.[80] Semantisch stellt er eine Verbindung zur Prostitution bzw. Sexarbeit her, die ihrerseits stereotyp mit Osteuropa assoziiert wird (siehe unten). Dies mag zum Teil sogar in kritischer Absicht geschehen, betont es doch den extrem ausbeuterischen Charakter dieser Art von Arbeit. Die damit aufgerufenen Bilder evozieren andererseits Stereotype von geradezu pathologischer Armut und – angesichts der negativen Konnotationen des Begriffes „Strich“ in diesem Zusammenhang – Würdelosigkeit. Die von Steinhagen (14.1.2019) interviewten rumänischen Arbeiter sprechen lieber von *strada muncii*, die Straße der Arbeit.

Fleischindustrie

Die problematischen Arbeitsbedingungen für migrantische Arbeiter*innen in der deutschen Fleischindustrie sind schon länger bekannt. Sie waren zugleich Grundlage und Resultat der massiven Expansion des Sektors in den vergangenen Jahrzehnten (vgl. dazu und zum Folgenden Wagner/Hassel 2016). Prekäre Arbeitsverhältnisse in Form von Scheinselbständigkeit und Leiharbeit existierten in der Fleischindustrie zwar schon bereits vor der Öffnung des deutschen Arbeitsmarkts für Arbeitskräfte aus Osteuropa, wurden dann aber durch die verstärkte Nutzung

80 https://de.wikipedia.org/wiki/Arbeiterstrich (Abfrage: 12.11.2023).

von Leiharbeit und Entsendung von Arbeitskräften zum Massenphänomen. Während es 2001 in der gesamten Industrie 175.000 reguläre und 6.000 entsendete Arbeiter gab, waren es 2013 143.680 reguläre und 89.608 entsendete Arbeiter – letztere machten also schon 38 % des gesamten Sektors aus. Bei den vier größten Unternehmen war das Verhältnis sogar umgekehrt: 2012 standen 5.110 reguläre 11.342 entsendeten Arbeitern gegenüber (Wagner / Hassel 2016, S. 173). So expandierte die Branche unter Schaffung eines großen migrantischen Niedriglohnsektors mit prekären Arbeitsverhältnissen. Dies geschah unter Mitwirkung von Staat und Sozialpartnern, wobei die Gewerkschaften sich auf die Unterstützung ihrer einheimischen Klientel fokussierten, auf Kosten der oft aus Rumänien und Bulgarien stammenden Arbeiter.

Diese Verhältnisse blieben nicht im Verborgenen. Belgien beschwerte sich 2013 erfolglos bei der Europäischen Kommission über den unlauteren Wettbewerbsvorteil, den sich Deutschland durch diesen marginalisierten Niedriglohnsektor schaffte (Wagner / Hassel 2016, S. 164). Im selben Jahr rief das Arbeitsministerium die Sozialpartner dazu auf, etwas gegen die Zustände in der Branche zu unternehmen (Wagner / Hassel 2016, S. 171). In diesem Zusammenhang kam es zu gewissen Verbesserungen, etwa der Einführung eines sektoralen Mindestlohns. Der hohe Anteil an Leiharbeit blieb aber wegen mangelnder Kontrollmöglichkeiten ein Problem (Wagner / Hassel 2016, S. 174).

Ins Licht der breiteren Öffentlichkeit gerieten die Arbeitsbedingungen in der Fleischindustrie erneut im Kontext der Corona-Pandemie, mit dem Ergebnis, dass weitere politische Reformen angestrebt wurden. Verantwortlich waren mehrere Corona-Cluster in großen Fleischfabriken, so etwas bei der Firma Müller-Fleisch in Birkenfeld (Baden-Württemberg) oder bei Tönnies im ostwestfälischen Rheda (Birke 2021). Bezeichnenderweise wurde die Schuld für diese massierten Ausbrüche zunächst den Betroffenen zugeschoben – das „Freizeitverhalten" der „Fremdarbeiter" (!) sei dafür verantwortlich, ließ das Management von Müller-Fleisch wissen (Birke 2021, S. 8–9). Dies entsprach einer Tendenz während der Pandemie, stark betroffene Menschen und Gruppen als „Treiber" und nicht etwa als „Opfer" der Pandemie zu labeln. In diesem Fall diente diese rhetorische Strategie aber auch zur Verschleierung der Arbeits- und Wohnverhältnisse, die diese Cluster hervorbrachten – körperlich anstrengende Arbeit in kalten Fabrikhallen und Unterbringung in beengten Massenunterkünften stellten perfekte Bedingungen für die Verbreitung des Virus dar. Die gleiche Strategie wählte auch die Firma Tönnies, bei der der Firmenchef zunächst noch behaupten konnte, dass die „Arbeiter das Virus aus ihren Heimatländern" mitgebracht hätten (zitiert nach Birke 2021, S. 24). Die Verhältnisse in den Fabriken wurden erst dann zum Thema, als wegen der hohen Inzidenzen dort auch der umliegende Landkreis von Maßnahmen betroffen war und mitten in die sommerliche Öffnungsphase hinein einen neuen Lockdown bekam. „Plötzlich wurde sichtbar, wie das Produktionsmodell der Eigentümer fleischindustrieller Betriebe direkte Folgen für die Allgemeinheit haben konnte.“ (Birke 2021, S. 14)

Immerhin brachte die Corona-bedingte Aufmerksamkeit für die Zustände in der Fleischindustrie einige Reformen auf den Weg (vgl. Birke 2021, S. 24 ff.). Am 30.12.2020 wurde das Arbeitsschutzkontrollgesetz verabschiedet, das laut Bundesministerium für Arbeit und Soziales „geordnete und sichere Arbeitsbedingungen in der Fleischindustrie herstellen“ soll.[81] Im Kerngeschäft der Fleischindustrie (Schlachtung, Zerlegung und Fleischverarbeitung) darf nunmehr kein Fremdpersonal mehr beschäftigt werden, sondern nur eigene Angestellte. Leiharbeit wird massiv eingeschränkt. Mindestlohnvorschriften sollen nun wirksam kontrolliert und der Arbeitsschutz generell besser durchgesetzt werden. Ob diese Maßnahmen zu einer nachhaltigen Verbesserung der Arbeitsverhältnisse führen werden, muss sich zeigen.

Dass diese Verhältnisse überhaupt so lange Bestand haben konnten hat jedenfalls zentral damit zu tun, dass die migrantischen Arbeiter auch von den Gewerkschaften lange Zeit keine hinreichende Solidarität erfuhren (Wagner / Hassel 2016, S. 172–173). Dies muss man nicht als Ausdruck von Rassismus sehen. Die Konsequenz war aber die Entstehung eines separaten „ethnischen“ Arbeitsmarkts für Migranten aus Osteuropa, was eine strukturelle Voraussetzung für eine weitere Rassifizierung dieser Menschen darstellt. Bezeichnenderweise wuchs das Interesse an den migrantischen Kollegen erst dann, als der Niedriglohnsektor anfing, sich auch negativ auf den bis dahin geschützten Arbeitsmarkt für die Einheimischen auszuwirken (Wagner / Hassel 2016, S. 174, 176). Seitdem hat sich aber einiges getan, was etwa die Beratung migrantischer Arbeiter etwa durch *Faire Mobilität* betrifft.

Dennoch scheint mindestens für die Fleischindustrie immer noch klar, welche Position osteuropäische Menschen in ihrer Branche einnehmen sollen. Die Firma Tönnies machte im März 2022 Schlagzeilen, als sie Mitarbeiter an die polnisch-ukrainische Grenze nach Przemyśl schickte, um ukrainische Geflüchtete für die eigenen Betriebe anzuwerben. Dies geschah keinesfalls im Verborgenen und wurde vom Unternehmen als Flüchtlingshilfe gerechtfertigt, durch die man den Menschen „eine Zukunftsperspektive“ biete. Man zahle außerdem über dem Mindestlohn und biete den Transport nach Deutschland sowie eine Unterkunft an, deren Kosten allerdings vom Lohn einbehalten würden (vgl. Bongen und Friedrich, 30.03.2022). Die Anwerbeaktion wurde in der Öffentlichkeit trotzdem überwiegend kritisch aufgenommen – mindestens im Kontext des Angriffskrieges gegen die Ukraine scheint es inzwischen einen gewissen Widerstand gegen die automatische Reduzierung von Osteuropäern auf billige Arbeitskraft zu geben.

81 Arbeitsschutzkontrollgesetz, https://www.bmas.de/DE/Service/Gesetze-und-Gesetzesvorhaben/arbeitsschutzkontrollgesetz.html (Abfrage: 12.11.2023)

Landwirtschaft

„Die Würde des Spargels ist unantastbar“ schrieb der Publizist Stephan Anpalagan voller Bitterkeit im April 2020 auf Twitter.[82] Er kontrastierte die „20.000 Menschen der Hölle von Moria, wo sie frieren, dürsten und hungern“ mit den „40.000 Menschen aus Rumänien“ die geholt wurden, „damit uns der Spargel nicht verrottet“. Anpalagan spielte damit auf den durch die Bundesregierung organisierten Import von Erntehelfern aus Rumänien an, die trotz pandemiebedingt geschlossener Grenzen nach Deutschland gebracht wurden, um die Ernte des der Deutschen liebsten Gemüse nicht zu gefährden. Ohne die vielen jährlich nach Deutschland kommenden Saisonkräfte aus Osteuropa war die Ernte nicht zu bewerkstelligen – im Jahr 2020 beispielsweise waren es bundesweit mindestens 271.000 Personen gewesen, wobei generell „das Ausmaß der migrantischen Saisonarbeit systematisch unterschätzt“ werde (Weisskircher 2021, S. 5).

Anpalagans Kritik richtete sich offenbar vor allem gegen die mit dem Ort Moria assoziierte restriktive Flüchtlingspolitik Europas und der Bundesregierung, und weniger gegen die Tatsache, dass mitten in der Pandemie, als sich die bundesdeutsche Laptopklasse ins Homeoffice zurückzog, zehntausende osteuropäische Bürger auf deutsche Felder geschickt wurden um Spargel zu ernten, der dann auf bundesdeutschen Tischen landen würde. In der medialen Berichterstattung aus dem Jahr 2020, die der Politikwissenschaftler Manès Weisskircher (2021, S. 6–7) zum Thema Saisonarbeit untersucht hat, war der durch Corona verursachte Arbeitskräftemangel dementsprechend zum Teil ein deutlich größeres Thema als die Arbeits- und Wohnverhältnisse der Arbeiter.

Immerhin wurden die Arbeitsbedingungen unter dem Brennglas der Coronakrise aber auch verstärkt Thema in deutschen Medien (Weisskircher 2021, S. 6–7). Spiegel online (22.04.2020) berichtete etwa über den Fall von Nicolae Bahan, einem rumänischen Erntehelfer, der am 11. April in seinem Wohncontainer im baden-württembergischen Bad Krozingen starb. Ob er nun „an“ oder „mit“ Corona gestorben war, blieb offen – die damalige Landwirtschaftsministerin Julia Klöckner (CDU) verkündete jedenfalls einen Herzinfarkt als Todesursache. Der Spiegel-Bericht stellte aber klar, dass „in den beengten, stickigen und oft heruntergekommenen Containern, in denen viele rumänische Erntehelfer leben, […] die Infektionsgefahr nun Berufsrisiko [ist]: Inzwischen sind laut Landratsamt vier Personen des Bad Krozinger Betriebs positiv getestet worden. Geerntet wird weiter.“

Der Bericht beleuchtete weiter den Hintergrund des Verstorbenen und zeigte dabei zentrale Mechanismen des landwirtschaftlichen Saisonarbeitsmarkts auf. Bahan und seine Frau kamen jährlich aus ihrem großenteils entvölkerten Heimatort in der rumänischen Bukowina nach Deutschland zum Arbeiten, wie viele an-

82 https://x.com/stephanpalagan/status/1245846099744653314?s=20 (Abfrage: 12.11.2023).

dere der verbliebenen Einwohner ihres Dorfes. Während der Corona-Pandemie trafen deutsche (land)wirtschaftliche Interessen an einer erfolgreichen Spargelernte auf die ökonomischen Zwänge der Landarbeiter:

> „Viele von ihnen seien wegen der Coronakrise jetzt verunsichert, sagt der Bürgermeister, und sie überlegten, wegen des Infektionsrisikos lieber zu Hause zu bleiben. „Aber", sagt er nach einer Pause mit belegter Stimme, „man kann ja auch an Hunger sterben." (Spiegel online, 22.04.2020)

Als Erntehelfer aus dem Kreis Suceava im März nach Deutschland geflogen wurden, waren Stadt und Region bereits massiv von Corona betroffen. Solche Überlegungen standen hier aber hinten an – die Gesundheit der Arbeiter interessierte weder ihre deutschen Auftraggeber, noch die rumänische Vermittlungsagentur, die sie nach Deutschland brachte. Ähnlich wie in der Fleischindustrie waren osteuropäische Arbeitskräfte tatsächlich primär das: Arbeitskräfte, deren Ausbeutung auch auf Kosten ihrer Gesundheit in Zeiten einer globalen Pandemie weiterging.

Schließlich fürchteten auch im Kontext des Kriegs gegen die Ukraine manche um das Schicksal des Spargels, und das in bemerkenswerter Sprache: „Ukraine-Krieg bedroht unseren Spargel", war in der Syker *Kreiszeitung* zu lesen (Raddatz, 25.03.2022). „Erst waren es die Tankstellen, dann die Supermarkt-Regale. Nun macht sich der Krieg in der Ukraine auch an anderen Fronten (sic!) bemerkbar: auf den deutschen Spargelfeldern." Die Befürchtung bestand darin, dass polnische und rumänische Erntehelfer in ihren Ländern zur Grenzsicherung eingezogen werden und daher nicht arbeiten kommen könnten. „Wir schlittern von einem Alptraum in den nächsten", zitierte der Artikel einen Spargelbauern. Auch in Österreich sorgte man sich um den Spargel, da hier sogar 20 % der Saisonarbeitskräfte aus der Ukraine stammten und nun zumindest die Männer wegen der kriegsbedingten Ausreisesperre fehlen würden. Geflüchtete Frauen wurden allerdings auch umgehend als Arbeitskräfte in Betracht gezogen (Beirer, 11.03.2022). Die Würde des Spargels blieb auch in Zeiten des Krieges unantastbar.

Sexarbeit

Eine besondere, da stark stereotypenbehaftete Position in diesem prekären Arbeitsmarkt für Menschen aus Osteuropa nimmt die Sexarbeit – vulgo: Prostitution – ein. In der öffentlichen Wahrnehmung war sie bereits seit den 1990er Jahren ein viel beachteter Bereich. Dies zeigt beispielhaft ein Spiegel-Artikel aus dem Jahr 1997, in dem zu lesen war, dass „keine Gruppe unter den Prostituierten so rapide [wächst] wie die der Frauen aus Osteuropa" (Spiegel 4/1997). Trotz einer insgesamt empathischen Berichterstattung und einem Fokus auf Einzelschicksale junger Frauen, deren Not sie „in die Arme der Menschenhändler" treibe, kam der Beitrag nicht ohne stereotypisierende Passagen wie die folgende aus: „Vor allem in den zahlreichen Bordellen, die von Polizeifahndern wegen der Herkunft der Betreiber und ihrer Kundschaft schlicht als ‚Türkenpuffs' bezeichnet werden, ackern fast nur noch Ost-Huren im Akkord."

Auch cineastische Darstellungen wie der schwedische Film *Lilija 4-ever* von Lukas Moodysson (2002) oder *Eastern Promises* von David Cronenberg (2007) prägten das Bild osteuropäischer Prostitution. Beide Filme thematisieren das Motiv des Menschenhandels mit jungen osteuropäischen Frauen, die zur Prostitution im Westen gezwungen werden. *Lilija 4-ever* war dabei insofern bemerkenswert, als dass in den Hauptrollen tatsächlich russischsprachige Schauspielerinnen und Schauspieler zum Einsatz kamen – anders als in *Eastern Promises*, wo Viggo Mortensen, Naomi Watts und Armin Müller-Stahl die „russischen" Hauptrollen spielten. Vorlage für die Figur der Lilija war allerdings keine Russin, sondern das litauische Mädchen Danguolė Rasalaitė, das 1999 mit 16 Jahren nach Schweden kam in der Erwartung, dort als Beerenpflückerin zu arbeiten. Stattdessen wurde sie in die Prostitution gezwungen und starb schließlich durch Selbstmord.

In diesem individuellen Schicksal deutet sich bereits an, dass es zwischen Sexarbeit und anderen Formen der prekären Arbeit durchaus Berührungspunkte gibt – Danguolė wollte in der Landwirtschaft arbeiten, landete dann aber in der Prostitution. In ihrer kürzlich erschienen Studie zu den „prekären Freizügigkeiten" osteuropäischer Sexarbeiter*innen in Berlin greift Ursula Probst (2023) u. a. diesen Gedanken auf, um die Sexarbeit der von ihr beforschten Personen tatsächlich als *Arbeit* zu interpretieren – eine Arbeit, die sie bewusst ausüben, teils parallel, teils alternativ zu anderen körperlich anspruchsvollen Tätigkeiten etwa im Pflege- oder Reinigungssektor. „Ich wollte nicht mehr für fünf Euro putzen gehen, mich kaputt machen, da ist mir [die Sexarbeit] lieber", zitiert Probst (2023, S. 211) die von ihr beforschte Sexarbeiterin Kasia. Andere prekäre Arbeiten sorgten für gesundheitliche Probleme und, so Probst, böten keine Perspektive auf ein „gutes Leben": „[D]en Teilnehmer*innen standen durchaus Möglichkeiten der Lohnarbeit zur Verfügung, allerdings nur unter Umständen, bei denen auch ein beinahe bis zur Selbstaufgabe reichender Arbeitseinsatz nicht dazu beitrug, ihren angestrebten Subjektivitäten näherzukommen." (Probst, 2023, S. 212) Sexarbeit bietet hier einen (scheinbaren) Ausweg. Man müsse sie angesichts struktureller Ähnlichkeiten mit anderen prekären Jobs „nicht (nur) als Sonderfall [darstellen], sondern Abhängigkeiten und Ausbeutungsmechanismen als breit gefächertes Problem, gerade im Kontext kontemporärer kapitalistischer *supply chains* [...] begreifen" (Probst 2023, S. 213). In einer solchen Betrachtungsweise bekommt auch die oben angeführte Bezeichnung der Anwerbung von Tagelöhnern auf der Straße als „Arbeiterstrich" eine andere Konnotation und Plausibilität.

Die Studie von Probst zeigt zugleich, dass Sexarbeit ein Bereich ist, in dem stereotype Vorstellungen von Osteuropa – speziell von osteuropäischen Frauen –

und mithin die Konstruktion eines rassifizierten und verkörperlichten osteuropäischen Anderen besonders zum Tragen kommen. Ein besonders anschauliches Beispiel sind Onlineplattformen für Escort-Dienste, in denen die Frauen, die sich anbieten, ihren Körper entlang verschiedener Kategorien beschreiben müssen. Eine dieser Kategorien ist „Typ“, wobei als Kategorien zur Auswahl stehen: „südländisch“, „afrikanisch“ und „osteuropäisch“ (Probst 2023, S. 140). Daran wird deutlich, dass es bestimmte stereotype Bilder eines „osteuropäischen (Phäno-)Typs“ gibt, die hier abgerufen werden. Welche das genau sind ergibt sich wohl im Auge des jeweiligen Betrachters, aber sicher ist: „weiß“ ist hier offenbar keine hinreichende Kategorisierung, es geht vielmehr um rassifizierende Zuschreibungen jenseits der Hautfarbe. Dies kann man, wie Probst (2023, S. 141), so interpretieren, „dass in Deutschland [...] manche als ‚weißer‘ gelten als andere.“ Ein anderer Schluss wäre aber, dass Farbkategorien – selbst metaphorisch gebraucht – nicht ausreichend sind, um rassifizierende Kategorisierungen zu beschreiben.

Interessant ist weiterhin, welche Assoziationen die Kategorisierung als „osteuropäisch“ mit sich bringt. Die von Probst interviewten Frauen berichten davon, dass sie im Berliner Kontext, in dem sie sich bewegen, als „billig“ wahrgenommen werden, wenn sie als „osteuropäisch“ identifiziert werden – mit realen Auswirkungen auf die Preise, die sie mit ihrer Arbeit erzielen können (Probst 2023, S. 147). Dies geht einher mit Stereotypen von Passivität und totaler Verfügbarkeit für „alles Mögliche“, was Probst (2023, S. 151) als Fortwirken nationalsozialistischer Herrenmenschenideologie interpretiert. Allerdings gibt es auch andere, speziell mit „russischen“ Frauen assoziierte Stereotype von „überbordender Sexualität und Feminität“ (Probst 2023, S. 150). Die Autorin erklärt diese Differenzen mit unterschiedlichen nationalen Kontexten – Hypersexualisierung sei eher ein britisches und nordeuropäisches Stereotyp über ‚den Osten‘. Es liegt aber die Vermutung nahe, dass hier neben breiteren „osteuropäischen“ auch rassifizierte nationale Stereotype über „Russinnen“ eine Rolle spielen. Diese existieren in Spurenelementen in der Popkultur, sei es als Heinos „Katja“ von 1982 (Ja, ja die Katja, die hat ja Wodka im Blut / Feuer im Herzen und die Augen voll Glut / Ja, ja die Katja, die hat ja nur eines im Sinn / Sie schaut dich nur an und Du bist hin) oder als Westernhagens „Natascha“ von 1994 (Ihr Name war Natascha / Sie kam aus Nowosibirsk / Wir tranken Wodka aus Flaschen / Sie hätt' mich beinah' erwürgt). Die „Russin“ ist hier exotisch und sinnlich, aber auch dominant – eine „sexuell aktive ‚*femme fatale*‘“, wie es Probst (2023, S. 151) auf den Punkt bringt.

Prostitution ist schließlich auch im Kontext der Flucht aus der Ukraine seit 2022 ein Thema. Von der Fluchtbewegung sind wegen der Ausreisesperren für Männer überproportional viele Frauen betroffen, die aufgrund der Fluchtsituation entsprechend vulnerabel sind. Probst (2023, S. 246) kritisiert im Nachwort ihrer Studie die Berichterstattung zu diesem Thema als „übertrieben und sensationalisierend“ und einen weiteren Fall der „Stereotypisierung ‚osteuropäischer‘

bzw. in diesem Fall spezifisch ukrainischer Frauen als hilflose Opfer." Umgekehrt kann man aber auch hier die Parallele zu anderen Formen der prekären Arbeit ziehen: So wie die Rolle von Menschen aus Osteuropa als billige Arbeitskräfte in der Fleischindustrie festgeschrieben scheint und die Firma Tönnies dazu bringt, ihre Werber nach Osten zu schicken, so gibt es Ähnliches offenbar im Bereich der Sexarbeit (hierzu eindringlich auch Tikhomirova 2023).

Kapitel 10: Schreiben über antiosteuropäischen Rassismus: Autobiografien

In den letzten Jahren hat eine ganze Reihe osteuropäischer Autor*innen auf Deutsch von ihrer Migration und dem Ankommen in Deutschland berichtet. Diese autobiografische Literatur bietet einen Einblick in die Innensicht osteuropäischer Migration der letzten Jahre und Jahrzehnte, wobei es insbesondere um die Suche nach einer angemessenen Sprache für die Beschreibung des Erlebten geht – eine Sprache, die jene des Rassismus sein kann, aber nicht muss. Wir nehmen diesen Faden auf und möchten im Folgenden danach fragen, welche Beschreibungen für die Erfahrungen von Fremdheit und Diskriminierung sich in den Büchern finden, wo sie verortet und gegebenenfalls auch reproduziert werden. Wir werden uns auf hierbei auf folgende Bücher konzentrieren:

- *Paul Bokowski (2022): Schlesenburg (München: btb)*: Autobiografischer Roman über das Leben in der Schlesenburg, einer Wohnsiedlung im Rhein-Main-Gebiet im Jahr 1989, erzählt aus der Sicht eines neunjährigen Jungen, der mit seiner Familie aus Polen nach Westdeutschland geflohen ist.
- *Viktor Funk (2017): Mein Leben in Deutschland begann mit einem Stück Bienenstich (Frankfurt a. M.: Größenwahn Verlag)*: Debütroman über die Emigration aus Kasachstan, das Ankommen in Deutschland und die Beziehung des Protagonisten zu Marie, die ihm vorwirft, sich selbst verraten zu haben.
- *Lena Gorelik (2021): Wer wir sind (Berlin: Rowohlt)*: Autobiografischer Roman aus der Sicht eines elfjährigen Mädchens, dessen Familie 1992 als jüdische Kontingentflüchtlinge aus Sankt Petersburg nach Deutschland ausreist. Die Familie verbringt die ersten achtzehn Monate in einer Flüchtlingsunterkunft in Ludwigsburg, bis es ihr gelingt, eine eigene Wohnung zu mieten.
- *Dmitrij Kapitelman (2018): Das Lächeln meines unsichtbaren Vaters (München, dtv)*: Autobiografischer und autofiktionaler Roman über die Reise des Autors mit seinem Vater nach Israel, nachdem die Familie 1991 als jüdische Kontingentflüchtlinge von Kiew in die Bundesrepublik ausgewandert ist.
- *Emilia Smechowski (2017): Wir Strebermigranten (München: Hanser Berlin)*: Autobiografische Darstellung der Aussiedlung und Ankunft der Familie der Autorin aus Polen in Deutschland, der Assimilationsbemühungen ihrer Eltern und dem unbedingten Aufstiegswillen, an dem die Familie schließlich zerbricht.

- *Artur Weigandt (2023): Die Verräter (Berlin: Hanser)*: Familienbiografischer Roman über die Emigration aus Kasachstan nach Deutschland Mitte der 1990er Jahre und über die Rückkehr der eigenen Geschichte in Zeiten des Krieges. Der Vater des Autors ist russlanddeutsch, die Mutter ukrainisch, ihre Geschwister belarussisch.
- *Natascha Wodin (2017): Sie kam aus Mariupol (Hamburg: Rowohlt)*: Ein dokumentarisches Buch über das Leben der Mutter der Autorin, die aus der ukrainischen Hafenstadt Mariupol stammt, 1944 von den Nazis als „Ostarbeiterin" nach Deutschland verschleppt wird und nach 1945 an dem Erlebten zerbricht.

Mit dieser Auswahl sind verschiedene Migrationsgeschichten vertreten: jüdische Kontingentflüchtlinge aus der ehemaligen Sowjetunion (Kapitelman und Gorelik), ethnische Deutsche (Russlanddeutsche) aus der ehemaligen Sowjetunion (Weigandt und Funk), Aussiedler aus Polen (Bokowski und Smechowski) sowie Zwangsarbeiter*innen aus der Sowjetunion bzw. der Ukraine (Wodin). Der zeitliche Schwerpunkt liegt, den Schwerpunkten der Emigration entsprechend, bei den postsowjetischen Beispielen auf den 1990er Jahren bis heute (Gorelik, Kapitelman, Weigandt) bzw. bei den polnisch-deutschen Autoren ab den 1980er Jahren. Natascha Wodins Spurensuche über die Geschichte ihrer Mutter führt hingegen in die Zeit des Zweiten Weltkriegs und die Nachkriegszeit bis Mitte der 1950er Jahre. Geografisch sind die meisten Schauplätze in Westdeutschland verortet, einzig Dmitrij Kapitelman berichtet vom Leben am Stadtrand Leipzigs in den 1990er Jahren.

„Unsichtbar" (gemacht) werden

„Unsichtbarkeit" ist ein zentrales Motiv osteuropäischer Migration in Deutschland. Programmatisch hierfür steht der Haupttitel der „Geschichte der Polen in Deutschland" des deutschen Historikers Peter Oliver Loew (2014): *Wir Unsichtbaren*. Auch russlanddeutsche Spätaussiedler werden inzwischen häufig als „auffällig unauffällig" beschrieben, was auch auf den Topos der geringen, nicht wahrnehmbaren Differenz zur Dominanzgesellschaft verweist (Klingenberg 2019).

Es ist die spezifische Ambivalenz der meisten osteuropäischen Menschen in Deutschland, dass zur „Unsichtbarkeit" das Gefühl des ‚Andersseins' gehört. ‚Anders' zu sein als die etwa von Gorelik und Bokowski konsequent so bezeichneten „deutschen" (nicht-zugewanderten) Freunde, Mitschüler oder Eltern der anderen Kinder. Dieses ‚Anderssein' entsteht in einem Wechselspiel aus Selbstwahrnehmung und Fremdzuschreibungen. Es macht sich an der Sprache, der Kleidung, dem Namen, der Adresse des Wohnheims oder den Kochrezepten der Eltern fest. Zugleich ergibt sich aus der weißen Hautfarbe aber auch die Möglichkeit „unsichtbar" zu werden und sich wortwörtlich in der weißen Dominanzgesellschaft zu assimilieren – eine Möglichkeit, die aber auch als Assimiliationsverpflichtung bis hin zur Selbstverleugnung empfunden werden kann. „Unsichtbarkeit" impliziert zudem eine mangelnde Anerkennung der eigenen Erfahrungen durch die Dominanzgesellschaft, die besonders von den Angehörigen der zweiten Migrantengeneration zunehmend negativ empfunden wird.

Lena Gorelik führt die Frage der Sichtbarkeit der eigenen Herkunft in einer Szene ein, in der ein Mann ihren Vater am Bahnhof selbstverständlich auf Russisch anspricht: „Erkennt ihn als Russen, natürlich. Lange Zeit denke ich, dass sich unsereins einfach erkennt, bis ich verstehe: Jeder erkennt uns Russen." (Gorelik 2021, S. 129)

Die Erkenntnis, dass man sich nicht nur in der In-Group der Zugewanderten erkennt, sondern auch für Außenstehende die eigene Herkunft erkennbar ist, ist für Gorelik eine durchaus unerfreuliche – zumal sie auch schon im russischen Herkunftskontext durch ihr Äußeres, ihr dunkles, gelocktes Haar als ‚fremd' (in dem Fall jüdisch) markiert war (z. B. Gorelik 2021, S. 195). Doch ist die sichtbare Differenz nicht nur am Körper markiert, auch Kleider machen Leute. In Lena Goreliks Buch verkörpert dies der beige Parka, der ihr in St. Petersburg extra „für dort", für den Westen, für Deutschland gekauft wurde:

> „In Beige, im Parka, in Deutschland steht das Mädchen am Zaun, es schaut den anderen Kindern beim Spielen, Sprechen, essen zu. Steht alleine, die anderen Kinder tragen neonbunte Helme und T-Shirts, die in der Sonne leuchten. Das Mädchen sieht keine Parkas, es sieht Gelb, Grün, Pink, Rot, Blau, sieht bunte Haargummis in den Haaren und Haarspangen mit Glitzer. Es sieht sich selbst, wie es da steht. Das Anderssein ist beige, ist hässlich, ist ich." (Gorelik 2021, S. 159)

Die Reaktion auf diese Wahrnehmung des Andersseins besteht in Anpassung, in dem Versuch, „unsichtbar" zu werden, nicht aufzufallen. Um beim Beispiel des Parkas zu bleiben:

> „Ich habe mich um das Mädchen gekümmert. Habe ihm den Parka ausgezogen. Ihm andere Kleidungsstücke gegeben, deren Namen ich lernen musste. Deutsche Kleidungsstücke – eine schwarze Radler-Leggins zum Beispiel, die haben meine Eltern bei C&A aus der Wühlkiste mit reduzierten Sachen gefischt, und das ganze Wohnheim drängte sich in die Küche, um sie anzusehen. [...] Zwei rosfarbene Schlafanzüge im Doppelpack vom Aldi, einmal rosa-weiß gestreift, einmal nur rosa. Alle anderen Kinder im Wohnheim haben diese Schlafanzüge auch, weil es die ja im Doppelpack gibt. [...] Ich habe dem Mädchen Kleidungsstücke angezogen, auf denen Markennamen dagegen anschrien, dieses Mädchen zu sein, ein Asylantenwohnheim auch nur jemals betreten zu haben. Zu ahnen, wie Russland buchstabiert wird, jene andere Luft geatmet zu haben. [...] Habe später dann gelernt, Kleidungsstücke, wie meine Mutter sagt, ‚ohne Schrift' zu tragen, und noch später ohne Farben. Dunkel-

blau und schwarz. Alles, um das Mädchen von dem Parka zu befreien.“ (Gorelik 2021, S. 159–161)

Was Lena Gorelik aus Sicht des Mädchens einer russisch-jüdischen Familie beschreibt, findet sich als Topos ebenso in polnisch-deutschen Migrationserfahrungen. Bei Emilia Smechowski bringt es bereits der Titel zum Ausdruck: *Wir Strebermigranten*. Es geht dabei zunächst um das Streben nach beruflichem Erfolg, um der Aufnahmegesellschaft etwas zurückzugeben:

> „Mein Vater konnte es nicht fassen. Ohne jemals einen Pfennig in die deutsche Arbeitslosenversicherung eingezahlt zu haben, bekamen meine Eltern Arbeitslosengeld, im Schnitt tausend Mark pro Monat. Sie hatten den Eindruck, sie schuldeten diesem Land nun etwas. Wie sollten sie diese Schuld jemals begleichen?“ (Smechowski 2017, S. 42)

Darüber hinaus geht es aber auch um das Streben nach Unsichtbarkeit durch Ablegen jeglicher „polnischer“ Merkmale, besonders der polnischen Sprache, aber auch des eigenen Namens in seiner erkennbar polnischen Form. Als die kleine Emilia auf ihrer ersten U-Bahnfahrt in Berlin mit ihrer Schwester Polnisch sprach, quittierte dies ihre Mutter mit einem panischen „Psst!“, dem nach dem Aussteigen eine Erklärung folgte: „Mädchen, ab jetzt gilt ein Regel: In Deutschland sprechen wir Deutsch.“ (Smechowski 2017, S. 51) Den polnischen Familiennamen „Śmiechowski“ glätteten ihre Eltern für den deutschen Bedarf phonetisch zu „Smechowski“ und machten obendrein die im Polnischen abweichende weibliche Nachnamensendung -owska zu -owski, um deutsche Postboten bei der Zuordnung der Briefe nicht zu überfordern. So wurde aus der Polin Emilka Elżbieta Śmiechowska die Deutsche Emilia Elisabeth Smechowski. Dass die eigentlich typisch polnische Endung -owski nicht als Fremdheitsmarker gesehen wurde, verweist dabei auf die weit zurückreichende deutsch-polnische Verflechtungsgeschichte und die erfolgreiche Assimilation polnischstämmiger Migrant*innen in der Vergangenheit. Ein slawischer Familienname ist somit nicht zwingend ein generationenübergreifender Marker von Fremdheit.

Paul Bokowski spricht von einer „Hyperintegration“[83], die seine Eltern vollzogen hätten. Und beschreibt, wie stark diese Erwartung seitens der Institutionen und Vertreter*innen des Einreiselandes von Beginn an kommuniziert wurde:

> „Den meisten in der Schlesenburg hatte man von einer bilingualen Erziehung abgeraten. Die Dozenten in der Abendschule oder gleich zu Beginn die Mitarbeiter aus dem Durchgangslager Friedland. [...] Wenn Mutter später, in den 90ern, an Weih-

83 “Liebeserklärung an die Leistung unserer Eltern“. Paul Bokowski im Gespräch mit Joachim Scholl · 05.10.2022, https://www.deutschlandfunkkultur.de/paul-bokowski-roman-debuet-schlesenburg-interview-100.html (Abfrage: 12.11.2023).

nachten der Bowle frönte, malte sie sich manchmal nach dem vierten oder fünften Glas mit einem Löffelchen und dem Ruß einer flackernden Adventskerze einen dicken Schnurbart unter die Nase. Dann stemmte sie sich einen herrlich komischen Überbiss, zog sich den Hosenbund bis über den Nabel, streckte den Bauch zu einem prächtigen Wanst heraus und sprach mit einer Fistelstimme: ‚Hallo. Hallo, guten Tag! Willkommen in Deutschland. Hier ist ein Duden, ein Bett und ein Bausparvertrag. Hier können Sie sich waschen, schlafen, Kinder machen. Wählen Sie bitte sozialdemokratisch, gucken Sie samstags *Wetten dass*, sonntags *Tatort*, aber bringen Sie Ihren Kindern bloß kein Polnisch bei. Vielen Dank! Auf Wiedersehen!" (Bokowski 2022, S. 51–52)

Allerdings traf die dominanzgesellschaftliche Intoleranz für Sprachdifferenz nicht nur das Polnische. Auch das „sonderbare Paralleldeutsch" (Bokowski 2022, S. 22), das die Kinder aus der Schlesenburg von den Alten in der Siedlung lernten, die es „aus Oppeln, Posen und Kattowitz herübergeschleppt hatten", stieß auf wenig Gegenliebe: „Immerzu sickerten die sonderbarsten Vokabeln in unsere kleinen blonden Köpfe und mussten gleich am nächsten Morgen, drüben in der Sonnenblumengruppe [im Kindergarten], sorgsam aus uns herausgescheuert werden." (Bokowski 2022, S. 22–23)

Sprachassimilation war in der Schlesenburg ein generationenübergreifendes Phänomen. „Unsere Eltern [...] hatte man von diesem altdeutschen Geschwafel ferngehalten" (Bokowski 2022, S. 25), damit sie es im Nachkriegspolen einfacher haben würden. Nun gaben sie das Polnische, das in der Volksrepublik der Schlüssel zu gesellschaftlicher Integration und beruflichem Erfolg gewesen war, in der Bundesrepublik aber keinerlei Prestige genoss, zugunsten des Hochdeutschen auf.

Ähnliche Prozesse vollzogen sich bei den Russlanddeutschen, deren Nachkriegsgeneration die deutschen Dialekte ihre Eltern zugunsten des Russischen als lingua franca des Sowjetreichs aufgaben, nur um dann in Deutschland diese stigmatisierte Sprache in vielen Fällen nicht an die Kinder weiterzugeben. Die Erwartung der Anpassung, der Assimilation bis zur Unsichtbarkeit, wurde also über Generationen internalisiert. Und zwar manchmal derart tief, dass es den Menschen erst wieder bewusst wurde, wenn sie die ungeschriebenen Regeln übertraten. Viktor Funk beschreibt dies aus einer russlanddeutschen Perspektive am Beispiel eines Zusammentreffens mit einem ebenfalls russlanddeutschen Bahnreisenden, dem er beim Umsteigen behilflich ist, zunächst auf Deutsch, und bei der Verabschiedung dann auf Russisch:

„Ich lehnte mich zurück und schloss die Augen. Ich wollte allein sein, niemanden wahrnehmen und von niemandem wahrgenommen werden. Ich hatte dem Unbekannten geholfen und fühlte mich jetzt eigenartig. Zum ersten Mal hatte ich in Deutschland laut in der Sprache meiner Kindheit gesprochen. Ich hatte mehr über mich verraten, als ich wollte. Ich fühlte Scham. Aber ich wusste nicht, ob ich mich deswegen schämte, weil ich mit jemanden gesprochen hatte, dem andere ausgewichen waren, oder weil ich zu ahnen begann, dass ich etwas in mir verleugnet hatte: das Kind, das im Januar 1990 von einem Tag auf den anderen nicht mehr so sein durfte, wie es war." (Funk 2017, S. 95)

Artur Weigandt folgert aus diesem von außen erzwungenen und von den Betroffenen internalisierten Drang zur Unsichtbarkeit zum einen eine prononciert passive Haltung der Elterngeneration, zum anderen eine universelle Nicht-Zugehörigkeit, die sich auch auf seine Generation erstreckt:

„Meine Eltern haben ein Credo, das sie bei jeder Gelegenheit predigen, am Frühstückstisch, beim Mittagessen, abends beim Fernsehen: ‚Misch dich nicht ein. Nicht in die Politik. Sei unsichtbar. Wer zu viel spricht, könnte sich verraten.' Das Credo meiner Eltern steht für alles, was meine Diaspora betrifft. Für ihre Unsichtbarkeit. Für meine Unsichtbarkeit. Für meine Heimatlosigkeit." (Weigandt 2023, S. 11)

„Nein, wir gehören nicht zu Deutschland und nicht zur Ukraine, Belarus oder den anderen Staaten. Wir sind unsichtbar gewordene Menschen: durch Integrationsdruck und Assimilationszwang." (Weigandt 2023, S. 78)

Abwertungen

Die Erwartung, dass neu angekommene Menschen sich in Deutschland möglichst vollständig ‚integrieren' und ‚unsichtbar' werden sollen, ist Ausdruck einer Gesellschaft, die lange nicht anerkannt hat, eine Einwanderungsgesellschaft zu sein (Plamper 2019; Alexopoulou 2020). Die autobiografischen und autofiktionalen Texte der (post)osteuropäischen Autoren machen jedoch deutlich, dass Anpassung auch Abwertung beinhaltet – ‚der Osten' und seine Menschen wurden nicht als gleichwertig erachtet und entsprechend behandelt. Wie unmittelbar hierbei in der Nachkriegszeit und den Nachkriegsjahrzehnten an Wissensbestände und Praktiken der NS-Zeit angeknüpft wurde, machen Natascha Wodins Schilderungen ihrer Schulzeit in der zweiten Klasse einer evangelischen Volksschule 1952 deutlich. Nachdem sie mit ihren Eltern aus einem DP-Lager in eine Siedlung in einer fränkischen Provinzstadt nördlich von Nürnberg gezogen ist, schreibt sie:

„Das Schulgebäude liegt hinter dem Stadtpark mit der wuchtigen alten Stadtmauer [...]. Jeden Morgen ist das der Eingang in den Tartarus, bevölkert mit dreiundzwanzig Kindern, die, am Kriegsende geboren wie ich, den Hass gegen die Russen mit der ersten Muttermilch eingesaugt haben, die mit sieben, acht Jahren schon wissen, dass die Russen Untermenschen sind, das Böse in der Welt schlechthin. Fräulein Schorrn, die Lehrerin, eine germanische Blondine mit stahlblauen Augen, die nie den Rohrstock aus der Hand legt und nicht mit den gefürchteten Tatzen spart, ist kein Schutz

> für mich, im Gegenteil. Mit ihren Erzählungen von den Gräueltaten der Russen, von ihrer Mordgier und Bestialität, fordert sie meine Mitschüler geradezu dazu auf, über mich herzufallen. [....]
> Noch mehr als die tätlichen Angriffe im Pausenhof und die Treibjagden nach Schulschluss fürchte ich den Spott, die unaufwendigste und effektivste Waffe, die meine deutschen Mitschüler gegen mich in der Hand haben. Fräulein Schorrn nennt mich nie bei Vornamen, sondern immer nur beim Nachnamen, den sie nicht aussprechen kann. Statt Wdowin sagt sie Dowin, und meine Mitschüler machen Doofin daraus. Das ist mein Spitzname in der Schule. Sie lachen über alles an mir, über meine Füße, über meine Haare, über meine Nase, über meine Kleider. ‚Pissliesl!' rufen sie, seit ich vor Angst einmal vorn an der Tafel in die Hose gemacht habe, ‚Stinkliesl!' rufen sie. ‚Die Doofin trägt keine Unterhose, die Doofin wäscht sich nicht, die Doofin stinkt, die Russen waschen die Kartoffeln in der Kloschüssel.' [...]." (Wodin, S. 332 f.)

Diese Schilderung verdeutlich zum einen die Verflechtung institutioneller (Schule, Familie) und alltäglicher (Klassensituation) Dimensionen von Diskriminierung, die sich gegenseitig verstärken. Und zum anderen die Verbreitung kollektiver, antislawischer Feindbilder („die Russen"), bei denen es keinen Unterschied macht, dass die Familie Natascha Wodins aus der Ukraine stammt.

Wie ungebrochen diese Traditionen weiterwirkten, zeigt die parallele Lektüre von Artur Weigandts Buch *Die Verräter*. Mitte der 1990er Jahre mit seiner Familie aus Kasachstan nach Deutschland gekommen, datieren seine Schilderungen rund 50 Jahre nach Natascha Wodins Schulzeit:

> „Gleichzeitig sind wir für die Menschen in Deutschland nur ‚die Russen', die sich integrieren, assimilieren und benehmen sollen. Für sie sind wir unterschiedslos, es interessiert sie nicht, in welchem postsowjetischen Staat wir unsere Wurzeln haben.
> [...]
> Dieses ‚R', das mir ständig über die Zunge rollt, verrät mich. Es verrät meine Herkunft. Das ‚R' macht für alle hörbar, dass meine Eltern mit mir Russisch sprechen. In der Schule war ich der Russe, der Ausländer, der Fremde, der andere: ‚Artur, sag mal Rohrreiniger. Sag mal Rollmops. Sag mal Regenrinne.' Ich sprach die Worte so aus, wie sie es wollten, nur damit sie lachten. Ich fühlte mich allein. Bis jemand in meine Klasse kam, der noch weniger deutsch war als ich." (Weigandt 2023, S. 77–78)

Sprache fungiert hier als Stellvertreterin von *race*: Sprachen werden hierarchisiert und analog zu ‚Rasse'-Typologien verwendet, um Überlegenheit und Minderwertigkeit zu manifestieren.

Wie in Kapitel 9 bereits beschrieben, äußerte sich die Abwertung der Zugewanderten auch in der Nicht-Anerkennung ihrer mitgebrachten Diplome und Abschlüsse, mithin ihres gesamten Wissens und Könnens. Lena Gorelik beschreibt ausführlich die diesbezüglichen Erfahrungen ihrer Eltern, die man stellvertretend lesen kann für Erfahrungen vieler jüdischer Kontingentflüchtlinge und auch anderer Migrant*innen aus den postsozialistischen Staaten – so etwa Artur Weigandts Mutter, die trotz Pädagogikstudiums in der Sowjetunion in Deutschland als „ungelernt" gilt (Weigandt 2023, S. 66). Mitgebrachtes Bildungskapital ließ sich in Deutschland so kaum in Wert setzen. Die „verstaubten Diplome" (so der Titel eines Kapitels) ihrer Eltern sind ein wiederkehrendes Motiv in Goreliks Buch. Ihre Nicht-Anerkennung durch den deutschen Staat sorgt für gebrochene Erwerbsbiografien – und ein gebrochenes Selbstwertgefühl – bei den Eltern:

> „Mein Vater [...] ist entweder still oder müde in jenen Jahren. Die Zeitarbeitsfirma schickt ihn, den diplomierten Ingenieur, von einer Fabrik in die nächste. [...] Er hat es satt, diese Wechsel, die Erniedrigung, hat es satt, sagt nichts, steht einfach mit der Sonne auf." (Gorelik 2021, S. 34)

Auch ihre Mutter war in der Sowjetunion Ingenieurin. Sie lässt sich in Deutschland zur Buchhalterin umschulen, findet aber auch in diesem Beruf zunächst keinen Job. Also geht sie den Weg, den viele postsowjetische Frauen in Deutschland gehen:

> „Sie meldet sich auf eine Zeitungsannonce hin, die nach einer Putzkraft sucht. [...] Wie war dieser Anruf, wie war es für sie, die beinahe fünfzigjährige Ingenieurin, die Universität mit Summa cum laude abgeschlossen, in einer fremden Sprache irgendwo anzurufen, um zu fragen, ob sie vielleicht ein fremdes Haus putzen darf?" (Gorelik 2021, S. 211)

Gorelik beschreibt ihren Kampf mit sich selbst, sich nicht für ihre Eltern zu schämen: „Diese hässliche Erkenntnis: Ich bin es, mit der etwas nicht stimmt, weil sie sich schämt." (Gorelik 2021, S. 213) Dazu gehört die Erkenntnis, wie sehr sich die Eltern und insbesondere die Mutter dafür eingesetzt haben, dass Lena nicht dieselben Erniedrigungen durch mangelnde Anerkennung erfahren muss. Wie sich dem Buch entnehmen lässt, begreifen ihre Eltern sehr gut die Ausschlussmechanismen der deutschen Gesellschaft und versuchen sie zu umgehen. In Deutschland erworbene Bildung ist hierzu der Schlüssel,

> „dort soll die Tochter lernen, sich deutsche Diplome holen, die etwas gelten, Diplome, die man an die Wand hängen kann. Diplome, die einen davor bewahren, jeden Morgen in aller Herrgottsfrühe mit dem Bus, dann der S-Bahn, dann einem anderen Bus irgendwohin fahren zu müssen, um Arbeit zu verrichten, die zu anstrengend für den alternden Körper ist und den Kopf nicht anstrengt." (Gorelik 2021, S. 34–35)

Entsprechend kämpft ihre Mutter darum, dass Lena kein Opfer der verbreiten Bildungssegregation wird, die die Kinder der ‚Gastarbeiter' von einst genauso trifft wie zugewanderte Kinder aus Osteuropa unterschiedlicher Herkunft – beispielsweise auch den Russlanddeutschen Artur Weigandt, deren Lehrer ihn selbstverständlich auf die Realschule schicken wollten, „damit ich ‚unter meinesgleichen'“ sei (Weigandt 2023, S. 139). Während Lenas Mutter die Nicht-Anerkennung der eigenen Diplome still leidend hingenommen hat, da „Beamte immer recht [haben]“ (Gorelik 2021, S. 207), legt sie sich bei der Einschulung in Deutschland mit der Schuldirektorin an, damit Lena nicht in die Klasse kommt, „in der alle Ausländerkinder versammelt werden, um Deutsch zu lernen. [...] ‚Bitte, bitte, sie probiert normale Klasse!', oder so ähnlich. Sie kämpft für mich, in einer Sprache, die aus Lücken besteht.“ (Gorelik 2021, S. 280)

Segregation

Neben Institutionen wie Schule, Familie oder Polizei ist es die räumliche Segregation, die in fast allen Texten eine zentrale Rolle spielt. Das Ankommen in Deutschland beginnt für die meisten in Lagern – Lager aus sehr unterschiedlichen Kontexten, vom Lager für „Displaced Persons“ (DPs) bis zum Grenzdurchgangslager Friedland oder nicht genauer identifizierten „Asylantenwohnheimen“ (Gorelik 2021; Kapitelman 2018).[84] Aber die Erinnerung an Separierung, Enge und Unsicherheit zieht sich durch alle Schilderungen.

Im Falle Natascha Wodins hat sich die Familie mit der neugeborenen Natascha nach Kriegsende fünf Jahre auf einem Nürnberger Fabrikhof versteckt, bis sie eines Nachts entdeckt und in das DP-Lager Valka gebracht wurde. Ursprünglich Unterkunft der Reichsparteitage, waren dort bis 1949 in der östlichen Hälfte hohe Funktionäre der NSDAP interniert, die westliche Hälfte war den DPs vorbehalten. Täter und Opfer lebten in direkter Nachbarschaft, die DPs in Holzbaracken mit Wanzen, Mäusen und den gewaltsamen Positionskämpfen, mittels derer im Lager Hierarchien ausgefochten wurden. So gesehen mag es auf den ersten Blick als ein Glück erscheinen, dass die Familie 1952 umgesiedelt wurde, als die DPs in die Zuständigkeit deutscher Flüchtlingsbehörden übergeben wurden und fortan als „Heimatlose Ausländer“ firmierten (vgl. Alexopoulou 2020, S. 81–91). Die segregierte Wohnsituation blieb jedoch bestehen, Natascha Wodin beschreibt die neue Siedlung als „ein kleines Valka-Lager“ (Wodin 2017, S. 323), mit dem Unterschied, dass es sich jetzt nicht mehr um eine temporäre Unterkunft, sondern um einen festen Wohnsitz handelte. Aus der Sicht der übrigen Stadtbewohner handelte es sich um „die Häuser“ (Wodin 2017, S. 323). Und das Gefühl der Isolierung nahm für die Familie noch zu: Während im Valka-Lager das Russische als lingua franca

---

84 Zum Durchgangslager Friedland, in dem viele Aussiedler und andere Zuwanderer aus Osteuropa zuerst nach Deutschland kamen, als Ort des Ankommens, aber auch der Überprüfung und der Angst siehe Wallem (2018), Schießl (2016).

der Geflüchteten eine prekäre Gemeinschaft stiftete, waren sie jetzt, bis auf einen weiteren Bewohner, die einzigen Sowjetflüchtlinge. Für die anderen wieder „die Russen", berichtet Natascha Wodin von ihrer Erinnerung an „eine Art Pogrom" in der neuen Siedlung, bei dem sie von einem betrunkenen Mob als „Kommunisten", „Bolschewisten" und „Stalinisten" beschimpft worden seien und ein Stein durch ihre Fensterschreibe geflogen sei (Wodin 2017, S. 326).

Im Falle der Familie von Lena Gorelik war es kein DP-Lager mehr, sondern ein, wie es im Deutschland der 1990er Jahre zumeist hieß, „Asylantenwohnheim". Ihre Erinnerungen an die langen 18 Monate hinter Stacheldraht sind aber ebenso bestimmt von Enge, fehlender Privatsphäre und dem Stigma, dort zu leben, dem sie zu entkommen sucht:

> „Jemand in der Schule hat mich nach Zuhause gefragt. Ich habe herumgestottert, aber das ist nicht aufgefallen, durch das Deutsche stottere ich mich immer noch hindurch. Zu Hause ist, wo wir nicht mehr sind. Ich erzähle nicht vom Wohnheim. Ich lüge, merke mir Straßennamen, um glaubhafter lügen zu können. Ich weiß nicht, in wie vielen Straßen ich wohne, während das Wohnheim weiter mein Zuhause ist." (Gorelik 2021, S. 152)

Nach dem Wohnheim ziehen die Goreliks in ihre „richtige Wohnung" in einer ehemaligen amerikanischen Kaserne, die wie viele militärische Konversionsobjekte zum Ende des Kalten Krieges in Sozialwohnungen umgewandelt und mit Zugewanderten aus Osteuropa bevölkert wurden (vgl. Panagiotidis 2021, S. 103). Diese ist eine enorme Verbesserung gegenüber dem Wohnheim, bleibt aber als Wohnort auch mit einem Stigma behaftet: „Meine Eltern halten unsere ‚richtige Wohnung' immer noch für einen Palast, weil sie nie gehört haben, wie jemand sagt: ‚Ach, da wohnst du, in der Kasernensiedlung?'" (Gorelik 2021, S. 224)

Wie stark die Segregation das Leben bestimmte, wird auch im Roman Paul Bokowskis deutlich. Die „Schlesenburg" ist ein titelgebender Sozialbaukomplex, dessen Name zunächst von außen, durch die Dominanzgesellschaft geprägt wurde, da in der „Burg" viele polnische Aussiedler aus Schlesien leben. Die Stigmatisierung des Stadtteils wirkt auf die Bewohner zurück, z. T. in ganz banalen Situationen wie dem Krippenspiel im Kindergarten, in dem kein Kind aus der „Burg" jemals eine andere Rolle spielen darf als die eines Hirten (Bokowski 2022, S. 35). Zugleich übernehmen die Bewohner*innen die Bezeichnung – und entwickeln ihre eigene Topografie. Und doch bleibt das Wissen um die separierte Wohnsituation in der Siedlung ständig präsent – die Kinder unterteilen den Raum nach „runter" (= innerhalb der Siedlung, entlang der beiden großen Wohnblöcke) und „raus" (jenseits der Siedlung). In der Erzählung der Erwachsenen ist es vor allem ein besserer Ort als das benachbarte Asylbewerberheim, in dem viele von ihnen zuvor waren und auf das sie nun herabblicken. Und letztendlich vollzieht die Familie am Ende des Buches das, wonach die meisten Bewohner der „Schlesenburg" streben: Sie verlassen die Siedlung und ziehen in eine eigene Wohnung. Als sie Jahre später in ihr altes Viertel zurückkehren, existiert die „Schlesenburg“ nicht mehr – die Häuser stehen noch, aber die Bezeichnung ist den jetzt dort lebenden Menschen aus der Türkei, dem ehemaligen Jugoslawien usw. nicht mehr geläufig (Bokowski 2022, S. 315–317). Die räumliche Segregation ist nicht von Dauer und vererbt sich nicht über die Generationen – ein weiterer Schritt zur gesellschaftlichen Unsichtbarkeit.

Gewalt

Zur strukturellen Benachteiligung in Alltag, Institutionen und Stadtraum kam rassistische Gewalt. Gewalt, die, wie eingangs dieses Buches beschrieben, in den 1990er und 2000er Jahren Menschen wie Kajrat Batesov das Leben kostete. Und die sich auch in einem Teil der Texte spiegelt.

Natascha Wodin berichtet, dass sie nach dem abwertenden Spott während des Unterrichts regelmäßig von ihren Mitschülern gejagt wurde und hierbei „um mein Leben [rannte]. Ich wollte nicht sterben wie Dschemila, die kleine Tochter der Jugoslawen, die die deutschen Kinder auch gejagt und in die Regnitz gestoßen hatten, in der sie dann ertrunken war.“ (Wodin 2017, S. 26)

Rund vier Jahrzehnte später, 1995, zog Dmitrij Kapitelman mit seiner Familie in eine Vierraumwohnung im Leipziger Plattenbauviertel Grünau. Zuvor hatte die ukrainisch-jüdische Familie genau wie die Goreliks für ein Jahr in einem „Asylheim“ (Kapitelman 2018, S. 23) gelebt. In Grünau angekommen, traf Dmitrij Kapitelman auf die neonazistische Gewalt:

> „Sobald ich aus der Schule kam, war ich schlagartig mit anderen Sorgen befasst als der Teilnahme an Disneyfilm-Diskursen. Nämlich mit Neonazis. Ich rekapituliere: Die BRD nahm Juden als Zeichen historischer Wiedergutmachung auf, wohlgemerkt unter dem Status ‚Flüchtlinge‘. [...] Wir waren also ‚geflohen‘, und zwar in ein ostdeutsches Viertel, in dem jeden Abend Neonazihorden auf Menschenjagd gingen. Das ist keine Übertreibung. Mitte der Neunziger haben die Nazis in Grünau Bürgerkrieg veranstaltet. Reichlich ungestört von der Polizei.
> In Kiew hatte ich mit Kostja und Rostik Fangen gespielt. In Grünau floh ich vor Neonazis mit Messern, Neonazis mit Hunden und Neonazis mit Baseballschlägern. Hatte ich es in mein Haus geschafft, fuhr ich hoch zu unserer Wohnung im achten Stock. An der Tür der Nachbarwohnung versprach ein Sticker: ‚Rudolf Heß – Volksheld. Freitag Party hier.‘“ (Kapitelman 2018, S. 27–28)

Zu diesen Jagden auf osteuropäische Menschen kam im Falle der Kapitelmans der Antisemitismus – der sich nicht nur historisch intersektional mit dem antislawischen Rassismus verstärkte, sondern bis heute eine latente oder offene Bedrohung im Leben osteuropäisch-jüdischer Menschen in Deutschland darstellt (Kiesche 2022). So auch Mitte der 1990er Jahre im Leipziger Plattenbau bei einem Spaziergang Dmitrij Kapitelmans mit seinem Vater und ihrem Hund:

> „‚Papa, war nicht der Holocaust überhaupt erst möglich, weil die Nichtjuden sich rausgehalten haben und keiner protestierte?'
> ‚Ja, aber–' Bevor mein Vater aussprechen konnte, fragte uns ein Fascho nach Feuer.
> ‚Ich habe keine Feuer', antwortete Papa, in einem Akzent, wie er osteuropäischer nicht klingen konnte.
> Aus dem Nazi brach es heraus: ‚Ich will auch kein Scheißfeuer von Dir, Abraham.'
> Stille.
> Papa versuchte, physisch bedrohlich zu wirken. Der zwei Köpfe größere Nazi wirkte tatsächlich physisch bedrohlich. Dann drehte er sich plötzlich um und ging. Mit einem Gesichtsausdruck, als hätte er eine notwendige, aber anstrengende Arbeit für heute verschoben. Er wird den Judenrasen später mähen. Darüber, ob man sich von allem abkapseln und mit nichts als dem eigenen Wohlbefinden beschäftigen sollte, unterhielten wir uns an diesem Tag nicht mehr." (Kapitelman 2018, S. 28 f.)

Rund zehn Jahre zuvor, Mitte der 1980er Jahre, war auch die westdeutsche Schlesenburg nicht frei von latenter oder manifester Gewalt. Als Drohung war sie im Alltag stets vorhanden, unter anderem durch die Hakenkreuze, die der Postbote beständig in die Briefkästen ritzte (Bokowski 2022, S. 20, 315) oder die unbekannte „Niemcy" in den Schnee trampelten (Bokowski 2022, S. 73). Real und sehr bedrohlich wurde die Gewalt durch deutsche Jugendliche aus der angrenzenden Königsberger Straße. Nachdem Darius, ein Junge aus der Schlesenburg, bereits für mehrere Tage vermisst wird, treffen der Ich-Erzähler und seine Freundin Apolonia an einem Fluss außerhalb der Siedlung auf die beiden Jungen aus der Königsberger Straße. Im Fluss liegt ein großer, schwarzer Plastiksack quer, den die Jungen mit Lehmklumpen bewerfen:

> „‚Dammbruch!', rief der Junge aus der Königsberger Straße. […] Ich spürte erste Tränen, die mir unter die Lider rannen, und einen frischen Speichel tief im Mund, der bitter schmeckte. […] ‚DA-RI-US!', johlte der größere der Jungen und schleuderte einen neuen Brocken Erde, der mitten auf dem abgeschnürten Sack zerschellte.
> ‚Aufstehn, du Spasti!', riefen beide asynchron.
> ‚Schule, Du Polacke!', brüllte der zweite." (Bokowski 2022, S. 230, 236 f.)

Apolonia setzt dem verstörenden Treiben auf ihre Art ein Ende, in dem sie schnurstracks auf die beiden Jungen zugeht, den Fluss überquert und sie in die Flucht schlägt. Anschließend zieht sie den Plastiksack aus dem Fluss, greift hinein – und holt eine Unmenge bunt bedruckter Prospekte hervor, für Minimal und Aldi Süd. Darius lebt. Am Schrecken, den diese Szene beim Lesen vermittelt, ändert dies nichts.

Das Erlebte beschreiben

Betrachtet man die alltäglichen, institutionellen und gewalttätigen Dimensionen der Diskriminierung, die die Autoren in ihren Romanen beschreiben, dann dürfte aus wissenschaftlicher Sicht wenig Zweifel daran bestehen, dass es sich um Rassismus handelt. Rassismus gegen sie, weil sie aus dem östlichen Europa kommen, und/oder gegen sie als vermeintliche Verkörperung des Feindbildes „der Russen" oder „der Slawen". Paul Bokowskis eindringliche Schilderung der stets präsenten Hakenkreuze in der Siedlung und schließlich sogar der Hitlerbüste, die in der abgebrannten Gartenlaube des deutschen Nachbarn Gottlieb Doenhardt zum Vorschein kommt (Bokowski 2022, S. 314), binden die alltäglichen Diskriminierungserfahrungen explizit an die NS-Vergangenheit zurück, was sie im deutschen Kontext eindeutig als rassistisch definiert.

Jenseits der retrospektiven, analytischen Einordnung ist zu bedenken, dass es sich um ein sensibles bis traumatisches Thema handelt, über das sehr lange nicht öffentlich gesprochen und geschrieben wurde. Erst mit Büchern wie den hier betrachteten beginnt sich dies in den letzten Jahren zu ändern – weshalb es eine interessante Frage ist, mit welchen Begriffen die Betreffenden selbst ihre Erfahrungen beschreiben.

Für Natascha Wodin als Kind einer ukrainischen „Ostarbeiterin" und späteren DP sind die rassistischen Kontinuitäten zum Nationalsozialismus nicht nur chronologisch offenkundig und werden von ihr auch so benannt:

> „Irgendwann durchschauten sie mich natürlich, und dann jagten sie mich erst recht, die kleinen Rächer des untergegangenen Dritten Reiches, die Kinder der deutschen Kriegerwitwen und Naziväter, sie jagten sämtliche Russen in meiner Gestalt, ich war die Verkörperung der Kommunisten und Bolschewiken, der slawischen Untermenschen, ich war die Verkörperung des Weltfeindes, der sie im Krieg besiegt hatte, und ich rannte, rannte um mein Leben." (Wodin 2017, S. 25 f.)

Vierzig Jahre später sind diese Kontinuitäten nicht mehr so offensichtlich, es ist nicht direkt von „Rassismus" die Rede. Viktor Funk schreibt im obigen Zitat nach seiner Begegnung mit dem hilflosen, russlanddeutschen Bahnreisenden von „Scham", die er verspürt habe, Scham über die eigene Herkunft. Und auch bei Lena Gorelik ist „Scham" ein zentraler Begriff, wenn sie ihre Zeit im „Asylantenheim" erinnert:

> „Was übrig bleibt vom Stacheldrahtzaun, von dem Mädchen, vom Gestank im Wohnheim, der sich in uns frisst, was übrig bleibt von dieser Mischung aus Bratfett, Verzweiflung, Schimmel und Angst, das ist die Scham. Die simpelste Scham von allen, die zu sein. Die sein zu wollen. Zu denken, dass ich, dass jemand mich mögen könnte. Dazugehören, ein Wunsch, größer als alle Geburtstage zusammen. Als wäre ich –

und der Satz ließe sich beliebig fortsetzen. Dagegen hilft kein Erfolg, keine Therapie, keine Erfahrung. Nichts hilft, weil Scham währt." (Gorelik 2021, S. 144 f.)

Interessant ist, dass sie gegen Ende des Romans, als die deutsche Sprache für sie zu einem Moment der Selbstbefreiung geworden ist, von „Rassismus" spricht:

> „Richtig und falsch: Ich bemühe mich, das richtige Deutsch zu lernen. ‚Erst einmal richtig Deutsch lernen!' Das merke ich mir als Kind. Diejenigen, die das zu mir sagen in der schwäbischen Kleinstadt, sagen das meist auf Schwäbisch. Aus der deutschen Sprache greife ich die schönsten Wörter heraus, um sie in die kompliziertesten Sätze zu packen. ‚Meinetwegen' zum Beispiel ist so ein schönes Wort, ich habe keine Ahnung, ob es ‚Ja' oder ‚Nein' bedeutet, und beantworte trotzdem jede Frage damit. Mit jedem Satz beweise ich ihnen, mir, wem eigentlich, dass ich hier sein darf. Dass ich nicht wie sie bin, nicht wie meine Eltern, nicht wie alle die anderen, wie man damals, ohne zusammenzuzucken, sagte: Ausländer. Ich lerne richtig Deutsch, so richtig wie möglich.
> Je öfter sie mich nach zu Hause fragen und damit andere Länder meinen, nicht Deutschland, desto gewählter lasse ich meine Sätze klingen. Es dauert Jahre, bis ich in kurzen Sätzen denken kann, die kein an die richtige Stelle gesetztes Verb brauchen: Ihr Rassisten." (Gorelik 2021, S. 248 f.)

Die Beobachtung, dass der Begriff „Rassismus" erst relativ spät im Text das erste Mal auftaucht, deckt sich mit der Feststellung Maria Alexopoulous, dass viele Erlebnisse von den Betroffenen nur selten als Rassismuserfahrungen bezeichnet werden. Diese Geschichten gehören für sie vielmehr zum „typischen Leben", sie werden „durch ihre Häufigkeit normalisiert und in ihrer Normalität unsichtbar" (Alexopolou 2020, S. 17).

In den beiden neuesten Romanen werden die eigenen Erlebnisse hingegen eindeutig als rassistisch beschrieben. Paul Bokowski spricht bereits nach wenigen Seiten vom „Infinitivus rassisticus", den ein Freiwilliger der örtlichen Feuerwehr verwendet, als in der Schlesenburg ein Haus brennt: „Du! Abstand halten! Du! Auseinandergehen! Du! Bleiben zurück!" (Bokowski 2022, S. 17) Und Artur Weigandt ordnet die Erniedrigungen, die seine Eltern, er und viele Freunde und Bekannte erfahren haben, als blinden Fleck des aktuellen antirassistischen Diskurses ein:

> „Gleichzeitig gibt es Minderheiten, die uns absprechen, Rassismuserfahrungen gemacht zu haben. Wir seien zu weiß für Rassismus, heißt es. Dabei ist Rassismus nicht nur die Abwertung nicht weißer Hautfarben. Der moderne Antirassist geht zwar auf die Kolonialisierung Afrikas ein. Auf den nationalsozialistischen Traum jedoch, auf den ‚Fall Barbarossa', den Kampf um ‚Lebensraum im Osten', geht er nicht ein. Aber auch das war Kolonialismus. Dafür starben Millionen Osteuropäer.

[…] Für die Antirassisten sind wir Verräter, die ihren Diskurs der Binaritäten vergiften. Doch die postsowjetische Welt ist nicht in Schwarz und Weiß unterteilt." (Weigandt 2023, S. 78 f.)

Hierarchien

Wie aus den hier untersuchten Büchern weiterhin deutlich wird, ist der diagnostizierte Rassismus nicht einfach als Binarität zu fassen. Vielmehr äußert er sich auch in Hierarchien und Abstufungen zwischen verschiedenen Zuwanderungsgruppen, die sich zum Teil in Lagern, zum Teil in Stadtvierteln knappe Räume und Ressourcen teilen.

Lena Gorelik beschreibt eindringlich die hierarchischen Abstufungen, die sich aus dem Leben im „Asylantenwohnheim" ergeben. Diese bestehen einerseits aus Vorbehalten der Eltern gegen andere dort lebende Gruppen, andererseits aber auch aus einem Gefühl der Minderwertigkeit gegenüber „den Deutschen":

> „Die Kinder müssen im Sommer auch mit zum Deutschkurs, wohin denn sonst mit denen? Die kann man ja nicht den ganzen Tag alleine im Asylantenwohnheim lassen bei diesen Schwarzen, diesen Jugos und wer da sonst noch außer uns so lebt. So sagen sie das, unsere Eltern, fragen sich nicht, ob die Bezeichnungen diskriminierend sein könnten. Sommerferien, Deutschkurs, Schonzeit. Bevor wir zu den deutschen Kindern auf die deutsche Schule müssen, wo sie sofort sehen werden, was wir selbst riechen können: dass wir anders sind, dass wir geringer sind als sie." (Gorelik 2021, S. 140)

Während sich die Minderwertigkeitskomplexe gegenüber den Deutschen aus der Migrationssituation ergeben, erkennt Gorelik in den kollektiven Zuschreibungen an ethnische Gruppen, die ihre Eltern vornehmen, auch bestimmte, aus der Sowjetunion mitgebrachte Denkweisen wieder:

> „Die Schwarzen kochen sonderbar riechende Sachen, die Kleider der Frauen sind bunt, und manchmal binden sie sich bunte Kopftücher in die Haare. Die Kopftücher sind schön. Sie stinken, sagen unsere Eltern, und sie schämen sich nicht für diesen Satz. Sie wissen nicht, dass sie sich für einen solchen Satz schämen müssen, das haben sie nicht gelernt. So redet man in der Sowjetunion, die Schwarzen sind dreckig, die Juden sind gierig, die Zigeuner stehlen. Die Georgier aber, die kochen gut." (Gorelik 2021, S. 151)

Gorelik lernt in der Schule, dass es sich hier um „Verallgemeinerungen, Stereotypen, […] Rassismus" handelt. Bei ihren Eltern stößt sie damit aber auf Verständnislosigkeit. Ihren ostentativen Antirassismus, mit dem sie ihre Eltern konfrontiert, sieht sie erst im Nachhinein als einen Mechanismus an, um sich von ihrer schambehafteten Herkunft zu distanzieren:

> „Ich bringe mir Empörung und das Wort Menschenrechte bei. Später trage ich das Wort in absichtlich kompliziertes Deutsch gekleidet in die Elternküche mit, spucke es ihnen vor die Füße. Ich schmeiße mit den großen Begriffen um mich, auch um mich von dort, wo ich herkomme, zu distanzieren. Grün gefärbte Haare, bedeutungstriefende Sätze, aber nichts davon reicht. Es bleibt für immer an mir kleben. Das Wohnheim, die russischen Sätze, der Eigengeruch.
> Wie lange dauert es, bis ich sagen kann, zum Glück." (Gorelik 2021, S. 151–152)

Auch die großenteils von Aussiedlern aus Polen bewohnte Schlesenburg ist ein hochgradig ethnisierter Raum, in dem die Herkunft der verschiedenen Bewohner*innen ein strukturierendes Element darstellt. Als im ersten Kapitel die Wohnung einer polnischen Nachbarin ausbrennt, hat eine polnische Anwohnerin nur einen Wunsch: „Hoffentlich ziehen keine Rumänen ein." (Bokowski 2022, 18) Später, als die meisten Schlesenburger schon in andere Stadtviertel umgezogen sind, klagt ein früherer Bewohner der Siedlung:

> „‚Hier wohnen nur noch Russen, Schwarze und Rumänen.' […] ‚Und die Russen', sagte er auf Deutsch, […] ‚wszyscy to starzy Żydzi!' […] Er hatte es mit einem Ton gesagt, mit einer Abscheu, die keine Übersetzung nötig hatte. Aber mein Hirn ließ sich nicht bremsen und übersetzte es: ‚alles alte Juden'." (Bokowski 2022, S. 69–70)

Während der hier zum Ausdruck kommende Antisemitismus im Buch ansonsten nicht weiter ausgeführt wird, sind die „Rumuni" (Rumänen) ein wiederkehrendes „Other" für die polnischen Schlesenburger, sei es als Handwerker (Bokowski 2022, S. 196), sei es als unerwünschte Kirchenbesucher (Bokowski 2022, S. 202 f.). Die wahlweise als „Russen" oder „Russlanddeutsche" bezeichneten Spätaussiedler aus der ehemaligen Sowjetunion, die in den 1990er Jahren in die Siedlung kommen, werden das Objekt von Neid, „weil die ersten Russlanddeutschen, die jetzt kamen, alle gleich aufs Amt rannten. Und irgendwo tief rinnen in allen Schlesenburgern, keimte ein klein bisschen Ärger darüber, die schöne neue Heimat nicht doch ein bisschen gemolken zu haben." (Bokowski 2022, S. 205)

Zugleich begreifen die Schlesenburger die Migrationshierarchien der deutschen Gesellschaft sehr gut. Als Pauls Vater seinem in Polen gebliebenen Bruder schreibt und Tipps gibt für die Aussiedlung nach Deutschland, beruhigt er ihn, dass er „auch ohne Deutsch" in der Papierfabrik, in der der Vater und viele andere Schlesenburger tätig sind, arbeiten könnte. „Mit Deutsch noch besser. Aber Deutsch kommt von alleine, schrieb Vater. […] Perfekt musst du gar nicht werden, nur besser als die Türken. Das reicht den meisten Deutschen." (Bokowski 2022, S. 205)

Von dieser Bemerkung abgesehen sind „die Türken" aber interessanterweise kein sonderlich relevantes „other" in den hier untersuchten Büchern – entgegen der in der Forschungsliteratur zu findenden Einschätzung, dass gerade ihre Anwesenheit die deutschen Aussiedler (und auch andere osteuropäische Zuwanderer) besonders gestört habe (so z. B. bei Graudenz/Römhild 1996, S. 56–58; Sell-Greiser 1993, S. 137). In Bokowskis Buch ist die türkische Familie Akkaya ein positiver Bezugspunkt, anders als die „schweigsamen Deutschen, die einen freundlichen sozialdemokratischen Schutzwall zwischen sich und uns hochgezogen hatten" (Bokowski 2022, S. 77). Und auch Lena Goreliks Großmutter hat einen „türkischen Freund", einen älteren Herrn, mit dem sie Jiddisch spricht, da er kein Deutsch könne. „Keiner von uns weiß, ob er wirklich Türke ist, wir nennen ihn nur so" (Gorelik 2021, S. 81). *Etot turok*, „dieser Türke", ist lange Zeit der einzige soziale Kontakt der Großmutter, die gegen ihren Willen nach Deutschland „gezerrt" worden war,

> „von den Gräbern weg, was schlimmer war, als die Schwester zu verlassen, die Nichten, die Freunde, die ehemaligen Kollegen, die Menschen, die Stadt, in der sie die Leningrader Blockade überlebt hatte, in der sie studiert, gearbeitet, einen Mann verloren, mit einem anderen zwei Kinder und später Enkel großgezogen hatte, den sie dann auch beerdigt hatte, von der Sprache, aus ihrer Wohnung, ihrer Straße, aus allem, was sie als Leben kannte." (Gorelik 2021, S. 53)

Am Ende scheint es die Sprachlosigkeit in der Fremde, die das verbindende Element zwischen den zwei alten Menschen unterschiedlicher Herkunft darstellt.

Agency

So deutlich die Erfahrungen von Abwertung und Diskriminierung in den Texten zu lesen sind, so wenig würde es ihren Autor*innen und Protagonist*innen gerecht, sie auf einen Status als Opfer der sie umgebenden Umstände zu reduzieren. Gerade angesichts der schwierigen Umstände gibt es den Willen, die eigene Situation zu verbessern und es am neuen Ort ‚zu etwas zu bringen', ein „gutes Leben" zu finden (Klingenberg 2022; Aivazishvili-Gehne 2023). In manchen Fällen erfolgt dies mit großer Verbissenheit und führt zu emotionalen Verhärtungen und Brüchen – schmerzhaft ist dieser Entfremdungsprozess zwischen Eltern und Tochter in Emilia Smechowskis *Strebermigranten* nachzulesen. Gleichwohl handeln ihre Eltern in vielfältiger und rastloser Art und Weise und sind alles andere als nur passive Opfer.

Der Prozess, sich aus der Außenseiterposition herauszuarbeiten, lässt sich am Beispiel der Sprache nachzeichnen. Anfangs eine scheinbar unüberwindbare Hürde, die als Makel begriffen wird, gelingt es den Autoren, sie zu einem Mittel der Befreiung, des Empowerment zu machen. Natascha Wodin spricht in diesem Kontext davon, dass „Schreiben eine Möglichkeit [ist], Leben zu ersetzen.“[85] Und Lena Gorelik legt offen, wie schwierig und langwierig dieser Weg ist:

> „Jahre später baue ich deutsche Buchstaben zu einem Wall, der Trotz ist ein verletztes, knurrendes Tier. Wer will das schon, dazugehören. Feiglinge vielleicht. Ich doch nicht. Ich brülle den Satz Buchstabe für Buchstabe, auch wenn niemand ihn hört. Überleben wird meist gestampft, es wird nicht geschlichen.
> Ich spiele mit den deutschen Worten. Ich ordne sie an, befehle ihnen, sich mir zu beugen, sich richtig hinzustellen, nicht so, anders eben, ich bin es, die dieses Spiel gewinnt.“ (Gorelik 2021, S. 145)

Dieser Prozess mündet, nicht nur bei Lena Gorelik, in einem beeindruckenden Sprachvermögen und Büchern wie den hier analysierten. Zugleich erlangen die Autoren damit eine Stellung, in der sie das bisher versteckte und verdrängte ‚Östliche‘ der eigenen Biographie bewusst wieder sichtbar machen: „Я heißt: ich.“ So beginnt Lena Goreliks Roman (Gorelik 2021, S. 9). Und die Kapitel in „Schlesenburg“ tragen, bis auf eines, polnische Überschriften. Für Paul Bokowski sind dies „pädagogische Lektionen“[86], mittels derer er die „Hyperintegration“ durchbrechen will, mit der sozialisiert wurde.

Neben der Sprache lässt sich die Agency in den Texten auch an der Aneignung der Räume ablesen. Von außen defizitär und prekär beschrieben, eignen sich die Protagonisten diese Orte dennoch durch ihre Alltagspraktiken als soziale Räume an (Löw 2001). Am deutlichsten wird dies bei der „Schlesenburg“: Die Bewohner übernehmen die pejorative Fremdbezeichnung und überschreiben sie mit neuen Bedeutungen und Topgrafien. Am Ende steht eine Ambivalenz: Die Eltern erreichen ihr langgehegtes Ziel und verlassen die Siedlung – die Rückkehr Jahre später ist jedoch nicht frei von Melancholie. Die Schlesenburg ist eben auch der Ort einer, trotz allem, glücklichen Kindheit, und der Roman eine, wie Paul Bokowski es formuliert, „Liebeserklärung an die Leistung unserer Eltern.“[87]

85 „Schreiben ist eine Möglichkeit, Leben zu ersetzen“. Natascha Wodin im Gespräch mit Susanne Führer, 21.08.2018, https://www.deutschlandfunkkultur.de/schriftstellerin-natascha-wodin-schreiben-ist-eine-102.html (Abfrage: 12.11.2023).

86 “Liebeserklärung an die Leistung unserer Eltern“. Paul Bokowski im Gespräch mit Joachim Scholl, 05.10.2022, https://www.deutschlandfunkkultur.de/paul-bokowski-roman-debuet-schlesenburg-interview-100.html (Abfrage: 12.11.2023).

87 Ebd.

Rassismus

Blickt man auf die Gesamtheit der hier analysierten Texte, dann kann es wenig Zweifel daran geben, dass es hier auch um Rassismus geht. Im Sinne der Definition von Philomena Essed haben die Autoren und Protagonisten auf vielfache Weise erfahren, wie es ist, in den „hierarchies of worthiness" nicht auf der gleichen Stufe wie die Dominanzgesellschaft zu stehen. Während dies im Falle der Nachkriegserlebnisse Natascha Wodins im Sinne eines antislawischen Rassismus noch direkt an den biologistischen Rassismus der NS-Zeit rückgekoppelt wird, geht es in den Texten über die 1980er Jahre bis heute in der Regel um andere Differenzmarker, nicht zuletzt um Sprache. Hier dürfte antiosteuropäischer Rassismus die passendere Kategorie sein. In beiden Fällen bleiben jedoch Essentialisierung und Hierarchisierung bestehen, weshalb es nur folgerichtig ist, von Rassismus zu sprechen.

Die Erfahrungen von Ausgrenzung und Diskriminierung werden von den Autor*innen auf verschiedenen Ebenen verhandelt und an unterschiedlichen Punkten festgemacht: von Alltagserfahrungen über institutionellen Rassismus bis hin zu physischer und potenziell tödlicher Gewalt. Dies ist, ebenso wie räumliche Segregation, aber auch der Konnex zwischen Rassismuserfahrung und eigenem Rassismus, nicht spezifisch osteuropäisch. Es handelt sich vielmehr um typisch migrantische Erfahrungen, die Menschen in Deutschland gemacht haben und nach wie vor machen. Es wäre an sich naheliegend, dies zukünftig über die jeweils eigene ‚Community' hinaus gemeinsam zu denken und Allianzen zu bilden.

Ein Spezifikum osteuropäischer Migrationserfahrungen in Deutschland ist die Frage der (Un)Sichtbarkeit. Kein Alleinstellungsmerkmal, denkt man etwa an nicht-muslimische (Arbeits)migranten aus Südeuropa, bei denen zum Teil ähnliche Konstellationen vorliegen, aber doch eine Position, die Menschen aus dem östlichen Europa von vielen Migrant*innen in Deutschland unterscheidet, die schon aufgrund äußerlichen Otherings wesentlich häufiger Rassismuserfahrungen machen. Die Möglichkeit, „unsichtbar" zu werden und sich wortwörtlich in der weißen Dominanzgesellschaft zu assimilieren, hierbei aber auch sich selbst zu verleugnen, ist Thema in den meisten der hier analysierten Bücher und verbindet jüdisch-postsowjetische, russlanddeutsche und polnisch-deutsche Erfahrungen. Als entscheidender Schlüssel wird immer wieder die Sprache genannt, von Emilia Smechowski über Lena Gorelik bis Artur Weigandt. Zugleich wird aber auch in aller Deutlichkeit thematisiert, dass „Unsichtbarkeit" zugleich mangelnde Anerkennung der eigenen Erfahrungen durch die Dominanzgesellschaft bedeutet, was besonders von den Angehörigen der zweiten Generation zunehmend negativ empfunden wird. Es ist diese Ambivalenz der „internal others" (Klingenberg 2022), die die Erfahrungen der osteuropäischen Migranten in Deutschland und ihre literarischen Verarbeitungen zentral prägt.

Kapitel 11: Statt eines Schlussworts: Antiosteuropäischer Rassismus in Zeiten des Krieges, Online-Aktivismus und die Notwendigkeit einer Osterweiterung der Rassismusdebatte

Die zunehmende Dichte an Büchern in deutscher Sprache, in denen Autor*innen über ihr Ankommen in Deutschland, aber auch die erfahrene Ablehnung berichten, zeigt an, dass die Unsichtbarkeit osteuropäischer Migration an ihr Ende gekommen ist. Dieser Befund gilt nicht nur für die Literatur, sondern auch für die jungen PostOst-Aktivist*innen, die online wie analog eine Vielzahl an Formaten entwickelt haben, mittels derer sie über Antislawismus sprechen und eine Anerkennung ihrer Erfahrungen einfordern. Dies hat viel mit Bildungsaufstieg zu tun: Während die Berufsabschlüsse ihrer Eltern wie in Kapitel 10 beschrieben häufig nicht anerkannt und abgewertet wurden, hat ein gewichtiger Teil der nachfolgenden Generation in Deutschland studiert und eine ganze andere Sprach- und Medienkompetenz entwickelt (vgl. Panagiotidis 2021). Damit konnten sie eine Sprechposition erlangen, in der sie das bisher verdrängte ‚Osteuropäische' der eigenen Biografie bewusst wieder sichtbar machen und kritische Fragen an die Gesellschaft stellen, in die sie bzw. ihre Familien migriert sind (El-Mafaalani 2018, 101–115).

Die Ausweitung und Radikalisierung des russischen Angriffskriegs gegen die Ukraine am 24. Februar 2022 hat der Frage nach der andauernden Aktualität von antiosteuropäischen und antislawischen Rassismus eine erhöhte Aufmerksamkeit verschafft. Das Datum markiert aber nicht den Ausgangspunkt der Entwicklung des Feldes – der Krieg beschleunigte nur einen Prozess, der bereits zuvor begonnen hatte und in dem es eine wachsende Zahl an Stimmen gab, die eine Auseinandersetzung mit dem Thema forderten. Exemplarisch genannt seien Sergej Prokopkin[88], Erica Zingher (Zingher 30.03.2021), Artur Weigandt (02.05.2021), der von Krsto Lazarević und Danijel Majić betriebene Ballaballa-Balkan Podcast[89] und die Vereinigung Russischsprechender LGBTQ* in Deutschland quarteera[90].

88 https://www.instagram.com/s_prokopkin/?hl=de (Abfrage: 12.11.2023).

89 Ballaballa-Balkan Podcast. Episode 48. Antislawischer Rassismus oder Für immer Untermensch? April 2021: https://ballaballa-balkan.de/episode/antislawischer-rassismus-oder-fuer-immer-untermensch (Abfrage: 12.11.2023).

90 https://www.instagram.com/quarteera/ (Abfrage: 12.11.2023).

Bemerkenswert war und ist das produktive, in manchen Wertungen auch differierende, aber bisher stets gemeinsame Agieren von Wissenschaft und Aktivismus, um der Thematik Sichtbarkeit zu verliehen. Die Grenzen zwischen diesen beiden Feldern lassen sich dabei naturgemäß nicht immer trennscharf ziehen, nicht selten verbinden sie sich auch in einer Person, aber letztendlich sind es doch unterschiedliche Zugänge, die hier aber nicht in Konkurrenz zueinander auftraten, sondern eher wechselseitig Stichworte aufgriffen und weiterentwickelten.[91]

Inzwischen konnte eine gewisse Sichtbarkeit für das Thema erreicht werden, es ist Teil des eingangs dieses Buches erwähnten Nationalen Diskriminierungs- und Rassismusmonitors (NaDiRa), wurde im Bericht „Rassismus in Deutschland" der Beauftragten der Bundesregierung als drängende Forschungslücke beschrieben und war Gegenstand einer Ausschreibung der Antidiskriminierungsstelle des Bundes im März 2023, in deren Folge jetzt drei Projekte zu antislawischem Rassismus gefördert werden.[92]

Zugleich hat die radikale Ausweitung des Kriegs Russlands gegen die Ukraine die Parameter aber grundlegend verschoben. Der Krieg ging nicht nur mit der sattsam bekannten, zynischen Propaganda von der „Demilitarisierung" und „Entnazifizierung" der Ukraine einher, sondern auch mit der eingangs dieses Buches skizzierten gezielten Instrumentalisierung des Themas „Rassismus" durch russische Propaganda. Die Beschäftigung mit antiosteuropäischem und antislawischem Rassismus kann so schnell in den Verdacht geraten, dem russischen Narrativ der *Russophobie* entgegenzuarbeiten. Aber, um noch einmal auf den Disclaimer von Dekóder zum taz-Artikel von Erica Zingher zurückzukommen: „‚Russophobie' ist ein Propagandalabel. Aber das Problem existiert." (Zingher, 13.04.2021) Entsprechend sollten wir der russischen Propaganda nicht den Gefallen tun, aus Angst vor Vereinnahmung das Thema zu meiden, sondern genau und selbstkritisch eine Sprache entwickeln, die klar von Propaganda zu unterscheiden ist und zugleich Räume für viel zu lange Verschwiegenes eröffnet.[93]

Jenseits der Instrumentalisierung hat die Entwicklung seit dem 24. Februar 2022 deutlich gemacht, wie sehr das Problem tatsächlich existiert. So gab es in den ersten Monaten des erweiterten Kriegs eine Häufung von Vorfällen, bei denen russischsprachige Menschen – häufig fälschlicherweise als „Russ*innen" adressiert – kollektiv für den Krieg in der Ukraine verantwortlich gemacht wurden. Dies reichte von Boykottaufrufen gegen vermeintliche oder tatsächliche ‘russi-

---

91 Zum Beispiel Zoom-Talk Antislawismus. o[s]tklick im Gespräch mit Jannis Panagiotidis und Hans-Christian Petersen, 17.01.2022: https://www.youtube.com/watch?v=EJPpkDFvr-w (Abfrage: 12.11.2023).

92 https://www.antidiskriminierungsstelle.de/DE/ueber-uns/zuwendungen/foerderprojekte/foerderprojekte-node.html (Abfrage: 12.11.2023).

93 Als Beispiel sei genannt: Quorum Chat (13.06.2022). Die Forderung nach einer „klare[n] Definition von Antislawismus, die seine Instrumentalisierung verunmöglicht und Betroffenen einen Referenzrahmen gibt" auch bei Koemets/Dieckmann (2022, S. 9) und Petersen (2022).

sche‘ Restaurants über Beleidigungen und Schmierereien bis zum Brandanschlag auf die Lomonossow-Schule in Berlin am 11. März 2022. Auch wenn die Urheberschaft in vielen Fällen ungeklärt ist, lässt sich statistisch von einer Zunahme solcher Vorfälle sprechen (Ghelli / Pürckhauer 2022). Es wurden und werden Menschen pauschal beschuldigt und angegriffen, von denen die meisten seit vielen Jahren in Deutschland leben und die keine Verantwortung für Russlands Angriffskrieg tragen. Zudem kommen viele dieser Menschen gar nicht aus Russland: Von den rund 3,5 Mio. postsowjetischen Migrant*innen, die laut dem letzten Mikrozensus vor Ankunft der Geflüchteten aus der Ukraine in der Bundesrepublik im Jahr 2021 lebten, stammten nur 36,8 % aus der Russischen Föderation, weitere 35,8 % kamen aus Kasachstan, 8,6 % stammen aus der Ukraine (Destatis 2023). Sie sind in aller Regel mehrsprachig, wobei das Russische lange als lingua franca fungierte. Sein Gebrauch sagt nichts darüber aus, ob sich die jeweilige Person tatsächlich als „russisch“ versteht oder die neoimperiale Politik Putins unterstützt. Die Anfeindungen belegen vielmehr, dass Rassismus über Fremdzuschreibungen funktioniert, die nicht mit der Selbstbeschreibung der Menschen übereinstimmen müssen. Denn es werden auch Menschen als „Russen“ adressiert und angegriffen, die in der ehemaligen Sowjetunion als Deutsche wahrgenommen wurden oder die in Wirklichkeit aus der Ukraine stammen und angesichts der russischen Aggression um das Leben ihrer Verwandten und Freund*innen bangen.

Neben den Anfeindungen im Netz oder auf der Straße gab es auch Aussagen, die in TV-Talkshows mit dem Label akademischer Expertise getätigt wurden und ein Millionenpublikum erreichten, aber einen unverkennbar rassistischen Kern besaßen. So antwortete Florence Gaub, promovierte deutsch-französische Politikwissenschaftlerin, im April 2022 in der ZDF-Sendung *Markus Lanz* auf die Frage, ob sich die russische Bevölkerung nicht gegen Putin auflehnen würde, wenn immer mehr jungen tote Soldaten nach Russland zurückkehrten:

> „Wir dürfen nicht vergessen – auch wenn Russen europäisch aussehen –, dass es keine Europäer sind (jetzt im kulturellen Sinne), [sie] einen anderen Bezug zu Gewalt, einen anderen Bezug zum Tod haben. [...] Das gibt da nicht diesen liberalen, postmodernen Zugang zum Leben. Das Leben als ein Projekt, das jeder für sich individuell gestaltet, sondern das Leben kann halt einfach auch mit dem Tod relativ früh enden. Ich meine, Russland hat zum Beispiel auch eine relative niedrige Lebenserwartung, ich glaube 70 für Männer, da geht man einfach anders damit um, dass da Menschen sterben.“[94]

---

94 https://www.zdf.de/gesellschaft/markus-lanz/markus-lanz-vom-12-april-2022-100.html (ca. 45:30:46:10) (Abfrage: 12.11.2023).

Die Aussage Gaubs sorgte anschließend für einigen Wirbel, medial und auf Twitter (inzwischen X).[95] Und dies nicht ohne Grund: „Die Russen" sind laut ihr kollektiv „keine Europäer" und haben per se („wesensmäßig" im Sinne Philomena Esseds) eine andere Einstellung zu Gewalt, zum Wert des Lebens und zum Tod. Diese Aussage greift erstens den klassischen Topos auf, dass es sich bei Russland eigentlich um ein „asiatisches" (und damit unzivilisiertes) Land handele – Russland liege ja zu 77 % in Asien, twitterte sie im Anschluss zu ihrer Verteidigung. „Manche Leute scheinen das nicht zu wissen."[96] Zweitens postuliert sie hiermit eine Gewaltaversion europäischer Zivilisation, die mit der realen Gewaltgeschichte des „dark continent" (Mazower 1998) nicht vereinbar ist. Der vielleicht entlarvendste Teil ihrer Aussage ist aber der Einschub im ersten Satz: „auch wenn Russen europäisch aussehen" – eine solche Formulierung kann, auch in der Situation einer Livesendung, nur treffen, wer davon ausgeht, dass „Europäer" äußerlich erkennbar sind, sie also einen bestimmten ‚Menschentypus' darstellen (zu dem „die Russen" dann aber eben nicht gehören). Ein solches Denken ist nicht nur jenseits jeglicher Realität der europäischen Gesellschaften, sondern auch der Inbegriff des Denkens in „Rassen" – gepaart mit der folgenden ‚Ausbürgerung' „der Russen" und dem Label der kulturellen Rückständigkeit ein Paradebeispiel für einen Rassismus ohne Rassen („im kulturellen Sinne") wie von Balibar beschrieben (und von Ismail Küpeli nach der Sendung zutreffend festgestellt[97]).

Florence Gaub blieb übrigens bei ihrer Aussage und legte noch nach. Neben dem belehrenden Verweis auf die Geografie Russlands, führte sie auf Twitter außerdem die Inglehart/Welzel World Cultural Map ins Feld, die zeigen sollte, dass „Kultur" als kollektiv geteilte Werthaltungen zu verstehen sei und es demnach klar definierte „kulturelle Sphären" gebe (ähnlich wie in Samuel P. Huntingtons Konzept von „Zivilisationen", die konfliktvoll aufeinanderträfen). Die Karte zeigte allerdings Russland, die Ukraine und Belarus allesamt nah beieinander in der Kategorie „Orthodox Europe" – womit einerseits die mangelnde Erklärungskraft solcher essenzialistisch-kulturalistischer Ansätze, andererseits aber auch die Zwischenposition von „Europe, but not Europe" anschaulich illustriert ist.

Während also die Radikalisierung des Angriffskriegs Russlands gegen die Ukraine einerseits antirussische Ressentiments bis hin zu Rassismus wieder sagbar machte, erfuhren ukrainische Geflüchtete in Deutschland nach dem 24. Februar zunächst eine bemerkenswerte Aufnahmebereitschaft. Im Vergleich zu anderen Geflüchteten lief und läuft ihre Aufnahme unkomplizierter ab: Sie

95 https://politik.watson.de/unterhaltung/politik/345903919-lanz-auftritt-wissenschaftlerin-erntet-heftigen-shitstorm-einfach-unfassbar (Abfrage: 12.11.2023); vgl. auch Fabian Fritz, Marlene Laasch, Hanna Christian Dudek (16.04.2022).

96 https://politik.watson.de/unterhaltung/politik/345903919-lanz-auftritt-wissenschaftlerin-erntet-heftigen-shitstorm-einfach-unfassbar.

97 Ebd.

können vorübergehenden Schutz nach § 24 Aufenthaltsgesetz beantragen, müssen kein normales Asylverfahren durchlaufen und können Leistungen nach dem Sozialgesetzbuch beziehen. Eine Behandlung der geflüchteten Ukrainer*innen als ‚gleichwertige' Europäer*innen ist aber vor dem skizzierten Hintergrund der deutschen Geschichte ebenfalls alles andere als selbstverständlich. Und auch zeigte sich die Schattenseite der großen Aufnahmebereitschaft ebenfalls sehr bald.

Die Mehrheit der Geflüchteten aus der Ukraine sind Frauen. Sie stellen eine besonders vulnerable Gruppe dar, mussten nach ihrer Ankunft sexuelle Belästigungen erfahren oder wurden durch Menschenhändler zur Prostitution gezwungen (Tikhomirova 2023, Probst 2023, S. 247). Die in Kapitel 9 angesprochene lange Tradition der sexistischen Fetischisierung osteuropäischer Frauen wurde hierbei erneut aufgegriffen Als Beispiel sei die Popkultur genannt, namentlich das Satire-Format „Browser Ballett" des öffentlich-rechtlichen Rundfunks. Mit dem Clip „Gute Flüchtlinge, schlechte Flüchtlinge" vom 21. April 2022 adressierte Browser Ballett an sich völlig zu Recht ein drängendes Problem: Die offensichtlichen Doppelstandards an der EU-Außengrenze bei der Frage der Aufnahme, in diesem Fall von Geflüchteten aus der Ukraine.[98] Dass Menschen anderer Staatsangehörigkeit, die aus der Ukraine fliehen mussten, und als ‚nicht-europäisch' gelesenen Menschen (people of colour, Roma und andere) vielfach die Einreise verweigert wurde und wird, ist breit dokumentiert.[99] Browser Ballett hat dies auf eine Berliner Aufnahmestelle heruntergebrochen, an der ein syrischer Geflüchteter rassistisch zurückgewiesen wird, während eine später eintreffende ukrainische Geflüchtete ein- und ausgeht. So weit, so leider durchaus zutreffend. Was dabei aber nicht reflektiert oder bewusst verzerrt dargestellt wurde, ist die Tatsache, dass auch ‚weiße', ukrainische Geflüchtete nicht, wie in dem Clip dargestellt, mit Pelzkragen und Rollkoffer in Deutschland ankommen. Die Figur der jungen, blonden und wohlhabenden Protagonistin bedient ein Zerrbild über Menschen, die in Wahrheit vor russischen Bomben fliehen und viele, sehr viele Freund*innen und Angehörige verloren haben. Anstatt „faire Gesetzeslagen für alle" zu fordern und „eine diskriminierende Dominanzgesellschaft zu kritisieren" (Koemets / Dieckmann 2022, S. 8) spielt der Clip letztendlich, entgegen seines eigentlichen Themas, verschiedene Gruppen von Geflüchteten gegeneinander aus und identifiziert ausgerechnet die in der Flüchtlingsarbeit aktiven Menschen als diejenigen, die Geflüchtete aufgrund von Herkunft und Hautfarbe diskriminierten – als habe es die „Willkommenskultur" von 2015 nie gegeben (vgl. Panagiotidis 2023a).

---

98 Browser Ballet, Gute Flüchtlinge, schlechte Flüchtlinge, 21.4.2022, https://www.ardmediathek.de/video/browser-ballett/gute-fluechtlinge-schlechte-fluechtlinge/funk/Y3JpZDovL2Z1bmsubmV0LzgwMC92aWRlby8xNzk4NTk0 (Abfrage: 12.11.2023).

99 U.a. https://www.proasyl.de/news/angriffskrieg-auf-die-ukraine-rassismus-auf-der-flucht/; https://taz.de/Schwarze-Gefluechtete-aus-der-Ukraine/!5834093/(Abfrage: 12.11.2023).

Die Wut post-osteuropäischer Menschen auf Twitter und Instagram war entsprechend groß, zumal es bereits eine Vorgeschichte gab: Kurz vor dem 24. Februar hatte Browser Ballett in einem weiteren Clip („Unser Mann gegen Putin“) das Stereotyp des hypermaskulinen, Wodka trinkenden, russischen Mannes verbreitet, dem nur auf dieser Ebene begegnet werden könne.[100] Beide Beispiele zeigen, wie schnell vorurteilsbeladene Bilder und das Narrativ der ‚privilegierten' Geflüchteten aus ‚dem Osten' auch in Zeiten existentieller Bedrohung wieder aufgerufen werden. Zudem weckt dies Erinnerungen an die 1990er Jahre, als von verschiedenen Seiten und Personen ebenfalls ein Neiddiskurs und die Hierarchisierung verschiedener geflüchteter oder migrantischer Gruppen befeuert wurden. Das Führen von Debatten über vermeintliche Privilegien osteuropäischer Migrant*innen hat in Deutschland Tradition (vgl. Panagiotidis 2023b).

Hinzu kamen Anfeindungen gegen ukrainische Geflüchtete. In verschiedenen Regionen Deutschlands bildeten sich zumeist von lokalen rechten Aktivisten organisierte Bündnisse gegen geplante Unterkünfte für ukrainische Geflüchtete.[101] In Greifswald stimmte im Juni 2023 eine deutliche Mehrheit von rund 65 % der Bürger*innen in einem Bürgerentscheid gegen die Verpachtung städtischer Grundstücke zur Errichtung von Containerdörfern für Geflüchtete, von denen viele aus der Ukraine stammen.[102] Und ab Herbst 2022 gab es mehrere Anschläge auf Unterkünfte für ukrainische Geflüchtete bzw. auf Orte, die dafür vorgesehen waren, unter anderem in Apolda am 10. Oktober 2022, Sehnde bei Hannover am 28. Oktober 2022 und zwei hintereinander folgende Brandanschläge in Steinberg im Landkreis Dingolfing-Landau am 01. und 02. Februar 2023. Hierbei lässt sich in der Regel nicht klären, inwieweit allgemeiner Rassismus den Taten zugrunde lag oder ob sie sich gezielt gegen Ukrainer*innen richteten. Fest steht jedenfalls, dass auch osteuropäische, in diesem Falle ukrainische, Menschen Opfer rassistischer Gewalt werden.

Begleitet wurden die Anschläge von rassistischer Stimmungsmache durch die extreme Rechte, die gezielt gegen ukrainische Geflüchtete mobilisierte. Als Beispiele seien zwei Facebook-Posts des damaligen sachsen-anhaltinischen AfD-Landtagsabgeordneten und jetzigen Bürgermeisters von Raguhn-Jeßnitz, Hannes Loth genannt. Im März 2023 verlautbarte er unter Verweis auf einen Bericht aus der Schweiz: „Ukrainer müssen entscheiden: Auto oder Sozialhilfe!“ Die entsprechenden Maßnahmen eines Schweizer Kantons bezeichnete er als „Vorbild

---

100 Browser Ballett, Unser Mann gegen Putin, 10.02.2022: https://www.youtube.com/watch?v=zLcOeIrnbY8 (Abfrage: 12.11.2023).

101 Als Beispiel sei Pasewalk in Mecklenburg-Vorpommern genannt: https://www.ndr.de/nachrichten/mecklenburg-vorpommern/News,kurzmeldungmv9706.html (Abfrage: 12.11.2023).

102 https://www.ndr.de/nachrichten/mecklenburg-vorpommern/Greifswalder-stimmen-gegen-Flaechen-Verpachtung-fuer-Fluechtlingscontainer,buergerentscheid162.html (Abfrage: 12.11.2023).

für Deutschland". Im April folgte dann ein Post mit der Schlagzeile „Nur jeder zehnte Ukrainer arbeitet!", verbunden mit der Forderung: „Sachleistungen statt Geld für Ukrainer."[103] Mit diesen Aussagen bediente Loth das rechte Narrativ der „Einwanderung in die Sozialsysteme", das in Deutschland wie in Kapitel 9 gezeigt häufig mit Menschen aus Osteuropa verbunden wird. Loth wendet es gegen die ukrainischen Geflüchteten, was nicht verwundert, bieten diese doch angesichts ihrer von Russland erzwungenen Flucht in den Westen ein ideales Feindbild für migrationsfeindliche Rhetorik. Zudem ist die AfD seit langem finanziell und propagandistisch eng mit dem Regime Putin verbunden (Bensmann, 22.09.2023), sodass sich Loths Parolen gegen Geflüchtete und „Asylforderer"[104] an diesem Punkt mit Russlands Vernichtungsrhetorik gegen die Ukraine trifft.

Das Bild einer homogen gedachten deutschen Gesellschaft, die sich gegen „Armutszuwanderung" wehren müsse, ist nicht auf die extreme Rechte beschränkt. Ende September 2022 sprach der CDU-Vorsitzende Friedrich Merz von einem „Sozialtourismus dieser Flüchtlinge, nach Deutschland, zurück in die Ukraine, nach Deutschland, zurück in die Ukraine. [...] Da haben wir ein Problem, das wird größer."[105] Diese Aussage ist nicht nur nicht durch Fakten gedeckt (es gibt nach Auskunft der Bundesregierung keine belastbaren Daten über Missbrauch von Sozialleistungen durch ukrainische Geflüchtete[106]), sie bedient auch das gleiche Narrativ wie die Parolen des AfD-Mannes Loth über „Auto oder Sozialhilfe". Und auch im Falle von Friedrich Merz gibt es laut Recherchen des WDR-Magazins „Monitor" zumindest eine Verbindung seiner Aussage zur russischen Propaganda: Rund zwei Wochen vor Merz' Interview ploppte im Messengerdienst Telegram unter dem Titel „Organisierter Betrug" eine Sprachnachricht eines anonymen Nutzers auf, in der behauptet wurde, Ukrainer*innen würden mit Flixbussen nach Deutschland pendeln, Sozialleistungen beziehen und dann wieder zurückfahren. Die Nachricht wurde von reichweitenstarken, prorussischen Accounts wie jenem von Alina Lipp mit inzwischen über 195.000 Follower*innen verbreitet. Nach dem Interview von Friedrich Merz wurde dieser dann wiederum in russischen Medien als Kronzeuge für die Richtigkeit der Desinformationskampagne präsentiert (vgl. Kordes / Straatmann, 06.10.2022).

Auch „koloniale Blicke" auf die Ukraine werden im Diskurs über den Krieg wieder sichtbar. Nachdem sie infolge der Tradition, beim Blick ‚nach Osten' zumeist nur nach Russland zu schauen, lange eine terra incognita auf den allermeisten deutschen mental maps war (Schlögel 2023; Flohr / Scholter, 07.06.2023),

103 Facebook-Post vom 10.03.2023 und 16.04.2024. Screenshots liegen den Autoren vor.
104 https://hannesloth.de/programm/.
105 Merz beklagt „Sozialtourismus", Tagesschau, 27.9.2022, https://www.tagesschau.de/inland/merz-ukraine-fluechtlinge-deutschland-101.html (Abfrage: 12.11.2023).
106 https://dip.bundestag.de/vorgang/m%C3%B6glicher-missbrauch-von-sozialleistungen-durch-ukrainische-fl%C3%BCchtlinge/292553 (Abfrage: 12.11.2023).

rückte sie nun gezwungenermaßen auf die Tagesordnung. Während die Solidarität und Aufnahmebereitschaft eines Großteils der deutschen Bevölkerung einen klaren Bruch mit dieser langen Ignoranz darstellte, verblieben andere bei ihrer Weltsicht und belehrten nun die Ukrainer*innen, wie mit Krieg und seinen Traumata ‚richtig' umzugehen sei (vgl. Dudek 16.04.2022). Ein prägnantes Beispiel für dieses „Westsplaining" (so der Neologismus für diese arrogante Haltung) ist der buchstäblich erhobene Zeigefinger des Soziologen Harald Welzer, mit dem er den damaligen ukrainischen Botschafter in Deutschland, Andrij Melnyk, bei Anne Will ausgerechnet am 8. Mai 2022 im Stile eines Lehrers über „Sprecherposition[en]", „Kriegserfahrungen" und die Lehren aus dem 8. Mai 1945 ‚aufklärte'.[107] Man muss kein Freund des oftmals sehr scharf auftretenden und problematische Geschichtsbilder verbreitenden Andrij Melnyk sein, um den kolonialen Gestus in diesem Habitus zu erkennen, zumal dem Vertreter eines Landes gegenüber, in dem die deutsche Herrschaft im Zweiten Weltkrieg rund acht Millionen Menschen das Leben gekostet hat, aus dem rund 2,4 Millionen „Ostarbeiter" ins Deutsche Reich verschleppt wurden und das jetzt erneut um sein Überleben kämpfen muss.

Der russische Krieg gegen die Ukraine wirkt also gleichsam wie ein Brennglas, durch das bestimmte Themen in scharfen Kontrast kommen, deren Bedeutung wir hier in diesem Buch in historischer Perspektive dargelegt haben. Dies sind zum einen abwertende, zum Teil eindeutig als kolonial zu bezeichnende Sichtweisen auf den als ‚anders' konstruierten ‚Osten', die wir v. a. in den Kapiteln 2 bis 7 mit Blick auf wissenschaftliche, politische, populäre und propagandistische Diskurse freigelegt haben. An der Produktion dieser Sichtweisen wirkten zu verschiedenen Zeitpunkten Reisende in Osteuropa wie von Herberstein und Herder genauso mit wie Philosophen (Kapitel 2), Politiker in der Paulskirche (Kapitel 3), Schriftsteller wie Gustav Freytag, respektierte Wissenschaftler wie Max Weber (Kapitel 4), NS-Propagandisten (Kapitel 6), und ganz Wissenschaftszweige wie die „Ostforschung" (Kapitel 5), deren Kontinuität nach 1945 eine Art ‚missing link' in der Geschichte des antiosteuropäischen Rassismus darstellt (Kapitel 7). Darüber hinaus ist aber die Zeit nach 1945 noch ein relativ weißer Fleck der Forschung – über die Persistenz und den Wandel antiöstlicher Stereotype und Feindbilder im Übergang aus dem Nationalsozialismus zum Kalten Krieg und später über die Zäsur von 1989 hinweg gibt es noch viel Forschungsbedarf.

Zum anderen ist dies die ambivalente Sichtweise auf Migration aus ‚dem Osten'. Diese war, wie in Kapitel 4 gezeigt, seit dem Kaiserreich ein Schreckgespenst des deutschen Migrationsdiskurses, mit langfristigen Auswirkungen auf das restriktive Migrations- und Staatsbürgerschaftsregime. Im NS wurden Arbeitskräfte aus ‚dem Osten' im Gegensatz zu dieser prinzipiellen Abwehrhaltung zwar ei-

107 https://www.youtube.com/watch?v=loZgtQN9di0 (Abfrage: 12.11.2023).

nerseits massenhaft zwangsrekrutiert, dann aber einem rassistischen Segregations- und Ausbeutungsregime unterworfen (Kapitel 6). In der Zeit des Kalten Krieges erlebte Migration aus dem ‚Ostblock' eine relative Aufwertung in den rassistischen Hierarchien, die auch zunehmend in Kategorien von Hautfarbe formuliert wurde. Zugleich blieb sie aber stets integraler Bestandteil eines restriktiven Diskurses über Migration – die Erwartung einer „östlichen Völkerwanderung" trug mehr zur Produktion des Bildes einer ‚Asylkrise' Ende der 1980er und Anfang der 1990er Jahre bei, als üblicherweise anerkannt wird und schürte Vorbehalte gegen die EU-Osterweiterung (Kapitel 8).

Die Corona-Pandemie hat wiederum die Situation osteuropäischer Menschen auf dem deutschen Arbeitsmarkt verstärkt in den Blick gebracht, die sich insbesondere seit der Einführung der Freizügigkeit für osteuropäische EU-Bürger*innen herausgebildet hat (Kapitel 9). Ihre systematische Positionierung in einem prekären Niedriglohnsektor reproduziert zum einen ökonomische Ungleichheiten, zum anderen aber auch historisch grundierte Bilder, dass Osteuropa als Quelle billiger Arbeitskraft quasi der Normalfall sei. Dies ist die Grundlage für eine weitere Rassifizierung osteuropäischer Menschen.

Wie wir in Kapitel 10 zeigen konnten, suchen und finden die Nachfahren von Zuwanderer*innen aus dem östlichen Europa inzwischen eine Sprache, um über ihre Erfahrungen und die ihrer Eltern in der deutschen Gesellschaft zu schreiben. Teilweise verwenden sie dabei Kategorien und Begrifflichkeiten von Rassismus, was ihre Erfahrungen prinzipiell anschlussfähig für einen breiteren Diskurs zur Thematik macht. Es passiert also genau das, was postmigrantische Gesellschaften ausmacht: Anerkennung und Rechte werden eingefordert (Foroutan 2019; Yildiz 2022). Migrantische Geschichten und Geschichten von Migration können so Teil einer nationalen Gesamterzählung werden – eine Pluralisierung des dominanten Narrativs, wie sie etwa Jan Plamper (2019) in seinem Buch *Das neue Wir* mit einer besonderen Sensibilität für osteuropäische Stimmen umgesetzt hat. Die lange Zeit unsichtbaren Migrant:innen aus dem östlichen Europa werden somit als ‚postostmigrantischer' Teil der bundesdeutschen Gegenwart sicht- und hörbar.

Als Teil des von Aladin El-Mafaalani (2018) beschriebenen „Integrationsparadoxes" ist es einerseits normal, dass mit diesen neuen Positionierungen und Forderungen auch Konflikte einhergehen. Diese können sich in Form einer ‚Opferkonkurrenz' äußern, in der die Rassismuserfahrungen von ‚weiß' gelesenen und vermeintlich privilegierten Menschen aus Osteuropa in Abrede gestellt werden. Umgekehrt birgt die „ambiguous racialization" (Lewicki 2023) von Osteuropäer*innen die Gefahr, dass sie ihre „prekären Privilegien" (so der Titel des bei Jannis Panagiotidis in Wien entstehenden Dissertationsprojekts von Daniel Jerke[108]) ihrerseits durch eine Rassifizierung von „anderen", außereuropäischen

108 https://www.recet.at/our-team/detail/daniel-jerke (Abfrage: 12.11.2023).

oder nicht-christlichen Migrant*innen verteidigen. Ivan Kalmar (2022) hat diese Reaktion auf die eigene Position als „white but not quite“ als Triebfeder der illiberalen Wende in Ostmitteleuropa ausgemacht. Derselbe Mechanismus lässt sich im Anschluss an Ignatiev (1995) aber auch auf Migrationsgesellschaften übertragen, wie jüngere Erkenntnisse aus Großbritannien, aber auch aus Deutschland nahelegen (Fox/Mogilnicka 2019; Panagiotidis 2021, Kap. 7). Dass Menschen somit zugleich Opfer und Täter von Rassismus sein können ist eine Ambivalenz, die es einerseits auszuhalten, andererseits zu analysieren gilt. Vergleichende Perspektiven auf osteuropäische Migration in verschiedenen nationalen Kontexten können dabei helfen (vgl. zu den USA z. B. Sadowski-Smith 2018).

Wir müssen uns aber zugleich davor hüten, ‚den Osten‘ und seine Bewohner*innen als ‚weiß‘ und ‚christlich‘ zu homogenisieren. Antiosteuropäischer Rassismus in Geschichte und Gegenwart war und ist auch immer verschränkt mit anderen Rassismen gegen nicht-christliche oder nicht-weiße Minderheiten, konkret Juden und Roma. Und gerade mit Blick auf die postsowjetische Migration sind auch die Spuren des sowjetischen Vielvölkerreiches von Interesse – auch die „als Deutsche unter Deutschen“ aufgenommenen Spätaussiedler aus der ehemaligen Sowjetunion sind nicht nur ‚weiß‘.[109]

All dies zeigt, dass es eine Osterweiterung der Rassismusdebatte braucht, sowohl in der Wissenschaft als auch in der Öffentlichkeit. Dieses Buch möchte einen Beitrag dazu leisten, eine solche Debatte auf eine differenzierte, wissenschaftliche Grundlage zu stellen. Und versteht sich zugleich als Plädoyer, dem östlichen Europa und seinen Menschen endlich die Aufmerksamkeit zukommen zu lassen, die sie viel zu lange nicht erfahren haben.

109 Vgl. X3-Podcast, Folge 26: Russlanddeutsch und BIPoC: Zu Gast Angelika Kim. https://www.podcast.de/episode/521699405/26-russlanddeutsch-und-bipoc-zu-gast-angelika-kim (Abfrage: 12.11.2023).

Abbildungen

Kap. 1
Abb. 1.1 Graphik: Personen mit Migrationshintergrund 2022
Abb. 1.2 Graphik: „Ich finde dieses Verhalten rassistisch …“ – Bewertung der gleichen Situation nach betroffener Gruppe

Kap. 4
Abb. 4.1 Simplicissimus: Die wilden Czechen
Abb. 4.2 Simplicissimus: Die böhmische Hundswut
Abb. 4.3 Postkarte: „Brutalité, bestialité, égalité“ von Wilhelm Raab
Abb. 4.4 Karten: „Das Land Ober Ost“
Abb. 4.5 Fotografie: Deutsches Militär vor dem Rathaus von Mitau / Jelgava
Abb. 4.6 Postkarte: In Kalisch 1914. Lernt die Überlegenheit unserer Kultur kennen, verdammte Slawenbrut!
Abb. 4.7 Postkarte: Zurück nach Asien
Abb. 4.8 Plakat: Freikorpsplakat 1919

Kap. 5
Abb. 5.1 Karte: Deutscher Volks- und Kulturboden 1925
Abb. 5.2 Karte: Alldeutscher Atlas 1905
Abb. 5.3 Karte: Deutscher Volks- und Kulturboden 1936

Kap. 6
Abb. 6.1 Karte: Generalplan Ost, Mai 1942

Kap. 7
Abb. 7.1 CDU-Wahlplakat 1949
Abb. 7.2 CDU-Wahlplakat 1953
Abb. 7.3 NPD-Plakat 1972
Abb. 7.4 Spiegel-Cover 2007: Der Staat Gasprom
Abb. 7.5 Karte: Asia ante portas

Kap. 8
Abb. 8.1 Spiegel Cover: Massenflucht in den Westen?

Literaturverzeichnis

Sekundärliteratur und Quellen

Anmerkung: Die letzte Abfrage aller zitierten Onlinequellen erfolgte am 12.11.2023.

Abel, Esther (2016): Kunstraub – Ostforschung – Hochschulkarriere. Der Osteuropahistoriker Peter Scheibert. Paderborn: Ferdinand Schöningh.

Achinger, Christine (2011): Antisemitismus und „Deutsche Arbeit" – Zur Selbstzerstörung des Liberalismus bei Gustav Freytag. In: Nicolas Berg (Hrsg.): Kapitalismusdebatten um 1900: über antisemitisierende Semantiken des Jüdischen. Leipzig: Leipziger Universitätsverlag, S. 361–389.

Adamowitsch, Ales / Granin, Daniil (2018): Blockadebuch: Leningrad 1941–1944. Berlin: Aufbau Verlag.

Ahonen, Pertti (2003): After the expulsion: West Germany and Eastern Europe, 1945–1990. Oxford: Oxford University Press.

Aivazishvili-Gehne, Nino (2023): Hoping for Others: Entangled Emotional States of ›Russian Germans‹ and the Multi-faceted Aspects of ›Successful‹ Migration. In: Zeitschrift für Migrationsforschung 3, H. 2, S. 83–104. https://doi.org/10.48439/zmf.186.

Alexopoulou, Maria (2020): Deutschland und die Migration: Geschichte einer Einwanderungsgesellschaft wider Willen. Ditzingen: Reclam.

Aly, Götz (1995): ‚Endlösung' Völkerverschiebung und der Mord an den europäischen Juden. Frankfurt a. M.: S. Fischer.

Aly, Götz / Heim, Susanne (1986): Ein Berater der Macht. Helmut Meinhold oder der Zusammenhang zwischen Sozialpolitik und Judenvernichtung. Hamburg, Berlin: Selbstverlag.

Aly, Götz / Heim, Susanne (1991): Vordenker der Vernichtung. Auschwitz und die deutschen Pläne für eine neue europäische Ordnung. Hamburg: De Gruyter.

Aly, Götz / Roth, Karl-Heinz (2000): Die restlose Erfassung. Volkszählen, Identifizieren, Aussondern im Nationalsozialismus. Überarb. Neuausgabe. Frankfurt a. M.: Fischer.

Angrick; Andrej (2005): Im Wechselspiel der Kräfte. Impressionen zur deutschen Einflussnahme bei der Volkstumspolitik in Czernowitz vor „Barbarossa" und nach Beginn des Überfalls auf die Sowjetunion. In: Alfred Bernd Gottwaldt / Norbert Kampe (Hrsg.): NS-Gewaltherrschaft: Beiträge zur historischen Forschung und juristischen Aufarbeitung. Berlin: Edition Hentrich.

Anlauf, Thomas (2017): Situation am „Arbeiterstrich" bessert sich. Süddeutsche Zeitung, https://www.sueddeutsche.de/muenchen/bahnhofsviertel-situation-am-arbeiterstrich-bessert-sich-1.3397769.

Arend, Sabine (2010): Studien zur deutschen kunsthistorischen „Ostforschung" im Nationalsozialismus – die Kunsthistorischen Institute an den (Reichs-)Universitäten Breslau und Posen und ihre Protagonisten im Spannungsfeld von Wissenschaft und Politik. Berlin 2010, URL: edoc.hu-berlin.de/docviews/abstract.php?id=37336.

Arend, Sabine / Petersen, Hans-Christian (2017): Hildegard Schaeder. In: Michael Fahlbusch / Ingo Haar / Alexander Pinwinkler (Hrsg.): Handbuch der völkischen Wissenschaften. Akteure, Netzwerke, Forschungsprogramme. 2., grundlegend erweiterte und überarbeitete Auflage. Teilband 1. Berlin, Boston: De Gruyter, S. 690–697.

Arend, Sabine / Petersen, Hans-Christian / Schuster, Dirk (2019): Hans Heinrich und Hildegard Schaeder: Zwei Biographien zwischen asiatischem Osten, ‚Ostforschung' und Widerstand. In: Internationale Zeitschrift für Theologie und Geschichtswissenschaft, 32, H. 1, S. 150–182.

Asche, Matthias (2016): Migrantenmilieus und die Persistenz von Geschichtsbildern. Die Salzburger Emigranten, die Russlanddeutschen und deren Nachkommen. In: Jahrbuch des Bundesinstituts für Kultur und Geschichte der Deutschen im östlichen Europa 24, S. 25–40.

Asche, Matthias / Niggemann, Ulrich (Hrsg.) (2015): Das leere Land – Historische Narrative von Einwanderergesellschaften. Stuttgart: Steiner.

Aubin, Hermann (1952): An einem neuen Anfang der Ostforschung. In: Zeitschrift für Ostforschung 1, S. 3–16. https://doi.org/10.25627/19521118

Aubin, Hermann (1965 [1956]): Die Deutschen in der Geschichte des Ostens. In: Ders., Grundlagen und Perspektiven geschichtlicher Kulturraumforschung und Kulturmorphologie. Aufsätze zur vergleichenden Landes- und Volksgeschichte aus viereinhalb Jahrzehnten anläßlich der Vollendung des 80. Lebensjahres des Verfassers. In Verbindung mit Ludwig Petry herausgegeben von Franz Petri. Bonn: Ludwig Röhrscheid, S. 766–799 (erstmals in: Geschichte in Wissenschaft und Unterricht 7 (1956), S. 512–545).

Auer, Dirk (2023): Kein fairer Lohn in der Baubranche. In: Der Preis der Freizügigkeit. Osteuropäische Arbeitskräfte in Deutschland. Verantwortung für die Herkunftsländer. Perspektiven und Chancen. (=Ost-West. Europäische Perspektiven 23, H. 2), S. 106–111.

August, Jochen (1997): „Sonderaktion Krakau“. Die Verhaftung der Krakauer Wissenschaftler am 6. November 1939. Hamburg: HIS.

Augustynowicz, Christoph / Pufelska, Agnieszka (Hrsg.) (2017): Konstruierte (Fremd-?)Bilder. Das östliche Europa im Diskurs des 18. Jahrhunderts. Berlin, Boston: De Gruyter Oldenbourg.

Aust, Martin (2021): Erinnerungsverantwortung. Deutschlands Vernichtungskrieg und Besatzungsherrschaft im östlichen Europa 1939–1945. Bonn: Bundeszentrale für politische Bildung.

Baas, Timo (2019): Unionsbürgerinnen und -bürger in Deutschland: Eine Übersichtsstudie zu Vorteilen und Herausforderungen bei der Inanspruchnahme der Arbeitnehmerfreizügigkeit, Bundesregierung für Migration, Flüchtlinge, und Integration, https://www.eumigra.de/files/EUmigra/Artikel_EUmigra/FOTOS/Materialien/Unionsbürgerinnen%20und%20-bürger%20in%20Deutschland.pdf.

Bakić-Hayden, Milica (1995): Nesting Orientalisms. The Case of Former Yugoslavia. In: Slavic Review 54, H. 4, S. 917–931, DOI: https://doi.org/10.2307/2501399.

Balibar, Etienne (1992): Gibt es einen Neo-Rassismus? In: Ders. und Immanuel Wallerstein (Hrsg.): Rasse, Klasse, Nation. Ambivalente Identitäten. Hamburg: Argument, S. 23–38.

Ball, Roii (2021): Constructing the Imperial Frontier: Colonization, Migration, and the Built Environment in the Polish- German Borderlands, 1886–1914. PhD Diss., UCLA.

Batowski, Henry (1978): Nazi Germany and Jagellonian University (Sonderaktion Krakau 1939). In: Polish Western Affairs 14 , H. 1, S. 113–120.

Beauftragte der Bundesregierung für Migration, Flüchtlinge und Integration, Beauftragte der Bundesregierung für Antirassismus (2023): Lagebericht: Rassismus in Deutschland. Ausgangslage, Handlungsfelder, Maßnahmen. https://www.integrationsbeauftragte.de/resource/blob/1864320/2157012/77c8d1dddeea760bc13dbd87ee9a415f/lagebericht-rassismus-komplett-data.pdf?download=1.

Beer, Mathias (2015): Sachbücher, populäre. In: Stephan Scholz / Maren Röger / Bill Niven (Hrsg.) (2015): Die Erinnerung an Flucht und Vertreibung. Ein Handbuch der Medien und Praktiken. Paderborn: Ferdinand Schöningh, S. 372–383.

Beer, Mathias (1998): Im Spannungsfeld von Politik und Zeitgeschichte. Das Großforschungsprojekt „Dokumentation der Vertreibung der Deutschen aus Ost-Mitteleuropa.“ In: Vierteljahreshefte für Zeitgeschichte 46, S. 345–389.

Beer, Mathias / Dahlmann, Dittmar (Hrsg.) (1999): Migration nach Ost- und Südosteuropa vom 18. bis zum Beginn des 19. Jahrhunderts: Ursachen, Formen, Verlauf, Ergebnis. Stuttgart: Jan Thorbecke.

Behrends, Jan C. (2003): Sowjetische 'Freunde' und fremde 'Russen'. Deutsch-Sowjetische Freundschaft zwischen Ideologie und Alltag (1949–1989). In: Jan C. Behrends / Thomas Lindenberger /

Patrice G. Poutrus (Hrsg.): Fremde und Fremd-Sein in der DDR: Zu historischen Ursachen der Fremdenfeindlichkeit in Ostdeutschland. Berlin: Metropol, S. 75–100.

Behrends, Jan C. (2006a): Die erfundene Freundschaft. Propaganda für die Sowjetunion in Polen und in der DDR. Köln: Böhlau.

Behrends, Jan C. (2006b): Freundschaft, Fremdheit, Gewalt. Ostdeutsche Sowjetunionbilder zwischen Propaganda und Erfahrung. In: Gregor Thum (Hrsg.), Traumland Osten: deutsche Bilder vom östlichen Europa im 20. Jahrhundert. Göttingen: Vandenhoeck & Ruprecht, S. 157–180.

Behrends, Jan C. / Lindenberger, Thomas / Poutrus, Patrice G. (Hrsg.) (2003): Fremde und Fremd-Sein in der DDR: Zu historischen Ursachen der Fremdenfeindlichkeit in Ostdeutschland. Berlin: Metropol.

Behrens, Gerd (2013): Der Mythos der deutschen Überlegenheit. Die deutschen Demokraten und die Entstehung des polnischen Staates 1916–1922. Frankfurt a. M.: Peter Lang.

Beirer, Julia (11.03.2022): Spargeldünne Ernte: Ukrainische Saisonarbeiter bleiben aus: Bauern, befürchten Ernteausfall. Der Standard, https://www.derstandard.at/story/2000134008209/ukrainische-saisonarbeiter-bleiben-aus-bauern-fuerchten-ernteausfall.

Bensmann, Marcus (22.09.2023): Alternative für Russland: Wie sich die AfD systematisch nach Russland orientiert. https://correctiv.org/aktuelles/russland-ukraine-2/2023/09/22/alternative-fuer-russland-wie-sich-die-afd-systematisch-nach-russland-orientiert/.

Berg, Nicolas / Rupnow, Dirk (Hrsg.) (2006): ‚Judenforschung'. Zwischen Wissenschaft und Ideologie. Schwerpunkt in: Jahrbuch des Simon-Dubnow-Instituts / Simon Dubnow Institute Yearbook 5, S. 257–598.

Bergmann, Werner (2009): Stoecker, Adolf. In: Werner Bergmann / Wolfgang Benz (Hrsg.): Handbuch des Antisemitismus. Judenfeindschaft in Geschichte und Gegenwart, Bd. 2. Berlin: K. G. Saur, S. 798–802.

Berkhoff, Karel C. (2004): Harvest of Despair: Life and Death in Ukraine under Nazi Rule. Cambridge, Mass.: Harvard University Press.

Best, Heinrich / Weege Wilhelm (1996): Biographisches Handbuch der Abgeordneten der Frankfurter Nationalversammlung 1848/49. Düsseldorf: Droste.

Białkowski, Blazej (2011): Utopie einer besseren Tyrannis. Deutsche Historiker an der Reichsuniversität Posen (1941–1945). Paderborn: Schöningh.

Birke, Peter (2021): Die Fleischindustrie in der Coronakrise. Eine Studie zu Arbeit, Migration und multipler Prekarität. Sozial.Geschichte Online, Vorveröffentlichung, https://sozialgeschichte-online.org/2021/02/25/die-fleischindustrie-in-der-coronakrise/.

Blackbourn, David (2016): Das Kaiserreich transnational. Eine Skizze. In: Landschaften der deutschen Geschichte: Aufsätze zum 19. und 20. Jahrhundert. Göttingen: Vandenhoeck & Ruprecht, S. 328–344.

Blaut, James M. (1993): The Colonizer's Model of the World. Geographical Diffusionism and Eurocentric History, New York: The Guildford Press.

Boatcă, Manuela (2013): Coloniality of Labor in the Global Periphery. Latin America and Eastern Europe in the World-System. In: Review 36, H. 3–4, S. 287–314.

Bogdal, Klaus-Michael (2011): Europa erfindet die Zigeuner. Eine Geschichte von Faszination und Verachtung. Berlin: Suhrkamp.

Bokowski, Paul (2022): Schlesenburg. Berlin: Btb.

Bömelburg, Hans-Jürgen (1993): Johann Georg Forster und das negative deutsche Polenbild. Ein Aufklärer und Kosmopolit als Architekt eines nationalen Feindbildes? In: Mainzer Geschichtsblätter, Bd. 8, S. 79–90.

Bongen, Robert und Friedrich, Sebastian (30.03.2022): Nutzt Tönnies die Not der Flüchtlinge aus? tagesschau.de, https://www.tagesschau.de/investigativ/ndr/toennies-fluechtlinge-ukraine-101.html.

Borchers, Roland (2014): Deutsche Volksliste. In: Online-Lexikon zur Kultur und Geschichte der Deutschen im östlichen Europa. URL: ome-lexikon.uni-oldenburg.de/p32838.
Borejsza, Jerzy W. (2006): „Śmieszne sto milionów Słowian …". Wokół światopoglądu Adolfa Hitlera. Warszawa: Wydawnictwo Neriton.
Böröcz, József (2021): "Eurowhite" Conceit, "Dirty White" Resentment: "Race" in Europe. In: Sociological Forum, 36, H. 4, S. 1116–1134, DOI: https://doi.org/10.1111/socf.12752.
Botzenhart, Manfred (1992): Rußland im Urteil deutscher Politiker und Generäle in der Zeit der Freiheitskriege. In: Mechthild Keller / Lew Kopelew (Hrsg.) (1992): West-östliche Spiegelungen Reihe A: Russen und Rußland aus deutscher Sicht, Bd. 3: 19. Jahrhundert, von der Jahrhundertwende bis zur Reichsgründung (1800–1871). München: Wilhelm Fink, S. 315–350.
Brandes, Detlef (1993): Von den Zaren adoptiert. Die deutschen Kolonisten und die Balkansiedler in Neurussland und Bessarabien 1751–1914. München: Oldenbourg.
Brehmer, Judith (o. J.): Alfred Rosenberg – der Ideologe der NS-Bewegung. Osmikon: Das Forschungsportal zu Ost-, Ostmittel- und Südosteuropa, https://www.osmikon.de/themendossiers/muenchen-und-die-russische-revolution/biografien/alfred-rosenberg.
Brinkmann, Tobias (Hrsg.) (2013): Points of passage: Jewish transmigrants from Eastern Europe in Scandinavia, Germany, and Britain 1880–1914. New York / Oxford: Berghahn.
Browning, Christopher R. (1993): Ganz normale Männer – Das Reserve-Polizeibataillon 101 und die „Endlösung" in Polen. Reinbek b. Hamburg: Rowohlt.
Brudzyńska-Němec, Gabriela (2010): Polenbegeisterung in Deutschland nach 1830. In: Europäische Geschichte Online (EGO), Mainz, Hg. vom Institut für Europäische Geschichte (IEG), Mainz. http://ieg-ego.eu/de/threads/europaeische-medien/europaeische-medienereignisse/1830er-revolution/gabriela-brudzynska-nemec-polenbegeisterung-in-deutschland-nach-1830.
BT DS 20/1670 (04.05.2022): Antwort der Bundesregierung auf die Kleine Anfrage der Abgeordneten Zaklin Nastic, Ali Al-Dailami, Andrej Hunko, weiterer Abgeordneter und der Fraktion DIE LINKE. – Drucksache 20/1461 – Bekämpfung von Menschenhandel in Deutschland, https://dserver.bundestag.de/btd/20/016/2001670.pdf.
Burleigh, Michael (1988): Germany Turns Eastwards: A Study of Ostforschung in the Third Reich. Cambridge: Cambridge University Press.
Burleigh, Michael / Wippermann, Wolfgang (1991): The Racial State: Germany 1933–1945. Cambridge: Cambridge University Press.
Buttler, Florian von / Endlich, Stefanie / Leo, Annette (1994): Fürstenberg-Drögen. Schichten eines verlassenen Ortes. Berlin: Edition Hentrich.
Camphausen, Gabriele (1990): Die wissenschaftliche historische Russlandforschung im Dritten Reich 1933–1945. Frankfurt u. a.: Peter Lang.
Carr, Matthew (2015): Fortress Europe. Inside the War against Immigration, London, C. Hurst & Co.
Carstensen, Anne Lisa / Heimeshoff, Lisa-Marie / Riedner, Lisa (2018): Der Zwang zur Arbeit. Verwertungslogiken in den umkämpften Regimen der Anwerbe-, Flucht- und EU-Migration. In: Sozial.Geschichte Online 23, S. 235–269.
Casteel, James E. (2016): Russia in the German Global Imaginary. Imperial Visions and Utopian Desires, 1905–1941. Pittsburgh: University of Pittsburgh Press.
Caumanns, Ute / Niendorf, Mathias (Hrsg.) (2001): Verschwörungstheorien. Anthropologische Konstanten – historische Varianten, Osnabrück, fibre.
Chu, Winson / Kaufmann, Jesse / Meng, Michael (2013): A Sonderweg through Eastern Europe? The Varieties of German Rule in Poland during the Two World Wars. In: German History 31, H. 3, S. 318–344. DOI:10.1093/gerhis/ght032.
Cohen, Gerard D. (2012): In War's Wake: Europe's Displaced Persons in the Postwar Order. Oxford: Oxford University Press.

Connelly, John (1999): Nazis and Slavs: From Racial Theory to Racist Practice. In: Slavic Review 32, H. 1, S. 1–33, DOI: https://doi.org/10.1017/S0008938900020628.

Conrad, Sebastian (2012): Deutsche Kolonialgeschichte. 2., durchgesehene Auflage. München: Beck.

Conrad, Sebastian / Osterhammel, Jürgen (Hrsg.) (2006): Das Kaiserreich transnational. Deutschland in der Welt 1871–1914. 2. Aufl. Göttingen: Vandenhoeck & Ruprecht.

Daheur, Jawad (2016): „Der Polenwald gar finster ist ...". Waldbilder, Geschlechtercodes und Kolonialphantasien der Deutschen in Polen (1840–1870). In: Matthias Barelkowski / Claudia Kraft / Isabel Röskau-Rydel (Hrsg.): Zwischen Geschlecht und Nation. Interdependenzen und Interaktionen in der multiethnischen Gesellschaft Polens im 19. und 20. Jahrhundert. Osnabrück: fibre, S. 59–78.

Destatis (2023): Bevölkerung und Erwerbstätigkeit: Bevölkerung mit Migrationshintergrund – Ergebnisse des Mikrozensus 2021. Fachserie 1, Reihe 2.2. Wiesbaden: Statistisches Bundesamt.

Deutscher Städtetag (2013): Positionspapier des Deutschen Städtetages zu den Fragen der Zuwanderung aus Rumänien und Bulgarien. https://www.staedtetag.de/files/dst/docs/Publikationen/Positionspapiere/Archiv/zuwanderung-rumaenien-bulgarien-positionspapier-2013.pdf.

Dietl, Stefan (03.08.2023): Giftcocktail für Bauarbeiter. Jungle World, https://jungle.world/artikel/2023/31/giftcocktail-fuer-bauarbeiter.

Doering-Manteuffel, Anselm (2017): Der Antikommunismus in seiner Epoche. In: Norbert Frei / Dominik Rigoll (Hrsg.) (2017): Der Antikommunismus in seiner Epoche. Weltanschauungen und Politik in Deutschland, Europa und den USA. Göttingen: Wallstein, S. 11–29.

Dokumentation der Vertreibung der Deutschen aus Ost-Mitteleuropa (1960). Herausgegeben vom Bundesministerium für Vertriebene, Flüchtlinge und Kriegsgeschädigte. 3. Beiheft: Ein Bericht aus Ost- und Westpreußen 1945–1947. Aufzeichnungen von Hans Graf von Lehndorff. Düsseldorf: Oskar-Leiner-Druck KG.

Doronin, Andrej (2023): Rezension zu: Soldat, Cornelia: Russland als Ziel kolonialer Eroberung. Heinrich von Stadens Pläne für ein Moskauer Reich im 16. Jahrhundert. Bielefeld 2022. In: H-Soz-Kult, 05.07.2023, www.hsozkult.de/publicationreview/id/reb-132619.

Dowe, Christin (29.10.2017): „Arbeiterstrich" in Köln: Schwerstarbeit für einen Hungerlohn. Westdeutsche Zeitung, https://www.wz.de/panorama/arbeiterstrich-in-koeln-schwerstarbeit-fuer-einen-hungerlohn_aid-26267559.

Dudek, Thomas (16.04.2022): Der deutsche Blick nach Osten ist kolonial geprägt. https://www.n-tv.de/politik/Der-deutsche-Blick-nach-Osten-ist-kolonial-gepraegt-article23272049.html.

Ebbinghaus, Angelika / Roth, Karl Heinz (1992): Vorläufer des „Generalplan Ost". Eine Dokumentation über Theodor Schieders Polendenkschrift vom 7. Oktober 1939. In: 1999. Zeitschrift für Sozialgeschichte des 20. und 21. Jahrhunderts 1, S. 62–94.

Eckel, Jan (2005): Hans Rothfels. Eine intellektuelle Biographie im 20. Jahrhundert. Göttingen: Wallstein.

Eckert, Eike (2012): Zwischen Ostforschung und Osteuropahistorie. Zur Biographie des Historikers Gotthold Rhode. Osnabrück: fibre.

Eddie, Scott M. (2009): The Prussian Settlement Commission and Its Activities in the Land Market, 1886–1918. In: Robert L. Nelson (Hrsg.): Germans, Poland, and Colonial Expansion to the East: 1850 Through the Present. Basingstoke: Palgrave Macmillan, S. 39–63.

Eisler, Cornelia (2015): Auslandsdeutschtum. In: Online-Lexikon zur Kultur und Geschichte der Deutschen im östlichen Europa. ome-lexikon.uni-oldenburg.de/p32850 (Stand 13.07.2021).

El-Mafaalani, Aladin (2018): Das Integrationsparadox: Warum gelungene Integration zu mehr Konflikten führt. Köln: Kiepenheuer & Witsch.

El-Mafaalani, Aladin (2021): Wozu Rassismus? Von der Erfindung der Menschenrassen bis zum rassismuskritischen Widerstand. Köln: Kiepenheuer & Witsch.

Elvert, Jürgen (1999): Mitteleuropa! Deutsche Pläne zur europäischen Neuordnung (1918–1945), Stuttgart, Franz Steiner.
Engehausen, Frank (2023): Werkstatt der Demokratie. Die Frankfurter Nationalversammlung 1848/49. Frankfurt a. M.: Campus.
Engels, Friedrich (2021 [1842]): Glossen und Randzeichnungen zu Texten aus unserer Zeit. In: Gustav Mayer (Hrsg.): Friedrich Engels: Schriften der Frühzeit. Wiesbaden: Springer.
Engels, Friedrich (1959 [1849]): Der magyarische Kampf. In: Karl Marx/Friedrich Engels: Werke. Bd. 6. Berlin-Ost: Dietz, S. 165–173.
Essed, Philomena (1992): Multikulturalismus und kultureller Rassismus in den Niederlanden. In: Institut für Migrations- und Rassismusforschung (Hrsg.): Rassismus und Migration in Europa. Hamburg: Argument, S. 373–387.
Essed, Philomena (2020): Humiliation, dehumanization and the quest for dignity: researching beyond racism. In: John Solomos (Hrsg.): Routledge International Handbook of Contemporary Racisms. London, New York: Routledge, S. 442–456.
Etzemüller, Thomas (2001): Sozialgeschichte als politische Geschichte. Werner Conze und die Neuorientierung der westdeutschen Geschichtswissenschaft nach 1945. München: Oldenbourg.
Fahlbusch, Michael (1994): „Wo der deutsche ... ist, ist Deutschland!“: Die Stiftung für deutsche Volks- und Kulturbodenforschung in Leipzig 1920–1933. Bochum: Brockmeyer.
Fahlbusch, Michael (1999): Wissenschaft im Dienst der Politik? Die „Volksdeutschen Forschungsgemeinschaften“ von 1931–1945, Baden-Baden: Nomos.
Fahlbusch, Michael (2004): Im Dienste des Deutschtums in Südosteuropa: Ethnopolitische Berater als Tathelfer für Verbrechen gegen die Menschlichkeit. In: Mathias Beer/Gerhard Seewann (Hrsg.): Südostforschung im Schatten des Dritten Reiches. München: Oldenbourg, S. 175–214.
Fahlbusch, Michael/Haar, Ingo/Pinwinkler, Alexander (Hrsg.) (2017): Handbuch der völkischen Wissenschaften: Akteure, Netzwerke, Forschungsprogramme. Berlin: De Gruyter Oldenbourg.
Faulenbach, Bernd (2017): Antikommunismus. In: Docupedia-Zeitgeschichte. https://docupedia.de/zg/Faulenbach_antikommunismus_v1_de_2017. DOI: http://dx.doi.org/10.14765/zzf.dok.2.978.v1.
Flohr, Markus/Scholter, Judith (07.06.2023): „Im Zweifel für das Imperium“. Interview mit Franziska Davies und Jurko Prochasko. https://www.zeit.de/zeit-geschichte/2023/03/ukraine-deutschland-russland-geschichte.
Foroutan, Naika (2019): Die postmigrantische Gesellschaft. Ein Versprechen der pluralen Demokratie. Bielefeld: Transcript.
Fox, Jon E. (2013): The Uses of Racism: Whitewashing New Europeans in the UK. In: Ethnic and Racial Studies 36, H. 11, S. 1871–1189, DOI: https://doi.org/10.1080/01419870.2012.692802.
Fox, Jon E./Mogilnicka, Magda (2019): Pathological Integration, or, how East Europeans Use Racism to Become British. In: The British Journal of Sociology 70, H. 1, S. 5–23, DOI: https://doi.org/10.1111/1468-4446.12337.
Frei, Norbert/Rigoll, Dominik (Hrsg.) (2017): Der Antikommunismus in seiner Epoche. Weltanschauungen und Politik in Deutschland, Europa und den USA. Göttingen: Wallstein.
Freytag, Gustav (1851): Das stille Leben in den polnischen Wäldern. In: Die Grenzboten 10, H. 1, S. 201–211, 261–271.
Freytag, Gustav (1855): Soll und Haben. Roman in sechs Büchern. Leipzig: S. Hirzel.
Frysztacka, Clara Maddalena (2021): Zeitliche Tiefe und Begegnungsgeschichten. Die imperial-kolonialen Werkzeuge des polnischen historischen Wissens über den Osten. In: Preußen postkolonial. Geschichte und Gesellschaft 47, H. 4, S. 648–670, DOI: https://doi.org/10.13109/gege.2021.47.4.648.
Funk, Viktor (2017): Mein Leben in Deutschland begann mit einem Stück Bienenstich. Frankfurt a. M.: Größenwahn Verlag.
Gallegos Torres, Katia/Sommerfeld, Katrin/Bartel, Julia (2022): 18 Jahre EU-Osterweiterung: Wo Osteuropäer/innen in Deutschland arbeiten, Mannheim, ZEW, https://ftp.

zew.de/pub/zew-docs/ZEWKurzexpertisen/ZEW_Kurzexpertise2203.pdf?_gl=1*1lue-jux*_ga*MTE3NzUwNDg0OC4xNjk2MzM5NTc1*_ga_KFD4G5CY27*MTY5NjMzOTU3NS4xLjAuMTY5NjMzOTU3NS4wLjAuMA.
Ganzenmüller, Jörg (2008): Das belagerte Leningrad 1941–1944: die Stadt in den Strategien von Angreifern und Verteidigern. Paderborn: Schöningh.
Garner, Steve (2007): Whiteness: An Introduction. London: Routledge / Taylor & Francis Group.
Gelwich, Ludmila (2022): Theodor Schiemann und die deutsche Russlandpolitik 1887–1918. Politische Publzistik als patriotische Pflicht. Paderborn: Brill | Schöningh.
Gerhardt, Volker / Weber, Matthias / Schepelmann, Maja (2022): Immanuel Kant 1724–2024. Ein europäischer Denker. Berlin: de Gruyter Oldenbourg.
Gerlach, Christian (2007): Kalkulierte Morde: die deutsche Wirtschafts- und Vernichtungspolitik in Weißrußland 1941 bis 1944, 2. Auflage. Hamburg, Hamburger Edition.
Geulen, Christian (2017): Geschichte des Rassismus. 3. Aufl. München: Beck.
Geyer, Dietrich (1972): Georg Sacke. In: Hans-Ulrich Wehler (Hrsg.): Deutsche Historiker, Bd. 5, Göttingen: Vandenhoeck & Göttingen, S. 117–129.
Geyer, Dietrich (1986): Ostpolitik und Geschichtsbewusstsein in Deutschland. In: Vierteljahrshefte für Zeitgeschichte 34, H. 2, S. 147–159. https://www.ifz-muenchen.de/heftarchiv/1986_2.pdf.
Geyer, Dietrich (1996): Osteuropäische Geschichte und das Ende der kommunistischen Zeit. In: Sitzungsberichte der Heidelberger Akademie der Wissenschaften. Philosophisch-historische Klasse, Jg. 1996, Bericht 1. Heidelberg: Universitätsverlag C. Winter.
Ghelli, Fabio / Pürckhauer, Andrea (2022): Anfeindungen im Zusammenhang mit dem Ukraine-Krieg. https://mediendienst-integration.de/artikel/anfeindungen-im-zusammenhang-mit-dem-ukraine-krieg.html.
Ginzburg, Lidija Ja. / Körner, Christiane / Schlögel, Karl (2014): Aufzeichnungen eines Blockademenschen. 1. Aufl. Berlin; Suhrkamp.
Gorelik, Lena (2021): Wer wir sind. Berlin: Rowohlt.
Gosewinkel, Dieter (2001): Einbürgern und Ausschließen. Die Nationalisierung der Staatsangehörigkeit vom Deutschen Bund bis zur Bundesrepublik Deutschland. Göttingen: Vandenhoeck & Ruprecht.
Grabowski, Sabine (1998): Deutscher und polnischer Nationalismus: der Deutsche Ostmarken-Verein und die polnische Straż 1894–1914. Marburg: Herder-Institut.
Grande, Gabriele del (2023): Il secolo mobile. Storia dell'immigrazione illegale in Europa. Milano: Mondadori.
Granin, Daniil (2015): Mein Leutnant. Berlin: Aufbau Verlag.
Graudenz, Ines / Römhild, Regina (1996): Grenzerfahrungen. Deutschstämmige Migranten aus Polen und der ehemaligen Sowjetunion im Vergleich. In: Dies. (Hrsg.): Forschungsfeld Aussiedler: Ansichten aus Deutschland. Frankfurt a. M. u. a.: Peter Lang, S. 29–67.
Greife, Hermann (1936): Sowjetforschung. Versuch einer nationalsozialistischen Grundlegung der Erforschung des Marxismus und der Sowjetunion. Berlin: Nibelungen Verlag.
Grossmann, Atina (2007): Jews, Germans, and Allies: Close Encounters in Occupied Germany, Princeton: Princeton University Press.
Grzechnik, Marta (2019): The Missing Second World: On Poland and Postcolonial Studies. In: Interventions 21, H. 7, S. 998–1014.
Guth, Stefan (2015): Geschichte als Politik. Der deutsch-polnische Historikerdialog im 20. Jahrhundert. Berlin: De Gruyter Oldenbourg.
Haar, Ingo (1997): „Revisionistische" Historiker und Jugendbewegung. Das Königsberger Beispiel. In: Peter Schöttler (Hrsg.): Geschichtsschreibung als Legitimationswissenschaft 1918–1945. Frankfurt a. M.: Suhrkamp, S. 52–103.
Haar, Ingo (2002): Historiker im Nationalsozialismus. Deutsche Geschichtswissenschaft und der „Volkstumskampf" im Osten. 2., durchges. und verb. Aufl. 2002. Göttingen: Vandenhoeck & Ruprecht.

Haar, Ingo (2017): Theodor Schieder. In: Michael Fahlbusch/Ingo Haar/Alexander Pinwinkler (Hrsg.): Handbuch der völkischen Wissenschaften. Akteure, Netzwerke, Forschungsprogramme. 2., grundlegend erweiterte und überarbeitete Auflage. Teilband 1. Berlin, Boston: De Gruyter, S. 714–726.

Haar, Ingo (2005): Friedrich Valjavec: Ein Historikerleben zwischen den Wiener Schiedssprüchen und der Dokumentation der Vertreibung. In: Lucia Scherzberg (Hrsg.): Theologie und Vergangenheitsbewältigung. Eine kritische Bestandsaufnahme im interdisziplinären Vergleich. Paderborn u. a: Schöningh, S. 103–119.

Hackmann, Jörg (1993): „Der Kampf um die Weichsel". Die deutsche Ostforschung in Danzig 1918–1945. In: Zapiski Historyczne 58, S. 37–57.

Hackmann, Jörg (1996): „An einem neuen Anfang der Ostforschung". Bruch und Kontinuität in der ostdeutschen Landeshistorie nach dem Zweiten Weltkrieg. In: Westfälische Forschungen 46, S. 232–258.

Hackmann, Jörg (2017): Johann Gottfried Herder-Institut und-Forschungsrat. In: Michael Fahlbusch/Ingo Haar/Alexander Pinwinkler (Hrsg.): Handbuch der völkischen Wissenschaften. Akteure, Netzwerke, Forschungsprogramme. 2., grundlegend erweiterte und überarbeitete Auflage. Teilband 2. Berlin, Boston: De Gruyter, S. 1503–1507.

Haj Ahmad, Marie-Therese (2022): Von Ein- und Ausschlüssen in Europa: Eine ethnographische Studie zu EU-Migration und Wohnungslosigkeit in Deutschland. Münster: Westfälisches Dampfboot.

Halicka, Beata (2015): Erinnerungsliteratur. In: Stephan Scholz/Maren Röger/Bill Niven (Hrsg.) (2015): Die Erinnerung an Flucht und Vertreibung. Ein Handbuch der Medien und Praktiken. Paderborn: Ferdinand Schöningh, S. 89–99.

Hall, Stuart (1992): The West and the Rest: Discourse and Power. In: Essential Essays. Volume 2: Identity and Diaspora. Durham/London: Duke University Press.

Hahn, Hans Henning (2000): Wolność polska czy jedność niemiecka? Zgromadzenie Narodowe w kosciele św. Pawła i stosunki polsko-niemieckie w roku 1848. In: Roman Bäcker/Marek Chamot/Zbigniew Karpus (Hrsg.): Społeczeństwo w dobie modernizacji. Polacy i Niemcy w XIX wieku. Toruń: Wydawnictwo Uniwersytetu Mikolaja Kopernika, S. 203–218.

Hahn, Hans Henning (2002): Die erste ‚Große Emigration' der Polen und ihr historischer Stellenwert. In: Zdzisław Krasnodębski/Stefan Gastrzeski (Hrsg.): Sendung und Dichtung. Adam Mickiewicz in Europa. Hamburg: Krämer, 207–225.

Hahn, Hans Henning (2007a): Die Anfänge des völkischen Diskurses in der Paulskirche 1848. In: Hans-Henning Hahn (Hrsg.): Hundert Jahre sudetendeutsche Geschichte. Eine völkische Bewegung in drei Staaten, Frankfurt a. M. u. a., Peter Lang, S. 39–61.

Hahn, Hans-Henning (2007b): 12 Thesen zur Stereotypenforschung. In: Hans-Henning Hahn/Elena Manova (Hrsg.): Nationale Wahrnehmungen und ihre Stereotypisierung. Beiträge zur historischen Stereotypenforschung. Frankfurt a. M.: Lang, S. 15–24.

Hahn, Hans Henning/Hahn, Eva (2010): Die Vertreibung im deutschen Erinnern. Legenden, Mythos, Geschichte. Paderborn: Ferdinand Schöningh.

Hasse, Ernst (1905): Die Besiedelung des deutschen Volksbodens. München: Lehmann.

Hasse, Ernst (1907): Die Zukunft des deutschen Volkstums. Serie: Deutsche Politik. Erster Band: Heimatpolitik, H. 4. München: Lehmann.

Haumann, Heiko (1998): Geschichte der Ostjuden. 4., aktualisierte und erweiterte Neuausgabe. München: dtv.

Hegel, Georg Wilhelm Friedrich (1920): Vorlesungen über die Philosophie der Weltgeschichte, IV. Band: Die germanische Welt. Leipzig: Meiner. https://www.digitale-sammlungen.de/de/view/bsb11171852.

Hehn, Victor (1892): De moribus Ruthenorum. Zur Charakteristik der russischen Volksseele. Tagebücher aus den Jahren 1857–1873. Hrsg. von Theodor Schiemann. Stuttgart: Klett-Cotta.

Heim, Susanne/Aly, Götz (1986): Ein Berater der Macht. Helmut Meinhold oder der Zusammenhang zwischen Sozialpolitik und Judenvernichtung. Eine Arbeit aus dem Projekt "Täterbiographien im Nationalsozialismus" des Hamburger Instituts für Sozialforschung. Hamburg, Selbstverlag.

Heinemann, Isabel (2003): „Rasse, Siedlung, deutsches Blut". Das Rasse- und Siedlungshauptamt der SS und die rassenpolitische Neuordnung Europas. Göttingen: Wallstein.

Heinemann, Isabel (2006): Wissenschaft und Homogenisierungsplanungen für Osteuropa. Konrad Meyer, der „Generalplan Ost" und die Deutsche Forschungsgemeinschaft. In: Isabel Heinemann/Patrick Wagner (Hrsg.): Wissenschaft, Planung, Vertreibung. Neuordnungskonzepte und Umsiedlungspolitik im 20. Jahrhundert. Stuttgart: Franz Steiner, S. 45–72.

Henniges, Norman (2017): Albrecht Penck. In: Michael Fahlbusch/Ingo Haar/Alexander Pinwinkler (Hrsg.): Handbuch der völkischen Wissenschaften. Akteure, Netzwerke, Forschungsprogramme. 2., grundlegend erweiterte und überarbeitete Auflage. Teilband 1. Berlin, Boston: De Gruyter, S. 570–578.

Herb, Guntram Henrik (1997). Under the Map of Germany. Nationalism and Propaganda 1918–1945. London und New York: Routledge.

Herberstein, Sigismund von (2007 [1556/1557]): Rerum Moscoviticarum Commentarii. Synoptische Edition der lateinischen und der deutschen Fassung letzter Hand Basel 1556 und Wien 1557. Unter der Leitung von Frank Kämpfer erstellt von Eva Maurer und Andreas Fülberth. Redigiert und herausgegeben von Hermann Beyer-Thoma. Osteuropa-Institut München, Regensburg 2007: https://leibniz-ios.de/ios-publikationen/diskussionspapiere-und-online-publikationen/herberstein.

Herbert, Ulrich (1984): Zwangsarbeit als Lernprozeß: zur Beschäftigung ausländischer Arbeiter in der westdeutschen Industrie im Ersten Weltkrieg. In: Archiv für Sozialgeschichte 24, S. 285–304.

Herbert, Ulrich (1995): Arbeit, Volkstum, Weltanschauung. Über Fremde und Deutsche im 20. Jahrhundert. Frankfurt a. M.: Fischer.

Herder, Johann Gottfried (1791): Ideen zur Philosophie der Geschichte der Menschheit. Vierter Teil. Riga und Leipzig: Hartknoch. https://www.digitale-sammlungen.de/de/view/bsb10897894.

Herder, Johann Gottfried (1846): Journal meiner Reise im Jahr 1769. https://www.projekt-gutenberg.org/herder/jour1769/index.html.

Hitler, Adolf (1938): Mein Kampf. 365.–369. Auflage. München: Zentralverlag der NSDAP.

Hoetzsch, Otto (1933): Die deutsche nationale Revolution. Versuch einer historisch-systematischen Erfassung. In: Vergangenheit und Gegenwart 23, S. 353–373.

Hoetzsch, Otto (1946): Die Eingliederung der osteuropäischen Geschichte in die Gesamtgeschichte nach Konzeption, Forschung und Lehre. In: Pädagogik 1, S. 32–42 (Wiederabdruck bei Voigt 1978, S. 340–350).

Hohls, Rüdiger/Jarausch, Konrad H. (Hrsg.) (2000): Versäumte Fragen. Deutsche Historiker im Schatten des Nationalsozialismus. Stuttgart, DVA Deutsche-Verlagsanstalt.

Holian, Anna (2011): Between national socialism and Soviet communism: displaced persons in postwar Germany. Ann Arbor: University of Michigan Press.

Hund, Wulf D. (2017): Wie die Deutschen weiß wurden. Kleine (Heimat)Geschichte des Rassismus. Stuttgart: J. B. Metzler.

Ignatiev, Noel (1995): How the Irish became White. New York: Routledge.

Jahn, Peter (1991): „Russenfurcht" und Antibolschewismus: Zur Entstehung und Wirkung von Feindbildern. In: Ders./Reinhard Rürup (Hrsg.): Erobern und Vernichten. Der Krieg gegen die Sowjetunion 1941–1945. Berlin: Argon.

Jašina-Schäfer, Alina (2023): Gendered work and socialist pasts: memories and experiences of women repatriates in Germany. In: Journal of Ethnic and Migration Studies, online, https://doi.org/10.1080/1369183X.2023.2181128.

Jaworski, Rudolf (1987): Osteuropa als Gegenstand historischer Stereotypenforschung. In: Geschichte und Gesellschaft 13, H. 1, S. 63–76.
Jaworski, Rudolf/Luft, Robert (Hrsg.) (1996): 1848/49 – Revolutionen in Ostmitteleuropa: Vorträge der Tagung des Collegium Carolinum in Bad Wiessee vom 30. November bis 1. Dezember 1990. München: Oldenbourg.
Kaiser, Gerhard (1993): Sperrgebiet: Die geheimen Kommandozentralen in Wünsdorf seit 1871. Berlin: Links Verlag.
Kałążny, Jerzy (2011): Paulskirchenverfassung von 1848/1849 und Verfassung vom 3. Mai 1791: Finis coronat opus? Gescheiterte Verfassungen, die die Zukunft gestalteten. In: Hans Henning Hahn/Robert Traba (Hrsg.): Deutsch-Polnische Erinnerungsorte. Bd. 3: Parallelen, Paderborn: Schöningh, S. 287–311.
Kalembka, Sławomir (1971): Wielka Emigracja: polskie wychodźstwo polityczne w latach 1831–1862. Warszawa: Wiedza powszechne.
Kalmar, Ivan (2022): White But Not Quite: Central Europe's Illiberal Revolt. Bristol: Bristol University Press.
Kant, Immanuel (1765): Akademie-Textausgabe. Bd. 9, Logik, Physische Geographie, Pädagogik. http://kant.korpora.org/Inhalt9.html.
Kapitelman, Dmitrij (2018): Das Lächeln meines unsichtbaren Vaters. München: dtv.
Kappeler, Andreas (2001): Osteuropäische Geschichte. In: Michael Maurer (Hrsg.): Aufriss der Historischen Wissenschaft, Bd. 2: Räume, Stuttgart: Reclam, S. 198–266.
Kappeler, Andreas (2020): Vom Land der Kosaken zum Land der Bauern: Die Ukraine im Horizont des Westens vom 16. bis 19. Jahrhundert. Wien: Böhlau.
Karl, Lars/Skordos, Adamantios (2013): Panslawismus. In: Europäische Geschichte online (EGO), Mainz. Hrsg. vom Leibniz-Institut für Europäische Geschichte (IEG), http://www.ieg-ego.eu/karll-skordosa-2013-de.
Karp, Hans Jürgen/Lemberg, Hans/Weczerka, Hugo (1995): Von der „Zeitschrift für Ostforschung" zur „Zeitschrift für Ostmitteleuropa-Forschung". In: Zeitschrift für Ostmitteleuropa- Forschung 44, H.1, S. 1–4. https://doi.org/10.25627/19954415912.
Kauffmann, Jesse (2015): The Colonial U-Turn: Why Poland is not Germany's India. In: Andrew Demshuk/Tobias Weger (Hrsg.): Cultural Landscapes. Transatlantische Perspektiven auf Wirkungen und Auswirkungen deutscher Kultur und Geschichte im östlichen Europa, München 2015, S. 49–68.
Keller, Mechthild (1987): Russen und Rußland aus deutscher Sicht: 18. Jahrhundert: Aufklärung. München: Wilhelm Fink.
Keller, Mechthild/Kopelew, Lew (Hrsg.) (1992): West-östliche Spiegelungen Reihe A: Russen und Rußland aus deutscher Sicht, Bd. 3: 19. Jahrhundert, von der Jahrhundertwende bis zur Reichsgründung (1800–1871). München: Wilhelm Fink.
Kellogg, Michael (2005): The Russian Roots of Nazism. Cambridge: Cambridge University Press.
Khazzoom, Aziza (2003): The Great Chain of Orientalism: Jewish Identity, Stigma Management, and Ethnic Exclusion in Israel. In: American Sociological Review 68, S. 481–510.
Kienemann, Christoph (2018): Der koloniale Blick gen Osten. Osteuropa im Diskurs des Deutschen Kaiserreiches von 1871. Paderborn: Schöningh.
Kiesche, Veronika (2022): Jüdische (Un-)Sichtbarkeiten. Verhandlungen von Antisemitismus und antislawischem Rassismus in der zweiten Generation jüdischer Kontingentflüchtlinge. Mit einer Einführung von Hans-Christian Petersen. Minor – Projektkontor für Bildung und Forschung. Working Paper VII, Oktober 2022 https://minor-kontor.de/juedische-unsichtbarkeiten/.
Kleindienst, Thekla (2009): Die Entwicklung der bundesdeutschen Osteuropaforschung im Spannungsfeld zwischen Wissenschaft und Politik. Marburg: Verlag Herder-Institut.
Kleinschmidt, Malte (2021): Dekoloniale politische Bildung. Eine empirische Untersuchung von Lernendenvorstellungen zum postkolonialen Erbe. Wiesbaden: Springer VS.

Kleßmann, Christoph (1985): Osteuropaforschung und Lebensraumpolitik im Dritten Reich. In: Peter Lundgreen (Hrsg.): Wissenschaft im Dritten Reich. Frankfurt a. M.: Suhrkamp, S. 350–383.
Kleßmann, Christoph (2002): DDR-Historiker und „imperialistische Ostforschung". Ein Kapitel deutsch-deutscher Wissenschaftsgeschichte. In: Deutschland-Archiv 1, S. 13–31.
Kleßmann, Christoph (2010): 1945 – welthistorische Zäsur und „Stunde Null", Version: 1.0. In: Docupedia-Zeitgeschichte, http://docupedia.de/zg/klessmann_1945_v1_de_2010. DOI: http://dx.doi.org/10.14765/zzf.dok.2.315.v1.
Klingenberg, Darja (2019): Auffällig unauffällig: Russischsprachige Migrantinnen in Deutschland. In: Osteuropa 69, H. 9–11, S. 255–276.
Klingenberg, Darja (2022): Materialismus und Melancholie: Vom Wohnen russischsprachiger migrantischer Mittelschichten. Frankfurt a. M.: Campus.
Klötzel, Lydia (1999): Die Russlanddeutschen zwischen Autonomie und Auswanderung. Die Geschicke einer nationalen Minderheit vor dem Hintergrund des wechselhaften deutsch-sowjetischen/russischen Verhältnisses. Münster: LIT.
Knoch, Peter (1986): Feldpost – eine unentdeckte historische Quellengattung. In: Zeitschrift für Geschichtsdidaktik 11, S. 154–171.
Knoll, Sarah (2022): Eine ‚Völkerwanderung'? Die Flucht aus Rumänien und die Flüchtlingspolitik in Österreich um 1990. In: Zeithistorische Forschungen / Studies in Contemporary History, Online-Ausgabe, 19, H. 3, S. 511–536. DOI: https://doi.org/10.14765/zzf.dok-2471.
Kochanowska-Nieborak, Anna (2004): Der Legitimierungsdiskurs zu Polen in der deutschen Historiographie vor und nach den Teilungen Polens sowie in der Teilungszeit. In: Orbis Linguarium 27, S. 85–111.
Koemets, Anna / Dieckmann, Janine (2022): Antislawismus – Zwischen Popkultur und Diskriminierungsrealitäten. IDZ-Kurzanalyse #3. IDZ Jena. https://www.idz-jena.de/fileadmin/user_upload/Publikationen/Kurzanalyse_Antislawismus_WEB.pdf.
Koenen, Gerd (2005): Der Russland-Komplex. Die Deutschen und der Osten 1900–1945, München, C. H. Beck.
Kolejka, Josef (1996): Der Slawenkongress in Prag im Juni 1848. Die slawische Variante einer österreichischen Föderation. In: Rudolf Jaworski / Robert Luft (Hrsg.): 1848/49 – Revolutionen in Ostmitteleuropa: Vorträge der Tagung des Collegium Carolinum in Bad Wiessee vom 30. November bis 1. Dezember 1990. München: Oldenbourg, S. 129–149.
Konno, Hajime (2004): Max Weber und die polnische Frage (1892–1920): Eine Betrachtung zum liberalen Nationalismus im wilhelminischen Deutschland. Baden-Baden: Nomos.
Kopp, Kristin (2005): Constructing Racial Difference in Colonial Poland. In: Eric Ames / Marcia Klotz / Lora Wildenthal (Hrsg.): Germany's Colonial Past. Lincoln: University of Nebraska Press, S. 76–96.
Kopp, Kristin (2012): Germany's Wild East. Constructing Poland as Colonial Space. Ann Arbor: Michigan University Press.
Kordes, Herbert / Straatmann, Lara (06.10.2022): Wie Merz Kreml-Propaganda verbreitete. https://www.tagesschau.de/faktenfinder/merz-sozialtourismus-101.html.
Kovacheva, Vesela / Cyrus, Norbert (2020): Zur Situation von EU-Bürgerinnen und EU-Bürgern aus Bulgarien, Rumänien und Polen in Deutschland. Literaturbericht im Rahmen der Studie „Ermittlung der Unterstützungsbedarfe für EU-Bürgerinnen und EU-Bürgern in prekären Lebenslagen in Hamburg", Hamburg, Diakonisches Werk Hamburg https://www.diakonie-hamburg.de/export/sites/diakonie/.galleries/downloads/Fachbereiche/WD/LV_WD_11_0004_Studie-EU-Buerger_EINZELSEITEN.pdf.
Kowalczuk, Ilko-Sascha / Wolle, Stefan (2001): Roter Stern über Deutschland – Sowjetische Truppen in der DDR. Berlin: Links Verlag.
Kranz, Ellen (3.9.2020): „Oma's neue Polin!" sorgt im Ammerland für Kritik, NWZ online, https://www.nwzonline.de/ammerland/slogan-omas-neue-polin-von-procura24-pflegevermittlung-

aus-cloppenburg-auf-bussen-im-ammerland-linke-oldenburg-ammerland-rassismus_a_50,9,3296416056.html.
Kröger, Philipp (2021): Die Grenzen des Vergleichs: Die statistische Vermessung der östlichen Grenzregionen des Kaiserreichs und die Unterschiede deutscher Herrschaft in Übersee und Europa. In: Geschichte und Gesellschaft 47, S. 623–647.
Krzoska, Markus (2013): Teilungserfahrungen und Traditionsbildung: Die Historiographie der Teilungen Polen-Litauens (1795–2011). In: Hans-Jürgen Bömelburg / Andreas Gestrich / Helga Schnabel-Schüle (Hrsg.): Die Teilungen Polen-Litauens. Inklusions- und Exklusionsmechanismen – Traditionsbildung – Vergleichsebenen. Osnabrück: fibre, S. 37–105.
Krzoska, Markus (2017): Ostforschung. In: Michael Fahlbusch / Ingo Haar / Alexander Pinwinkler (Hrsg.): Handbuch der völkischen Wissenschaften. Akteure, Netzwerke, Forschungsprogramme. 2., grundlegend erweiterte und überarbeitete Auflage. Teilband 2. Berlin, Boston: De Gruyter, S. 1090–1103.
Kuhr-Korolev, Corinna / Schmiegelt-Rietig, Ulrike (2017): Geklaut haben immer die anderen! Ausblendungen und Rechtfertigungsstrategien: Der NS-Kunstraub in Osteuropa. In: Osteuropa, H. 3–4, S. 167–180.
Kurth, Alexandra / Salzborn, Samuel (2009): Antislawismus und Antisemitismus. Politisch-psychologische Reflexionen über das Stereotyp des Ostjuden. In: Edmund Dmitrów / Tobias Weger (Hrsg.): Deutschlands östliche Nachbarschaften. Eine Sammlung von historischen Essays für Hans Henning Hahn. Frankfurt a. M.: Peter Lang, S. 309–324.
Laeuen, Harald (1959): Die polnische Intelligenz- und Führungsschicht. In: Werner Markert (Hrsg.): Osteuropa-Handbuch Polen. Köln, Graz: Böhlau Verlag, S. 12–18.
Langhans, Paul (1897): Deutscher Kolonial-Atlas. Gotha: Justus Perthes.
Langhans, Paul (1905): Justus Perthes' Alldeutscher Atlas. Gotha: Justus Pertes.
Lapiņa, Linda / Vertelytė, Mantė (2020): "Eastern European", Yes, but How? Autoethnographic Accounts of Differentiated Whiteness. In: NORA – Nordic Journal of Feminist and Gender Research 28, H. 3, S. 237–250, DOI: 10.1080/08038740.2020.1762731.
Lauterbach, Samuel Friedrich (1727): Pohlnische Chronicke Oder Historische Nachricht von dem Leben und Thaten aller Hertzoge und Könige in Pohlen, von Lecho an bis auf jetzt glorwürdigst-Regierende Königliche Majestät Avgvstvm II. Franckfurth und Leipzig: Knoch. https://www.digitale-sammlungen.de/de/view/bsb10690779?page=,1.
Lehmann, Ernst (1953): Wir Sudetendeutschen. 4., völlig umgearbeitete Auflage. Dortmund: Ardey Verlag (Erstauflage 1934).
Lehndorff, Hans von (1961): Ostpreußisches Tagebuch. Aufzeichnungen eines Arztes aus den Jahren 1945–1947. München: Biederstein.
Lehnstaedt, Stephan (2015a): Generalgouvernement Warschau. In: Online-Lexikon zur Kultur und Geschichte der Deutschen im östlichen Europa, https://ome-lexikon.uni-oldenburg.de/regionen/generalgouvernement-warschau.
Lehnstaedt, Stephan (2015b): Ober Ost. In: Online-Lexikon zur Kultur und Geschichte der Deutschen im östlichen Europa, https://ome-lexikon.uni-oldenburg.de/regionen/ober-ost.
Leitsch, Walter / Stoy, Manfred (1983): Das Seminar für Osteuropäische Geschichte der Univsität Wien 1907–1948. Wien u. a.: Böhlau.
Leko, Jure (2022): Anerkennung und Migration: Bleiberechtskämpfe geflüchteter Roma*. Diss., Universität Bonn.
Lembeck, Fiete (2020): Von zahmen Raubtieren und wilden Wesen – osteuropäische Tierbilder im „Simplicissismus". In: Osmikon, 20.11.2020: https://www.osmikon.de/themendossiers/osteuropa-simpl-erklaert-das-bild-ost-und-suedosteuropas-in-der-muenchner-satirezeitschrift-simplicissimus/von-zahmen-raubtieren-und-wilden-wesen-osteuropaeische-tierbilder-im-simplicissimus.
Lemberg, Eugen (1950): Geschichte des Nationalismus in Europa. Stuttgart: Curt E. Schwab.

Lemberg, Hans (1985): Zur Entstehung des Osteuropabegriffs im 19. Jahrhundert. Vom „Norden“ zum „Osten“ Europas: In: Jahrbücher für Geschichte Osteuropas 33, H. 1, S. 48–91.
Lewicki, Aleksandra (2023): East–West Inequalities and the Ambiguous Racialisation of ‘Eastern Europeans’. In: Journal of Ethnic and Migration Studies 49, S. 1481–1499. https://doi.org/10.1080/1369183X.2022.2154910.
Linck, Sönke (2015): Die polnische Landschaft als Objekt deutscher Kolonialrhetorik: Das Beispiel der Preußischen Jahrbücher (1886–1914). In: Andrew Demshuk / Tobias Weger (Hrsg.): Cultural Landscapes. Transatlantische Perspektiven auf Wirkungen und Auswirkungen deutscher Kultur und Geschichte im östlichen Europa. Berlin: de Gruyter Oldenbourg, S. 69–98.
Linnemann, Kai Arne (2002): Das Erbe der Ostforschung. Zur Rolle Göttingens in der Geschichtswissenschaft der Nachkriegszeit. Marburg, Tectum.
Liszkowski, Uwe (1988): Osteuropaforschung und Politik. Ein Beitrag zum historisch-politischen Denken und Wirken von Otto Hoetzsch. 2 Bde. Berlin: Verlag Arno Spitz.
Liszkowski, Uwe (1991): Geschichte und Politik Polens in der Auffassung Otto Hoetzschs. In: Studia Historica Germanica XVI–1987, S. 3–36.
Liulevicius, Vejas G. (2000): War land on the Eastern Front: culture, national identity and German occupation in World War I. Cambridge: Cambridge University Press.
Liulevicius, Vejas G. (2006): Der Osten als apokalyptischer Raum. Deutsche Fronterfahrungen im und nach dem Ersten Weltkrieg. In: Gregor Thum (Hrsg.), Traumland Osten. Deutsche Bilder vom östlichen Europa im 20. Jahrhundert. Göttingen, Vandenhoeck & Ruprecht, S. 47–65.
Liulevicius, Vejas Gabriel (2009): The German Myth of the East. 1800 to the Present. Oxford: Oxford University Press.
Lorenz, Sophie (2020): ‚Schwarze Schwester Angela‘ – Die DDR und Angela Davis: Kalter Krieg, Rassismus und Black Power 1965–1975. Bielefeld, Transcript.
Löw, Martina (2001): Raumsoziologie. Frankfurt am Main: Suhrkamp.
Loew, Peter Oliver (2014): Wir Unsichtbaren: Geschichte der Polen in Deutschland. München: Beck.
Lukas, Liina u. a. (Hrsg.) (2021): Medien der Aufklärung – Aufklärung der Medien. Die baltische Aufklärung im europäischen Kontext. Berlin: de Gruyter Oldenbourg.
Mackensen, Lutz (1954): Deutsche Heimat ohne Deutsche. Ein ostdeutsches Heimatbuch. Braunschweig: Westermann.
Madajczyk, Czeslaw (1994): Vom Generalplan Ost zum Generalsiedlungsplan. München u. a.: Saur.
Makowski, Krzysztof (1996): Das Großherzogtum Posen im Revolutionsjahr 1848. In: Rudolf Jaworski / Robert Luft (Hrsg.): 1848/49. Revolutionen in Ostmitteleuropa. München: Oldenbourg, S. 149–173.
Manager Magazin (11/2000): Henrik Müller, Die Jahrhundert-Chance, https://www.manager-magazin.de/politik/die-jahrhundert-chance-a-c5a5623a-0002-0001-0000-000017678180.
Manager Magazin (28.1.2001): „Big-Bang“-Erweiterung abgelehnt, https://www.manager-magazin.de/unternehmen/artikel/a-114823.html.
Manz, Stefan (2014): Constructing a German Diaspora: The „Greater German Empire “, 1871–1914. New York / London: Routledge.
Marinov, Viktor / Bau, Matthias (08.04.2022): Alina Lipp: Wie eine 28-Jährige zum Sprachrohr russischer Propaganda wurde, https://correctiv.org/faktencheck/hintergrund/2022/04/08/alina-lipp-wie-eine-28-jaehrige-zum-sprachrohr-russischer-propaganda-wurde/.
Markert, Werner (1933/34): Das Studium Osteuropas als wissenschaftliche und politische Aufgabe. In: Osteuropa 9, S. 395–401.
Markert, Werner (1966): Marxismus und russisches Erbe im Sowjetsystem. In Osteuropa und die abendländische Welt. Aufsätze und Vorträge von Werner Markert. Hrsg. von Hans Rothfels. Göttingen: Vandenhoeck & Ruprecht, S. 78–96.
Marz, Ulrike (2022): Critical Whiteness. Theoretische Einordnung und Grenzen des Ansatzes für die Rassismuskritik in Deutschland. In: Elbe, Ingo et al. (Hsrg.): Probleme des Antirassismus.

Postkoloniale Studien, Critical Whiteness und Intersektionalitätsforschung in der Kritik. Berlin: Edition Tiamat, S. 15–47.
Maurach, Reinhart (1941): Besprechung von Peter-Heinz Seraphim „Das Judentum im osteuropäischen Raum". In: Weltkampf 1, H. 1/2, S. 113–118.
Maurer, Trude (1986): Ostjuden in Deutschland. Hamburg: Hans Christian Verlag.
Mazower, Mark (1998): Dark Continent: Europe's Twentieth Century. London: Lane.
Meyer, Henry Cord (1955): Mitteleuropa in German Thought and Action 1815–1945. Den Haag: Martinus Nijhoff.
Meyer, Klaus (1956): Theodor Schiemann als politischer Publizist, Frankfurt a. M., Hamburg: Rütten und Loening.
Molik, Witold (2002): Zur Denkmalkultur der Stadt Posen im 19. und zu Beginn des 20. Jahrhunderts. In: Rudolf Jaworski (Hrsg.), Denkmäler in Kiel und Posen. Parallelen und Kontraste. Kiel: Ludwig, S. 60–81.
Molnar, Christopher (2022): Asylum Seekers, Antiforeigner Violence, and Coming to Terms with the Past after German Reunification. In: Journal of Modern History 94, H. 1, S. 86–126.
Morawiec, Małgorzata (2001): Antemurale christianitatis. Polen als Vormauer des christlichen Europa. In: Jahrbuch für Europäische Geschichte 2, S. 249–260. https://doi.org/10.1515/9783486832600-009.
Moritsch, Andreas (Hrsg.) (2000): Der Prager Slavenkongreß 1848. Köln u. a.: Böhlau.
Muchina, Lena (2013): Lenas Tagebuch: Leningrad 1941–1942. Aus dem Russ. übers. und mit Vor- und Nachw. sowie Anmerkungen von Lena Gorelik. München: Graf.
Mühle, Eduard (1997): ‚Ostforschung'. Beobachtungen zu Aufstieg und Niedergang eines geschichtswissenschaftlichen Paradigmas. In: Zeitschrift für Ostmitteleuropaforschung 46, S. 317–350.
Mühle, Eduard (2005): Für Volk und deutschen Osten: Der Historiker Aubin und die deutsche Ostforschung. Düsseldorf: Droste.
Mühle, Eduard (2020): Die Slawen im Mittelalter. Zwischen Idee und Wirklichkeit. Köln u. a.: Böhlau.
Müller, Christian Th. (2005): „O' Sowjetmensch!" Beziehungen von sowjetischen Streitkräften und DDR-Gesellschaft zwischen Ritual und Alltag. In: Christian Th. Müller / Patrice G. Poutrus (Hrsg.): Ankunft –Alltag – Ausreise. Migration und interkulturelle Begegnung in der DDR-Gesellschaft. Köln: Böhlau, S. 17–134.
Müller, Christian Th. / Poutrus, Patrice G. (Hrsg.) (2005): Ankunft –Alltag – Ausreise. Migration und interkulturelle Begegnung in der DDR-Gesellschaft. Köln: Böhlau.
Müller, Martin (2020): In Search of the Global East: Thinking between North and South. In: Geopolitics 25, H. 3, S. 734–755.
Münz, Rainer / Ohliger, Rainer (2001): Auslandsdeutsche: In: Etienne François / Hagen Schulze (Hrsg.): Deutsche Erinnerungsorte, Bd. 1. München: C. H. Beck, S. 370–388.
Myeshkov, Dmytro (2008): Die Schwarzmeerdeutschen und ihre Welten 1781–1871. Essen: Klartext.
Naranch, Bradley D. (2005): Inventing the Auslandsdeutsche. Emigration, Colonial Fantasy, and German National Identity, 1848–1871. In: Eric Ames / Marcia Klotz / Lora Wildenthal (Hrsg.): Germany's Colonial Past. Lincoln: University of Nebraska Press, S. 21–41.
Narkowicz, Kasia (2023): White Enough, Not White Enough: Racism and Racialisation among Poles in the UK. In: Journal of Ethnic and Migration Studies 49, S. 1534–1551. https://doi.org/10.1080/1369183X.2022.2154913.
Nationaler Diskriminierungs- und Rassismusmonitor (2022): „Rassistische Realitäten" https://www.rassismusmonitor.de/studie-rassistische-realitaeten/.
Naumann, Friedrich (1915): Mitteleuropa. Berlin: Verlag von Georg Reimer.
Nelson, Robert L. (2009a): Introduction: Colonialism in Europe? The Case Against Salt Water. In. Ders.: Germans, Poland, and Colonial Expansion to the East. 1850 Through the Present. Basingstoke: Palgrave, S. 1–9.

Nelson, Robert L. (ed.) (2009b): Germans, Poland, and Colonial Expansion to the East. 1850 Through the Present. Basingstoke: Palgrave.
Neuburger, Tobias (2022): "Projektionsfläche rechtsextremen Gedankenguts" – zur Dynamik des institutionellen Antiziganismus in der kommunalen Praxis. In: Zeitschrift für Rechtsextremismusforschung 2, H. 2, S. 215–235, DOI: https://doi.org/10.3224/zrex.v2i2.03.
Nolte, Hans-Heinrich (2021): „Russland ist unser Indien": Zum deutschen Überfall auf die UdSSR 1941. In: WeltTrends: Das außenpolitische Journal 29, S. 48–52.
Nonn, Christoph (2013): Theodor Schieder. Ein bürgerlicher Historiker im 20. Jahrhundert. Düsseldorf: Droste.
Nowak, Katarzyna (2023): Kingdom of barracks: Polish displaced persons in allied-occupied Germany and Austria. Montreal: McGill-Queen's University Press.
Oberkrome, Willi (1997): Geschichte, Volk und Theorie. Das „Handwörterbuch des Grenz- und Auslandsdeutschtums". In: Peter Schöttler (Hrsg.): Geschichtsschreibung als Legitimationswissenschaft 1918–1945. Frankfurt a. M.: Suhrkamp, S. 104–127.
Oberländer, Erwin (1991): Das Studium der Geschichte Osteuropas seit 1945. In: Ders. (Hrsg.): Geschichte Osteuropas. Zur Entwicklung einer historischen Disziplin in Deutschland, Österreich und der Schweiz 1945–1990. Stuttgart: Franz Steiner, S. 31–38.
Oberländer, Erwin (1992): Historische Osteuropaforschung im Dritten Reich. Ein Bericht zum Forschungsstand. In: ders. (Hrsg.): Geschichte Osteuropas: Entwicklung einer historischen Disziplin in Deutschland, Österreich und der Schweiz 1945–1990. Stuttgart, Franz Steiner Verlag, S. 12–31.
Oberländer, Theodor (1935): Die agrarische Überbevölkerung Polens. Berlin: Springer.
Olearius, Adam (1656): „Vermehrte Newe Beschreibung Der Muscovitischen und Persischen Reyse" https://www.digitale-sammlungen.de/de/view/bsb10715606?page=1.
Olschowsky, Burkhard (Hrsg.) (2019): Akteur im Stillen. Enno Meyer und die Aussöhnung mit Polen und Juden. Berlin: De Gruyter Oldenbourg.
Olschowsky, Burkhard / Juszkiewicz, Piotr / Rydel, Jan: Introduction. In: dies. (Hrsg.): Central and Eastern Europe after the First World War. Berlin: de Gruyter Oldenbourg, S. 11–81.
Orłowski, Hubert (1996): Polnische Wirtschaft: zum deutschen Polendiskurs der Neuzeit. Wiesbaden: Harrassowitz.
Osterhammel, Jürgen / Jansen, Jan C. (2006): Kolonialismus. Geschichte, Formen, Folgen, 5. Aufl., München: C. H. Beck Wissen.
Österreichische Akademie der Wissenschaften (2018): Population Trends: Eastern Europa is drifting away from the West, https://www.oeaw.ac.at/en/news/population-trends-eastern-europe-is-drifting-away-from-the-west.
Panagiotidis, Jannis (2007): Die Spuren der Blockade. In: Karl Schlögel / Frithjof Benjamin Schenk / Markus Ackeret (Hrsg.): Sankt Petersburg: Schauplätze einer Stadtgeschichte. Frankfurt am Main [u. a.]: Campus.
Panagiotidis, Jannis (2019): The Unchosen Ones: Diaspora, Nation, and Migration in Israel and Germany. Bloomington: Indiana University Press.
Panagiotidis, Jannis (2021): Postsowjetische Migration in Deutschland. Eine Einführung. Weinheim und Basel: Beltz Juventa.
Panagiotidis, Jannis (2023a): „Die sind wie wir?" Der Osten im Westen: Flucht aus der Ukraine, postsowjetische Migration und die Zukunft der Migrationsgesellschaft. In: Journal für politische Bildung 13, H. 1, S. 16–21.
Panagiotidis, Jannis (2023b): Les Spätaussiedler dans la société allemande : les contradictions du privilège. In: Hommes & migrations Nr. 1341, S 29–35.
Pape, Walter (1992): „Juchheirassa, Kosacken sind da!" Russen und Rußland in der politischen Lyrik der Befreiungskriege. In: Mechthild Keller / Lew Kopelew (Hrsg.) (1992): West-östliche Spiegelungen Reihe A: Russen und Rußland aus deutscher Sicht, Bd. 3: 19. Jahrhundert, von der Jahrhundertwende bis zur Reichsgründung (1800–1871). München: Wilhelm Fink, S. 289–314.

Pasewalck, Silke / Weber, Matthias (Hrsg.) (2020): Bildungspraktiken der Aufklärung. Journal für Kultur und Geschichte der Deutschen im östlichen Europa 1, 1.
Paul, Gerhard (2008): „Alle Wege des Marxismus führen nach Moskau". Schlagbilder antikommunistischer Bildrhetorik. In: Ders. (Hrsg.): Das Jahrhundert der Bilder, Bd. 2: 1949 bis heute. Göttingen: Vandenhoeck & Ruprecht, 89–97.
Penck, Albrecht (1925): Deutscher Volks- und Kulturboden. In: K[arl] C[hristian] von Loesch (Hrsg.) in Zusammenarbeit m. A[rnold] Hillen Ziegfeld: Volk unter Völkern. Breslau: Ferdinand Hirt, S. 62–73.
Penck, Albrecht (1936): „Deutscher Volks- und Kulturboden." In: Putzgers historischer Schulatlas. Bielefeld: Velhagen & Klasing.
Perinelli, Massimo (2023): Critical Whiteness: On the Aberrations of Identity Politics in Germany. In: Eszter Kováts (Hg.): Culture Wars in Europe. Washington D.C.: Illiberalism Studies Program. The Institute for Russian, European and Eurasian Studies. The George Washington University. DOI: 10.53483 / MOLAA8965.
Petersen, Carl / Scheel, Otto / Ruth, Paul Hermann / Schwalm, Hans (Hrsg.) (1933–1938): Handwörterbuch des Grenz- und Auslandsdeutschtums. 3 Bde. Breslau: Ferdinand Hirt.
Petersen, Hans-Christian (2007a): Bevölkerungsökonomie – Ostforschung – Politik. Eine biographische Studie zu Peter-Heinz Seraphim (1902–1979). Osnabrück: fibre.
Petersen, Hans-Christian (2007b): „Die Gefahr der Renazifizierung ist in unserer Branche ja besonders groß." Werner Philipp und die deutsche Osteuropaforschung nach 1945. In: Hans-Christian Petersen / Jan Kusber (Hrsg.): Neuanfang im Westen. 60 Jahre Osteuropaforschung in Mainz. Stuttgart: Franz Steiner, S. 31–53.
Petersen, Hans-Christian (2012): Ostforschung. In: Online-Lexikon zur Kultur und Geschichte der Deutschen im östlichen Europa. URL: ome-lexikon.uni-oldenburg.de/p32793 (Stand 09.02.2021).
Petersen, Hans-Christian (2022): Between Marginalization and Instrumentalization: Anti-Eastern European and Anti-Slavic Racism. https://www.illiberalism.org/between-marginalization-and-instrumentalization-anti-eastern-european-and-anti-slavic-racism/.
Petersen Hans-Christian / Jaworski, Rudolf (2002): Biographische Aspekte der „Ostforschung". Überlegungen zu Forschungsstand und Methodik. In: BIOS. Zeitschrift für Biographieforschung, Oral History und Lebensverlaufsanalysen 15, H. 1, S. 47–63.
Petersen, Hans-Christian / Weger, Tobias (2017): Neue Begriffe, alte Eindeutigkeiten? Zur Konstruktion von ‚deutschen Volksgruppen' im östlichen Europa. In: Jahrbuch des Bundesinstituts für Kultur und Geschichte der Deutschen im östlichen Europa 25, S. 177–199.
Philipp, Werner (1983): Ostwissenschaften und Nationalsozialismus. In: Forschungen zur osteuropäischen Geschichte 33, S. 286–303 (Wiederabdruck, erstmals erschienen Berlin 1966).
Pierchała, Henryk (1998): Den Fängen des SS-Staates entrissen: Die „Sonderaktion Krakau" 1939–1941. Krakau: Poligrafia Kurii Prow. Zakonu Pijarów.
Pinwinkler, Alexander (2005): Volk, Bevölkerung, Rasse, and Raum: Erich Keyser´s Ambiguous Concept of a German History of Population, ca. 1918–1955. In: Ingo Haar / Michael Fahlbusch (Hrsg.): German scholars and ethnic cleansing: 1919–1945. New York, Berghahn Books, S. 86–99.
Pinwinkler, Alexander (2011): „Hier war die große Kulturgrenze, die die deutschen Soldaten nur zu deutlich fühlten …". Albrecht Penck (1858–1945) und die deutsche „Volks- und Kulturbodenforschung". In: Österreich in Geschichte und Literatur 55, S. 180–191.
Plamper, Jan (2019: Das neue Wir: Warum Migration dazugehört. Eine andere Geschichte der Deutschen. Frankfurt a. M.: S. Fischer.
Pleitner, Berit (2001): Die ‚vernünftige' Nation. Zur Funktion von Stereotypen über Polen und Franzosen im deutschen nationalen Diskurs 1850–1871. Frankfurt a. M.: Peter Lang.
Ploetz, Alfred (1895): Grundlinien einer Rassenhygiene … Berlin: Fischer. https://www.deutschestextarchiv.de/book/view/ploetz_rassenhygiene_1895?p=1.

Pohl, Dieter (2007): Die Herrschaft der Wehrmacht. Deutsche Militärbesatzung und einheimische Bevölkerung in der Sowjetunion 1941–1944. München: Oldenbourg.
Pohl, Gerhart (1951): Deutsches Land im Osten. In: Karl Pagel (Hrsg.), Deutsche Heimat im Osten. Berlin: Konrad Lemmer Verlag, S. 9–17.
Polosikov, Roman (12.05.2023): Deputat Jarovaja predložila dat' zakonodatel'noe opredelenie rusofobii. In: Komsol'moskaja Pravda. https://www.kp.ru/online/news/5265823/.
Popa, Klaus (2017): Fritz Valjavec. In: Michael Fahlbusch / Ingo Haar / Alexander Pinwinkler (Hrsg.): Handbuch der völkischen Wissenschaften. Akteure, Netzwerke, Forschungsprogramme. 2., grundlegend erweiterte und überarbeitete Auflage. Teilband 1. Berlin, Boston: De Gruyter, S. 854–858.
Poutrus, Patrice G. (2015): Zuflucht im Nachkriegsdeutschland: Politik und Praxis der Flüchtlingsaufnahme in Bundesrepublik und DDR von den späten 1940er Jahren bis zur Grundgesetzänderung im vereinten Deutschland von 1993. In: Jochen Oltmer (Hrsg.): Handbuch Staat und Migration in Deutschland seit dem 17. Jahrhundert. Berlin: de Gruyter Oldenbourg, S. 853–893.
Prehn, Ulrich (2013): Max Hildebert Boehm. Radikales Ordnungsdenken vom Ersten Weltkrieg bis in die Bundesrepublik. Göttingen: Wallstein.
Probst, Ursula (2023): Prekäre Freizügigkeiten. Sexarbeit im Kontext von mobilen Lebenswelten osteuropäischer Migrant*innen in Berlin. Bielefeld: Transcript.
Pufelska, Agnieszka (2007): Die Konstruktion des Feindbildes der ‚Judäo-Kommune' im Polen der Zwischenkriegszeit. In: Juliette Wedl / Stephan Dyroff (Hrsg.): Selbstbilder – Fremdbilder – Nationenbilder. Berlin u. a.: Lit, S. 45–62.
Pufelska, Agniezska (2017): Das koloniale Verständnis von Osteuropa in der Zeit der Aufklärung – ein theoretischer und empirischer Erklärungsversuch. In: Christoph Augustynowicz / Agnieszka Pufelska (Hrsg.): Konstruierte (Fremd-?)Bilder: Das östliche Europa im Diskurs des 18. Jahrhunderts. Berlin: de Gruyter Oldenbourg, S. 121–142.
Pufelska, Agnieszka / Ackermann, Felix (2021): Preußen postkolonial: Ansätze zu einer Geschichte polnisch-preußischer Asymmetrie. In: Geschichte und Gesellschaft 47, S. 529–533.
Puschner, Uwe (2001): Die völkische Bewegung im wilhelminischen Kaiserreich, Sprache-Rasse-Religion. Darmstadt, Wissenschaftliche Buchgesellschaft.
Puschner, Uwe / Schmitz, Walter / Ulbrich, Justus H. (Hrsg.) (1996): Handbuch zur „völkischen Bewegung" 1871–1918. München: Saur.
Quorum Chat (13.06.2022): Das Antislawismus-Problem. Hilft der Begriff gegen Vorurteile oder schafft er neue Missverständnisse? Quorum Chat mit Ani Menua, Daria Klingenberg und Nikolai Klimeniouk. https://www.youtube.com/watch?v=Jor3KJPMcvw.
Rabenschlag, Ann-Judith (2014): Völkerfreundschaft nach Bedarf. Ausländische Arbeitskräfte in der Wahrnehmung von Staat und Bevölkerung der DDR. Stockholm: Acta Universitatis Stockholmiensis.
Raddatz, Fabian, (25.03.2022): Ukraine-Krieg bedroht unseren Spargel. kreiszeitung.de, https://www.kreiszeitung.de/lokales/niedersachsen/ukraine-krieg-bedroht-unseren-spargel-von-einem-alptraum-in-den-naechsten-91431371.html.
Ranke, Leopold von (1824): Geschichte der romanischen und germanischen Völker von 1494 bis 1553, Bd. 1. Leipzig: Reimer. https://www.digitale-sammlungen.de/de/view/bsb10408217?page=,1.
Reichsuniversität Posen (1941): Die Gründung der Reichsuniversität Posen am Geburtstag des Führers 1941. Reden bei dem Staatsakt zur Eröffnung am 27. April 1941, hrsg. von der Reichsuniversität Posen, Posen.
Reimann, Sarah (2017): Die Entstehung des wissenschaftlichen Rassismus im 18. Jahrhundert. Stuttgart: Steiner.
Röger, Maren (2015): Kriegsbeziehungen: Intimität, Gewalt und Prostitution im besetzten Polen 1939 bis 1945. Frankfurt am Main: Fischer.

Römer, Felix (2008): Der Komissarbefehl. Wehrmacht und NS-Verbrechen an der Ostfront 1941/42. Paderborn: Schöningh.

Rössler, Mechtild / Schleiermacher, Sabine (Hrsg.) (1993): Der „Generalplan Ost". Hauptlinien der nationalsozialistischen Planungs- und Vernichtungspolitik. Berlin: Akademie Verlag.

Rupnow, Dirk (2011): Judenforschung im Dritten Reich: Wissenschaft zwischen Politik, Propaganda und Ideologie. Baden-Baden: Nomos.

Rybicka, Anetta (2002): Instytut Niemieckiej Pracy Wschodniej: Kraków 1940–1945. Warszawa: Wydawnictwo DiG.

Sadowski-Smith, Claudia (2018): The New Immigrant Whiteness: Race, Neoliberalism, and Post-Soviet Migration to the United States. New York: NYU Press.

Safuta, Anna (2018): Fifty Shades of White: Eastern Europeans' 'Peripheral Whiteness' in the Context of Domestic Services Provided by Migrant Women. In: Tijdschrift voor Genderstudies 21, H. 3, S. 217–231, DOI: https://doi.org/10.5117/TVGN2018.3.002.SAFU.

Said, Edward (1978): Orientalism. New York: Pantheon.

Salzborn, Samuel (2017): Göttinger Arbeitskreis. In: Michael Fahlbusch / Ingo Haar / Alexander Pinwinkler (Hrsg.): Handbuch der völkischen Wissenschaften. Akteure, Netzwerke, Forschungsprogramme. 2., grundlegend erweiterte und überarbeitete Auflage. Teilband 2. Berlin, Boston: De Gruyter, S. 1833–1839.

Sapper, Manfred / Weichsel, Volker (Hrsg.) (2011): Editorial: Völkermord mit Ansage – Leerstelle der Erinnerung. In: Die Leningrader Blockade: Der Krieg, die Stadt und der Tod (=Osteuropa H. 8–9/2011), S. 5–6.

Satjukow, Silke (2008): Besatzer: ‚Die Russen' in Deutschland 1945–1994. Göttingen: Vandenhoeck & Ruprecht.

Satola, Agnieszka (2023): Pflege und Betreuung in der Grauzone. In: Der Preis der Freizügigkeit. Osteuropäische Arbeitskräfte in Deutschland. Verantwortung für die Herkunftsländer. Perspektiven und Chancen. (=Ost-West. Europäische Perspektiven 23, H. 2), S. 143–149.

Schaeder, Hildegard (1929): Moskau, das Dritte Rom. Hamburg: De Gruyter.

Schaeder, Hildegard (1947): Ostern im KZ. Berlin: Verlag Haus und Schule.

Schaller, Helmut (2011): Die 'Reichsuniversität Posen, 1941–1945: Vorgeschichte, nationalsozialistische Gründung, Widerstand und polnischer Neubeginn. Frankfurt a. M. u. a.: Peter Lang.

Schellen, Petra (14.10.2015): 900 Tage Hunger und Tod. In: taz, https://taz.de/Kunstprojekt-ueber-Leningrad-Blockade/!5236406/.

Schiemann, Theodor (1892): Vorwort. In: Victor Hehn: De moribus Ruthenorum. Zur Charakteristik der russischen Volksseele. Tagebücher aus den Jahren 1857–1873. Stuttgart: Klett-Cotta, S. 3–14.

Schießl, Sascha (2016): "Das Tor zur Freiheit". Kriegsfolgen, Erinnerungspolitik und humanitärer Anspruch im Lager Friedland (1945–1970). Göttingen: Wallstein.

Schlesinger, Walter (1964): Die mittelalterliche deutsche Ostbewegung und die deutsche Ostforschung. In: Deutsche und europäische Ostsiedlungsbewegung. Bericht über die wissenschaftliche Jahrestagung des Johann-Gottfried-Herder Forschungsrates vom 7. bis 9. März 1963. Marburg / Lahn: Herder-Institut (wiederabgedruckt in Zeitschrift für Ostmitteleuropa-Forschung 46, H. 3, 1997, S. 7–46).

Schlögel, Karl (2015): Entscheidung in Kiew: Ukrainische Lektionen. München: Hanser.

Schmale, Wolfgang (2017): Das östliche Europa: (Fremd-?)Bilder im Diskurs des 18. Jahrhunderts und darüber hinaus. Eine Keynote. In: Christoph Augustynowicz / Agnieszka Pufelska (Hrsg.): Konstruierte (Fremd-?)Bilder: Das östliche Europa im Diskurs des 18. Jahrhunderts. Berlin: de Gruyter Oldenbourg, S. 11–28.

Schmaltz, Eric / Sinner, Samuel D. (2005): The Nazi Ethnographic Research of Georg Leibbrandt and Karl Stumpp in Ukraine, and Its North American Legacy. In: Ingo Haar / Michael Fahlbusch (Hrsg.): German Scholars and Ethnic Cleansing, 1919–1945. New York / Oxford: Berghahn, S. 51–86.

Scholz, Stephan (2000): Die Entwicklung des Polenbildes in deutschen Konversationslexika zwischen 1795 und 1945. Münster: LIT.
Scholz, Stephan (2005): Der deutsche Katholizismus und Polen (1830–1849). Identitätsbildung zwischen konfessioneller Solidarität und antirevolutionärer Abgrenzung. Osnabrück, fibre.
Scholz, Stephan/Röger, Maren/Niven, Bill (Hrsg.) (2015): Die Erinnerung an Flucht und Vertreibung. Ein Handbuch der Medien und Praktiken. Paderborn: Ferdinand Schöningh.
Schröder, Hans-Henning (2010): „Tiefste Barbarei", „höchste Civilisation". Stereotypen im deutschen Russlandbild. In: Osteuropa 60, H. 10, S. 83–101.
Schulze, Winfried/Oexle, Otto Gerhard (1999): Deutsche Historiker im Nationalsozialismus. Frankfurt a. M.: Fischer.
Schumann, Peter (2000): Vom „bösen Juden" und „guten Deutschen". In: Gerd Krumeich/Hartmut Lehmann (Hrsg.): „Gott mit uns": Nation, Religion und Gewalt im 19. und frühen 20. Jahrhundert. Göttingen: Vandenhoeck & Ruprecht, S. 73–87.
Schwendemann, Heinrich (2011): Gustav Freytags Soll und Haben (1855) – Wegbereiter des ökonomischen Antisemitismus. In: Nicolas Berg (Hrsg.): Kapitalismusdebatten um 1900: über antisemitisierende Semantiken des Jüdischen. Leipzig: Leipziger Universitätsverlag, S. S. 333–360.
Sell-Greiser, Christiane (1993): Aus- und Übersiedler in der Bundesrepublik Deutschland. Determinanten ihres Ausreiseprozesses und ihrer lebensweltlichen Strukturen. Münster: LIT.
Seraphim, Peter-Heinz (1938): Das Judentum im osteuropäischen Raum. Essen: Essener Verlag.
Seraphim, Peter-Heinz (1941): Bevölkerungs- und wirtschaftspolitische Probleme einer europäischen Gesamtlösung der Judenfrage. In: Weltkampf 1, S. 43–51.
Sheffer, Edith (2014): Burned Bridge: How East and West Germans Made the Iron Curtain, Oxford: Oxford University Press.
Shephard, Ben (2010): The Long Road Home: The Aftermath of the Second World War. New York: Knopf.
Skordos, Adamantios (2014): Vom „großrussischen Panslavismus" zum „sowjetischen Slavokommunismus". Das Slaventum als Feindbild bei Deutschen, Österreichern, Italienern und Griechen. In: Agnieszka Gąsior/Lars Karl/Stefan Troebst (Hrsg.): Post-Panslavismus. Slavizität, Slavische Idee und Antislavismus im 20. und 21. Jahrhundert. Göttingen: Wallstein, S. 388–427.
Slobodian, Quinn (Hrsg.) (2015): Comrades of Color. East Germany in the Cold War World, New York/Oxford: Berghahn Books.
Smechowski, Emilia (2017): Wir Strebermigranten. Berlin: Hanser.
Soldat, Cornelia (2022): Russland als Ziel kolonialer Eroberung. Heinrich von Stadens Pläne für ein Moskauer Reich im 16. Jahrhundert. Bielefeld: Transcript.
Spiegel (22/1948): Europas verlorene Legion. https://www.spiegel.de/politik/europas-verlorene-legion-a-96816aa5-0002-0001-0000-000044417009.
Spiegel (5/1957): Doppelte Ausstattung. https://www.spiegel.de/politik/doppelte-ausstattung-a-3fe954f6-0002-0001-0000-000041120351.
Spiegel (10/1957): Die Sorgen der Männer. https://www.spiegel.de/politik/die-sorgen-der-maenner-a-b930f6e6-0002-0001-0000-000041120642.
Spiegel (41/1965): István im Wunderland. https://www.spiegel.de/politik/istvan-im-wunderland-a-8b5ed014-0002-0001-0000-000046274466.
Spiegel (44/1965) Briefe: Wunderland. https://www.spiegel.de/politik/wunderland-a-d9ed67e5-0002-0001-0000-000046274602.
Spiegel (47/1979): CSU: Kein Asyl für Flüchtlinge? https://www.spiegel.de/politik/csu-kein-asyl-fuer-fluechtlinge-a-0b2c2e51-0002-0001-0000-000039686001.
Spiegel (48/1979a): Asyl-Affäre: ‚Die Lage ist kritisch'. https://www.spiegel.de/politik/asyl-affaere-die-lage-ist-kritisch-a-e243572c-0002-0001-0000-000039867395.

Spiegel (48/1979b): Erich Böhme, Bayerns teilbare Freiheit. https://www.spiegel.de/politik/bayerns-teilbare-freiheit-a-7b4a0696-0002-0001-0000-000039867396.
Spiegel (10/1979): Die Hölle. https://www.spiegel.de/politik/die-hoelle-a-7579bb0e-0002-0001-0000-000040350714.
Spiegel (8/1981): Hirnrissige Entscheidung. https://www.spiegel.de/politik/hirnrissige-entscheidung-a-3ffc9da2-0002-0001-0000-000014326209.
Spiegel (31/1981): Wilde Auflösung. https://www.spiegel.de/politik/wilde-aufloesung-a-aff389fa-0002-0001-0000-000014331921.
Spiegel (48/1984): Ungewöhnlich liberal: Binnen einer Woche nutzten 324 Polen eine Schiffsreise zum Ausstieg in den Westen. https://www.spiegel.de/politik/ungewoehnlich-liberal-a-e64eca65-0002-0001-0000-000013512901.
Spiegel (35/1986): ‚Die Spreu vom Weizen trennen': SPIEGEL-Serie über Asylanten und Scheinasylanten in der Bundesrepublik (I): Die Tamilen. https://www.spiegel.de/politik/die-spreu-vom-weizen-trennen-a-b6b7a573-0002-0001-0000-000013520288.
Spiegel (36/1986): ‚Die Spreu vom Weizen trennen': SPIEGEL-Serie über Asylanten und Scheinasylanten in der Bundesrepublik (II): Die Ghanaer. https://www.spiegel.de/politik/die-spreu-vom-weizen-trennen-a-860421dd-0002-0001-0000-000013518658.
Spiegel (37/1986): ‚Die Spreu vom Weizen trennen': SPIEGEL-Serie über Asylanten und Scheinasylanten in der Bundesrepublik (III): Türken und Kurden. https://www.spiegel.de/politik/die-spreu-vom-weizen-trennen-a-e0e0cb1c-0002-0001-0000-000013519323.
Spiegel (38/1986): ‚Die Spreu vom Weizen trennen': SPIEGEL-Serie über Asylanten und Scheinasylanten in der Bundesrepublik (IV): Polen. https://www.spiegel.de/politik/die-spreu-vom-weizen-trennen-a-d5f4f8f8-0002-0001-0000-000013520091.
Spiegel (39/1986): ‚Die Spreu vom Weizen trennen': SPIEGEL-Serie über Asylanten und Scheinasylanten in der Bundesrepublik (V): Die Iraner. https://www.spiegel.de/politik/die-spreu-vom-weizen-trennen-a-de60664f-0002-0001-0000-000013520799.
Spiegel (40/1986): ‚Die Spreu vom Weizen trennen': Serie über Asylanten (VI): Die Schlepper. https://www.spiegel.de/politik/die-spreu-vom-weizen-trennen-a-e972676f-0002-0001-0000-000013521438.
Spiegel (24/1988): Praktisch leergefegt. https://www.spiegel.de/politik/praktisch-leergefegt-a-81da1f9c-0002-0001-0000-000013528179.
Spiegel (16/1989): Arbeitslose Ausländer abschieben? https://www.spiegel.de/politik/arbeitslose-auslaender-abschieben-a-7b9ea013-0002-0001-0000-000013494692.
Spiegel (46/1989): ‚Sie haben mich reingelegt'. https://www.spiegel.de/politik/sie-haben-mich-reingelegt-a-826a7854-0002-0001-0000-000013497190.
Spiegel (36/1990): ‚Alle hassen die Zigeuner'. https://www.spiegel.de/politik/alle-hassen-die-zigeuner-a-fca2ce73-0002-0001-0000-000013500312.
Spiegel (37/1990): ‚Mafia auf dem Weg nach Osten'. https://www.spiegel.de/politik/mafia-auf-dem-weg-nach-osten-a-018a1fb9-0002-0001-0000-000013501189.
Spiegel (4/1990): ‚Da brennt die Sicherung durch'. https://www.spiegel.de/politik/da-brennt-die-sicherung-durch-a-54435423-0002-0001-0000-000013498568.
Spiegel (50/1990): ‚Die soziale Explosion droht'. https://www.spiegel.de/politik/die-soziale-explosion-droht-a-900ce079-0002-0001-0000-000013502120?context=issue.
Spiegel (2/1991): Gar nicht auszuhalten. https://www.spiegel.de/politik/gar-nicht-auszuhalten-a-02b46570-0002-0001-0000-000013487448.
Spiegel (24/1991): Alles kaufen. https://www.spiegel.de/politik/alles-kaufen-a-50a7b1f5-0002-0001-0000-000013488419?context=issue.
Spiegel (40/1991): Matthias Matussek: Jagdzeit in Sachsen. https://www.spiegel.de/politik/jagdzeit-in-sachsen-a-93070f87-0002-0001-0000-000013492516.
Spiegel (46/1992): ‚Wer will Menschen das antun?' https://www.spiegel.de/politik/wer-will-menschen-das-antun-a-093d5f48-0002-0001-0000-000013691120.

Spiegel (8/1993): Neuer Vorhang. https://www.spiegel.de/politik/neuer-vorhang-a-0d8ce739-0002-0001-0000-000013687861.
Spiegel (28/1993): Des Kanzlers Haudegen. https://www.spiegel.de/politik/des-kanzlers-haudegen-a-b889aa91-0002-0001-0000-000013679912.
Spiegel (32/1993): „Fast keine Hemmschwelle". https://www.spiegel.de/politik/fast-keine-hemmschwelle-a-a186b81e-0002-0001-0000-000013691303.
Spiegel (44/1993): Arbeitskleidung: Kaschmiranzug. https://www.spiegel.de/politik/arbeitskleidung-kaschmiranzug-a-d6f9d406-0002-0001-0000-000013692647.
Spiegel (14/1994): Die Bronx von Europa. https://www.spiegel.de/politik/die-bronx-von-europa-a-8c79127f-0002-0001-0000-000013689197?context=issue.
Spiegel (11/1995): ‚Erwarte keine Gnade'. https://magazin.spiegel.de/EpubDelivery/spiegel/pdf/9158136.
Spiegel (47/1995): ‚Drei Monate besoffen'. https://magazin.spiegel.de/EpubDelivery/spiegel/pdf/9232107.
Spiegel (49/1995): Lockruf des Geldes. https://magazin.spiegel.de/EpubDelivery/spiegel/pdf/9246360.
Spiegel (4/1997): ‚Ich habe Angst vor Männern'. https://www.spiegel.de/panorama/ich-habe-angst-vor-maennern-a-99363287-0002-0001-0000-000008649587.
Spiegel (44/1997): Michael Sontheimer und Uwe Klußmann, Wohliges Gruseln. https://www.spiegel.de/politik/wohliges-gruseln-a-46b46ce6-0002-0001-0000-000008809721.
Spiegel (2/1998): Marika Mettke, ‚So kann man nicht leben'. https://www.spiegel.de/politik/so-kann-man-nicht-leben-a-e6485250-0002-0001-0000-000007809910.
Spiegel (37/2000): Thomas Darnstädt, Winfried Didzoleit, Jürgen Hogrefe, Irina Repke und Sylvia Schreiber, Offen für den Osten. https://www.spiegel.de/politik/offen-fuer-den-osten-a-a526cd6b-0002-0001-0000-000017322735.
Spiegel (9/2001): Konkurrenz im Osten. https://www.spiegel.de/politik/konkurrenz-im-osten-a-ae4083a0-0002-0001-0000-000018578694.
Spiegel online (07.03.2001): Markus Deggerich, Die Polen sollen kommen. https://www.spiegel.de/politik/deutschland/joschka-fischer-die-polen-sollen-kommen-a-121299.html.
Spiegel online (02.01.2001): Harald Schumann, EU-Osterweiterung – Angstmache aus dem Kanzleramt. https://www.spiegel.de/politik/ausland/analyse-eu-osterweiterung-angstmache-aus-dem-kanzleramt-a-110361.html.
Spiegel (25/2002): Renate Flottau, Hans-Jürgen Schlamp, Sylvia Schreiber, Erich Wiedemann und Bernhard Zand, ‚Die Beweise haben Beine'. https://www.spiegel.de/politik/die-beweise-haben-beine-a-8c8f7628-0002-0001-0000-000022896196.
Spiegel (41/2002): Jürgen Dahlkamp, Friederike Freiburg und Andreas Ulrich, ‚Rein, plündern, raus'. https://www.spiegel.de/politik/rein-pluendern-raus-a-a5d1a258-0002-0001-0000-000025396462.
Spiegel (50/2002): Winfried Didzoleit, Dirk Koch, Heiko Martens, Jan Puhl, Irina Repke und Sylvia Schreiber, Die Alte Welt erschafft sich neu. https://www.spiegel.de/politik/die-alte-welt-erschafft-sich-neu-a-31b975c0-0002-0001-0000-000025879495.
Spiegel online, (27.02.2004): Alexander Bürgin, Deutsche lehnen EU-Osterweiterung ab. https://www.spiegel.de/politik/deutschland/umfrage-der-konrad-adenauer-stiftung-deutsche-lehnen-eu-osterweiterung-ab-a-288251.html.
Spiegel online (22.04.2020): Nils Klawitter / Keno Verseck, Ein Leben für den Spargel. https://www.spiegel.de/wirtschaft/bad-krozingen-tod-eines-spargel-helfers-mit-corona-ein-leben-fuer-den-spargel-a-ff21540c-8fa9-429d-b69d-0a54cc5c3462.
Spoerer, Mark (2001): Zwangsarbeit unter dem Hakenkreuz. Ausländische Zivilarbeiter, Kriegsgefangene und Häftlinge im Deutschen Reich und im besetzten Europa 1939–1945. Stuttgart: Deutsche Verlags-Anstalt.

Spoerer, Mark. (2015): Kriegswirtschaft, Arbeitskräftemigration, Kriegsgesellschaft. In: Jochen Oltmer (Hrsg.): Handbuch Staat und Migration in Deutschland seit dem 17. Jahrhundert. Berlin u. a.: De Gruyter Oldenbourg, S. 643–690.

SS-Hauptamt (1942): Der Untermensch. [Berlin]: Nordland Verlag.

Steinhagen, Martin (14.1.2019): Die Straße der Arbeit. Frankfurter Rundschau, https://www.fr.de/frankfurt/strasse-arbeit-11206721.html.

Stender, Wolfram (Hrsg.) (2016): Konstellationen des Antiziganismus. Theoretische Grundlagen, empirische Forschung und Vorschläge für die Praxis. Wiesbaden: Springer.

Stenzel, Thilo (1998): Das Rußlandbild des „kleinen Mannes". Gesellschaftliche Prägung und Fremdwahrnehmung in Feldpostbriefen aus dem Ostfeldzug (1941–1944/45). München: Osteuropa-Institut München, https://publikationen.uni-tuebingen.de/xmlui/bitstream/handle/10900/46452/pdf/stenzel_feldpostbriefe.pdf?sequence=1&isAllowed=y.

Stienen, Daniel Benedikt (2021): Das Ansiedlungsdorf als nationaler Schmelztiegel? Regionale Binnendifferenzierungen eines ethnodemografischen Projekts um 1900. In: Geschichte und Gesellschaft 47, S. 563–588.

Stöber, Rudolf u. a. (Hrsg.) (2015): Aufklärung der Öffentlichkeit – Medien der Aufklärung. Stuttgart: Franz Steiner.

Stoecker, Adolf (1890): Christlich-Sozial. Reden und Aufsätze, Berlin: Verlag der Buchhandlung der Berliner Stadtmission.

Stokes, Lauren (2023): Racial Profiling on the U-Bahn: Policing the Berlin Gap in the Schönefeld Airport Refugee Crisis. In: Central European history 56, H. 2), S. 236–254. DOI: 10.1017/S0008938922001054.

Stökl, Günther (1992): Das Studium der Geschichte Osteuropas bis 1933. In: Erwin Oberländer (Hrsg.): Geschichte Osteuropas. Zur Entwicklung einer historischen Disziplin in Deutschland, Österreich und der Schweiz 1945–1990. Stuttgart: Steiner, S. 3–12.

Stola, Dariusz (2010): Kraj bez wyjścia? Migracje z Polski 1949–1989. Warszawa: Instytut Pamieci Narodowej.

Strazhas, Abba (1993): Deutsche Ostpolitik im Ersten Weltkrieg: der Fall Ober Ost, 1915–1917. Wiesbaden: Harrassowitz.

Streit, Christian (1978): Keine Kameraden: die Wehrmacht und die sowjetischen Kriegsgefangenen 1941–1945. Stuttgart: Deutsche Verlags-Anstalt.

Streit, Christian (1996): Die sowjetischen Kriegsgefangenen in der Hand der Wehrmacht. In: Walter Manoschek (Hrsg.): Die Wehrmacht im Rassenkrieg. Der Vernichtungskrieg hinter der Front. Wien: Picus, S. 74–89.

Surynt, Izabela (2004). Das „ferne", „unheimliche" Land: Gustav Freytags Polen. Dresden: Thelem bei w.e.b.

Surynt, Izabela (2006): Postęp, kultura i kolonializm. Polska i niemiecki projekt europejskiego Wschodu w dyskursach publicznych XIX wieku, Wrocław: Oficyna Wydawnicza ATUT.

Surynt, Izabela (2016): Ostkoloniale Diskurse in der deutschen Literatur und Publizistik des 19. Jahrhunderts. In: Matthias Barelkowski / Claudia Kraft / Isabel Röskau-Rydel (Hrsg.): Zwischen Geschlecht und Nation. Interdependenzen und Interaktionen in der multiethnischen Gesellschaft Polens im 19. und 20. Jahrhundert. Osnabrück: Fibre, S. 31–59.

Sylla, Nadine (2023): Die Konstruktion des Eigenen im Verhältnis zum Anderen: Mediale Diskurse über Asyl in der Bundesrepublik 1977–1999. Bielefeld: Transcript.

Szlanta, Piotr (2022): Der „Polenfresser" gegen die „Reichsfeinde". Kaiser Wilhelm II. und die Polen 1888–1918. Wiesbaden: Harrassowitz.

tagesschau, (25.6.2021): 24-Stunden-Pflege vor dem Aus? https://www.tagesschau.de/inland/innenpolitik/pflegekraefte-mindestlohn-101.html.

Terkessidis, Mark (2019): Wessen Erinnerung zählt? Koloniale Vergangenheit und Rassismus heute. Hamburg: Hoffmann und Campe.

Ther, Philipp (2003): Deutsche Geschichte als transnationale Geschichte. Überlegungen zu einer Histoire Croisée Deutschlands und Ostmitteleuropas. In: Comparativ 13, H. 4, S. 155–180.
Ther, Philipp (2014): Die neue Ordnung auf dem alten Kontinent. Eine Geschichte des neoliberalen Europa. Berlin: Suhrkamp.
Ther, Philipp (2017): Die Außenseiter: Flucht, Flüchtlinge und Integration im modernen Europa. Berlin: Suhrkamp.
Thomson, Marrison (1951): A Century of A Phantom. Panslavism and the Western Slavs. In: Journal of Central European Affairs 11, S. 57–77.
Thörner, Klaus (2008): „Der ganze Südosten ist unser Hinterland": Deutsche Südosteuropapläne von 1840 bis 1945. Freiburg, ça ira Verlag.
Thum, Gregor (Hg.) (2006): Traumland Osten. Deutsche Bilder vom östlichen Europa im 20. Jahrhundert. Göttingen: Vandenhoeck & Ruprecht.
Thum, Gregor (2006a): Ex oriente lux – ex oriente furor. Einführung. In: Ders. (Hrsg.): Traumland Osten. Deutsche Bilder vom östlichen Europa im 20. Jahrhundert. Göttingen: Vandenhoeck & Ruprecht, S. 7–15.
Thum, Gregor (2006b): Mythische Landschaften. Das Bild vom „deutschen Osten" und die Zäsuren des 20. Jahrhunderts. In: Ders. (Hrsg.): Traumland Osten. Deutsche Bilder vom östlichen Europa im 20. Jahrhundert. Göttingen: Vandenhoeck & Ruprecht, S. 181–213.
Thum, Gregor (2013a): Megalomania and Angst. The 19th-century Mythicization of Germany's Eastern Borderlands. In: Omer Bartov / Eric D. Weitz (Hrsg.): Shatterzone of Empires. Coexistence and Violence in the German, Habsburg, Russian, and Ottoman Borderlands. Bloomington: Indiana University Press, S. 42–60.
Thum, Gregor (2013b): Imperialists in Panic: The Evocation of Empire at Germany's Eastern Frontier around 1900. In: Thum, Gregor / Maurus Reinkowski (2013b): Helpless Imperialists. Imperial Failure, Fear, and Radicalization. Göttingen: Vandenhoeck & Ruprecht, S. 137–162.
Thum, Gregor (2016): Die Kulturelle Leere des Ostens. Legitimierung prueßisch-deutscher Herrschaft im 19. Jahrhundert. In: Ulrike Jureit (Hrsg.): Umkämpfte Räume. Raumbilder, Ordnungswille und Gewaltmobilisierung. Göttingen: Wallstein, S. 263–287.
Thym, Daniel (2014): EU-Freizügigkeit als rechtliche Konstruktion – nicht als soziale Imagination, Verfassungsblog, https://verfassungsblog.de/eu-freizuegigkeit-als-rechtliche-konstruktion-nicht-als-soziale-imagination/.
Tikhomirova, Anastasia (2023): Ich streichle keine deutschen Egos mehr. In: Dies: Stromlinienunförmig. Münster: edition assemblage (erstmals 03.05.2022 Ze.tt: https://www.zeit.de/zett/politik/2022-05/sexismus-osteuropaerin-diskriminierung-deutschland).
Tlostanova, Mladina (2017): Postcolonialism and Postsocialism in Fiction and Art: Resistance and Re-existence. London: Palgrave Macmillan.
Todorova, Maria (1997): Imagining the Balkans. New York: Oxford University Press.
Todorova, Maria (1999): Die Erfindung des Balkans: Europas bequemes Vorurteil. Darmstadt: Primus.
Topolski, Jerzy / Trzeciakowski Lech (Hrsg.) (1994): Dzieje Poznania, tom II, cz.1: 1793–1918. Warszawa, Poznań: Państwowe Wydawnictwo Naukowe.
Troebst, Stefan (2010): „Geschichtsregion": Historisch-mesoregionale Konzeptionen in den Kulturwissenschaften. In: Europäische Geschichte Online (EOG). Hrsg. vom Institut für Europäische Geschichte (IEG) Mainz. 03.12.2010: http://www.ieg-ego.eu/troebsts-2010-de URN: urn:nbn:de:0159-20100921364.
Turkowska, Justyna Aniceta (2021): Kolonisator:innen und Kolonisierte im Zwiegespräch: „Koloniale Agitation" in den Ostprovinzen des Deutschen Reiches. In: Geschichte und Gesellschaft 47, S. 589–622.
Ueberschär, Gerd R. (1992): 'Russland ist unser Indien,: In: Hans-Heinrich Nolte (Hrsg.): Der Mensch gegen den Menschen. Hannover: Fackelträger, S. 66–77.

Unger, Corinna R. (2007): Ostforschung in Westdeutschland. Die Erforschung des europäischen Ostens und die Deutsche Forschungsgemeinschaft, 1945–1975. Stuttgart: Franz Steiner.
Unger, Manfred (1959): Sacke, Georg – ein Kämpfer gegen den Faschismus. In: Karl-Marx-Universität Leipzig 1409–1959. Beiträge zur Universitätsgeschichte, Bd. 2. Leipzig: Verlag Enzyklopädie Leipzig, S. 306–330.
Vick, Brian E. (2002): Defining Germany. The 1848 Frankfurt Parlamentarians and National Identity. Cambridge, Mass.: Harvard University Press.
Vlahek, David (2022): Deutschnationaler und nationalsozialistischer Antislawismus. Kontinuitäten und Paradigmenwechsel eines heterogenen Ressentiments (1848–1945). In: Zeitschrift für Ostmitteleuropa-Forschung 71, H. 1, S. 1–38, https://doi.org/10.25627/202271111068.
Voigt, Gerd (1978): Otto Hoetzsch 1876–1946. Wissenschaft und Politik im Leben eines deutschen Historikers, Berlin: Akademie Verlag.
Volkmann, Hans-Erich (2016): Die Polenpolitik des Kaiserreiches: Prolog zum Zeitalter der Weltkriege. Paderborn: Schöningh.
Volkmer, Gerhard F. (1989): Die deutsche Forschung zu Osteuropa und zum osteuropäischen Judentum in den Jahren 1933–1945. In: Forschungen zur osteuropäischen Geschichte 42, S. 109–215.
Wachs, Christian (2000): Der Fall Theodor Oberländer (1905–1998). Ein Lehrstück deutscher Geschichte. Frankfurt, New York: Campus.
Wagner, Bettina / Hassel, Anke (2016): Posting, subcontracting and low-wage employment in the German meat industry. In: Transfer 22, H. 2, S. 163–178. DOI: 10.1177/1024258916636012.
Wakounig, Marija (2017): Zur Perzeption von Sigismund Herbersteins Moscovia im 18. Jahrhundert: Kontinuitäten und Brüche. In: Christoph Augustynowicz / Agnieszka Pufelska (Hrsg.): Konstruierte (Fremd-?)Bilder: Das östliche Europa im Diskurs des 18. Jahrhunderts. Berlin: de Gruyter Oldenbourg, S. 30–41.
Wallem, Gesine (2018): Spätaussiedleraufnahme als Aushandlungsprozess: Die Interaktion zwischen staatlichen Verwaltungsakteuren und Migrant_innen aus ethnographischer Perspektive. In: Victor Dönninghaus / Jannis Panagiotidis / Hans-Christian Petersen (Hrsg.): "Jenseits der Volksgruppe": Neue Perspektiven auf die Russlanddeutschen zwischen Russland, Deutschland und Amerika. Berlin: de Gruyter / Oldenbourg, S. 137–154.
Wallerstein, Immanuel (1974): The Modern World-System, Vol. I: Capitalist Agriculture and the Origins of the European World-Economy in the Sixteenth Century, Academic Press, New York / London.
Wallerstein, Immanuel (1980): The Modern World-System, Vol. II: Mercantilism and the Consolidation of the European World-Economy, 1600–1750. New York: Academic Press, New York.
Wasser, Bruno (1993): Himmlers Raumplanung im Osten. Der Generalplan Ost in Polen 1940–1944. Basel u. a.: Birkhäuser.
Weber, Max (1895): Der Nationalstaat und die Volkswirtschaftspolitik. Freiburg i.B.: Verlagsbuchhandlung von J. C. B. Mohr (Paul Siebeck). https://www.deutschestextarchiv.de/book/view/weber_nationalstaat_1895?p=3.
Weger, Tobias (2010): Vom „Alldeutschen Atlas“ zu den „Erzwungenen Wegen“. Der „Deutsche Osten“ im Kartenbild, 1905–2008. In: Jörn Happel / Christophe von Werdt (Hrsg.): Osteuropa kartiert – Mapping in Eastern Europe. Berlin u. a.: LIT-Verlag, S. 241–264.
Weger, Tobias (2015a): Karten. in: Stephan Scholz / Maren Röger / Bill Niven (Hrsg.): Die Erinnerung an Flucht und Vertreibung. Ein Handbuch der Medien und Praktiken. Paderborn: Ferdinand Schöningh, S. 234–250.
Weger, Tobias (2015b): Wie weit reichte der „Deutsche Osten“? Kartographische Entgrenzungsstrategien. In: Andrew Demshuk / Tobias Weger (Hrsg.): Cultural Landscapes. Transatlantische Perspektiven auf Wirkungen und Auswirkungen deutscher Kultur und Geschichte im östlichen Europa. Berlin: de Gruyter Oldenbourg, S. 99–123.

Weichers, Britta (2013): Der deutsche Osten in der Schule: Institutionalisierung und Konzeption der Ostkunde in der Bundesrepublik in den 1950er und 1960er Jahren. Frankfurt a. M.: Peter Lang.

Weichers, Britta (2015): Ostkunde. In: Stephan Scholz / Maren Röger / Bill Niven (Hrsg.): Die Erinnerung an Flucht und Vertreibung. Ein Handbuch der Medien und Praktiken. Paderborn: Ferdinand Schöningh, S. 317–329.

Weigandt, Artur (02.05.2021): Jannis Panagiotidis: „Menschen können gleichzeitig Opfer und Täter sein". ze.tt, https://www.zeit.de/zett/politik/2021-04/jannis-panagiotidis-rassismus-weisse-osteuropaeer-migration-geschichte.

Weigandt, Artur (2023): Die Verräter. Berlin: Hanser.

Weindling, Paul (2000): Epidemics and genocide in Eastern Europe, 1890–1945. Oxford: Oxford University Press.

Weisskircher, Manès (2021): Arbeitsmigration während der Corona-Pandemie. Saisonarbeitskräfte aus Mittel- und Osteuropa in der deutschen Landwirtschaft, MIDEM-Policy Paper 01/21, Dresden. https://www.stiftung-mercator.de/content/uploads/2021/04/TUD_MIDEM_PolicyPaper_2021-1_Arbeitsmigartion.pdf.

Westerhoff, Christian (2012): Zwangsarbeit im Ersten Weltkrieg: deutsche Arbeitskräftepolitik im besetzten Polen und Litauen 1914–1918. Paderborn: Schöningh.

Wette, Wolfram (1994): Das Rußlandbild in der NS-Propaganda. Ein Problemaufriß. in: Hans-Erich Volkmann (Hrsg.): Das Rußlandbild im Dritten Reich. Köln u. a.: Böhlau, S. 55–78.

Wette, Wolfram (1995): „Rassenfeind": Die rassistischen Elemente in der deutschen Propaganda gegen die Sowjetunion. In: Hans-Adolf Jacobsen u. a. (Hrsg.): Deutsch-russische Zeitenwende. Krieg und Frieden 1941–1995. Baden-Baden, Nomos Verlagsgesellschaft, S. 175–201.

Wigard, Franz (Hrsg.) (1848–1849): Stenographischer Bericht über die Verhandlungen der Deutschen Constituirenden Nationalversammlung zu Frankfurt am Main. Herausgegeben auf Beschluß der Nationalversammlung. 9 Bde. Frankfurt a. M.: Sauerländer.

Willimek, Anton (1961): Die Tschechen. In: Ernst Lehmann (Hrsg.): Die Völker Ostmitteleuropas im Unterricht. Hannover: Lehrmittelverlag Ch. Jaeger, S. 59–68.

Wippermann, Wolfgang (1979): Der Ordensstaat als Ideologie. Das Bild des Deutschen Ordens in der deutschen Geschichtsschreibung und Publizistik. Berlin: Colloquium-Verlag.

Wippermann, Wolfang (1996): Antislavismus. In: Uwe Puschner (Hrsg.): Handbuch zur „völkischen Bewegung" 1871–1918. München / New Providence / London / Paris: Saur.

Wippermann, Wolfgang (2007): Die Deutschen und der Osten: Feindbild und Traumland. Darmstadt: Primus.

Wirth, Albrecht (1905): Die gelbe und die slawische Gefahr. Berlin: Gose & Tetzlaff. https://www.osmikon.de/id/ostdok/BV021085492.

Wodin, Natascha (2018): Sie kam aus Mariupol. Hamburg: Rowohlt.

Wolff, Frank (2014): Global walls and global movement: new destinations in Jewish migration, 1918–1939. In: East European Jewish Affairs, 44, 2–3, S. 187–204.

Wolff, Larry (1994): Inventing Eastern Europe. The Map of Civilization on the Mind of the Enlightenment. Stanford: Stanford University Press.

Wolfgramm, Eberhard (1959): Kämpft für den Frieden, arbeitet für die Zukunft des deutschen Volkes" Abrechnung mit der Vergangenheit von einem ehemaligen „Ostforscher". In: Deutsche Außenpolitik 9, S. 991–1001.

Wollstein, Günter (1977): Das „Großdeutschland" der Paulskirche. Nationale Ziele in der bürgerlichen Revolution 1848/49. Düsseldorf: Droste.

Yildiz, Erol (2022): „postmigrantisch." In: Inken Bartels / Isabella Löhr / Christiane Reinecke / Philipp Schäfer / Laura Stielike (Hrsg.), Inventar der Migrationsbegriffe, https://www.migrationsbegriffe.de/postmigrantisch vom 29.03.2023.

Zahra, Tara (2016): The Great Departure: Mass Migration from Eastern Europe and the Making of the Free World. New York: W. W. Norton.

Zarycki, Tomas (2014): Ideologies of Eastness in Central and Eastern Europe. Abingdon, Oxon/ New York: Routledge.
Zatlin Jonathan R. (2005): „Polnische Wirtschaft“ – „deutsche Ordnung“? Zum Umgang mit Polen in der DDR. In: Christian Th. Müller/Patrice G. Poutrus (Hrsg.): Ankunft –Alltag – Ausreise. Migration und interkulturelle Begegnung in der DDR-Gesellschaft. Köln: Böhlau, S. 295–315.
Zernack, Klaus (1977): Osteuropa. Eine Einführung in seine Geschichte. München: Beck.
Zernack, Klaus (1980): Bemerkungen zur Geschichte und gegenwärtigen Lage der Osteuropahistorie in Deutschland. In: Klaus-Detlev Grothusen/Klaus Zernack (Hrsg.): Europa Slavica – Europa Orientalis. Festschrift Herbert Ludat. Berlin: Duncker und Humblot, S. 542–561.
Zernack, Klaus (1994): Berliner Osteuropaforschung und die deutsche Ostforschung. In: Wolfram Fischer u. a. (Hrsg.), Exodus von Wissenschaftlern aus Berlin: Fragestellungen – Ergebnisse – Desiderate. Entwicklungen vor und nach 1933. Berlin, New York: De Gruyter, S. 234–243.
Zimmerer, Jürgen (2009): Nationalsozialismus postkolonial. Plädoyer zur Globalisierung der deutschen Gewaltgeschichte. In: Zeitschrift für Geschichtswissenschaft 57, H. 6, S. 529–548.
Zimmerer, Jürgen (Hrsg.) (2011): Von Windhuk nach Auschwitz? Beiträge zum Verhältnis von Kolonialismus und Holocaust. Berlin: LIT.
Zingher, Erica (22.11.2020): Jüdische Kontingentflüchtlinge: Was wächst auf Beton? In: taz, https://taz.de/Juedische-Kontingentfluechtlinge/!5727852/.
Zingher, Erica (30.03.2021): Antislawischer Rassismus in Deutschland: Täter, Opfer, Twitterer. Taz, https://taz.de/Antislawischer-Rassismus-in-Deutschland/!5758259/.
Zingher, Erica (13.04.2021): „Rusofobija“ – propagandistskij jarlyk. No problema suščestvuet. Dekóder, https://www.dekoder.org/ru/article/rusofobiya-propagandistskiy-yarlyk-no-problema-sushchestvuet.
Zumbini, Massimo Ferrari (1994): Große Migration und Antislawismus. In: Jahrbuch für Antisemitismusforschung 3, S. 194–236.

Interviews

Alexandra A., Interview za466, 04.04.2005, 27.04.2005, Interview-Archiv „Zwangsarbeit 1939–1945“, https://archiv.zwangsarbeit-archiv.de/de/interviews/za466.
Anastasia S., Interview za065, 02.11.2005, Interview-Archiv „Zwangsarbeit 1939–1945“, https://archiv.zwangsarbeit-archiv.de/de/interviews/za065.
Fjodor A., Interview za018, 11.02.2006, Interview-Archiv „Zwangsarbeit 1939–1945“, https://archiv.zwangsarbeit-archiv.de/de/interviews/za018.
Galina G., Interview za474, 26.12.2005, Interview-Archiv „Zwangsarbeit 1939–1945“, https://archiv.zwangsarbeit-archiv.de/de/interviews/za474.
Heorhij S., Interview za497, 23.05.2005, Interview-Archiv „Zwangsarbeit 1939–1945“, https://archiv.zwangsarbeit-archiv.de/de/interviews/za497.
Jewdokija B., Interview za470, 07.10.2005, Interview-Archiv „Zwangsarbeit 1939–1945“, https://archiv.zwangsarbeit-archiv.de/de/interviews/za470.
Konstantin A., Interview za001, 10.09.2005, Interview-Archiv „Zwangsarbeit 1939–1945“, https://archiv.zwangsarbeit-archiv.de/de/interviews/za001.
Marija C., Interview za475, 07.10.2005, Interview-Archiv „Zwangsarbeit 1939–1945“, https://archiv.zwangsarbeit-archiv.de/de/interviews/za475.
Pjotr A., Interview za017, 10.08.2006, Interview-Archiv „Zwangsarbeit 1939–1945“, https://archiv.zwangsarbeit-archiv.de/de/interviews/za017.

Jannis Panagiotidis
Postsowjetische Migration in Deutschland
Eine Einführung.
Mit einem Vorwort von Sergey Lagodinsky
2020, 246 Seiten, broschiert
ISBN: 978-3-7799-3913-9
Auch als E-BOOK erhältlich

Mehr als 2,7 Millionen Menschen aus der ehemaligen Sowjetunion leben in Deutschland. Jannis Panagiotidis bietet nicht weniger als die erste umfassende interdisziplinäre Untersuchung der Migration und Integration von Spätaussiedlern, jüdischen Kontingentflüchtlingen und anderen russischsprachigen Zuwanderern. In historischer und sozialwissenschaftlicher Perspektive zeichnet er das große Porträt einer der umfangreichsten Migrationen seit dem Fall des Eisernen Vorhangs, die die bundesdeutsche Migrationsgesellschaft nachhaltig veränderte. In feinkörniger, differenzierter und zugleich empathischer Art und Weise fächert Panagiotidis die vielfältigen und komplexen Zugehörigkeiten, sozialen, kulturellen, religiösen und politischen Phänomene auf, die aus diesem Prozess entstanden sind.